十三五國家重點圖書出版規劃項目
國家古籍整理出版專項經費資助項目

唐文治集

選堂

唐文治 著

鄧國光 輯釋

歐陽艷華 何潔瑩 輯校

上海古籍出版社

唐文治經學論著集

第一册

圖書在版編目(CIP)數據

唐文治經學論著集／唐文治著；鄧國光輯釋；歐陽艷華，何潔瑩輯校．—上海：上海古籍出版社，2019.11

（唐文治集）

ISBN 978-7-5325-9376-7

Ⅰ.①唐… Ⅱ.①唐… ②鄧… ③歐… ④何… Ⅲ.①經學—文集 Ⅳ.①Z126.27-53

中國版本圖書館 CIP 數據核字（2019）第 233941 號

唐文治集

唐文治經學論著集

（全六册）

唐文治　著

鄧國光　輯釋

歐陽艷華　何潔瑩　輯校

上海古籍出版社出版發行

（上海瑞金二路 272 號　郵政編碼 200020）

（1）網址：www.guji.com.cn

（2）E-mail：guji1@guji.com.cn

（3）易文網網址：www.ewen.co

江陰金馬印刷有限公司印刷

開本 890×1240　1/32　印張 134.875　插頁 30　字數 2,266,000

2019 年 11 月第 1 版　2019 年 11 月第 1 次印刷

印數：1—1,100

ISBN 978-7-5325-9376-7

Z·448　定價：850.00 元

弁言

《唐文治經學論著集》爲《唐文治集》之二，匯輯整理唐先生經學專著十八種，分別歸屬十編之中。唐先生經義之學建基於《孝經》，涵蓋《周易》《尚書》《詩經》《禮記》《大學》《中庸》《論語》《孟子》，各經皆有專門著述。此次整理，分編類聚，以顯示義理之條理脈絡，體現實踐層次之指導意義。其經義之學，視曾子教孝爲先務；融貫諸家，超越學派門户之爭，通識中西學術優長，運用客觀治學方法。唐先生既精究文本訓故，深究家法流變之學術史回顧，建立「經學大義」之分以與綜貫之，務求體現經世與教化之初衷。唐先生分類治經之法，具見所撰《論讀經分類删節法》之講義中。而其堂廡正大，顯示出於經傳文義之通透理解。繼承朱子讀書法，重視精讀體會與實踐；故自中年從事教育伊始，即垂注於端莊而精煉之經傳注本，所以提供學者入德治學之康莊門徑。任職於上海工業專門學校期間，已撰寫《論語》《孟子》《大學》《孝經》「新讀本」或「大義」，所有新讀本皆並陳大義，説大義必分類以求，不爲籠統泛泛之説。「心學」「政治學」兩端構成其主軸，此乃先生「新經學」讀本之標誌也。

唐先生乃一代醇儒，二十歲開始研治經學，此後一生奮進不息；反本開新，重建道統，繼天立極，非比尋常。其治經氣象，非所謂訓詁、義理、辭章之局促所可範限，而是集前賢大成，開拓經義體系，强化道德心靈之自覺，思想與踐履並重，高屋建瓴之遠見，實事求是之精神，理解與涵濡並存，一心本末兼該，體用相成，於經義文理脈絡，三致其意。其初期撰寫之經學讀本，若《論語》《孟子》《大學》《孝經》等皆顔曰「新讀本」，蓋欲學子親切體會經義文法，自得於心，訓詁、義理、辭章者，固然縱横筆底，而宋明程朱、陸王，上繼聖人道統，皆全體函融互攝，以一新人心，陶鑄國魂，氣節昂然，是以大書曰「新」。其開導人心，規矩授人，自任道統之重，維持人道之偉，氣象之雄，意志之壯，一以貫之，豈在矜誇一己之私智異禀乎？

唐先生治經，深識文理，因文見道，洞明聖心，更彰顯經學所藴之心學意義，運心説經，乃智慧之學，漢宋古今之門户自限者，相形見絀。心之爲義，乃善之自覺與實踐，倫理之真實基礎。聖賢品德，紀在方策，是典範之所在。讀經學聖，敦品厲行，知行同歸，樹立剛健人格與積極責任意識，再推之以正人心，樹人道，甦生人心本然之良知良能，自治自强。因經義之莊嚴，由裏及表，立己立人，實現修齊治平之道，陶鑄莊嚴之人心與國格，文明大開，氣骨有存，斯足以挽救集體生存價值與文化尊嚴之淪喪。唐先生高瞻遠矚，用力於國文、經學、性理之重建，無事趨利媚俗之虚僞；深期文化之復興，遂拳拳致意於讀經救世，亟欲重建新國學；汲汲於撰作諸經大義，以圖於新教育體制中維持傳統學術精粹，培養賢能精幹之國士。是以其經學著述，意在於斯，期於人心之自新與文化之復興，亦豈徒口舌爭鋒而誇多鬥靡哉？唐先生經學之新，乃自内而出之全幅之新，斯其反本開新之謂也。

自一九一九年底至無錫主持無錫國學專門學校，因當地紳商支持，唐先生遂編撰更全面之《十三經讀本》。所選讀本，乃唐先生搜集十餘年之精刻版本，見採其中者，《周易》用朱熹《易本義》，附以黄以周《周易故訓訂》《乾坤屯卦注疏》；《尚書》用孫星衍《古文尚書馬鄭注》及任啓運《尚書約注》；《詩經》用《毛詩鄭箋》，附録陳澧《讀詩日録》；三《禮》録鄭玄注，用張爾岐《儀禮鄭注句讀》、王祖畬《禮記經注校證》；《春秋三傳》用《乾隆欽定左傳注疏》《公羊傳何休注》《穀梁傳范甯注》；「四書」用朱熹《四書章句集注》，附録王祖畬《讀孟隨筆》；《孝經》用黄道周《孝經集傳》；《爾雅》用邢昺《爾雅義疏》。此皆精刻精簡本，意不在淺易，而在提倡精讀深思，此先生選書之微意。故先生於其中，先列《十三經提綱》，提綱挈領，示人以規矩；諸經提綱其實是專經精讀法門，非今日所謂通論者。其於諸經傳之微言大義、授受流傳、文法特色、通用讀本等，詳爲闡明。唐先生概括諸經微言大義，明示經學之爲心學，讀經知聖，修己治人，目的與方法明確。

《十三經讀本》一九二二三年刻成，乃唐先生從教生涯前期經學活動之標誌。一九八〇年臺北新文豐出版社補充唐先生其他部分經學著作影印梓行，仍未足以範圍唐先生從教後期三十年之成就。然理解唐先生經學之發展，《十三經讀本》乃重要環節，故其中序跋與義例，有助於理解其書者，皆歸入本集「提綱編」之中。唐先生經學之發皇，乃主持無錫國學專門學校三十年間。蓋身丁義和團與八國聯軍入京，親證向外道歉賠償，經歷晚清民初之鼎革，而至連年不息之内戰與天災，以致七七國難而避寇流離，如此歷難經歷，更强化其提倡經學以救世之理念，此强烈之經世意識，充分顯示於後期經學論著之中。唐先生經學之發皇處，在此深切之人道關懷；而經學救世意識，於從教過程中，體現爲非常具體之「性情教育」與「君子教育」兩大理念及其實踐。故唐先生編刊《十三經讀本》之後三十年治經信念，非止於文字表象之敷陳而已。今存唐先生專經之傳注與大義，大部分屬於後期著作，未經統合整理，而綿綿若存，流傳於亂世，其經學至成熟之成就，無從標識，學界亦難以有全面而客觀之理解。本集主意，側重在標識唐先生經學論著之全面而系統之保存，所以顯示唐先生經義之學之整體歷程，以故此次之整理，非止於《十三經讀本》之範圍，而整理後期三十年之經學成就，匯歸全體，存始成終，實在是學術上之非常要義。基於唐先生一生不斷精進與思考之事實，故依據專經收集整理，而非因循早期《十三經讀本》，如此較能客觀呈現唐先生經學之整體成就，此所以分列十編之原由。

唐先生經學著述，例從「綱」與「目」兩系處理。「綱」爲全經注釋，「目」乃經義分類論述。綜觀唐先生一生經學專著，「綱」與「目」皆如願完成者，唯《孝經》與《孟子》。《孝經大義》解說全經，屬於傳注；《孝經救世編》分列十五項目，統貫全經與互證羣經，闡述教孝爲德治之基本。《孟子大義》爲「綱」，解說全經，是爲傳注；而《孟子救世編》分列十項目，貫講全經與互證羣經，闡明救心爲救世之基本。此皆綱目俱全。《周易》，計《周易消息大義》四卷（含《周易反身録》一卷）、《周易憂患九卦大義》一卷；《禮記》有《禮記大義》四卷；《大學大義》；《中庸大義》；《論語》計《論語大義定本》《論語大義外編》一卷：皆通解全書或全經之核心内容，未及全經分類處理，綱在而目未全。而《尚書》有《洪範大義》三卷，傳注、大義俱全。而《尚書大義》（外内篇）、《詩經》之《詩經大義》九卷，此二經皆分類貫講，而未及全經之傳注，是皆有目而綱未備。以上諸書，乃唐先生所結撰，故全歸類入集。

唐先生重視精讀，透過文法之梳理，指導學者深入認識經義，故每以圈點標示經傳文辭之脈絡。圈者爲關鍵，必重讀；點者爲根脈過度，讀音變化所在。此經籍評點，深有助初學者理解文本之重點，乃繼承明清以來之讀書傳統。先生爲此收集明清經傳評點，滙爲《十三經評點劄記》四十五卷。其中《孝經》《周易》《禮記》《論語》《孟子》凡五種，並附録唐先生之圈點，爲一生追隨唐先生之門人陸修祜所過録者，皆具載《十三經評點劄記》中；其中部分字句之修訂，皆迻載本集相應處之注文。

需要説明者，乃先生雖未有《春秋》經傳詮釋專著，然其《春秋》學之全盤觀念，已經保存於《十三經提綱》之中。事實是先生非常重視《春秋》經傳，尤其是《左傳》與《穀梁傳》，以其爲理解孔子《春秋》所不能繞過者。視《春秋》孔門大義，爲是非善惡之大鑑。唐先生於一九一八年所撰《大學大義》云：「昔孔子緬懷大道之行，思復周公之治，故作《春秋》，以正萬世之大經大法。」於一九二四年撰《天命論》，言：「《論語》中之言仁者，莫非知命畏天之學。非禮勿視聽言動，畏天命也；出門如賓，使民如祭，畏天命也；『居處恭，執事敬』，亦無非畏天命也。聖門之傳道統者，戰戰兢兢，胥是道也，而其大義，更備於《春秋》。《春秋經》始『春王正月』，本天以行政，本命以坊民，所以懲勸人者，善必先知之，不善亦必先知之也。」故先生以禮學及《春秋》爲「政治學」之根本，體現倫理責任之自覺，遂於行文之際，經常運用《春秋》大義，以彰明人道政理，其旨歸於經世，故於一九三一年成《近六十年來國政記》[一]，所以踐行孔子作《春秋》之大義。先生之《春秋》學，在實踐，非在文字。其誘導後學，乃具體指示書法所在，由書法而知是非善惡之制作原則，是以關注之處，顯示救世用心，非翰

[一] 參《唐文治文集》之「史乘類」。

墨自娛。先生誘導後學把握與理解《春秋》大義門徑之講義，非專門研究之作，其詮釋經傳之篇，輯自《國文經緯貫通大義》，依據經傳編次。其講義若一九二七年刊出之《讀左研究法》（一九三八年在上海交通大學演講時改題《左傳分類大綱》附新撰《三傳内外傳比較略》），概括《左傳》爲八類目，乃唐先生向所主張分類治經之門法。至於一九一五年撰寫之《穀梁傳選本跋》，强調《穀梁傳》近經，文法出色。皆存《唐文治文集》中，故不並録。《春秋》三傳與《爾雅》文字之學皆先生經學義理之重要組成，雖未有專著，然本集收録之《左傳提綱》《公羊傳提綱》《穀梁傳提綱》《爾雅提綱》四種，由此足見先生取徑朱子之治經進路。

本集主體，分别爲《周易》編、《尚書》編、《詩經》編、《禮記》編、《大學》編、《中庸》編、《論語》編、《孟子》編、《孝經》編（涵《曾子》），自身即一完整而通貫之聖學道統建構。以下依次概述唐先生之專經撰述歷程，及諸編整理體例與情況，即通盤説明唐先生一生經學之全體成就。

一、周易編

唐先生於《周易》爲當行，在南菁書院時期已經撰寫十一篇專論，全載於《茹經堂文集》初編；進入民國後，復撰《學易緒言》《易微言》，俱收録於《周易提綱》之中。本集「《周易》編」彙録唐先生編刊《十三經讀本》之後的《周易》論著，若《周易消息大義》《學易反身録》《周易憂患九卦大義》，末附先生所撰《周易應讀書目表》。此三書一直孤本綿綿若存，今重爲收拾整理，合《唐文治文集》所録論《易》諸篇及《周易提綱》，則先生《周易》之學全璧具在。先生「易教」之學是其「心學」核心，以「聖賢之志」説《周易》，本《周易》立崇高之志氣，不獨爲提升個人之道德修養，還在培養敏鋭洞察力，堅强道德意志與生命關懷，由此而變化氣質，步步體現聖賢氣象。此皆充分消化漢宋兩系之《易》學，而自開新面；以「心學」統攝象數與義理，建立以正人心、救民命爲目之「政治學」，是唐先生《易》學之特色，其成就於此而見。是以漢《易》或宋《易》之類門户意識，皆非唐先生在意者，其存心在經世濟民，故其説《易》，皆所以重振「易教」，以爲來日太平之基。《學易緒言》《易微言》成於一九一四年主政上海南洋公學（上海交通大學前身）時期，收録在《十三經讀本》之《周易提綱》中，乃與摯友曹元弼交流商略之治學心得。先生説經，微言大義兼重，既成微言，更續成大義之篇，於一九三四年刊出《周易消息大義》四卷，正文三卷，附録《學易反身録》一卷及《周易應讀書目表》。此次整理皆各獨立以出，書目移置編末，歸一體式也。戰時唐先生於滬上講授《周易》，成《周易憂患九卦大義》，收録在《茹經堂新著》卷首，亦輯入編中。以上所述乃先生《周易》專論之傳世者，盡搜無遺。先生在一八八五年二十一歲時，在南菁書院師從黄以周研習《易》學，即有意撰寫《周易大義》，然無法如願，乃唐先生深憾者。本編採録，乃先生夙願之所僅能實現者，彌足珍貴也。至於先生晚年所撰《周易》學文章與講義，如《論周易君子教育》《讀周易大綱》《學易入門録》及《周易天命學》《周易保民學》《周易積善學》等，乃先生分類治經義之要目，爲其「易教」體系之一部分，雖未成集，蓋已收入《唐文治文集》相關類目之中，互參可悉。其餘爲他人所撰《易》學書籍之序跋，具載《唐文治文集》「序跋類」之中。

二、尚書編

唐先生《尚書》學精華，體現在《洪範大義》與《尚書大義》中。《洪範大義》三卷，收録在一九二三年刊出之《十三經讀本》，書中堅持朱子解釋《洪範》之「皇極」爲人君以身作則之君德「標準」，闡述道德政治自覺之必要性，從而提出嚴肅反省「黨治」之時代問題。嗣後陸續撰述，一九二八年完成《尚書大義》外内篇，於無錫國學專修學校刊出，故原《十三經讀本》只收《洪範大義》，未有《尚書大義》。後臺北出版《十三經讀本》，方收攝《尚書大義》於其中。《尚書大義》有外内篇，其外篇通説《尚書》學史之公案，而内篇乃類釋《尚書》諸篇要義，乃全書精華所在。其中概括《尚書・虞書》「三微五著」之聖王「心法」要義，闡明堯舜之道爲當時「共和」政體應所取法之要道。本《尚書》義理以引導新生之共和政體，至今無匹。唐先生致慨清儒繁瑣之弊，治學授徒，秉持由博返約之原則，推揚朱熹分類治經之門法，以義理脈絡歸類内容，明晰其條理，執簡馭繁，故其《尚書》研究體現分類之自覺。《洪範大義》《尚書大義》，皆體現《尚書》之爲「政治學」類型，而足以誘導人道政治。一九三六年在無錫國專《學術世界》刊出之《尚書盤庚篇研究法》《尚書金縢篇研究法》二篇，及國難時期在上海交通大學講《尚書洪範爲治國鴻寶》等凡三篇講義，具有提綱挈領之意義，皆附録在《尚書大義》内篇相關三篇專論之後，完整反映唐先生因時設教之良苦用心。至於《讀書經大綱》一篇具載《唐文治文集》，兹不兩載。此次整理，《洪範大義》依據一九八〇年臺北新文豐出版社影印《十三經讀本》本，《尚書大義》依據一九七〇年臺北廣文書局影印原無錫國專本。

三、詩經編

本編收録唐先生《詩經大義》卷首並正文八卷凡九卷，此乃唐先生唯一《詩經》學專著，其書一九三九年刊出，乃先生《詩經》學深意所寄，大綱要目所在。其中涵蓋《詩經》學之傳注、分類、大義。先生《詩經》學自具心得，重視「詩教」，乃其「心學」與「政治學」之組成部分。故先生詩學，出自由衷關懷之情，身體力行，付諸實踐，倡導中和之德，培養君子人格。關懷蒼生百姓，乃爲主導；興觀羣怨，視爲孔門家法，耳提面命，以端士習、養仁心，以期盼仁政之可能。先生推行詩教，從培養性情與端正人格兩面切入，從「性情教育」而進至「君子教育」，詩教與禮教相輔相成，所以端正性情，培養善良心術。故説《詩經》所以教人與救世，必以義理爲歸，由博歸約，啓發學子良知良能。《詩經大義》編寫之特色在義理分類，以見詩心關懷之所及。分類乃唐先生經學所極重視之門法。此書九卷，卷首綱要九節，通盤介紹《詩經》文獻學之内容，皆實事求是之論。卷一以下正文凡八卷，一卷一義類，開拓八目，建基於孔子教詩之基本原則。根據唐先生《自訂年譜》戊辰（一九二八）六十四歲譜六月載：「擬編《詩經大義》，分倫理、性情、政治學等凡類，因衆説浩繁，僅訂序目。」可見此書之序目，即其義類序言，乃草成於學術狀態最爲活躍時期，此後經歷十年時間，分選詩篇，以詩歌文本展示詩義，收録篇章，計倫理十六首、性情十六首、政治十六首、社會十二首、農事六首、軍事十五首、義理十首、修辭八首，共選九十九首。訓故注釋外，特爲每一首詩撰寫「詩旨」，乃唐先生邀請單鎮〔一〕與朱文熊〔二〕補充，兩人皆是傳統學術精英，非初學生徒，因得此兩位學者協助，是書之學術水平，不下當時任何一家之作。正視詩人寫作用心與時代之間密切關係，知人論世，所以視《詩序》爲至要之綫索。先生編《十三經讀本》，採用明刊鄭玄《毛詩箋》，而《詩經大義》例必標出《詩序》，與朱子最終放棄《詩序》有異，蓋先生其時已消化朱子之思路，亦學理發展之必然進程，於此體現其堅持經學師法之承傳，乃深思熟慮之學理抉擇，非争於門户者也。

先生著《詩經大義》，乃在《十三經讀本》刊出十載之後，爲其詩學唯一作品。先生《自訂年譜》癸酉（一九三三）譜載：「余前編《詩經大義》，分倫理學、性情學等共八類。吴縣單君束笙、同鄉朱君叔子爲之注釋，每篇後並標詩旨，頗爲精覈。金山高君吹萬名燮來索閲，因寄去。高君大嘆賞，出貲爲印入《葩廬叢書》，極可感。葩廬者，高君書齋名也。」先生門人馮振先生按云「尚未刊」，是《詩經大義》匯集衆功，其出版

〔一〕單鎮（一八七六～一九六五），字束笙；原名紹鎮，字叔蓀；吴縣人；光緒二十九年（一九〇三）進士；曾任商部部丞，乃唐先生任職商部時之下屬。

〔二〕朱文熊（一八六七～一九三四），字叔子，太倉人；副貢生，師從王祖畬，爲唐先生之同門摯友；去世後，唐先生撰《朱君叔子墓誌銘》，沉痛異常。

實非易事。考究其實，《詩經大義》之完整書稿，至一九三九年方始印出，收入高燮《葩廬叢書》。此書成於苦難時代，刊刻不易，以故前交通大學與無錫國專及門學子多未及見。加以世變之亟，亦非意料所及，以故其書未得流傳，亦渺爲人知，故學界於唐先生《詩經》學上之意義與貢獻，無法多談，而唐先生於《詩經》學之貢獻，其意義亦隱而不彰也。先生講學於國家多難之時，若其時在上海交通大學之演講稿，如《詩經分類大綱(人心通於政理之本原)》《讀詩經大綱》等，皆循循善誘，不曾吝惜獨到心得，公開示人，足以體現學術之誠意，此「性情教育」之效，所以培養君子者。《詩經分類大綱(人心通於政理之本原)》附在本編，以見先生詩學之全體。

四、禮記編

本編收録先生《禮記大義》四卷。《禮記大義》卷首第三節《禮記應讀書目表》殿置編末，統一體式故也；並附録《茹經堂新著》中七篇《禮記》講義於相應篇章之末，以見學理發展之跡。《禮記提綱》乃《十三經讀本》所載，屬於前期作品；而《禮記大義》成書於一九三四年二月，其時先生已届七十，乃後期成熟之禮學著作，「綱目」與「大義」兼具，乃民國時期之重要《禮記》著作。先生於《自訂年譜》中記録了一生研治與講授《禮記》的重要時刻：一八七六年先生十二歲，始讀《禮記》；一九二二年正月，先生於無錫國專開館講課，承擔四門課程，其中三門是《禮記》《大學》及《中庸》，近五十年人生閱歷之累積、學術之深造，先生尤爲重視《禮記》之傳授，足見學術文化道義擔當之切至；自一九二七年開始，先生着手編撰《禮記大義》，歷時四年，至一九三一年方成數篇以示諸生；其後於一九三三年十二月全面整理與繕校，全書四卷共四十六篇〔一〕，又以「類别提要表」等别爲首卷之架構，迄至翌年二月竣工，前後歷時七年。先生雖於《自訂年譜》記載是書於一九二七年開始撰述，惟考查所録篇章，其中《中庸篇大義》之上篇實是一九一七年所撰之《中庸大義》，收入《十三經讀本》之《禮記讀本》中，只是舊本未加圈點。此外《大學篇大義》開篇引介早年所概括《大學》四義，則來源於一九一六年所成之《大學大義》一文。以此推之，先生有關《禮記》之成熟學術撰作，實始於更早時期。此書刻成於國難時期，孤本流傳，先生門人謝鴻軒於

〔一〕謹按：《禮記大義》全書四卷，篇數實際上爲四十九篇，唐先生謂四十六篇者，乃《小戴禮記》原本篇數，而《禮記大義》將《郊特牲大義》附列於《禮器篇大義》之中；此外，《檀弓篇大義》《禮運篇大義》《樂記篇大義》及《中庸篇大義》皆分有上篇與下篇，以故實際篇數比《小戴禮記》總篇數要多三篇。

二十世紀七十年代收集先生經學遺著，欲補入《十三經讀本》中，亦以未能及見而遺憾不已。今得以完整保存與流佈，無乃文運復興之兆乎？

五、大學編

本編收録先生《大學大義》，是書乃先生學理之核心體現；附録無錫國專《大學講記》及交通大學講義各一篇，乃《大學》義理分類之闡述。綜此則唐先生於《大學》之傳注與分類，俱備於此。《大學大義》起草於一九〇七年丁母憂之際，時先生年四十三。根據《自訂年譜》記載，至一九一六年冬五十二歲時成書，題《大學新讀本》，一卷一册，爲學校之教材，在上海工業專門學校（今上海交通大學）刊出。其序文闡述「大學之教」即「文王之教」，乃萬世永治長安之基礎，此卓越識見，深賞於摯友曹元弼。一九二〇年前後，先生因種種失意，借口目疾而離開上海，至無錫主持無錫國學專修館。以當地紳商全力支持，遂有輯録《十三經讀本》之舉，意欲以實在簡明之教材，推行國文與國學教育。事實是在《十三經讀本》刊出之前，先生已在民國初年因教學需要，編訂《論語新讀本》《孟子新讀本》《大學新讀本》三種「新讀本」，因宣示其向所關懷與主張之義理之學，遂以「大義」一詞重定書題，以見宗旨。《大學新讀本》收録《十三經讀本》時，增補一節内容，改題《大學大義》，此先生《大學大義》之由來。

《大學大義》包涵先生政治學與心學基本理念，在先生學術體系中佔非常重要位置。唐先生以「治平之學」定位《大學》義理，以其爲周文王聖教之總結，聖王經世之總綱；提挈道統之向度與精意，所概括之「著義」與「微義」，爲師法周文王行教之「治心」要目，後世實施「君子教育」之榜樣。「治平」與「治心」互爲體用之義，「微義」爲體，「著義」爲用，乃先生詮釋《大學》之關鍵意義，亦通貫先生整套學術觀念。此體用觀開出之經世義理，有本有原，以明載在《書》《詩》之周文王「明德」爲典範，以溯源《大學》「三綱領」之實在踐履意義，本體用之義以豎立經義標準，並爲身體力行之聖賢君子模範，此乃先生在經義上之重要創獲。先生門人陳起紹、何葆恩提要云：「《大學》本在《小戴禮記》四十九篇中，其經文聚訟不一。自注疏本外，有大程子本、二程子本、高氏景逸本、劉氏蕺山本，皆由本經論誠意之功在先，以致開後學之疑。是書本鄭注，以爲本經八條目以修身爲本，而修身以誠意爲本，以下明德、日新、新民之旨，皆賅於誠意之内，兼採朱注，并旁及孫氏夏峯、劉氏蕺山、顧氏亭林、陸氏桴亭、李氏二曲、陳氏蘭甫諸説之精粹者，直探先聖之遺教，示人入德之門。而其尤要者，在自天子以至於庶人，絜矩之義即忠恕一貫之義，亦即近世平等之義，有會於此，方可建設大同之治。」是以先生説經要領，忠恕一貫，乃治心之要。先生集先儒之大成，乃直探道心；具而言之，則爲堯舜至文武，聖王道統萬世一系核心意識之義理概括，而先生更推之於新時代人心之建設。

唐先生詮釋經文，必有所據。其於先儒經説，主用鄭注，參以朱注及明清諸儒之説，擇善而從。《大學》章節之分，乃歷來爭論不休之問題。先生於《中庸大義》批評鄭注，而採用朱子《章句》，而於《大學大義》則批評朱子變亂舊章，而取鄭注之意，故有《古本大學微言》一文以論之。是以先生於《大學》不分章，一氣而下，深探文本義理脈絡。蓋治平之學，本於治心，乃義理學之核心，故不爲枝節絞纏。《大學大義序》起筆「文王我師也」，千鈞壓頂，蓋大學之道，實爲文王之道；解説經文，首句即按斷言：「《禮記》所載《大學》，乃周文王之教也。」則《大學》義理，皆可按實而行，可知可履，原道而深體之者，聖人之徒也。則《大學》乃人人可知可行之心學，先生自表，所以闢除「後儒以大學之道專屬帝王者誤」，而認爲此凡屬人類之所應體認，乃是用於所有人之普遍通用義，而非專屬一人之專有義；大學之教通明，文明方能自然開出與壯大。然如此大義，至今未彰！故闡明唐先生義理學之建樹，殊爲重要。

先生述《大學》，重在踐履之方，究在「格致」，故先生網羅古今經説，深究本誼，不爲望文生義之口耳虚談。先生確認「格致」乃治平之學之起點，至爲重視。以故雖處倥偬之際，國難之時，依然奮力講述《大學格物定論》。是篇乃先生力作，其動機出於晚清以來，濫套「科學」一名而誤讀「格致」之義，此類草率比附，唐先生極不認同，以故全面考論「格物致知」之實在涵義。論證過程中闡明意志與自覺所起之關鍵作用，從而接通王陽明「致良知」之學，强調自律性倫理，非著眼於外在科技知識。凡此皆先生實事求是精究之證果，誠足珍貴。先生一九三七年夏逃避戰火，率領無錫國學專修學校員生，逆江赴漢抵湘，途中不懼危難，依然爲諸生詮釋「格致」精義。於此非常時刻之救亡圖存、經義根本，乃先生之神聖用心，不容長泯於國史者也，故特表而出之。其《大學格物定論》，即本其時之講義稿而寫定者也。一九四三所作《古本大學微言》，今載《唐文治文集》「經説類」中，題名「定論」，自非兒戲。一九四二年刊出之《陽明先生復古本大學論》，判定是非，此乃先生《大學》之學定論，録在本編。此次整理，以一九二三年刻《十三經讀本》所收之《大學大義》爲底本，參校一九一六年《大學新讀本》初刻本。

六、中庸編

本編收録唐先生《中庸大義》一卷，并一九三五年先生在無錫國專所講之《中庸講記》。《中庸提綱》《中庸大義》原收録在《十三經讀本》，「提綱」則置於卷首《十三經提綱》中；而《中庸大義》乃傳注，通釋《中庸》全篇，闡明大義。《中庸大義》之成書，在《大學大義》之後。唐先生於《自訂年譜》丁巳（一九一七）五十三歲譜載：「冬，編《中庸大義》成，如《大學大義》例。惟鄭注本以『君子之道費而隱』屬於『索隱行怪』章；又末章分節多舛誤，不及朱注，特糾正之。又作《提綱》，推及於天人，本原於誠孝，自謂稍有功於世道也。」可見此是先生經意力作，本實事求是之鑑別，遂取朱子分章之法，而有異於《大學》之處理，更爲之溯源實踐性質之德性本質「誠」與「孝」，此儒家聖學根本總綱所在也。先生門人陳起紹、何葆恩爲作提要云：「此書先列鄭、朱二注，於其繁冗處稍删節之，次採黄氏元同《子思子輯解》，并旁採顧氏亭林、陸氏桴亭、陳氏蘭甫、孫氏夏峯、李氏二曲諸説，又參以己意，説明《中庸》與《大學》相表裏，二書不但爲道德之指歸，且皆政治之要領也。而其尤要者，發明仲尼祖述、憲章之旨，即作述禮樂之緒。孔子爲素王，《春秋》家説實即《禮》家舊説。有會於此，可知後儒疑孔子囿於『封建思想』之貶稱，實未窺《中庸》之奥竅也。」（見《唐文治文集》之附録。）則知先生會通《大學》《中庸》，推天道以明人事，而總歸《春秋》重旨，孔子心事之所在，此心之用，重樹堯、舜、文、武一脈相承之王道大義，開「誠」布公，本「孝」推恩，而再啓大同之至和至順，王制之至公至平至精，未爲虚設。黄口偏弊無知，妄肆攻擊爲「封建」，進而全盤否定傳統，此先生所面對時代大弊。此先生於《中庸大義》所以瘏口曉音，乃本其正面之淑世關懷，猶孔子作《春秋》撥亂世反之正，其通達磊落之氣象，非斤斤文字之表者也。蓋先生强烈之淑世情懷，在國家多難之時，自任道統之責，力挽人心世道，期盼復國之有望，故特正視此堯、舜所開出之道統。道統乃華夏亘古不絶之經義氣脈也，先生講學講義若一九三三年所成之《中庸天命章五辨》，與先生門人崔龍一九三五年筆録之《中庸講記》，皆貫注此精神。先生又於一九三八年國難時期撰寫《顔、曾、思、孟四賢宗要》（刊於《茹經堂文集》四編卷二，録入《唐文治文集》「經説類」），皆先生明道之所然。其中深刻周至之詮解，其要處分别補入《中庸大義》相關章節之下，以「編者謹按」標識。如此先生於《中庸》之真知灼見，大體具備於此。而原於《中庸大義》末，附録先生爲門人陳柱所作之《中庸通義序》，已載《唐文治文集》「序跋類」。

七、論語編

本編緝録唐先生見存《論語》學專著《論語大義定本》《論語大義外篇》二種。《論語大義外篇》反駁崔述《論語源流考》，是回應民國時代疑古思潮，而釜底抽薪，蓋崔述之説披靡東瀛，然後作用中土。唐先生曾兩赴日本，故能洞悉隱微也。此唐先生《論語》學堂廡之特出於當時而非斤斤於殘文碎義者，先表而出之，以見先生經義之本質。唐先生自一九〇七年後辭官而於民間講學，開導民智，端正人心，《論語》是必用教材。因教學需要，首先編撰《論語新讀本》，取朱子《論語集注》，附録吴汝綸之評點，標示文法，於一九一五年九月在長沙湘鄂印刷公司刊出，一九一六年第二版，在上海工業專門學校設立發行所。出版頁唐先生注明：「教育宗旨以不欺爲主。鄙人之書，確係不折不扣，請讀者鑑諒。文治啓。」此《論語新讀本》乃唐先生首部《論語》教材，乃《論語大義》成書之基礎，是先生對《論語》之第一次整理。唐先生《論語提綱》《論語大義》，原出《論語新讀本》。《論語提綱》在《論語新讀本》之「凡例」基礎上重新撰寫，故獨立成篇。而《論語新讀本》是集大成之作，正文之體式，乃本黄式三《論語後案》一書。黄氏融匯漢宋，此唐先生所强調者。師法有承，後出轉精而更發揚光大。先生於《論語大義定本跋》明言其中觀念，前後有異，蓋《論語新讀本》在前，

《論語大義定本》在後，其間先生之學思深淺體會，與時俱進，是學術生命實踐上達不已之自然流露也。

《論語新讀本》成書後邊教邊修改，先後經過兩次大規模修訂，改題《論語大義定本》，體現「集大成」之學術氣魄，收録於《十三經讀本》中。此爲先生對《論語》之第二次整理。

先生於《論語提綱》已明白説明分類《論語》之内容，爲理解孔子思想之重要途徑。唐先生治經，秉承朱子家法，極重視分類詮釋，於《論語》《孟子》尤爲然，故於義類尤所究心，而仁德固然爲核心。若以唐先生學理分類之專名而言，則以「政治學」爲標誌，即「《論語》政治學」，也就是《論語》經世學，此是其仁學核心。故理解先生《論語》學，就其自身之學術理念而言，必須管照其「政治學」之經世意識與主張，此乃先生《論語》學極爲關鍵之内在理路與特色，其實亦是深契朱子學之自然進路。先生於《十三經讀本》刻成後一年（一九二三，時五十九歲），乃成《政治學大義》。先生《自訂年譜》自述云：「七月，編《政治學大義》成。余因中國政治學始自唐虞，傳自洙泗，而向無專書，倘有外人詢及，茫然無以對，深可愧也。」則其書蓋即《論語提綱》首倡「政治學」之實踐也。此《政治學大義》之主體篇章，已經載在《唐文治文集》，互參爲是。

《論語》學之流傳問題，諸如成書、傳授、注釋等，乃精讀所必備之基礎知識。先生治經，實事求是，必要求充分掌握材料與前賢成果，不空套虛張，故又撰《論語大義外篇》一卷，涵蓋三層十一項專題。第一層具載《漢志》《隋志》、何晏、皇侃、朱熹等書録序跋原文，方便學子接觸原始文獻。第二層乃應對疑僞之挑戰，就崔適疑經之論，特别作《辨疑》一篇，質難其辨僞之爲歪曲誤讀，從而全力維護《論語》地位。第三層在前二層之基礎上，撰寫詳盡《篇次章數表》《研究法表》《參考書目表》，以簡馭繁，呈現完整《論語》授受源流與家法承傳。此《外篇》一九二九年在無錫國專鉛印刊出，鮮爲流通，極爲可貴。此乃先生對《論語》之第三次大規模整理。

《論語》分類之處理，乃先生繫懷究意者，故於蘇滬學堂講授《論語》，更爲深邃精密。而先生對時代之人文關懷，出於至誠，堅持貫徹正人心、救民命之道德使命，直陳世道人心之歪陷，此先生所强調之「知覺」，而非在得一自好之尋章摘句。君子學道愛人，源出知覺之真摯與靈動，此先生身體力行，傳授法門與心得，毫無保留，教化自任，皆親爲演示。現存先生《論語》講義有三篇，皆屬此類。其一是一九三三年爲蘇州國學會所講《論語大義演講録》。其二是一九三五年崔龍記録之《論語講義》。其三是一九三九年爲上海交通大學四次《論語》講論，首三講《論語分類要旨》《論語分類大綱》《孔子論知覺學》，均概括《論語》義類四大要目，論孝、論學、論仁、論政，此四者乃彰顯孔子救世要義，屬於學理之分類與概括；最後一講《孔子救世不遇史》，於孔子「知其不可而爲之」之奮鬥，寄寓先生感同身受之同情，至此情、理、學兼備。以上講義，一是分類，二是通貫羣經大義，皆屬於先生《論語》學要目，均已録入本編之中。

至於唐先生在其他論著中對《論語》字詞或義理之闡釋，若一九三七年刊出之《孝經救世編》，其中選講《論語》本經之解説，全按附於相關章節之末，以反映先生《論語》學之全貌，凡此皆以「編者謹按」標識。又如《交通大學演講録》所載之《論語講義式》，説解《論語》三則，提供學子切實研讀《論語》之示範，具有指導研讀深究之參考價值，附置於《論語大義定本》此三則相應之章節下，以「編者謹按」標識。唐先生《論語》學專著，至此具備。

此次整理，《論語大義定本》據初刻《十三經讀本》所録爲底本，《論語大義外編》以一九二九年無錫國專初版本爲底本。《論語新讀本》序文及評語，均迻録於《論語大義定本》相應處，詳細出校注明。唯《論語大義》并《十三經讀本》卷帙浩繁，難免手民之誤，刻板已成，修訂甚艱，則唐先生《十三經讀本》附録之《十三經讀本評點劄記·論語》，其所過録者，間見微調文辭之處〔一〕，皆據以覆勘注明。

八、孟子編

唐先生諸經之論撰，於《孟子》最有自信。十八歲讀《孟子》，《自訂年譜》載：「乃更有心得，爰摘録《大全》〔二〕諸書先儒説，並録王師筆記，作《讀孟劄記》，理學乃日進。」《孟子》於唐先生，乃其學術之根本，《讀孟劄記》乃先生《孟子》學著述之權輿。本編彙録先生之《孟子大義》（即《孟子新讀本》）、《孟子救世編》，其於《孟子》傳注、文法、經義俱在，綱領與義目俱全，乃先生經學著述體制之典範。《十三經讀本》之《孟子提綱》，乃先生《孟子新讀本》自序之後所附録之「凡例」，因編纂《讀本》而抽出，列於《十三經提綱》而改題今名，非别爲專著也。

《孟子大義》傳注十四卷，乃唐先生得意之作。早在《十三經讀本》出版前，先生任教上海南洋公學期間，因教學需要，以朱子《孟子集注》爲基礎，統彙古來漢宋兩脈

〔一〕陸修祜先生在《十三經讀本評點劄記》卷三八之《論語》末按云：「《大義》圈點，係照唐師第二次稿本輯入，與現刻之《定本》字句，間有不同，讀者臨時善會之可也。」

〔二〕此《大全》謂汪武曹《孟子大全》，乃其師王祖畬之安排者。

說孟之作，精擇詳辨；同時附上其圈點評語并諸家評語，指示文法；復爲《孟子》七篇各撰寫「大義」一篇，貫講每篇義理，由是傳注、文評、大義共彙一編，題《孟子新讀本》，於一九一七年在上海工業專門學校印出。此爲第一階段。從一九一九年開始，唐先生因編纂《十三經讀本》之需要，刪除其文法部分，乃題《孟子大義》，刊列於《十三經讀本》之中，附在朱子《孟子集注》之後，於一九二三年在無錫國專刊出。是先生《孟子》學第一階段，其核心爲《孟子新讀本》；而見知於後世之《孟子大義》乃《孟子新讀本》之大體而已。《孟子新讀本》或《孟子大義》，乃唐先生前期經注，屬於傳注性質。而後期之《孟子救世編》（其前身爲《孟子簡明讀本》），運用分類治經之法，乃先生繼承朱子門法，又進新境。

《孟子救世編》十卷，乃唐先生戰時完成之孟學經義專書，體統完備，而其原擬定名《孟子分類簡明讀本》，先生亦先撰成序文，載入《茹經堂文集》四編中。此書之撰，乃所以補足《孟子新讀本》未爲分類衍義之不足。蓋唐先生治經，重視經義分類，以簡馭繁，乃繼承朱子纂《孟子要略》五例之方法，拓而充之，心得所及，綜括其分類，計孝弟學、尊孔學、貴民學、心性學、政治學、外交學、教育學、文辭學、氣節學、雄辯學、論戰學、《周易》學等十二類。其書經文互證，融攝「致良知」之學，以圖唤醒當世人心，唯未出版，然其大體，則刊載於一九四〇出版之《交通大學演講録》第四集上卷。至此系列講義乃一九四七年出版之《孟子救世編》之原型，亦是其《孟子》學之義目。至於諸類目之「題辭」，乃大義所寄，具載於一九四四年刊出之《茹經堂文集》四編中，蓋自信足以正人心者。迨至一九四七年春，選其十目，題《孟子救世編》十卷刊出，是爲先生《孟子》學第二階段。至此《孟子新讀本》《孟子分類簡明讀本》所涵蓋之傳注、文法、大義、分類等四大面向，及身完成，而行諸世者，乃《孟子大義》《孟子救世編》。然後者成書於亂世，故綿綿若存，未爲流通。今具述先生《孟子》學專書之本末源流，庶不負先生一生提倡孟學之意。

唐先生講學，「四書」乃重點。一九三三年於蘇州國學會演講，其中有關《孟子》七篇要義，題《蘇州國學會演講録》，載《茹經堂文集》三編卷三。一九四〇年初在上海交通大學講演，其《演講録》第一、二集專説《孟子》者三篇。此四篇乃屬先生《孟子》學義目，分説孟學義理。至於《交通大學演講録》第四集上卷共十三期之講義稿，實即《孟子分類簡明讀本》之内容，而爲《孟子救世編》之原型者，兩者差異處，皆在《孟子救世編》中標出或補入。《孟子大義》之整理，以其原書前身之《孟子新讀本》初刻本爲底本，參校《十三經讀本》之《孟子大義》。唐先生《孟子新讀本》之評語，標示文理脈絡，皆移録在本編《孟子大義》相應文本之中。故此編《孟子大義》名目雖沿用《十三經讀本》，而實質涵蓋《孟子新讀本》所有内容，是爲先生早期《孟子》學傳注與總綱所在。大凡迻録《孟子新讀本》評注内容，一律以括號識别。準本集體例，核對引文，校正文字，大凡差異，皆爲出注；人物或詞彙，擇要解釋；至於經文章節，標號分題，依據朱子《孟子集注》。至於徵引先生其他著作以相參者，則標識「編者謹按」。《孟子救世編》，則據一九四七年初刻《茹經堂叢書》本爲底本。

九、孝經編（附《曾子輯佚》）

《孝經》編（附《曾子輯佚》）收録唐先生《孝經》學專著，依據刊出時序彙録整理，收羅先生《孝經大義》《孝經救世編》及《勸孝編》。先生《孝經》學，綱目兼具。先生孝行純篤，重視《孝經》教化作用，一生提倡孝道，身體力行，以端正人心之本，教孝乃正本之通方。曾子乃儒門稱孝之表率，曾子之學，無疑是先生經義之血脈。先生首部經義專書，厥爲《曾子大義述》，簡稱《曾子大義》，於一九〇七年丁母憂之際起草，一九〇九年刊於《高等學堂道德講誼》第一卷。此即《孝經大義》之前身，蓋唐先生肯定《孝經》乃曾子所作。其他見于《大戴禮記》《小戴禮記》並所有傳世先秦所載曾子言論之文獻，悉爲輯録整理。《曾子大義》之編纂，實繼承其師黄以周輯録《子思子》之精神。今可考見《高等學堂道德講誼》所刊《曾子大義述》，乃唐先生整理曾子文獻之最初刊本。先生極爲重視此項輯佚工程，其手稿在一九三七年囑咐門人葉長青補充注釋，葉氏在《國專月刊》連發四期唐先生《曾子輯佚》之整理稿，不料遭逢國難，葉氏避歸福建，倥偬之際，餘稿遺失。此事唐先生扼腕痛惜不已。幸《曾子大義述》卷一及部分《曾子輯佚》尚存人間，而其卷一亦已經删裁而成《孝經大義》傳世；其他亦以講義方式留存，收拾整理，大概可見。葉氏整理之《曾子輯佚》已刊出部分，附至本編。

先生通解《孝經》，融攝諸家，貫講義理，尤其重視義理類型。先生一九三六年夏爲無錫國學專門學校講學，撰《孝經講義》，以此爲基礎，修訂而成《孝經救世編》三卷。初擬名《孝經翼》，然明代辛全（一五七三～一六二〇）已用此名書，遂改名《孝經救世編》，一九三七年六月在無錫西溪文新印刷所刊成，錢蕚孫（仲聯）、高文海負責校對。是書分《孝經》義理爲十五類，實是《孝經大義》之要目，終歸於自律道德之良知良能，於《孝經》義理學之開拓，意義重大。今皆收録在編，詳爲校理。

抗戰時期，先生蟄居上海孤島期間，講學論著依然不絶。一九三八年爲上海交通大學講演《孝經宏綱大用》，説義更爲精辟，超越微顯二分之説義套路，而開出全新四法，乃唐先生《孝經》學之成熟概括。一九四二年春夏之際，上海《新聞報》連載《勸孝編》，其中約舉《孝經》精微義理以導俗，内容出《孝經救世編》，但更强調捨生取義、爲國捐軀之精神，具非常深刻之時代烙印，充分體現唐先生崇高人格，今皆附録於《孝經救世編》後，詳爲整理。至於此時期先生《孝經》講義傳世者，有《茹經堂文集》四編卷二所載之《顔、曾、思、孟四賢宗要》；此文並分載《交通大學演講録》第三集第四、五、六、七期，改題《師四賢法》。其中《宗曾子法》載在第五期，内容分「大孝」「省身」「政治」三目，疏説自律道德所表現由衷而出之孝義，乃構成「道統」生生不息之精義，均先生研治《孝經》之切實心得，已具録於《唐文治文集》「經説類」。值得注意者，乃一九四四年至一九四五年間，上海《大衆》雜誌刊出先生《孝經講義》凡十一期，前七期乃《孝經》本文順序之講義，大體據《孝經大義》；後四期標明是《孝經翼》，其中小題注明「《論語》論孝」一篇、「《孟子》論孝」上下兩篇、「《禮記》論孝」一篇，内容並見《孝經救世編》《論語大義》《孟子大義》《孟子救世編》《禮記大義》；此十一期《孝經講義》新修訂之内容，均注明於相關論著章節中。至此，唐先生《孝經》論著遺文，基本齊備，而其《曾子大義》之卷一全具。

以上説明唐先生一生經學著述之詳細情況，見其所著各書刊刻於不同歷史階段，並非《十三經讀本》所足以概括與範圍，其著述隨先生學術進境而精煉不已。今本書統貫體式，以體現先生治經之特色。唐先生論著皆刊刻於慌亂之際，魚魯舛誤，文字訛脱，在所難免，今皆一一是正。若全篇重出而無異文者，則存於所屬體類刊出之最早者，後來重覆者則删除，如《中庸篇大義》之類，皆並題下説明。至於其中文句異而意同者，所在多有，皆題下注明而亦並存之。書中引用先儒或同道經説，但凡存世而可接觸者，皆經核校。若文字出入輕微而文意無别，與上下文氣相接者，則不出注；若差異大者則出注；有誤則辨釋。凡蒐輯所得論著，皆詳校文字，或附釋以明其背景、大旨，或附注解特殊字詞及人物行宜大略。諸書版本來源，詳參冠置各編編首之「整理説明」。先生列出諸經應讀書目表，其完整者若《周易》《尚書》《禮記》《論語》，皆各歸經學家法系統中，而附以精簡説明，猶如歷代研治專經之簡明著述沿革表，皆統一置諸所隸編末。「提綱編」所録，皆先生總述要義，涵蓋其治經之精神與方法者也。

是集收録專書十八種，搜集與整理歷十年有餘，其中繁難阻滯，甘苦備嘗，非筆墨所能表其萬一。歐陽艷華博士與何潔瑩博士備極艱辛，坦夷非笑與屈辱，甘之如飴，皆道義自任，義無反顧，奉獻寶貴之青春與學識。而上海古籍出版社高克勤社長、奚彤雲副總編，道義擔當，支持此神聖之學術保存事業；尤其常德榮先生，不辭勞苦，精讀精校，始克告成。聖學之行，道統宏揚，皆以上諸位仁人君子之貢獻也。五内銘感，不知所言。

丁酉冬至　鄧國光　謹誌

總目

第三册

第四册

第五册

孟子編

第六册

孟子編（續）

孝經編　附　曾子輯佚

第一冊目録

提綱編

周易編

周易消息大義

卷二

卷三

學易反身録

周易憂患九卦大義

提綱編

整理説明

本編收録《十三經提綱》并附録《十三經讀本序(附凡例、總目)》與《論讀經分類删節法》兩文，涉及治經之通盤觀念、研治方法、典範人物、家法源流等具體問題。其涵蓋唐先生經學之整體意識，具有提綱挈領之性質。唐先生提倡讀經，期盼復興國文國學，培養人才。於一九一六年《十三經讀本》草創之初，即欲以「提綱」相輔而行。《十三經讀本》一九二三年刻成，極耗工費與人力，内容極爲豐富，涵蓋基本經學元典。唐先生基於提倡讀經之初衷，乃彙聚部分已刊之經學論著序文，補撰其餘，一經一綱，遂成《十三經提綱》長篇。

「提綱」收入《周易》《尚書》《詩經》《周禮》《儀禮》《禮記(附《大學》《中庸》)》《左傳》《公羊傳》《穀梁傳》《論語》《孝經》《爾雅》《孟子》等十三種各一篇，對應《十三經讀本》所精選之簡明讀本，相應介紹流傳注釋、微言大義、文法條例、參考用書等，皆深造有得甘苦之言，實事求是，指示初學坦途，亦存與當世學界商略之意，尤於《周易》《三禮》《春秋》三傳，洞透精辟，實應視爲經學專論也。故此提綱非淺庸學究之竊借陳言，虚充邊幅，實乃先生治經心得也。

舉其《春秋》三傳提綱爲例，提綱唯論「大義」與義理分類，聚焦於《公羊學》，乃身經晚清康有爲借董仲舒《公羊》學以維新變法過程，由此而深刻反省成敗之由，故其批判晚清以來濫説《春秋》公羊學之弊，非但偏離孔子精神，與王道背道而馳，更觸發巨大連鎖反應，至一發不可收拾，終致八國聯軍入京，列强瓜分之悲慘局面。爲此先生撰寫《春秋》三傳提綱，正欲撥亂反正，全心全意彰顯孔子作《春秋》之精神，大力糾正時人誤讀曲解。其與時代政治、學術思想息息相關，充分體現經學所秉承不絶之經世精神。而且先生曾參與晚清外交事務，通明世界大局，故其學術視野與胸襟，非尋常摘抄文句者可比。此《十三經提綱》可稱近代學術之重要坐標。

整理本書，以先生《十三經讀本》初刻本所收者爲底本。書中徵引文獻，凡可徵知者皆詳爲比勘，差異處出校注明。原文條列諸經要義之處，皆獨立一段，綱舉目張，謹遵先生以方便入門爲主意。其中刊刻過程中明顯可見之脱誤，隨文補正，出注説明。

十三經提綱

卷一

周易

【釋】唐先生從心學角度治《易》，以善惡之轉念，溝通《周易》與諸經，稱之爲「幾學」，乃先生整套經義之學之核心。此《周易提綱》因時立教，故先通盤説明《易》學兩大範疇，即數與理。先生認爲《易》學之關鍵，在孔子以理涵攝數，此乃提升《易》學使其具普遍意義之通則。唐先生强調孔門《易》學宗旨，具在《易繫辭》中，統之以「心學」之目；指出關鍵在心念之動，是謂幾微。乾坤主卦，變動之幾在於復卦，洗心之義有在，則孟子養心，所以致其良知，故先生明確宣示孟子通《易》以明性善大義。孔、孟《易》義，心學之正宗門法，此先生《易》學論旨；提升至道統之地位，超越象數、義理之二分，而回歸孔、孟，乃先生説經義之精神，一以貫之者也。原《提綱》之末附《學易緒言》，乃先生於南菁書院之際所作之讀書日記，專論《易》例，實爲專著；所附《易微言》，涵五文，乃唐先生早年研治《周易》之心得。兩者皆具提綱挈領意義。

先生《自訂年譜》甲寅（一九一四）五十歲譜載：「春，爲諸生講《易》，採用《程傳》，並項平甫先生《周易玩辭》《御纂周易折中》及近代《易》説。擬編《周易大義》，先作《易微言》三篇，寄曹叔彦譜弟指正。叔彦亦寄余《易箋》稿本，互相質證。」謹按：先生《易》學師傳有自，復能與師友學侶商略交流，非口耳虚言者，故於清末《易》學自具心得，集大成之餘，復加意於實有心得之學者。其特别推崇陳世鎔（一七八七～一八七二）之説，亦多引其説，以起潛德，足見先生學術之公心也。

學《易》大旨

《易》之爲書，世儒或苦其難解。文治約言之：伏羲、文王、周公之作《易》，主乎數者也；孔子之贊《易》，主乎理者也；漢儒鄭、荀、虞諸家之説《易》，主乎數者也；宋儒程子、朱子諸家之説《易》，主乎理者也。數者難測，變動不居；理者易明，守之有則。雖仁者見之謂之仁，智者見之謂之智，而其教人之宗旨，未嘗不歸於一貫。

文治嘗即理以求《易》，以爲《易》者，心學之書也，其大義備於乾坤而始於復。復之彖辭曰：「出入无疾，朋來无咎。」「出入无疾」，即孔子所云「出入无時」也[一]。「朋

[一]《孟子·告子上》載孔子語：「操則存，舍則亡；出入無時，莫知其鄉。」

來无咎」，雖「朋從爾思」〔一〕，而能復，則无咎也。是以《彖傳》曰：「復其見天地之心乎。」〔二〕孔子於冬至之時，見天地之善心，而教人以養心〔三〕；孟子於平旦之時，驗天地之善氣，而教人以養心〔四〕，其義一也，故曰「聖人以此洗心」〔五〕。人生當世，無日無時不在六十四卦三百八十四爻之中，即無日無時不在吉、凶、悔、吝之中。「雞鳴而起，孳孳爲善者」，吉也；「雞鳴而起，孳孳爲利者」，凶也、悔也、吝也。利與善之間，所謂幾也。由利而之善，即由凶、悔、吝而之吉；由善而之利，即由吉而之凶、悔、吝，惟變所適，無一定也〔六〕。

文治嘗以「幾」而驗之：心，猶響也；身，猶應也；此響而彼即應。善念惡念之

〔一〕咸卦九四爻辭。

〔二〕復卦《彖傳》。

〔三〕唐先生《周易消息大義·復卦大義》謂：「復卦于時爲冬至，陽初生，四時之氣最善者也，此主一歲之消息而言。小之爲一日，于時爲子，平旦之氣最善者也，此主一晝夜之消息而言也。後人所謂『朝氣』，即生氣、善氣也。陽氣善，所以能生萬物，而人之善念，即萌于陽氣之動，與天地之生機息息相通。」

〔四〕《孟子·告子上》。

〔五〕《繫辭上傳》第十一章（《繫辭傳》分章依朱子《周易本義》，後同）。

〔六〕語出《孟子·盡心上》，唐先生《學易反身録》解釋「善不積，不足以成名」句嘗述此義，可互參。

萌猶形也，吉、凶、悔、吝猶影也，形動而影即從，人心動而鬼神隨之，「大人與鬼神合其吉凶」〔一〕，言無待鬼神之監察，鬼神即無權以司其吉凶。「小人以小善爲无益而弗爲，以小惡爲无傷而弗去，至惡積而不可掩，罪大而不可解」〔二〕，終其身在凶、悔、吝之中而不自知。哀哉！不占而已矣。故自聖賢觀之，理有定而數亦有定，理明而數自可知。孔子曰：「五十以學《易》，可以無大過。」〔三〕洗心乃可以寡過也。蘧伯玉行年五十，而知四十九年之非〔四〕，蓋得孔子學《易》之旨，故欲寡其過而未能也。顧亭林氏謂：「孔子説《易》見於《論語》者，一爲『寡過』，一爲『有恒』〔五〕，可知學《易》不外乎以修身爲主。」〔六〕其言可謂至精至切矣，此學《易》之大旨也。

〔一〕《乾文言傳》。
〔二〕《繫辭下傳》第五章。
〔三〕《論語・述而》。
〔四〕《淮南鴻烈・原道訓》卷一。
〔五〕「有恒」見《家人・大象傳》：「君子以言有物而行有恒。」《論語・述而》子曰：「善人吾不得而見之矣；得見有恒者斯可矣。亡而爲有，虚而爲盈，約而爲泰，難乎有恒矣。」
〔六〕顧炎武《日知録・孔子論易》。

《周易》名義

先師黄氏以周曰：「《周禮》太卜掌三易：一曰《連山》，二曰《歸藏》，三曰《周易》〔一〕。《連山》首艮，取艮之兼山也；《歸藏》首坤，取坤以藏之也；《周易》首乾，取天行之周流相易也。」〔二〕

鄭康成曰：「《連山》者，象山之出雲，連連不絶；《歸藏》者，萬物莫不歸藏於其中；《周易》者，言《易》道周普，无所不備。」〔三〕鄭君説三易字義甚明，而周訓周普，説本諸《繫辭傳》，尤爲獨見。傳曰：「《易》之爲書也不可遠，爲道也屢遷。變動不居，周流六虚，上下无常，剛柔相易。」〔四〕曰周流，曰相易，非釋《周易》之義乎？故特標之

〔一〕《周禮・春官》載太卜職「掌三易之灋，一曰《連山》，二曰《歸藏》，三曰《周易》」。
〔二〕黄以周《周易注疏賸本・周易上經傳》疏。
〔三〕孔穎達《周易正義・論三代易名》引鄭康成注。
〔四〕《繫辭下傳》第八章。

曰「《易》之爲書」也。下二章則釋《周易》卦爻之義，亦曰「《易》之爲書」〔一〕，孔沖遠斥鄭君説無所據〔二〕，抑何疏耶？

孔氏又謂：「《世譜》等羣書，神農一曰連山氏，亦曰列山氏，黄帝一曰歸藏氏。既連山、歸藏並是代號，則《周易》稱周，取岐陽地名。」〔三〕抑知《周易》之名始於文王，非周革商之後，以周號代，乃以周名《易》也；亦非文王作《易》於羑里，而取岐陽之地名以名之也。

賈公彦曰：「《連山》《歸藏》皆不言地號，以義名《易》，則周非地號。以《周易》以純乾爲首，乾爲天，天能周帀於四時，故名《易》爲周。」〔四〕此説得之。

孔氏又謂：《周易》題周，猶《周書》《周禮》題「周」以别餘代〔五〕。亦未可信。《書》

〔一〕《繫辭下傳》第九章載：「《易》之爲書也，原始要終，以爲質也。」第十章載：「《易》之爲書也，廣大悉備，有天道焉，有人道焉，有地道焉。」

〔二〕孔穎達，字沖遠。《周易正義·論三代易名》斥鄭君説：「鄭玄雖有此釋，更无所據之文。先儒因此遂爲文質之義，皆煩而无用，今所不取。」

〔三〕孔穎達《周易正義·論三代易名》。

〔四〕賈公彦《周禮注疏》卷二八「春官宗伯下」。

〔五〕孔穎達《周易正義·論三代易名》：「文王作《易》之時，正在羑里，周德未興，猶是殷世也，故題周，别於殷。」

有《唐書》《虞書》《夏書》《商書》，禮有夏禮、殷禮。曰《周書》、曰《周禮》固以別餘代也，若夫《連山》《歸藏》，古者本不名《易》，夏用《連山》，商用《歸藏》，亦不名《夏易》《商易》，是亦何待題周以別之乎？

郭白雲曰：「文王重卦，《易》之名出焉。夏《連山》、商《歸藏》，而不曰夏、商《易》者，時未有《易》之名故也。」〔一〕

顧亭林曰：「一曰《連山》，二曰《歸藏》，三曰《周易》。《連山》《歸藏》非《易》也，而云『易』者，後人因《易》之名而名之也。猶之《墨子》書言周之《春秋》、燕之《春秋》、宋之《春秋》、齊之《春秋》，周、燕、宋、齊之史，非必皆《春秋》也，而云『春秋』者，因魯史之名以名之也。」〔二〕

竊考《左傳》《國語》載占辭與《周易》異者，《連山》《歸藏》之文也。其本文俱不言《易》，是《連山》《歸藏》不名《易》之明證也。《晉語》：「公子親筮之，曰：『尚有晉

〔一〕郭雍，字子和，號兼山先生、白雲先生，北宋洛陽人，著有《易説》。其語今存於《宋元學案》卷二八兼山學案《傳家易説總論》。

〔二〕顧炎武《日知録・三易》。

國。』得貞屯悔豫，皆八也。筮史占之，皆曰：『不吉。閉而不通，爻無爲也。』」[一]是以《連山》《歸藏》占之也。「司空季子曰：『吉。是在《周易》，皆利建侯。』」[二]特云在《易》，以别《連山》《歸藏》，是《易》爲《周易》專稱之明證也。《周易》爻稱九六，以變者占，故特名《易》；《連山》《歸藏》爻稱七八，以不變者占，故不名《易》。是則《周易》稱「易」，非襲舊名也；而《周易》稱「周」，亦非别餘代矣。

鄭氏《易贊》曰：「《易》之爲名也，一言而函三義：簡易，一也；變易，二也；不易，三也。」[三]故《繫辭》云：「乾坤其《易》之緼邪？」又曰：「易之門户邪？」又曰：「夫乾，確然示人易矣。夫坤，隤然示人簡矣。」「易則易知，簡則易從。」此言其易簡之法則也。又曰：「爲道也屢遷，變動不居，周流六虚，上下无常，剛柔相易，不可爲典要，唯變所適。」此言從時變易，出入移動者也。又曰：「天尊地卑，乾坤定矣。卑高以陳，貴賤位矣。動靜有常，剛柔斷矣。」此言張設布列不易者也。據兹三義，而説《易》之道，廣矣大矣。

[一]《國語·晉語四·文公在狄十二年》。
[二]《國語·晉語四·文公在狄十二年》。
[三] 孔穎達《周易正義·論三代易名》引鄭康成云：「易一名而含三義：易簡，一也；變易，二也；不易，三也。」

文治按：易簡者，乾、坤之藴也，所謂寂然不動者也，六十四卦皆以乾、坤爲門户也。變易者，即卦變也，其徵諸經而顯然者，如履之「夬履貞厲」，是履由夬變；大壯之「喪羊于易」，是大壯由兑變；鄭注云：「易，佼易也。」〔一〕交即佼之本字。旅卦之「喪牛于易」，是旅變小過，上失離象也。蓋鄭君之言變易，又兼交易而言也。不變者，爻之定位也。此易字之三義也。

四聖作述源流及彖、象、文言名義

伏羲畫八卦，遂重之爲六十四卦，又作十言之教曰「乾、坎、艮、震、巽、離、坤、兑、消、息」〔二〕，以通神明之德，類萬物之情。

文王作諸卦之彖辭，彖辭〔三〕者，如「乾，元亨利貞」「坤，元亨利牝馬之貞」等是也。

〔一〕李道平《周易集解纂疏》大壯六五爻辭疏引。

〔二〕「十言之教」語，見孔穎達《春秋左傳正義・定公四年》引「《易》云」，南宋朱震《漢上易傳》卷八引「鄭康成曰」。清儒陳鱣將其輯入鄭玄《六藝論》中。

〔三〕彖辭即卦辭，然亦可解作《十翼》中的《彖傳》。如陸德明《經典釋文・序録・注解傳述人》云：「文王拘於羑里作卦辭，周公作爻辭，孔子作彖辭、象辭、文言、繫辭、説卦、序卦、雜卦，是爲《十翼》。」

彖者，材也，言裁斷之也。

周公作爻辭。爻辭者，如乾卦之「潛龍勿用」「見龍在田、利見大人」等是也。爻也者，效天下之動者也，言乎變者也。自有爻辭，而天下人事吉、凶、悔、吝乃畢著矣。

孔子作《十翼》。《十翼》者，謂《彖上傳》《彖下傳》《象上傳》《象下傳》《繫辭上傳》《繫辭下傳》《文言傳》《説卦傳》《序卦傳》《雜卦傳》是也。古時未有箋注名目，凡發揮大義者謂之「傳」。蓋伏羲、文王、周公爲之經，而孔子爲之注。經四聖人之手訂，此《易》之所以崇德而廣業，窮理而盡性也。

沈氏起元〔一〕曰：「古《周易》文王卦辭、周公爻辭，爲經上下二篇。孔子《十翼》，爲傳十篇，各爲一書。費長翁〔二〕始以《彖》《象》《繫辭》之言解説上下經。鄭康成合《彖傳》《大象傳》《小象傳》於經，加『彖曰』『象曰』字。王輔嗣〔三〕祖之，謂孔子贊爻之辭，本以釋經，宜相附近。又取乾坤二卦《文言》附入，加『《文言》曰』三字於首。於是

〔一〕沈起元（一六八五～一七六三），字子大，江蘇太倉人；《易》學著有《周易孔義集説》，以下所引即此書。

〔二〕費直，字長翁，西漢東萊人。《漢書·儒林傳》言其治《易》：「長於卦筮，亡章句，徒以《彖》《象》《繫辭》十篇《文言》解説上下經。」

〔三〕王弼（二二六～二四九），字輔嗣，曹魏山陽人，有《周易注》《周易略例》。

好古者每歎古《易》之亡。至宋吕汲公〔一〕、吕東萊〔二〕訂正《古易》十二篇。朱子《本義》初本亦據東萊本篇次，至明初修《大全》，復析《本義》，從《程傳》之序，則今之行本也。愚謂《易》之亡不亡，存乎其義耳。篇次分合，豈直筌蹄而已哉？學《易》者不能舍卦爻辭以求《易》，即不能舍孔傳以解辭。伊川〔三〕《易傳》序云：『未有不得於辭而通其意者也。……余所傳者辭也。』〔四〕然則欲得文、周之辭，舍孔傳其曷由？王氏以傳附經，用資觀玩，乃學《易》之定法，不得云變亂。」〔五〕

阮氏元曰：「庖犧氏未有文字，始畫八卦。然非畫其卦而已，必有意立乎卦之始，必有言傳乎畫之繼。其意若指此或連或斷之畫，以爲此乾、坎、艮、震、巽、離、坤、兑也，其言遂以音傳之曰此乾、坎、艮、震、巽、離、坤、兑也。」「至黄帝時始有文字，後人始指八卦之字而讀之以寄其音，合之以成其書，而庖犧八卦命名之意，傳乎其中

〔一〕吕大防（一〇二七～一〇九七），字微仲，北宋藍田人，先汲郡人，世稱「汲公」，著有《周易古經》。
〔二〕吕祖謙（一一三七～一一八一），字伯恭，南宋壽州人，世稱「東萊先生」，著有《古周易》。
〔三〕程頤（一〇三三～一一〇七），字正叔，北宋河南人，號伊川，著有《易程傳》，乃唐先生取重者。
〔四〕程頤《易傳序》。
〔五〕沈起元《周易孔義集説·凡例》第一條。

矣。故六書出于八卦，而指事、象形、諧聲、會意、轉注、假借皆出于《易》，舍《易》卦，無以生六書，非六書，無以傳庖犧之意與言，故《傳》曰『書不盡言，言不盡意』〔一〕者，此也。書乃六書之書。《傳》曰：『《易》之爲書也。』亦謂籀篆之著簡策，非如今紙印之書也〔二〕。」「書契取於夬〔三〕，是必先有夬卦而後有夬意，先有夬意而後有夬言，先有夬言而後有夬書，先有夬書而後有夬辭者也。以此推之，後世之言語文字皆出八卦，益明矣。」〔四〕

又曰：「彖之爲意如何？孔子『材也』之訓〔五〕又如何？曰：『此但當以彖字爲最先之字，但言其音而意即在其中。彖古音當讀若弛，音近於才，亦與蠡字音近，是彖音必與才音同部。即如蠡字加蚰，與不加蚰無異也。《方言》曰：「蠡，分也。」蠡尚訓爲分，則彖字本訓

〔一〕《繫辭上傳》載「子曰：『書不盡言，言不盡意。』然則聖人之意其不可見乎？子曰：『聖人立象以盡意，設卦以盡情僞，繫辭焉以盡其言，變之通之以盡利，鼓之舞之以盡神。』」

〔二〕陸德明《經典釋文·尚書音義上》釋「書契」曰：「書者，文字；契者，刻木而書其側，故曰書契。一云以書契約其事也。鄭玄云：以書書木邊，言其事，刻其木，謂之書契也。」

〔三〕《繫辭下傳》第二章：「上古結繩而治，後世聖人易之以書契，百官以治，萬民以察，蓋取諸夬。」

〔四〕阮元《揅經室集·易書不盡言言不盡意說》。

〔五〕《繫辭下傳》載：「是故《易》者象也，象也者像也；彖者材也；爻也者，效天下之動者也。」

爲分可知也。豕挩即分也，此即孔子之所以訓彖爲材也。材即財，成天地之道之財，亦即三才之才，以天地人三分分之也。今人但知寫「化而裁之」之裁，方謂用刀裁物；而不知古人音意相同，字多假借，材即裁也，財亦裁也。否則貨財之財，安可曰財成天地邪？孔子所訓之材，言用此彖辭説卦象而分之也。且説从兑，兑與彖同意。兑者，最先之字；説者，後造之字，即謂彖爲説之假借亦可。明乎此，則爻者效也之意，於此更明矣。是故學者以「彖者，材也」求孔子之意；不能明，以「蠡者，裁也」求之，則明矣。』」〔一〕

又曰：「古人無筆硯紙墨之便，往往鑄金刻石，始傳久遠，其著之簡策者，亦有漆書刀削之勞，非如今人下筆千言，言事甚易也。許氏《説文》：『直言曰言，論難曰語。』《左傳》曰：『言之無文，行之不遠。』〔二〕此何也？古人以簡策傳事者少，以口舌傳事者多。以目治事者少，以口耳治事者多。故同爲一言，轉相告語，必有愆誤，是必寡其詞，協其音以文其言，使人易於記誦，無能增改，且無方言俗語雜於其間，始能

〔一〕阮元《揅經室集・釋易彖意》。
〔二〕《春秋左傳・襄公二十五年》。

達意，始能行遠。此孔子於《易》所以著《文言》之篇也。古人歌詩、箴銘、諺語，凡有韻之文，皆此道也。《爾雅・釋訓》主於訓蒙，子子孫孫以下用韻者三十二條，亦此道也。孔子於乾坤之言自名曰『文』，此千古文章之祖也。」[一]

文治案：陸德明《經典釋文》曰：「文言，文飾卦下之言也。……梁武帝云：『文言，是文王所制。』」[二]竊意梁武帝之説蓋因「元者，善之長」一段已見於《左傳》[三]，故疑爲文王所制。然或係古志之言，而孔子述之，未可知也。

先儒説《易》家法義例

《易》之爲書，廣大悉備，仁者見仁，智者見智，而支離穿鑿，馳騁私臆者，亦復不少。學者何由而辨其是非？曰惟折衷於聖傳而已。孔子以彖、象、文言説經。凡合於彖、象、文言者，必合於羲、文、周、孔之意者也；其背於彖、象、文言而鄉壁虛造者，

[一] 阮元《揅經室集・文言説》。

[二] 《經典釋文・周易音義》。

[三] 《春秋左傳・襄公九年》「穆姜薨於東宮」載此事云：「元，體之長也；亨，嘉之會也；利，義之和也；貞，事之幹也。體仁足以長人，嘉德足以合禮，利物足以和義，貞固足以幹事。」

必背於羲、文、周、孔之意者也。

宣聖《易》學，受自商瞿，漢代説《易》者，自田何、丁寬、楊何、施讎、孟喜、梁邱賀、費直、高相〔一〕而後，以鄭、荀、虞三家爲最著。虞翻〔二〕傳孟喜《易》，發明十二辟卦〔三〕消息旁通之正，以六十四卦皆歸於「既濟定」〔四〕，實有合於聖傳。「六爻發揮，旁通情也。」「雲行雨施，天下平也。」〔五〕「乾坤爲《易》之門，乾坤毁則无以見《易》之義。」〔六〕精微深奥，可謂至矣。鄭康成、荀爽俱傳費直《易》。鄭氏主爻辰，乾坤十二爻配十二辰，陰陽相間，亦歸於既濟定也。荀氏主升降，以陽在二者，當上升坤五爲君。陰在五者，當降居乾二爲臣。蓋乾升坤爲坎，坤降乾爲離，亦歸於既濟定也。是三家殊途而同歸者也，皆七十子之微言流裔也。

〔一〕如上説《易》者俱載於《漢書·儒林傳》中。
〔二〕虞翻（一六四～二三三），字仲翔，會稽餘姚人，仕宦東吴。虞氏《易注》遺文載唐李鼎祚《周易集解》。
〔三〕辟卦即主卦。
〔四〕《雜卦傳》云：「既濟，定也。」
〔五〕《乾文言傳》。
〔六〕《繫辭下傳》第六章：「乾坤其《易》之門邪？」《繫辭上傳》第十二章：「乾坤毁，則无以見《易》。」

魏晉以後，古注散佚，唐李鼎祚《周易集解》，採輯精詳，漢師家法，賴以不墜，爲研究《易》學者之荄基。孫氏堂即据此輯《漢魏二十一家易注》，兼事旁搜，亦爲精審。惠氏棟《周易述》采擇宏博。張氏惠言輯鄭、荀、虞義及《易義别録》，釐别家法，厥功甚偉，漢《易》徑途，藉此可以窺尋。姚氏配中《周易》學尤爲純粹無疵，深得作《易》憂患之恉。

宋儒之説《易》者，《程氏傳》推天人之奥，廣大精深，隱合宣聖之旨，顧氏炎武最爲服膺。朱子以《程傳》尚辭，故其作《本義》，以尚占爲主，可與《程氏傳》並行不悖。楊氏萬里《易傳大旨》亦本程氏，而參以史事，合於干寶〔一〕家法。項氏安世〔二〕《周易玩辭》能言理而不墜於玄虚，其推明《易》例，尤多獨得。

至於集義理之大成，窮象數之閫奥，崇盛德而廣大業，則惟御纂《周易折中》，實爲古今造極之作，非掇拾零文碎義者所能知也。李氏光地《周易通論》擷取《折中》之

〔一〕干寶，字令升，晉新蔡人，《隋書》載其著有《周易注》《周易爻義》《周易宗塗》等《易》學專著，今皆散佚，遺文載唐李鼎祚《周易集解》。後人有輯本。

〔二〕項安世，字平父，南宋江陵人，事載《宋史》，著《周易玩辭》十六卷。

菁華，義理奥博，頗有觀止之歎。近皖江陳氏世鎔[一]所著《周易廓》，漢宋兼採，精於義例，世鮮有知之者。

先師黄氏以周爲《易》學專家，著《十翼後録》八十卷[二]，惜世無傳本。文治僅鈔得《周易故訓訂》一卷，師法所在，頗見源流。拙編《大義》倣《周易折中》，以《程傳》爲主，其文義之複沓者，稍删節之；《本義》則採録甚尠，因已刊入《十三經讀本》，爲人人必讀之書也。此外漢宋諸家，凡合於孔門家法者，均詳加輯録，惟是見聞弇陋，學識短淺，大雅君子，幸匡正之。

學易緒言

【釋】唐先生發明治《易》大法，先明「義例」，皆於孔門《易》傳取證，此先生所强調之「孔門

[一] 陳世鎔（一七八七～一八七二），字大冶，雪樓，懷寧縣人；嘉慶二十一年（一八一六）舉人；道光三年（一八二三）入安徽巡撫陶澍幕；十五年（一八三五）進士，歷任隴西、岷州、涼州古浪知縣。著有《五經四書説解》五十卷，《求志居詩文集》三十六卷，合刊爲《求志居集》十一種八十七卷。謹按：唐先生甚推重陳氏《周易廓》《周易消息大義》經常徵引。

[二] 黄以周《十翼後録》稿本二十四卷，收録《續修四庫全書·經部·易類》。

家法」也。至於唐先生於《易》例所重者，在判别内外卦，「内卦」以二爻爲主，「外卦」以五爻爲主。

凡説經者，必先明義例，不知其例，不足以言通經。司馬子長云：「《春秋》文成數萬，其指數千。」〔一〕《周易》之例，奚啻數千而已。今有至約之法以示學者。蓋《易》例備詳於《十翼》，《十翼》以《繫辭傳》爲尤要。

《繫辭傳》曰：「《易》之爲書也，原始要終，以爲質也。」此即言六爻也，曰：「初辭擬之，卒成之終。」言初爻與上爻也。初爻擬辭，上爻成終，其意皆相應，其質皆相成。曰：「二與四，三與五，同功而異位。」此言剛柔之位也。爻例自下而上，一陰一陽相間爲當位，六十四卦惟既濟六爻皆當位，故《彖傳》曰「剛柔正而位當」也。凡諸卦《象傳》中言當位不當位，以此例推之，便易省悟，而所以吉、凶、悔、吝之故，亦於是乎在矣。

〔一〕司馬遷《史記·太史公自序》。

「上經首乾坤，下經首咸恒；上經言天道，下經言人事。」〔一〕讀《序卦傳》，大義已明。而善觀天人之際者，要在以人法天，推諸家國身心，吉凶與民同患。故上經著泰否二卦，下經即著損益二卦，皆天人之大源也；上經終坎離，下經終既未濟，坎離爲乾坤之相交，既未濟又爲坎離之相重也。學者每讀一卦，當審其爲天道，爲人事，爲政治之本源，爲心理之奥窔。隨卦隨爻，隨時隨事，返之於身，徵之於實事，則得之矣。

《繫辭傳》曰：「《易》之爲書也，廣大悉備，有天道焉，有人道焉，有地道焉，兼三才而兩之。故六六者非它也，三才之道也。」又《説卦傳》曰：「兼三才而兩之，故《易》六畫而成卦。」而乾卦《文言傳》曰：「上不在天，下不自田，中不在人。」是爻例上兩畫爲天，下兩畫爲地，中兩畫爲人。然似泰否兩卦《彖傳》以君子、小人與天地對言，謙

〔一〕《序卦傳》上經三十卦前云：「有天地，然後萬物生焉。盈天地之間者唯萬物，故受之以屯。」此概爲天道。又於下經三十四卦前云：「有天地然後有萬物，有萬物然後有男女，有男女然後有夫婦，有夫婦然後有父子，有父子然後有君臣，有君臣然後有上下，有上下然後禮義有所錯。夫婦之道不可以不久也，故受之以恒。」此概爲人事。

卦《彖傳》以天道、地道、人道與鬼神並言〔一〕，賁卦《彖傳》專言天文人文，益卦《彖傳》專言天施地生。要知《易》義變化无方，未可滯於一隅也。

《京房易・積算法》曰：「孔子《易》云有四易，一世二世爲地易，三世四世爲人易，五世八純爲天易，遊魂歸魂爲鬼易。」〔二〕蓋遊於上斯歸於下，先儒謂歸魂者，碩果不食也〔三〕。朱子《分宫卦象次序歌》〔四〕，「方以類聚，物以羣分」，一縱一横，可樂而玩。文治嘗悉心推求之，如晉爲乾宫遊魂卦，其二爻云：「受茲介福，于其王母。」先儒謂指祭祀而言。又如小過爲兑宫遊魂卦，其二爻云：「過其祖，遇其妣。」是則遊魂之義，聖經固有明徵矣。而八純卦即極於五世，蓋即《孟子》所謂「君子之澤，五世而

〔一〕謙卦《彖傳》云：「謙，亨，天道下濟而光明，地道卑而上行。天道虧盈而益謙，地道變盈而流謙，鬼神害盈而福謙，人道惡盈而好謙。謙尊而光，卑而不可踰，君子之終也。」

〔二〕《京氏易傳》卷下。又見於惠棟《易例・世應》。

〔三〕剥上九爻辭云：「碩果不食，君子得輿。」惠棟《易例・世應》：「《京房乾傳》曰：『精粹氣純，是爲遊魂。』陸績曰：『爲陰極剥盡，陽道不可盡滅，故返陽道，道不復本位，爲遊魂，例八卦。』先曾王父樸庵先生《易説》（諱有聲，字律和）曰：『碩果不食，故有遊歸。』又曰：『陰陽代謝，至於遊魂。』《繫》云：『精氣爲物，遊魂爲變，是故知鬼神之情狀。』」（樸庵先生曰：「此《易緯》以遊魂爲鬼易也。」）

〔四〕參本書所載《周易消息大義》卷首。

斬；小人之澤，五世而斬」也。又《乾鑿度》曰：「爻例，初爲元士，二爲大夫，三爲三公，四爲諸侯，五爲天子，上爲宗廟。」此與履卦《彖傳》所稱帝位〔一〕及大有三爻「公用亨于天子」之文相合。學者讀《易》時，以意推求之可也。

《繫辭傳》曰：「以動者尚其變。」又曰：「剛柔相推，變在其中矣。」是孔子明示人卦變之例，而李氏光地乃謂不過内外，「剛柔、上下、往來，無卦變之義」〔二〕。按：訟《彖傳》曰「剛來而得中」，賁《彖傳》曰「柔來而文剛」「分剛上而文柔」。无妄《彖傳》曰：「剛自外來，而爲主于内。」明指卦變而言。如李氏説，實於聖傳不合。竊意《周易》之義，有交易、有變易。乾坤相交而生六子，是交易也；八卦變而成十二辟卦，十二辟卦變而成六十四卦，是變易也。是編所載卦變説，大旨宗荀、虞氏，與朱子説略有不同。

《繫辭傳》云：「雜物撰德，辨是與非，則非其中爻不備。」沈氏起元曰：「中爻，互

〔一〕履卦《彖傳》云：「履，柔履剛也。説而應乎乾，是以履虎尾，不咥人，亨。剛中正，履帝位而不疚，光明也。」

〔二〕李光地《周易通論·卦變辨》：「《易》中言剛柔、上下、往來者，先儒皆以卦變之法推之，故其爲説甚多。今直依古注，但以虚象説上下往來之義，則所謂上下往來者，與内外之義同爾。」

卦〔一〕也，文王卦辭、周公爻辭以互體立義者，其象皎然，故先儒多以互體説《易》，不可忽也。」〔二〕任氏啓運〔三〕曰：「互卦之例明見於爻，若泰中互歸妹，而五言『帝乙歸妹』。萃上互巽，而《象傳》言『上巽』是也〔四〕。」任氏又謂：「上下易卦〔五〕之例，明見於彖象，若泰曰『小往大來』，否曰『大往小來』；晉曰『明出地上』，明夷曰『明入地中』；屯曰『動乎險中』，解曰『動而免乎險』。《繫傳》大過、大壯諸卦，胡氏謂『凡言後世易之，皆以上下卦相易』是也。」

文治案：小畜互離〔六〕，其三爻曰「夫妻反目」，離爲目也。謙互坎，其初爻曰「用涉大川」，三爻曰「勞謙」，坎爲川、爲勞也。《左傳》占事，亦多有用互卦者，如

〔一〕互卦，即以本卦中之二、三、四爻分别對應爲新卦之一、二、三爻，三、四、五爻又作新卦之四、五、六爻，以此得出之新卦，稱爲互卦。引文中言泰中互歸妹即以此法。然而萃上互巽，則單指互卦之上卦巽言，故言「上互」。
〔二〕沈起元《周易孔義集説・凡例》。
〔三〕任啓運（一六七〇～一七四四），字翼聖，江蘇宜興人，《易》學著作有《周易洗心》。唐先生本節徵引其《周易洗心・讀易法》。
〔四〕巽六五《象傳》：「往无咎，上巽也。」
〔五〕即上卦、下卦互换。
〔六〕小畜三、四、五爻合爲離卦，如上萃上互巽之例。

周史占陳敬仲遇觀之否，謂「巽，風也，風爲天于土上，山也」之類〔一〕，是互卦之義，經傳均有明徵矣。需訟兩象相易，需上爻曰：「有不速之客三人來。」需易爲訟也。履五爻曰「夬履貞厲」，夬易爲履也〔二〕。是易卦之例，聖經更有明文矣。惟謂《繫辭傳》「後世易之」皆以上下卦相易，則不免失之穿鑿耳。凡易卦，彖辭係言一卦之性情。故《乾文言傳》曰：「乾元者，始而亨者也。利貞者，性情也。」可見彖辭係言性情，聖人特於乾卦明其例，而《彖傳》則係每卦卦德之贊辭也。至卦爻則各有其志，如志剛也，志未變也，志大得也之類。每爻之各有其志，猶每卦之各有其性情也。《繫辭傳》曰：「愛惡相攻，情僞相感。」〔三〕學者觀卦之性情與爻之志，則於利害吉凶，思過半矣。

此外雜例，下卦爲內，上卦爲外；之外爲往，之內爲來；初與四、二與五、三與上

〔一〕《春秋左氏傳·莊公二十二年》載「陳侯使筮之，遇觀之否，曰，是謂觀國之光，利用賓于王。……坤土也，巽風也，乾天也。風爲天於土上，山也。」觀之否，意則占得觀之四爻爲老陰，變爲少陽，故成「觀之否」；「風爲天於土上」，即觀的上卦巽變爲否的上卦乾，此即「風爲天」；於土上，即觀否之下卦坤，依唐先生「互卦」之法度之，以否的二三四爻合之，即爲艮，艮爲山，故曰「風爲天於土上，山也」。

〔二〕履上下卦互換，即成夬卦。

〔三〕《繫辭下傳》云：「愛惡相攻而吉凶生，遠近相取而悔吝生，情僞相感而利害生。」

爲應；乘下爲乘；二與五爲中；當位爲正；陰爲消，陽爲息；陽爲大，陰爲小；陽爲貴，陰爲賤；陽爲君子，陰爲小人；陽數奇而陰數耦，此小人之所以恒多於君子也，尤可畏哉！

虞氏發明十二辟卦消息，實本於孟長卿《孟氏卦氣圖》，以坎離震兑爲四正卦，餘六十卦，卦主六日七分，合周天之數，内辟卦十二：自復而臨，而泰而大壯，而夬而乾，謂之陽息卦〔一〕；自姤而遯，而否而觀，而剥而坤，謂之陰消卦〔二〕。此十二卦分配十二月，復爲十一月冬至陽生，故《象傳》曰「至日閉關」〔三〕。卦變皆從此十二卦而來，義最精審。

乾坤二卦《文言傳》《繫辭上傳》「鳴鶴在陰」七節〔四〕，「自天祐之」一節，《繫辭下傳》「憧憧往來」十一節〔五〕，凡天人之奥、修身處世、開物成務之原，具備於是，學者當

〔一〕經歷三變。
〔二〕亦經歷三變。三變爲事變之始、壯、究，凡陽息陰消皆非突然發生，始、壯、究乃其必然進程。
〔三〕復卦《象傳》云：「雷在地中，復；先王以至日閉關，商旅不行，后不省方。」
〔四〕《繫辭上傳》第八章自「鳴鶴在陰」以下所講解的七個卦爻之義。
〔五〕《繫辭下傳》第五章自「憧憧往來」以下所講解十一卦爻之義。

終身服膺之者也。又《序卦傳》：「升而不已，必困，故受之以困。」「窮大者必失其居，故受之以《旅》。」其言深切尤足警世。

朱子謂：「有伏羲之《易》、有文王、周公之《易》，有孔子之《易》，學者不可便以孔子之説爲文王之説。」[一]陳氏世鎔駁之，謂：「文王、周公、孔子同言卦象，何所分别？」[二]其説是矣。然彖爻義確有互相發明者，亦有絶不相蒙者，如屯彖辭言「勿用有攸往，利建侯」，初爻言「利居貞，利建侯」；謙彖辭言「君子有終」，三爻言「君子有終吉」，此周公於屯謙主爻發明文王之意也。咸彖辭言「取女吉」，而初爻言「咸其拇」，二爻言「咸其腓」，三爻言「咸其股」，四爻言「憧憧往來」，五爻言「咸其脢」，上爻言「咸其輔」，皆言相感之理，並無取女之象。漸彖辭言「女歸吉」，而初爻言「鴻漸于干」，二爻言「鴻漸于磐」，三爻言「鴻漸于陸」，四爻言「鴻漸于木」，五爻言「鴻漸于陵」，上爻言「鴻漸于陸」，皆言高尚之義，並無女歸之象，此爻辭與彖辭絶不相蒙者

[一] 朱子《周易本義·卦變圖》文。
[二] 陳世鎔《周易廓·自叙》云：「夫《易》之在天下……伏羲、文王、周公特假象以明義……孔子爲之傳，其心即伏羲、文王、周公之心。心無二，《易》亦無二也。」

也。孔子作《易傳》均係循文衍義，然乾二爻「見龍在田」與言行似無關也，而孔子則釋之曰：「庸言之信，庸行之謹。」〔一〕中孚二爻「鳴鶴在陰」與言行似無關也，而孔子釋之曰：「言行，君子之樞機，樞機之發，榮辱之主也。」〔二〕此則廣大精微，更非後人所能窺測矣。

《雜卦傳》與《序卦》次序不同，後儒爭作「圖説」，以爲孔子别有命意。不知孔子明言：「作《易》者，其有憂患乎？」〔三〕「乾剛坤柔」一章，不過憂患之旨耳〔四〕。先聖後聖，其揆一也。若謂《雜卦》别具王道聖功之要，豈《序卦傳》不寓王道於聖功乎？

先師黄氏以周曰：「學《易》者，當於《通志堂經解》中求之。《學海堂經解》中自惠氏、張氏外，餘無取焉。」文治泛濫二書，深信其説。蓋《通志堂經解》實係顧氏炎武

〔一〕《乾文言傳》。
〔二〕《繫辭上傳》第八章。
〔三〕《繫辭下傳》第七章。
〔四〕《雜卦傳》：「乾剛坤柔。比樂師憂。」又曰：「夬，決也，剛決柔也。君子道長，小人道憂也。」

所藏之書，而徐氏乾學得之，歸諸納蘭成德〔一〕，其中説《易》之書尤夥，故多精粹之作。然其惑於圖象而墮於空虛者，亦復不少。

任氏啓運《周易洗心》有《讀易法》一卷，論八卦性情才德，「因而重之，有合有不合，當有補救之方」，其論極精。惟其説五十學《易》，以爲用五用十，且糾纏先天後天，推之未有卦畫以前，則穿鑿而無所取。近陳氏澧《東塾讀書記·説易經》一卷，精當不刊，惜左袒王弼，是其一病。陳氏世鎔《周易廓》有《讀易雜記》一卷，發明爻例卦象，貫串旁通，勉勵初學，兢兢戒慎，爲學者必讀之書也。

易微言一

【釋】此篇乃唐先生具説其《易》學之「孔門家法」。書中强調「志」，乃先生「心學」之體現，正視意志之正面作用，正視作《易》之心，尤其是身處「憂患」之旨，更是先生所終生究意者，乃實踐孟子所言「以意逆志」之讀書法門。唐先生於南菁書院師從黄以周學習《周易》，從漢《易》入門，故通曉象數之學；唯先生好程頤《易傳》，以故漢宋兼採，而通融「致良知」於

〔一〕納蘭成德（一六五五～一六八五），字容若，滿州正黄旗人，曾編《大易集義粹言》。

意志之實踐中，此乃其以志説《易》之微言大義，充類至盡。先生立身處世、治事行政之綱領與原則，皆在於是。先生晚年講説《周易憂患九卦大義》，宗旨先見此，是先生以憂患説作《易》之志，乃一以貫之，終身行之者也。唐先生説志，原非襲人牙慧，唐先生乃實在綜括歸納諸卦《象傳》用例，提煉出《易傳》中大量「志」字運用之實況，洞徹明白，是以説《易》志，非空言硬套，此乃唐先生《周易》學之精到與過人之處。其以本經經義爲立言根本，無疑爲實事求是之治經典範。

學《易》之法，備於孔子之《繫辭傳》。《繫辭傳》云：「《易》有聖人之道四焉：以言者尚其辭，以動者尚其變，以制器者尚其象，以卜筮者尚其占。」此《易》之精藴也。

曷謂「以言者尚其辭」？「聖人設卦觀象，繫辭焉而明吉凶。」卦有卦之繫辭，爻有爻之繫辭。伏羲三畫，文王重之而繫之辭曰：「乾，元亨利貞。」及周公又繫之辭曰「潛龍勿用」「見龍在田」云云者，抑何奇也。孔子曰：「聖人之情見乎辭。」而即繼之曰：「天地之大德曰生，聖人之大寶曰位。何以守位？曰仁。何以聚人？曰財。」然則聖人之情，要以修德行仁爲主。因孔子之辭意，而周公之辭意可知也，文王之辭意可知也。孔子曰：「其辭文，其言曲而中，其事肆而隱。」〔一〕以至纖之辭而包至廣至大之事，此所謂奇而法者也，皆以其苦心覺示天下者也。是故君子所樂而玩者，爻之辭也。

曷謂「以動者尚其變」？孔子曰：「剛柔相推而生變化。」又曰：「變化者，進退之象也。」又曰「變通配四時」。文治嘗考卦變之義，以消息之序言之，皆自十二辟卦而來，所謂「變通者，趣時者也」〔二〕，亦所謂「變動不居，周流六虚」〔三〕者也。卦變説見下篇。孔子曰「變動以利」，言利者，性情也〔四〕，自然之道也。因乎時而變焉，因乎性情而變焉，變則通，通則久〔五〕，此聖人所以貞天下之動也〔六〕。

〔一〕《繫辭下傳》第六章。

〔二〕《繫辭下傳》第一章。

〔三〕《繫辭下傳》第八章。

〔四〕《繫辭下傳》第十二章：「變動以利言，吉凶以情遷。是故愛惡相攻而吉凶生，遠近相取而悔吝生，情僞相感而利害生。」又《乾卦·文言傳》云：「『乾』『元』者，始而亨者也。『利貞』者，性情也。乾始能以美利利天下，不言所利，大矣哉！」

〔五〕《繫辭下傳》第二章：「神農氏没，黄帝、堯、舜氏作，通其變，使民不倦，神而化之，使民宜之。《易》，窮則變，變則通，通則久。」

〔六〕《繫辭下傳》第一章：「天下之動，貞夫一者也。」

曷謂「以制器者尚其象」？包犧氏通神明，類萬物，作八卦是矣。顧文治竊有疑焉者：神農之時未有重卦，而云取諸益、取諸噬嗑，何也？蓋古人制器，有取卦象者，有取卦義者。離之爲罔罟也，乾坤之爲衣裳也，涣之爲舟楫也，皆取其象者也；益之爲耒耜也，噬嗑之爲市也，隨之爲引重致遠也，夬之爲書契也，皆取其義者也。又推而言之：剥之爲牀也、廬也，大過之爲棟也，火風之爲鼎也，艮之爲門也，皆取其象者也；坎之爲曳輪也，水風之爲井也，皆取其義者也。孔子曰：「備物致用，立成器以爲天下利，莫大乎聖人。」〔一〕周子曰：「五行之生也，各一其性。」〔二〕聖人備物成器，莫非取五行之精。後有作者，莫能越其範圍矣。

曷謂「以卜筮者尚其占」？於「大衍之數五十」見之矣。孔子曰：「《易》之爲書也不可遠，爲道也屢遷，變動不居，周流六虚，上下無常，剛柔相易，不可爲典要，惟變所適。」〔三〕是故吉者未必其終吉也，凶者未必其盡凶也。其所以變化無常者，隨人心之

〔一〕《繫辭上傳》第十一章。
〔二〕周敦頤《太極圖説》。
〔三〕《繫辭下傳》第八章。

善惡爲轉移也。考《左氏春秋》内外傳〔一〕占筮之法可知之矣。如穆姜占得「隨，元亨利貞」〔二〕之類。且吉凶者，失得之象也，非必以禍福計也。是故君子思不出其位，洗濯其心，神明其德，而後可以言占也。凡此所謂聖人之道也。

抑文治更有進者。人事之吉凶悔吝，由於人心之喜怒哀樂相配而成。吉事有喜，故喜之字从吉。然喜者傷生，不可過也，故吉者不可恃也。志，氣之帥也，氣，體之充也〔三〕。理爲心之主，氣爲心之奴。人之心，專以氣用事，奴者主之，未有不亡身破家者也，是爲大凶。悔恨多而哀感生，然哀者清明之氣也，兩軍相見哀者勝矣〔四〕，有悔斯可以貞也。吝者羞也，樂不可極，樂而不止，未有不至於吝者也。人心之喜怒哀樂，萬有不齊，故人事之吉凶悔吝，亦變遷而無定，皆配之以其分者也。《中庸》曰：「喜怒哀樂之未發，謂之中。」未發之性，卦畫之未成爻者也。畫而成爻，是爲已發之情。六十四卦三百八十四爻，皆歸於「既濟定」，所謂「發而皆中節」者也。王者

〔一〕《春秋》内傳即《春秋左傳》、外傳即《國語》。
〔二〕其事見《春秋左傳·襄公九年》。
〔三〕《孟子·公孫丑上》：「夫志，氣之帥也；氣，體之充也。」
〔四〕《道德經》第六十九章：「故抗兵相加，哀者勝矣。」

之刑賞慶罰，制禮作樂，皆本於喜怒哀樂。因一人之喜怒哀樂，而使萬物各得其所，所謂「致中和，天地位焉，萬物育焉」者也。《中庸》「盡人之性，盡物之性，贊天地之化育」，「經綸天下之大經，立天下之大本」，皆《易》理也。聖人通天下之志，定天下之業，斷天下之疑，其德行事業，要歸於使萬物各得其所。是故「人不知而不愠」，「不知命無以爲君子」者，《易》之道也。「己欲立而立人，己欲達而達人」，「老者安之，朋友信之，少者懷之」者，《易》之道也。此則聖人之情，學《易》者所當勉而志焉者也。

易微言二

孔子曰：「《易》之興也，其於中古乎？作《易》者，其有憂患乎？」〔一〕處憂患之卦凡九，履、謙、復、恒、損、益、困、井、巽是也。文王用其五，周公用其五，孔子亦用其五，而以損、益、井、巽之義，時時載之於文。文治嘗熟繹而詳説之。

孔子曰：「履，德之基也」「履，和而至」「履以和行」。案：履卦《大象傳》云：「履，君子以辯上下，定民志。」蓋履者，禮也。《論語》曰：「禮之用，和爲貴。」是君子

〔一〕《繫辭下傳》第七章。本節所引「孔子曰」，均出此，下不再出注。

修德之第一卦也。其初爻曰：「素履往，无咎。」二爻曰：「履道坦坦，幽人貞吉。」處憂患之道，盡於是矣。進乎三則凶矣。

孔子曰：「謙，德之柄也」「謙，尊而光」「謙以制禮」。案：柄當爲根本之義，是君子修德之第二卦也。三爻爲一卦之主，勞而不伐，有功而不德，厚之至也。謙也者，致恭以存其位者也。〔一〕

孔子曰「復，德之本也」「復小而辨於物」「復以自知」。案：「復小」謂陽微也，「辨於物」者，辨物之善惡。「自知」者，有不善未嘗不知，中以自考也。復卦爲天地之心，在人爲善惡之幾，洗心之奧旨。履謙行於外，至復則勘諸内。是君子修德之第三卦也。

孔子曰：「恒，德之固也」「恒，雜而不厭」「恒以一德」。案：「雜而不厭」，謂遇凡人之性情氣質，雜糅不齊，因應之而不厭，惟不厭而後能有恒。「維天之命，於穆不已」〔二〕，無息者天地之功用，人事之所以有成。惟履而後能謙，惟復而後能恒。履以

〔一〕《繫辭上傳》第八章：「『勞謙君子，有終吉。』子曰：『勞而不伐，有功而不德，厚之至也，語以其功下人者也。德言盛，禮言恭，謙也者，致恭以存其位者也。』」案：此爲釋謙九三爻義。

〔二〕《詩·周頌·維天之命》句。

踐之，必謙以下之；復以省之，必恒以貞之。是君子修德之第四卦也。

孔子曰：「損，德之修也」「損，先難而後易」「損以遠害」。案：損卦《大象傳》云：「損，君子以懲忿窒慾。」是德之修也。酌損已事，阻者必多，是爲最難。迨其後也，衆皆知損之益，故云「先難後易」。當憂患之世而有滿溢奢靡之象，禍害立至，故云「損以遠害」。是君子修德之第五卦也。

孔子曰：「益，德之裕也」「益長裕而不設」「益以興利」。案：益卦《大象傳》曰：「益，君子以見善則遷，有過則改，是德之裕也。」不設者，鄭君云：「設，大也。」〔一〕益雖長裕，而作事不自張大也。益初爻〔二〕「利用爲大作」，故以興利。士君子生當世，務在以美利利天下也。然上爻曰「莫益之，或擊之」，蓋欲作事興利而莫之與，則傷之者至矣。損之初爻酌損已事，其上爻曰「无咎，貞吉」；益之初爻「用爲大作」，其上爻曰「或擊之本末」，如此可鑑也。是君子修德之第六卦也。

損近乎節，而君子修德，用損不用節者，蓋節僅以止渙，不若損益之爲用至大。

〔一〕王應麟輯《周易鄭康成注·繫辭》。

〔二〕「爻」字原脱，據上下文例補。

三代禮樂之制，不過損益；人道剛柔之宜，亦不外乎損益。《易》乾坤二卦爲泰否，而損益二卦則山澤通氣，雷風相薄，與咸恒之爲夫婦，坎離之爲既、未濟，同爲《易》中之大關鍵。是以孔子於《象傳》特贊之曰：「損剛益柔有時。損益盈虚，與時偕行。」又曰：「天施地生，其益无方。」又於《雜卦傳》特著之曰：「損益，盛衰之始也。」蓋一心一身之盛衰，一家一國之盛衰，皆係之，損益之爲用大矣。《淮南子・人間訓》曰：「孔子讀《易》至損益，未嘗不憤然歎曰：『益損者，其王者之事與？事或欲以利之，適足以害之，或欲害之，乃反以利之。利害之反，禍福之門户，不可不察也。』」明於利害之反、禍福之門户者，其惟聖人乎？

孔子曰：「困，德之辨也」「困窮而通」「困以寡怨」。案：困卦《象傳》云：「尚口乃窮也。」「辨」字決非辨論之義，疑當作遍字解。蓋如《孟子》所云：「苦其心志，勞其筋骨，餓其體膚。」[一]言遍歷艱苦也。爻辭之「困於株木」「困於酒食」「困於石」「困於金車」「困於赤紱」「困於葛藟」[二]，亦周遍之義。周歷艱苦則窮，窮極則通，如此而能

[一]《孟子・告子下》。

[二] 依次分別爲困卦初至六爻辭。

不怨不尤，故以寡怨。是君子修德之第七卦也。

孔子曰：「井，德之地也」「井居其所，而遷」「井以辨義」。案：「德之地」及「辨義」二字，先儒均未有確解。竊謂地者，底也，井深，象德之底止。《大學》所謂「止於至善，知止而后有定」也。困既爲德之遍，由是而知所止。居其所，猶止其所也。雖居其所，而井道養人不窮，其德博施而動，故曰遷。凡事能窮所底止，則於本末終始，辨之各得其宜，故曰辨義。此《論語》「可與立」之境，進乎此者，「可與權」〔一〕矣。是君子修德之第八卦也。

孔子曰「巽，德之制也」「巽稱而隱」「巽以行權」。案：「德之制」，謂因時以制宜。井以辨義，辨義之深，乃爲精義。義精則於凡事之大小輕重，各稱其平，故曰「稱而隱」。隱者，伏也，不露於外也。惟精義乃能行權，申命行事，惟可與權者能之。巽，風也。撓萬物者，莫疾乎風，惟行權乃可正天下之風氣也。是君子修德之第九卦也。

凡兹九卦，反身修德之道，胥在於是，學者所當性命以之者也。《繫辭傳》曰：

〔一〕《論語・子罕》載孔子云：「可與共學，未可與適道；可與適道，未可與立；可與立，未可與權。」

「君子所居而安者，《易》之序也。」[一]曷謂「《易》之序」？文治心嘗疑之。今考上經自乾至履九卦，下經自恒至損益亦九卦；上經履至謙五卦，下經益至困井亦五卦；上經謙至復又九卦，下經井至巽又九卦；上經自復而後八卦，而爲下經之恒，下經自巽而未濟亦八卦。上下經對待，次第至正也，義理至微也，其斯爲「《易》之序」乎？其斯爲憂患之世「君子所居而安」者乎？

易微言三

讀《易》之方，宜祛迷惑。一曰辨圖象。自宋以來，先天《河》《洛》之説[二]，紛然日出而不窮矣。謹案：《乾文言傳》曰：「先天而天弗違，後天而奉天時。」此言聖人與時消息，能先乎天、後乎天，以崇德而廣業，猶《中庸》言「上律天時」之義，初非教人以作圖也。《繫辭傳》曰：「河出圖，洛出書，聖人則之。」此言文字之始，取則於圖書。所謂仰則觀象於天，俯則觀法於地，故許氏《説文》曰：「惟初大極，道立於一，造分天

[一]《繫辭上傳》第二章。

[二]「先天」指《先天八卦圖》，又名《伏羲八卦圖》，與《後天八卦圖》相對；《河》《洛》即河圖洛書，《繫辭傳》云：「河出圖，洛出書，聖人則之。」此四圖皆收入朱子《周易本義》中，後人疑其爲宋人托古之作。

地，化成萬物。」大極實即一畫，亦非教人以作圖也。《説卦傳》「天地定位」節，言八卦相盪之理〔一〕；「帝出乎震」節，疑是文王、周公相傳之古説，而孔子釋之。質言之，不過震動、離明、兑説、艮止之義，而消息寓其中，亦非教人以作圖也〔二〕。後人喜言圖象，不知而作，甚者推至未有畫卦以前，杳冥惝恍，實違經傳之本旨。此當辨者一也。

二曰明卦變。卦變之例，發自宣聖。訟之《彖傳》曰：「訟有孚，窒惕中吉。剛來而得中也。」是訟明自遯變。隨之《彖傳》曰：「隨，剛來而下柔。」是隨明自否變。蠱之《彖傳》曰：「蠱，剛上而柔下。」是蠱明自泰變。賁之《彖傳》曰：「柔來而文剛。」是賁明自泰變。推之損益之「損上益下」「損下益上」，明自泰否二卦變〔三〕。顧亭林先生謂：「卦變之説不始於孔子，周公繫損之六三已言之矣，曰：『三人行則損一人，一人行則得其友。』是六子之變，

〔一〕《説卦傳》「八卦相錯」，朱子《周易本義》注引邵雍言：「乾南坤北，離東坎西，震東北，兑東南，巽西南，艮西北。」而《先天八卦圖》據此作圖。

〔二〕《説卦傳》「帝出乎震」節，乃《後天八卦圖》所據。

〔三〕下文提及「各卦則均由八卦、十二辟卦變易而來」，因此如上卦變之例，卦變所自，皆不出十二辟卦。十二辟卦即十二消息卦，乃六十四卦中之主卦：乾、復、臨、泰、大壯、夬、坤、姤、遯、否、觀、剥十二卦，卦與卦之間，透過六爻陰陽消長以見心志之變化。

皆出於乾坤，無所謂自復、姤、臨、遯而來者。」〔一〕不知「三人行則損一人，一人行則得其友」，是損明自泰變。此周公所發明之例也。若謂皆自乾坤變，則於諸卦《彖傳》皆不能合，惟六子爲乾坤之交易卦，而十二辟卦則爲八卦交易、變易之卦。此外各卦則均由八卦、十二辟卦變易而來。如朱子謂升自解來，涣自漸來〔二〕。恐未是。此卦變之説也。自虞氏以陰陽相對爲旁通，六十四卦皆當變成既濟。焦禮堂更馳騁其説，以爲「無卦不變，無爻不變」，是直誤以卜筮之尚占爲動者之尚變，其鑿甚矣。此當辨者二也。

三曰明卦象。《説卦傳》載「乾爲天、爲圜」一章，厥後荀九家補之，虞氏又補之，幾於無義不收矣，然實有未可强合者。王輔嗣因謂觸類可爲其象，合義可爲其徵。爻苟合順，何必坤乃爲牛？義苟應健，何必乾乃爲馬？後儒因有忘象之説〔三〕。竊以爲忘象者固非，泥象者亦非也。謹案：「履霜堅冰」，明著於坤象；而《説卦傳》則曰

〔一〕顧炎武《日知録・卦變》。

〔二〕《周易本義・升・彖辭》朱子注：「升，進而上也。卦自解來。柔上居四，内巽外順，九二剛中而五應之，是以其占如此。」涣卦彖辭朱子注：「其變則本自漸卦，九來居二而得中，六往居三而得九之位，而上同於四，故其占可亨。」由於卦變不從十二辟卦及八純卦而來，故唐先生不以此説爲是。

〔三〕王弼《周易略例・明象》云：「故言者所以明象，得象而忘言；象者所以存意，得意而忘象。」

「乾爲冰」，其義殊不可解。又如「邑人不誡」「自邑告命」〔一〕，坤之爲邑，明著於比泰二卦；然訟九二「其邑人三百户，无眚无妄」、六三「邑人之災」，是乾亦未嘗不爲邑。震爲足，明著於《説卦傳》；然賁初九「賁其趾」，賁下離，是離亦未嘗不爲足。剥初六「剥牀以足」，剥下坤，是坤亦未嘗不爲足。又如坎之爲輿，明著於《説卦傳》；然小畜九三「輿説輻」、小畜下乾；大有九二「大車以載」，大有下乾，是乾亦未嘗不爲輿。程子引經「公用射隼于高墉之上」〔二〕，子曰：「隼者禽也，弓矢者器也，射之者人也。」〔三〕聖人並不言取象於某卦。然則泥象者非也。

又案：坤《彖辭》言「利牝馬之貞」，離《彖辭》言「利貞，畜牝牛吉」，兩兩相對；坤爲子母牛，故離爲畜牝牛。坤交乾成離，離者坤所畜也，其象甚明。而元黄楚望〔四〕《易學濫觴》云：「《左傳》曰純離爲牛，此已不可曉，而離卦辭曰『畜牝牛吉』，尤不可曉矣。」黄氏自言探索象學四十餘年，而尚不能言其理，豈百密而不免一疏歟？坤五主爻「黄裳元吉」，離二主爻「黄離元吉」，亦兩兩相對。

〔一〕比九五爻辭：「顯比，王用三驅，失前禽。邑人不誡，吉。」泰上六爻辭：「城復于隍，勿用師。自邑告命，貞吝。」

〔二〕解上六爻辭。

〔三〕《繫辭下傳》第五章。

〔四〕黄澤（一二六〇～一三四六），字楚望，資州人，事跡載《元史·儒學傳》。

又如震爲侯〔一〕，屯卦下震，彖辭言「利建侯」，主爻亦言「利建侯」；豫卦上震，彖辭亦言「利建侯」。又如噬嗑《彖辭》「利用獄」，取離明之象〔二〕，推之賁「无敢折獄」〔三〕、豐「折獄致刑」、旅「明慎用刑而不留獄」，皆取離象；中孚「議獄緩死」，取重離之象，是卦象未爲無定也。小過象飛鳥，而旅之上九曰「鳥焚其巢」，明言上爻變鳥巢，爲離火所焚也〔四〕；下文又言「號咷」，離象也；又言「喪牛於易」，則謂離變矣〔五〕。蓋聖人因事以著象，因象以明理，若泥象或忘象，則皆悖乎「變動不居」之義。此當辨者三也。

文治弇陋，竊謂學《易》之法，當以「易簡」爲主。孔子於《繫辭上》之首章云：「乾以易知，坤以簡能，易簡而天下之理得矣。」於《繫辭下》之首章云：「夫乾確然示人易矣，夫坤隤然示人簡矣。爻也者，效此者也；象也者，像此者也。」又於《繫辭下》之末

〔一〕李鼎祚《周易集解》屯《象》辭引虞翻注。紀磊《虞氏逸象考證》：「（震）爲諸侯條」云：「漢司徒丁恭曰：『古者帝王封諸侯不過百里，故利建侯，取法于雷。《逸禮・王度記》曰：諸侯封不過百里，象雷震百里。』」

〔二〕《説卦傳》：「離也者，明也，萬物皆相見，南方之卦也。」

〔三〕賁卦《象傳》。

〔四〕李鼎祚《周易集解》旅卦「象曰：『以旅在上，其義焚也。』虞翻曰：『離火焚巢，故其義焚也。』」

〔五〕唐先生於《周易消息大義》卷二大壯六五言：「旅上卦爲離，離爲牛，上變爲小過，離體毁折爲喪牛，因變易而喪牛也。……旅上九以陽變陰，『先笑後號咷』，故喪牛而凶也。」

章云：「乾德行，恒易以知險；坤德行，恒簡以知阻。」聖人明示人以易簡之道，爲可久可大之德業。而後世學者自入於支離穿鑿之途，深可憫也。大有爲《易》中最吉之卦，五爻爲之主，其辭曰：「厥孚交如、威如，吉。」孔子釋之曰：「厥孚交如，信以發志也；威如之吉，易而无備也。」然則易簡之德其至矣哉！後儒得吾説以學《易》，並用吾説以治其家，以治其國，庶幾免於咎悔而能寡過矣乎！

易微言四

孔子曰：「象者言乎象者也，爻者言乎變者也。」〔一〕又曰：「剛柔相推，變在其中矣。」〔二〕而唐韓子則曰：「《易》奇而法。」〔三〕文治嘗疑，變則無所謂法，既而潛心觀象玩辭，始知惟法乃所以生變，而變常在於法之中。

奚以知之？讀傳之言志而知之。蓋文王之彖辭乃言每卦之性情與材，《乾文言傳》

〔一〕《繫辭上傳》第三章。
〔二〕《繫辭下傳》第一章。
〔三〕韓愈《進學解》文。

曰：「乾元者始而亨者也，利貞者性情也。」《繫辭傳》曰：「彖者材也。」言裁斷也。如坤之「元亨，利牝馬之貞」〔一〕，言其性情也；「君子有攸往」以下，言其材也。屯之「元亨利貞」〔二〕，言其性情也；「勿用有攸往」以下，言其材也。蓋文王彖辭已有占法，惜後世無傳耳。而周公之爻辭，則恒言每爻之志。志者，因交易、變易而見者也。交易、變易而其志猶不變，此人之氣質，所以有終不可變者也。故學者觀傳之言志，可以知《易》之法，其於讀《易》之方，亦可得其一隅矣。爰詳繹其義如左：

屯 ䷂ 初爻《象傳》曰：「雖磐桓，志行正也。」屯由臨變，初爻不動，故曰「志行正」。

蒙 ䷃ 《象傳》曰：「匪我求童蒙，童蒙求我，志應也。」蒙由觀變，五爻本陽，與二相應，故曰志應。

小畜 ䷈ 《象傳》曰：「剛中而志行，乃亨。」小畜由夬變，陰行於下，故曰「志行」。四爻《象傳》曰：「有孚惕出，上合志也。」言與上合志，明四爻之由夬變也。

〔一〕坤卦《彖辭》：「元亨，利牝馬之貞。君子有攸往，先迷後得，主利。西南得朋，東北喪朋。安貞吉。」

〔二〕坤卦《彖辭》：「元亨，利貞，勿用有攸往。利建侯。」

履 ䷉ 三爻《象傳》曰：「武人爲于大君，志剛也。」履由夬變，三爻本剛，又與上相應，故曰志剛。四爻《象傳》曰：「愬愬終吉，志行也。」蓋履之四爻，即夬之初爻，志行於上也。

泰 ䷊ 《彖傳》曰：「上下交而其志同也。」泰卦乾來交坤，故曰「其志同」。初爻《象傳》曰：「拔茅征吉，志在外也。」內卦本陰，故初爻志在外。

否 ䷋ 初爻《象傳》曰：「拔茅貞吉，志在君也。」否卦坤來交乾，下三爻皆陽位，陽爲君，故初爻曰「志在君」也。四爻《象傳》曰：「有命无咎，志行也。」蓋否之上三爻，即泰之下三爻，羣遇祉福，故四爻曰「志行也」。

同人 ䷌ 《彖傳》曰：「唯君子爲能通天下之志。」同人由姤變，初爻進二，中正而應，故曰「通天下之志」。初爻之《象傳》曰：「出門同人，又誰咎也。」言初陰出門，以同人也。上爻《象傳》曰：「同人于郊，志未得也。」姤與夬反對，初陰進二，而未進于上，故曰「志未得」。

大有 ䷍ 五爻《象傳》曰：「厥孚交如，信以發志也。」大有由夬變，五爻與上爻交孚，故曰「厥孚交如」；上爻「履信思乎順」，五信而順，故曰「信以發志」，亦以見與上合志也。

謙 ䷎ 上爻《象傳》曰：「鳴謙，志未得也。」謙由剥變，上本陽爻，與三相應，故雖鳴而志未得。

豫 ䷏ 初爻《象傳》曰：「初六鳴豫，志窮凶也。」豫由復變，初失其陽，故鳴豫而志窮凶，此鳴之志與謙上同。四爻《象傳》曰：「由豫大有得，志大行也。」復初陽上進于四，故志大行。

隨 ䷐ 三爻《象傳》曰：「係丈夫，志舍下也。」隨由否變，下三爻皆陰，故三爻之志，舍下之陽也。

蠱 ䷑ 上爻《象傳》曰：「不事王侯，志可則也。」蠱由泰變，上爻以陰變陽，故高尚而志可則，善初之能變，嘉其志也。

臨 ䷒ 初爻《象傳》曰：「咸臨貞吉，志行正也。」上爻《象傳》曰：「敦臨之吉，志在内也。」蓋臨由震變，初爻例與屯初同，故曰「志行」也。上之「敦臨」與艮之「敦艮」同，志在内者，志在内卦之二陽也。此變例也。

觀 ䷓ 上爻《象傳》曰：「觀其生，志未平也。」觀由艮變，二陽在上，未得其平，故志未平。

賁 ䷕ 上爻《象傳》曰：「白賁无咎，上得志也。」賁由泰變。《彖傳》曰「柔來而文剛」「分剛上而文柔」，是其顯證。上得志者，分剛上而文柔，故陽剛得志也。

无妄 ䷘ 初爻《象傳》曰：「无妄之往，得志也。」按：《彖傳》曰：「无妄，剛自外來，而爲主於内。」是无妄明由遯變。《易》例，之内爲來，之外爲往。初爻往吉，得其本志也。

大畜 ䷙ 三爻《象傳》曰：「利有攸往，上合志也。」大畜由大壯變，上爻即大壯之初，三爻與上相應，故曰「上合志也」。

咸 ䷞ 初爻《象傳》曰：「咸其拇，志在外也。」蓋咸由否變，志在外者，言初爻本位之志，在于外也。此與損卦「已事遄往，尚合志」義同。三爻《象傳》曰：「志在隨人，所執下也。」隨三以陰隨陽，曰「志舍下」，咸三以陽隨陰，則曰「志在隨人」，蓋三本在外，隨變而下，故曰「所執下也」。五爻《象傳》曰：「咸其脢，志末也。」《繫辭傳》曰：「其初難知，其上易知，本末也。」故爻例，初爲本，上爲末。咸五爻本否之上爻，故志在于末也。

遯 ䷠ 二爻《象傳》曰：「執用黄牛，固志也。」蓋遯由離變，離爲牛，其二爻曰：「黄離元吉。」故遯二曰：「執用黄牛，固志也。」遯二爻之志，即離二爻之志也。五爻《象傳》曰：「嘉遯貞吉，以正志也。」離五本陰，變遯則剛，當位而應，故曰「正志」，言變而其志正也。初爻不當位，故曰「勿用有攸往」。此尤可見人之所志，不可非其位也。

晉 ䷢ 三爻《象傳》曰：「衆允之，志上行也。」晉由觀變，四爻之志上行，爲中所允服，故曰「志上行也」。

明夷 ䷣ 《象傳》曰：「内難而能正其志。」明夷由臨變，二三易而當位，故曰「能正其志」，此與遯五爻之「正志」同。三爻《象傳》曰：「南狩之志，乃大得也。」狩者行也，三爻上行當位，故志大得也。

家人 ䷤ 初爻《象傳》曰：「閑有家，志未變也。」家人由離變，内卦均當位而不變，是家有閑，故于初爻發之，曰「志未變也」。

睽 ䷥ 《象傳》曰：「二女同居，其志不同行。」又曰：「男女睽而其志通也。」睽由離變，本爲兩離，而下變上不變，故「其志不同行」；二五相應，故其志通。四爻《象傳》曰：「交孚无咎，志行也。」離三四重陽，變睽則二陽而三陰，四陽而五陰，故曰「交孚」「志行」。

蹇 ䷦ 上爻《象傳》曰：「往蹇來碩，志在内也。」蓋蹇由觀變，三往而上來，故上曰：「往蹇來碩，志在内也。」

損 ䷨ 初爻《象傳》曰：「已事遄往，尚合志也。」損由泰變，初爻已往上，損之初即泰之二，與上合志，故曰「上合志」，此與小畜之「上合志」同例。二爻《象傳》曰：「九二，利貞，中以爲志也。」損之二爻即泰之三爻，變損居中，聖人因損之元吉，故勉之曰「中以爲志」。上爻《象傳》曰：「弗損益之，大得志也。」損以泰之初陽往上，損下益上爲卦之主，故大得志。損之由泰變，周公于三爻已明著之，而孔子言卦志，又詳明如此。

益 ䷩ 四爻《象傳》曰：「告公從，以益志也。」益由否變，告公從者，從内二陰也；以益志者，益外二陽也；上來而四，有以益其志也。五爻《象傳》曰：「惠我德，大得志也。」四往從陽五與相孚，故曰「有孚惠心」，陽升五，居中得正，又有陰之相孚，故大得志。

姤 ䷫ 五爻《象傳》曰：「有隕自天，志不舍命也。」姤以柔遇剛，五爲卦主；「有隕自天」者，五隕於初也；命者，巽之命也。以卦主而不能違初陰之志，不能舍初陰之命，姤之一陰，可懼哉！

萃 ䷬ 初爻《象傳》曰：「乃亂乃萃，其志亂也。」萃由臨變，初進于四，失位，故其志亂。五爻《象傳》曰：「萃有位，志未光也。」臨二升五，雖當位，而陽未盛，故志未光。

升 ䷭ 《象傳》曰：「南征吉，志行也。」升由觀變，三陰均升于上，故曰「志行」。初爻《象傳》曰：「允升大吉，上合志也。」初升于四，故上合志，此與小畜損兩卦之「上合志」不同，蓋言與外卦合志，非指上爻也。五爻《象傳》曰：「貞吉升階，大得志也。」三陰均上升，而五居中爲主，故大得志，正與《象傳》之「志行」相應。

困 ䷮ 四爻《象傳》曰：「來徐徐，志在下也。」五爻《象傳》曰：「劓刖，志未得也。」困由泰變，四陽本在下卦，故志在下。五陽爲陰所揜，不能息，故劓刖而志未得。

革 ䷰ 《象傳》曰：「二女同居，其志不相得，曰革。」革由離變，故其志與睽同。四爻《象傳》曰：「改命之吉，信志也。」本離而變兑，是改命也。然五上均變而四猶未變，故雖改命而猶信志也。

歸妹 ䷵ 四爻《象傳》曰：「愆期之志，有待而行也。」歸妹由泰變，故「帝乙歸妹」〔一〕明著於泰卦。「愆期之志，有待而行」者，震爲行，以三進四，泰三之志，待震而後行，是以遲歸也。

〔一〕泰六五爻辭。

豐 ䷶ 二爻《象傳》曰：「有孚發若，信以發志也。」豐由泰變，上陰來二，陰陽相孚，故曰「有孚發若，信以發志」，此與大有五爻「厥孚交如，信以發志」同例。

旅 ䷷ 初爻《象傳》曰：「旅瑣瑣，志窮災也。」旅由否變，初進于五，失位，故志窮災也。

巽 ䷸ 《象傳》曰：「剛巽乎中正而志行。」巽爲坤來交乾之卦，柔順乎剛，而陽志得行，故曰志行。初爻《象傳》曰：「進退，志疑也，利武人之貞，志治也。」陰陽進退之際，故其志疑。武人類剛，變而得正，故其志治。三爻《象傳》曰：「頻巽之吝，志窮也。」以巽重，巽四變爲柔，失重剛之性，故其志窮。

兑 ䷹ 二爻《象傳》曰：「孚兑之吉，信志也。」兑，坤來交乾，二三剛柔相孚，故曰「信志」，猶大有之「信以發志」也。

渙 ䷺ 三爻《象傳》曰：「渙其躬，志在外也。」渙由否變，二進于三，與四相比，故志在外。

中孚 ䷼ 初爻《象傳》曰：「初九虞吉，志未變也。」中孚由離變，即重離象；初爻未動，故志未變。

未濟 ䷿ 四爻《象傳》曰：「貞吉悔亡，志行也。」未濟由否變，四爻未變，與初相應，故志得行。

昔虞仲翔因既濟《彖傳》言「剛柔正而位當」，遂悟當位不當位之例。文治竊謂：《周易》位與志實並重，聖人所以時言「位」者，勉人之有定位而無越分也；所以時言「志」者，勉人之有定志而無歧思也。然位不能變，而志則有變而得之者，蓋天下之位萬殊，「卑高以陳」，各有一定；而生人之志萬殊，則宜有改過遷善之路也，此改命所以爲信志，有孚所以亦爲信志也[一]。然亦有雖變而不離其宗者，此遯之所以有固志[二]也，在因時而善變耳。聖人之通變宜民[三]，蓋有法焉，可輕言哉？

文治弱冠時治漢《易》，溺於旁通之正之説，於交易、變易之例，初未究心。五十以後，熟玩經傳，始知《易傳》之言志，變例實寓其中，而《易》之法，於是而益顯。抑又思之，周公爻例之言變易，不獨見於損之三爻，如履九五之言夬、泰六五之言歸妹，皆

[一] 革九四《彖辭》：「悔亡，有孚改命，吉。」《彖傳》：「改命之吉，信志也。」

[二] 遯六二《彖辭》：「執之用黃牛之革，莫之勝説。」《彖傳》：「執用黃牛，固志也。」

[三] 俞琰《周易集説·繫辭下傳》云：「神農氏没，黄帝、堯、舜氏作，通其變，使民不倦，神而化之，使民宜之。《易》，窮則變，變則通，通則久。是以自天祐之，吉无不利，黄帝、堯、舜垂衣裳而天下治，蓋取諸乾坤。」注：「或曰自此以下，如舟楫牛馬，皆通變宜民之事。」

是也。又如革初爻曰「鞏用黃牛之革」，革由離變，初爻不變，是以爲「鞏用黃牛」之象；五、上爻變，是以五之爻辭曰「大人虎變」，上之爻辭曰「君子豹變」。然則革之由離變，周公固明明以示後學矣。所以取象於虎豹者，離爲文采，《論語》子貢論文質，以虎豹之鞹爲文鞹者〔一〕，革也。賁六二《象傳》曰：「賁其須，與上興也。」不明言志而志在其中。竊意《彖》《象傳》中言「上下」者，亦皆指變易而言。《繫辭傳》曰：「上下无常，剛柔相易，唯變所適。」豈非《易》之本志與？一得之見，不足窺聖道之高深；且經傳變化神明，不可爲典要。後儒卦變之説，又復言人人殊，各執一理，折衷末由。此篇恐多牽强武斷之處，唯大雅君子教正之。

易微言五

孔子曰：「仁者見之謂之仁，智者見之謂之智。百姓日用而不知。」〔二〕孟子

〔一〕《論語·顔淵》載：「棘子成曰：『君子質而已矣，何以文爲？』子貢曰：『惜乎！夫子之説君子也。駟不及舌。文猶質也，質猶文也。虎豹之鞟，猶犬羊之鞟。』」

〔二〕《繫辭上傳》第五章。

曰：「行之而不著焉，習矣而不察焉，終身由之而不知其道者，衆也。」〔一〕君子於是求用《易》之道焉。聖人於六十四卦，《大象傳》皆繫以「以」字，而於《繫辭傳》又總言之曰：「聖人以此洗心，退藏于密。」又曰：「聖人以此齊戒，以神明其德。」〔二〕又於「包犧氏王天下」章暢發取象之旨。其用《易》之道，固以昭示萬世。文治於是兢兢業業，求所以用《易》卦之法。夫盈天下皆道，則盈天下皆易。内而念慮之細，外而酬酢之繁；大而倫常之間，小而起居之際，莫不皆有易道焉。君子善用之以吉，小人不知用之而凶且悔吝。然則「窮理盡性，以至于命」〔三〕，豈非本於用《易》之道乎？

竊嘗於《大學》「三綱領」〔四〕中求之。「明明德」之象爲晉，《大象傳》曰：「君子以自昭明德。」是明德當用晉卦也。「親民」之象爲師、爲比，《大象傳》曰：「君子以容民畜衆。」「先王以建萬國、親諸侯。」蓋天下之至親切者，莫如地之與水，是親民當用師、

〔一〕《孟子・盡心上》文。
〔二〕《繫辭上傳》第十一章。
〔三〕《説卦傳》文。
〔四〕《禮記・大學》：「大學之道，在明明德，在親民，在止於至善。」此三綱領。

比二卦也。「艮其止，止其所也」，「終萬物，始萬物者，莫盛乎艮」，是「止於至善」，當用艮卦也。

　　定、靜、安、慮、得〔一〕，皆所謂居而安、樂而玩者乎〔二〕？「知所先後，則近道矣」〔三〕，「吾道一以貫之」〔四〕者也。先者逆而數之〔五〕，故功夫較難；後者順而推之，故效驗較易。格致誠正，所以「通天下之志」也。修齊治平，所以「定天下之業」也。致知格物，「君子以多識前言往行，以畜其德」，其必用大畜乎？然《大學》「八條目」以修身爲本，而修身又以誠意爲本。鄭君注曰：「其知於善深則來善物，其知於惡深則來惡物。」是誠意之與格致，固有息息相通之理矣。

　　同人之《象傳》曰：「君子以類族辨物。」是辨天之與火，同中之異也，非所謂格物

〔一〕概括《禮記·大學》「知止而后有定，定而后能靜，靜而后能安，安而后能慮，慮而后能得」之義。

〔二〕《繫辭上傳》云：「是故君子所居而安者，《易》之序也；所樂而玩者，爻之辭也。」

〔三〕《禮記·大學》句。

〔四〕《論語·里仁》載：「子曰：『參乎！吾道一以貫之。』曾子曰：『唯。』子出。門人問曰：『何謂也？』曾子曰：『夫子之道，忠恕而已矣。』」

〔五〕《說卦傳》：「數往者順，知來者逆，是故《易》，逆數也。」

也。未濟之《象傳》曰：「君子以慎辨物居方。」是辨火之與水，異中之異也，亦非所謂格物也。《繫辭傳》曰：「復小而辨於物。」復者一陽之始，當善念之初萌，是則與「誠意」有息息相通之理矣。《象傳》曰：「復其見天地之心乎？」正心之道也。《象傳》曰「不遠之復」，修身之道也。善學者「終日乾乾，反復其道」〔一〕，蓋舉格、致、誠、正、修，一以貫之矣。「君子戒慎乎其所不睹，恐懼乎其所不聞。」〔二〕十二辟卦陰陽消息之徵，無非「内省不疚」之用〔三〕。

然人第知「誠意」之當用剥、復二卦，而不知尤宜用夬、姤二卦也。蓋夬者陽之盛，而一陰猶伏於上；姤者陽之盛，而一陰已生於下。苟或不慎，一反對焉，則夬變而爲姤矣！一念轉移之間，可懼哉！

「修身」爲齊、治、平之標準，人第知蹇之當反身修德，而不知修身之當用震、艮二卦也。《大象傳》曰：「洊雷震，君子以恐懼修省。」修其身，省其身也，此由誠正以進

〔一〕乾九三爻辭「君子終日乾乾」，《象傳》云：「終日乾乾，反復道也。」
〔二〕《禮記·中庸》句。
〔三〕《論語·顔淵》載孔子答司馬牛問君子語。

於修身也。其六三曰「震蘇蘇」，蘇蘇者，醒也。其上九曰「震索索」，索索者，敬也。然而震不於其躬，則反對而爲艮。艮其身者，止諸躬也。「君子思不出其位」，其修身之本於內者乎？動静不失其時，其道光明，其修身之見於外者乎？家人之《象傳》曰：「威如之吉，反身之謂也。」

人第知「齊家」之當用家人卦，而不知家人之反對爲睽。睽則家道不能和順，更可懼也！人既知齊家之當用家人與睽，而不知尤當用歸妹與漸也。婦者，家之所由盛衰也。「歸妹睽孤，寇張之弧。」〔一〕傳文有明戒矣。必如漸之「女歸吉」，庶幾宜其家人乎？齊家者，其必慎之於始哉！

自古帝王盛德大業，悉備於《周易》之中，故治國平天下之要道，尤爲上下兩經之樞紐。上經始乾坤，隔八卦而爲泰否，否泰，反其類也，治平者之殷鑑也。下經始咸恒，隔八卦而爲損益，損益，盛衰之始也。損之益之，得其宜則爲泰，失其宜則爲否矣。上經泰否隔六卦而爲臨觀。臨者，泰之未成者也；觀者，否之已進者也。用臨

〔一〕《春秋左傳·僖公十五年》。

而甘之，則反對而爲觀，「觀國之光，利用賓于王」〔一〕，陳成子之得政，已伏於齊桓公之時〔二〕，可懼哉！然猶未爲極也。下經損益隔六卦而爲革鼎。革，去故也；鼎，取新也。則治歷明時，正位凝命者〔三〕，起而代之矣。有國與天下者，苟能懍懍〔四〕焉以此爲戒，又何至失其國而失其天下乎？

「天地之道，貞觀者也；日月之道，貞明者也；天下之動，貞夫一者也。」〔五〕貞夫一者，六十四卦一貫之道也。「夫乾確然示人易矣，夫坤隤然示人簡矣。何以守位？曰仁。」仁者，乾道也。《大學》「一國興仁」，「强恕以行」，仁之道也。「何以聚人？曰財。理財正辭，禁民爲非，曰義。」〔六〕義者，坤道也，《大學》「生財有大道」，以義爲利之道也。

《易》之道，「窮則變，變則通，通則久」，「黄帝、堯、舜垂衣裳而天下治」，蓋取諸乾

〔一〕觀六四爻辭。
〔二〕見《左傳·莊公二十二年》。
〔三〕革卦《大象傳》云「君子以治歷明時」，鼎卦《大象傳》「君子以正位凝命」。
〔四〕《尚書·泰誓中》云：「百姓懍懍，若崩厥角。」
〔五〕《繫辭下傳》第一章。
〔六〕《繫辭下傳》第一章。

坤易簡而已矣。是故由「知至至之」，及於「知終終之」〔一〕，由直方之大應乎黄裳之元，皆易簡之道也，亦皆仁義之道也，是則三綱領、八條目一以貫之者也。乾坤其《易》之門邪？

文治又深探乎世道升降之故，與夫聖人憂患之心，則又「有情見乎辭」者。人第知世道人心禍福之幾，在於《易》反對諸卦，而不知反對卦之可憂，其顯焉者也；旁通卦之可憂，其隱焉者也。乾坤，旁通卦也。上經以坎、離兩卦終，乾坤之交也；下經以既、未濟兩卦終，則又坎、離之交也。皆旁通卦也。而坎、離之前爲頤與大過兩卦，何也？頤，離象也；大過，坎象也。既濟、未濟之前爲中孚、小過兩卦，何也？中孚，離象也；小過，坎象也。皆旁通卦也。

坎之「入於坎窞」，未濟之「有孚失是」，皆虚而失實者也。離之「日昃之離」，既濟之「繻有衣袽」，皆盈而極敝者也。斯固足爲治國平天下者鑑矣。然而讀頤與大過、中孚、小過四卦，其憂患又何其至也？頤之時大矣哉！聖人不作，無養賢養民之吉矣。「顛頤拂經」「十年勿用」「利涉大川」，有行焉而已，然猶未爲極也。大過之時，大

〔一〕《乾文言傳》文。

矣哉！本末弱矣，棟橈凶矣，過涉滅頂〔一〕之占，又在上矣，然猶未爲極也。中孚「信及豚魚」，至誠宜可以動物矣。然而「或鼓或罷、或泣或歌」〔二〕，喜怒既無常，哀樂又復失真，其能常「與此終古」〔三〕乎？「翰音登于天」〔四〕，有飛鳥之象焉，則旁通而爲小過矣。初爻曰：「飛鳥以凶，不可如何矣。」三爻曰「從或戕之」，凶如何矣；上爻曰：「飛鳥離之。」已亢矣。夫子贊山梁之雌雉曰「色斯舉矣」〔五〕，君子不能以身之高尚，投世之網羅於斯時也；惟有取頤之象，以「慎言語、節飲食」〔六〕；取大過之象，以「獨立不懼，遯世无悶」〔七〕而已矣。嗚呼！聖人憂世之心深，而處己之道乃愈貞矣。文治是以五作《微言》〔八〕，而益增身世之感也。

〔一〕大過《彖傳》、九三、上六爻辭。
〔二〕中孚六三爻辭。
〔三〕屈原《離騷》云：「懷朕情而不發兮，余焉能忍而與此終古。」朱子注曰：「終古者，古之所終，謂來日之無窮也。」唐先生自抒衷懷。
〔四〕中孚上九爻辭。
〔五〕《論語·鄉黨》載：「色斯舉矣，翔而後集。」
〔六〕頤《大象傳》句。
〔七〕大過《大象傳》句。
〔八〕指《十三經提綱》卷一後五節。

卷二

尚書

【釋】誠敬之用心，是爲政之根本大義，《尚書提綱》三復言之，此先生「政治學」之核心，其《尚書》研究，無不輻輳於此。蓋《尚書》乃堯、舜、禹、湯、文、武聖王道統，作君作師，儀刑典範之所在。大《易》乾坤而復，其幾運之竅，苟出之以誠敬，則良知良能之所推，修己以安百姓，皆實在可履而行。此唐先生之所以標示「道政事」之綱領，其本在心念之爲善，與前《周易提綱》大義相通，則《尚書》之爲學，亦屬「心學」。於聖王道統層次而言，治理天下首在自治其心，復歸誠敬，乃稱明明德，是爲「帝王心學」。此「道政事」綱領名目原出顧炎武，而先生提升其義理層次，此其非常大義也。至於有關《尚書》學歷代流變與種種爭論，「辨真僞」節乃在求真，至於其更精詳者，則唐先生之後所撰《尚書大義外篇》有在焉，足見先生經術造詣，精進無已。「審文法」以述聖王文治，道文炳耀，王者明德之所以彰明，盛世之治，華實皆存也。因《尚書》之文，而明聖王爲治之用心。篇末附《尚書》選目，見唐先生有撰寫《尚書讀本》之微意。提綱中小題及序號，乃唐先生自定。

一、道政事

司馬遷曰：「《書》紀先王之事，故長於政。」又曰：「《書》以道事。」〔一〕故《尚書》者，「政治學」之權輿也。吾國自聖門四科〔二〕而後，「政事」無學，良可怪歎。使後世而有「政治學」也，必先課以《尚書》明矣。孔子曰：「誦《詩》三百，授之以政，不達，亦奚以爲？」文治亦謂：誦《尚書》二十八篇，授之以政，不達，亦奚以爲？

政治之本，敬天尊賢而已。故《堯典》一篇曰「欽」曰「明」；舜之命牧，輒言「欽哉」。《皋陶謨》之知人安民，能哲而惠，要之曰：「天聰明，自我民聰明；天明畏，自我民明威。」惟敬天而後能勤民也；又要之曰：「兢兢業業，一日二日萬幾，無曠庶官，天工人其代之。」此帝王之心學也。惟治心而後能敬天，惟敬天而後能代天以成

〔一〕司馬遷《史記・太史公自序》。

〔二〕指《論語・先進》載德行、言語、政事、文學四科。

功。所以贊天地之化育者，發爲萬幾，而實基於一心。

《皋陶謨》禹曰：「安汝止，惟幾惟康。」「天其申命用休。」此即大舜無爲而治[一]之根本。無爲而治者，「安汝止，惟幾惟康」而已。故舜之自述，不過曰：「勑天之命，惟時惟幾。」大哉！時乎幾乎。時者，措之咸宜也。幾者，動而未形有無之間也。此帝王之治心，所以能安汝止而答天命也。漢唐以後之人君，知德者鮮矣！

堯之「光被四表，格于上下」，其功本於「克明俊德」。禹之平水土，聲教遠訖，其功本於「祗台德先，不距朕行」，蓋禹之所以不距其行者，在於能明其德，故曰：「美哉禹功！明德遠矣。」《多方》贊殷王之德曰：「成湯至于帝乙，罔不明德慎罰。」周公之贊文王，首曰：「克明德。」[二]而詩人之贊王季曰：「其德克明。」贊文王曰：「予懷明德。」[三]古人爲學，以明德爲根本，故大學之道，首言「在明明德」，所謂「濟濟多士，秉

[一]《論語·衛靈公》載孔子曰：「無爲而治者，其舜也與？」
[二]《尚書·康誥》句。
[三]《詩·大雅·皇矣》。

文之德」〔一〕，此文王之教也。朱子云：「明德者，人之所得乎天而虛靈不昧，以具衆理而應萬事者也。」〔二〕是「明明德」即治心之學。而其用功，則在於「顧諟天之明命」〔三〕。顧諟明命，即敬天也。《康誥》曰：「丕則敏德，用康乃心。」此亦周公述文王之學也。文王之明德，「緝熙敬止」〔四〕，純亦不已〔五〕，故能「敏德用，康乃心」也〔六〕。故凡治天下國家者，首在治心〔七〕。

《洪範》曰：「無虐煢獨而畏高明。」古聖王之行政在仁慈。而行仁慈，首在鰥寡煢獨，蓋惻隱之端所由始也。故《大誥》曰：「嗚呼！允蠢鰥寡。」《康誥》曰：「不敢侮鰥寡。」《無逸》亦曰：「不敢侮鰥寡。」又曰：「惠鮮鰥寡。」《孟子》曰：「文王發政施

〔一〕《詩·大雅·文王》。
〔二〕朱子《大學章句》注文。
〔三〕《尚書·大甲》。
〔四〕《詩·大雅·文王》。
〔五〕《詩·周頌·維天之命》：「維天之命，於穆不已。於乎不顯，文王之德之純。」
〔六〕《尚書·康誥》文。
〔七〕此先生《尚書》學精義。

仁，必先鰥寡孤獨。」〔一〕嗚呼！何其仁也。生人之大苦，莫如無所託命。彼鰥寡孤獨者，皆無所託其生，而爲造物之缺憾，爲政者當代天以弭之者也。文王「視民如傷」，民有傷而君傷之至也。後世人君不仁之漸，起於侮鰥寡，侮鰥寡因而侮其民，侮其民而天下亂矣〔二〕。

爲治之要，務法前王。文王之德，可謂盛矣，而周公贊之，乃曰：「往敷求于殷先哲王，用保乂民。」又曰：「別求聞由古先哲王，用康保民。」又曰：「我時其惟殷先哲王德，用康乂民。」〔三〕《無逸》一篇，歷叙殷王中宗之「嚴恭寅畏」、高宗之「嘉靖殷邦」、祖甲之「保惠庶民」，殷勤慎重。司馬遷引傳曰：「法後王，以其近己而俗變相類也。」〔四〕周之則傚殷先哲王，豈不大哉美哉？顧亭林《日知録》云：「《多士》之書，惟三月周公初于新邑洛，用告商王士曰『非我小國敢弋殷命』。亡國之民而號之商王士，新朝之主而自稱我小國，

〔一〕《孟子·梁惠王下》云：「老而無妻曰鰥，老而無夫曰寡，老而無子曰獨，幼而無父曰孤，此四者，天下之窮民而無告者。文王發政施仁，必先斯四者。」
〔二〕此唐先生後來於《孟子救世編》所表出之「尊民」之旨。
〔三〕《尚書·康誥》文。
〔四〕《史記·六國年表》。

以天下爲公，而不没其舊日之名分。殷人以此中心悦而誠服。卜世三十，卜年八〔一〕百，其始基之矣。」〔二〕此説極精。後之爲政者，動輒蔑視前朝，甚且菲薄之，以爲概不足法，侈然自大，而治道於是日乖矣〔三〕。

箕子之陳政事曰：「無偏無黨，王道蕩蕩。無黨無偏，王道平平。無反無側，王道正直。」又曰：「臣無有作福、作威、玉食。」〔四〕此臣字指武王而言，乃箕子戒勉武王之辭。蓋古時人君對於天亦自稱臣。《通鑑·漢桓帝九年》平原襄楷上疏云：「臣竊見太微、天廷五帝之坐，而金、火罰星揚光其中，於占，天子凶。」「臣聞於師曰：『柏傷竹枯，不出二年，天子當之。』今自春夏以來，連有霜雹及大雨雷電，臣作威作福，刑罰急刻之所感也。」〔五〕（並見《後漢書·襄楷傳》）此「臣作威作福」，「臣」字指天子而言，尤爲明證。自後人解《洪範》誤作君臣字解，以爲惟君主可作福、作威、玉食，而後世人辟乃惟知作福、作威、玉食，以害及家國。解經一字之誤如此，是以君子畏聖人之言而不敢輕譚經也〔六〕。周公之告康叔曰：「無作怨，

〔一〕「八」字，原作「七」，據《日知録》正。
〔二〕《日知録·武王伐紂》。
〔三〕此「保民」大義。
〔四〕《尚書·洪範》文。
〔五〕司馬光《資治通鑑》卷五五。
〔六〕此非常大義。

勿用非謀非彝。」〔一〕後世所以亂日多而治日少者，有偏有黨而已，作福作威而已，非謀非彝而已。嗚呼！其尚懔之哉！至周公之戒嗣王曰：「不永念厥辟，不寬綽厥心，亂罰無罪，殺無辜。怨有同，是叢于厥身。」〔二〕此亦無作怨之意。蓋怨氣積而殺機至，以不能保我子孫矣。嗚呼！其尚懔之哉〔三〕！

顧亭林《日知録》云：「自古國家承平日久，法制廢弛，而上之令，不能行於下，未有不亡者也。紂以不仁而亡天下，人人知之。吾謂不盡然。紂之爲君，沈湎於酒而逞一時之威，至於刳孕斮脛，蓋齊文宣之比耳。商之衰也久矣，一變而盤庚之書，則卿大夫不從君令。再變而微子之書，則小民不畏國法。至於『攘竊神祇之犧牷牲，用以容，將食無災』〔四〕，可謂民玩其上而威刑不立者矣。即以中主守之，猶不能保，而況以紂之狂酗昏虐，又祖伊奔告而不省乎？」〔五〕諒哉斯言！民玩其上，則上之威信不

〔一〕《尚書·康誥》。
〔二〕《尚書·無逸》。
〔三〕官逼民反，故爲政必時刻自省，尊民保民，慎重其事。
〔四〕《尚書·微子》。
〔五〕《日知録·殷紂之所以亡》。

行，於是以壓力横制之，民不獨不顧賞罰，抑且不顧身命，與上爲讎，而國乃不能復治矣〔二〕。

二、辨真僞

真者，漢伏生所傳《今文尚書》是也。僞者，東晉梅賾所傳《古文尚書》是也。伏氏所傳共二十八篇，梅氏所傳共五十八篇，内僞者如《大禹謨》等二十五篇，梅氏並撰僞孔安國傳。唐時列於學官，學者莫辨其是非，至宋朱子始疑其僞。迨國初閻百詩《古文尚書疏證》、江艮庭《尚書集注音疏》、王西莊《尚書後案》、孫淵如《尚書今古文注疏》，始昌言排斥，而《尚書後案》辨析尤詳。治《書》以上列數書爲最精審。蔡仲默先生《集傳》亦可備參考。兹特以伏氏所傳二十八篇列於前，梅氏所傳二十五篇附於後，讀者第求之於字句神氣之間，自可識其真僞也。今古文考證，備詳於閻氏諸書，兹不贅述。至講求訓詁者，先太夫子黄薇香先生《尚書啓幪》，近吴摯甫先生《尚書故》，尤簡核精當。

〔二〕此肺腑之忠告。

自唐孔沖遠作《五經正義》用僞孔傳，而《尚書》馬、鄭注遂微。宋王伯厚撰集成書，抱殘守闕，至可寶貴。國初孫淵如復爲之補集，厥功偉矣。兹於二十八篇用馬、鄭注，本鄭君注。間有未合者，如解《堯典》「稽古」爲同天，解《金縢》「罪人斯得」爲周公屬黨，俱未是，說見陳蘭甫《東塾讀書記》〔一〕。而於梅賾本之二十五篇，則用僞孔傳，仍其舊也。至僞孔傳《書序》，則概從删削。

《太誓篇》之真僞，諸儒聚訟紛紜。據馬氏《書序》曰：「《泰誓》後得，案其文似若淺露。又云：『八百諸侯，不召自來。不期同時，不謀同辭。』及『火復於上，至於王屋，流爲鵰，五至，以穀俱來』，舉火神怪，得毋在子所不語中乎？」云云。文治紬繹《太誓篇》文，語涉淺陋，不類周時文字。惟孫本中仍復采入，未便删去，余故特申明馬氏之說，以告世之學者。

梅賾本雖作僞，亦有精當可採之處。如：《大禹謨》「惠迪吉，從逆凶，惟影響」，「與其殺不辜，寧失不經。好生之德，洽于民心」；《仲虺之誥》「佑賢輔德」兩節；《湯誥》「惟皇上帝，降衷于下民。若有恒性，咸有一德，德惟一動罔不吉，德二三動罔不

〔一〕《東塾讀書記·尚書》「鄭義與僞孔不同」條。

凶」；《太誓》「吉人爲善，惟日不足；凶人爲不善，亦惟日不足」；《旅獒》「不寶遠物，則遠人格；所寶惟賢，則邇人安」；《君陳》「無依勢作威，無倚法以削。寬而有制，從容以和」之類，語皆精粹不磨，足爲法戒。蓋晉時去漢未遠，凡此粹語，必從漢儒傳述而來者也。故後人讀梅氏書，以爲漢晉間極純粹文字可耳。

三、審文法

古人有言：「通天地人曰儒。」〔一〕吾謂通天地人方可與言文。《堯典》「乃命羲和」數節，天文也；《禹貢》，地文也；《無逸》《立政》諸篇，人文也。其他散見於各篇中者，不可更僕數。故惟通於天地人之理，乃可以讀書，乃可以論文。

孔子之贊堯曰：「巍巍乎其有成功也，焕乎其有文章。」〔二〕《堯典》一篇，備哉燦爛，其神明之式乎？《皋陶謨》曰：「帝光天之下，至于海隅蒼生，萬邦黎獻。」惟成功懋，而文章乃益著。終以夔之論樂曰：「笙鏞以間，鳥獸蹌蹌。簫韶九成，鳳皇來

〔一〕揚雄《法言・君子》。
〔二〕《論語・泰伯》。

儀。」又終之以拜手颺言，賡歌喜起，嗚呼！何其盛也，焕乎天下之至文也！後有作者，不可尚已。故韓子曰：「上規姚姒，渾渾無涯。」韓子《進學解》自述得力，以《書》居首，故《尚書》爲學古文之祖。

《論語》引商王之辭曰：「敢用玄牡，敢昭告於皇皇后帝，有罪不敢赦。帝臣不蔽，簡在帝心。」〔一〕是爲殷人尚鬼之始。《盤庚》中篇，專言鬼事。《高宗肜日》一篇，鬼氣溢於紙上。《西伯戡黎》《微子》二篇，悽惻已極，寒同語冰。吾嘗謂墨氏尚鬼，故其文多鬼氣，蓋墨子實傳殷家之文者也。後人學之，縋幽絕險，進於生辣。

周公作，集羣聖之大成，更集虞夏商文章之大成。今考《史記》所載先儒所述周公之所作者，曰《牧誓》，曰《金縢》，曰《大誥》，曰《多士》，曰《無逸》，曰《立政》，曰《康誥》，曰《梓材》，曰《召誥》，曰《洛誥》。然吾謂《金縢》篇册祝之辭外，並非周公所作，何也？無自譽之理也。至於《大誥》《康誥》《無逸》《立政》諸篇，忠厚懇摯，至誠感人，所以靖一時之變亂，定萬世之大法，垂八百年之丕基者，胥在於此，至哉文乎！孔子

〔一〕《論語·堯曰》。

曰：「文王既没，文不在兹乎？」[一]文治嘗求文王之文，《易》彖辭外，鮮有足徵者。「公明儀曰：『文王我師也。周公豈欺我哉？』」[二]竊嘗謂周公述文王之德，實即述文王之文，蓋周公不獨師文王之爲人，且師文王之爲文。「孝者善繼人之志，善述人之事者也。」[三]凡學聖人者，當求聖人之精神；而聖人之精神，必於其文字中求之。後儒尊仰文王、周公，鮮有能讀文王、周公之文，而求文王、周公之精神者，不已陋與？《孟子》曰：「誦其詩，讀其書，不知其人，可乎？」[四]知其人者，求其精神也。《大學》引《康誥》之辭最多，曰「克明德」、曰「作新民」、曰「如保赤子」、曰「惟命不于常」，雖未必賅《康誥》全篇之誼，而其相傳爲文王之德，蓋無疑義。文治最喜誦昔賢所引之書，若《詩》如《大雅·文王之詩》，《孟子》引之曰：「周雖舊邦，其命維新。」《大學》引之曰：「穆穆文王，於緝熙敬止。」《孟子》引之曰：「商之孫子，其麗不億。」《孝經》引之曰：「無念爾祖，聿修厥德。」《孟子》引之曰：「永言配命，自求多福。」《大學》引之

[一]《論語·子罕》。
[二]《孟子·滕文公上》。
[三]《禮記·中庸》文。
[四]《孟子·萬章下》。

曰：「殷之未喪師，克配上帝。」《中庸》引之曰：「上天之載，無聲無臭。」可見《書・康誥》篇，古聖賢所常誦讀者也；《詩・文王》篇，亦古聖賢所常誦讀者也。吾輩朝夕吟詠之，作聖之基在於是矣。孔子曰：「不亦説乎？」

《無逸》一篇，詳分段落，若斷若續，開示義法，至爲美備。司馬遷常倣效之。吾嘗謂：《無逸》篇可與《孟子》「牛山之木」章並讀。蓋讀「牛山之木」章可以治心，可以知文章之義法；讀《無逸》篇可以養德，可以知文章之義法。俱爲千古不刊之作。《多方》篇以「爾」字作綫索，文氣浩瀚無倫。昔人於秦漢人文字，零篇剩句，尚珍貴之；至於虞夏商周之文，其寶貴當何如？

凡學文必先尋聲。《虞夏書》之聲，如奏鈞天之樂，愈讀愈高。迄於商周，其聲已漸低矣。《呂刑》文至爲高響，曾文正評之云：「安章宅句，與後世卿、雲、馬、班、韓、柳諸人蹊徑相近，惜不能盡通其讀耳。」《秦誓》爲穆公悔過之辭，聲宏以遠，如「我心之憂」三句，與「昧昧我思之」提筆，獨有千古識者，知夏聲之將大矣[一]。顧説者謂孔

[一]《左傳・襄公二十九年》載吴公子札來聘，見歌《秦》曰：「此之謂夏聲。夫能夏則大，大之至也，其周之舊乎？」

子逆知周之將并於秦，故以《秦誓》作結〔一〕，則非也。顧亭林《日知録》云：「有《秦誓》故列《秦誓》，有《秦詩》故録《秦詩》，述而不作也。謂夫子逆知天下之將并於秦而存之者，小之乎知聖人矣！」〔二〕

吴摯甫《寫定尚書本書後》云：「古《尚書》百篇，今存者二十八篇，虞夏商周之遺文，可見者盡此矣。漢時《書》多十六篇，由時師莫能説，不傳，卒以亡，惜哉惜哉！古帝王之事與後世同，其所爲傳載萬世，薄九閡，彌厚土不敝壞者，非獨道勝，亦其文崇奥，有以久大之也。揚子雲最四代之《書》，以爲渾渾爾，噩噩爾，灝灝爾，彼有以通其故矣。由晉宋以來，士汩於晚出之僞篇，莫復知子雲之所謂。獨韓退之氏，稱《虞夏書》亦曰『渾渾』，於商於周，獨取其詰屈聱牙者。《詩》曰：『惟其有之，是以似之。』信哉！其徒李漢，叙論六藝，又曰：『《書》《禮》剔其僞。』《書》之僞，蓋自此發。且必退之與其徒常所講説云爾，而漢誦述之。不然，漢之智殆不及此。聖人者，道與文故并至，下此則偏勝焉，少衰焉。要皆有孤詣獨到，非可放效而襲似之者。知言者，可望

〔一〕《尚書》中《秦誓》列爲最後一篇。
〔二〕《日知録·秦誓》文。

而決耳。吾尤惜近儒者考辨僞篇，論稍稍定矣。至問所謂渾渾者、噩噩者、灝灝者、詰屈而聱牙者，其蘉然而莫辨猶若也。於是寫其文，自典謨迄秦繆〔一〕，頗采文字異者著於篇，庶綴學之士，有以考求揚、韓氏之説而得其意焉。嗟乎！自古求道者必有賴於文。而文章與時升降，春秋以還，邱明所記，管、晏、老氏所言，去《尚書》抑遠矣。秦繆區區，起邠荒，賓諸夏，無可言者，獨其文崒然隮千載，上視三代，殆無愧色。吾又以知帝王之文之肸蠁於後人者，蓋終古不絶息也。」〔二〕

附：《尚書》選目

堯典　皋陶謨　禹貢　盤庚上　盤庚中　盤庚下　微子　牧誓　洪範　金縢　大誥　康誥　酒誥　召誥　洛誥　多士　無逸　君奭　多方　立政　顧命　吕刑　秦誓

〔一〕「繆」字，原作「穆」。
〔二〕吴汝綸《記寫本尚書後》，載《吴汝綸文集》卷一。

卷三

詩經

【釋】先生指示學詩家法，以「知道」説詩教，知之爲義，在於明道，乃一本孔、孟。知道者，具言爲審樂知政；「詩無邪」者，詩道之標準。審知無邪之義，以感奮善幾，厚養性情，是爲治心之學，教化因致。此孔門家法，一以貫之，與《易》《書》相通，皆心學也。若就辭章之學言，其典範意義更屬《楚辭》與《昭明文選》之基礎。而《詩經》無體不備，辭章之大源。則詩教之義，本乎心靈感知而開拓無窮姿態。詩興之義，乃此心之大用，内外不存隔閡，是稱中和。是以批評曾國藩《古文四象》以陰陽氣蘊之「少陰」一類歸《詩經》，爲偏頗未妥。蓋本末未辨，未爲知詩道之爲用，知政之爲先務。故開列篇目，回歸孔子詩道。先生後來編撰《詩經大義》，權輿於此。至有關《詩經》學流變，則先生《詩經大義》卷首更詳焉。

學《詩》家法，創自孔子，傳於曾子、子思、孟子。孔子贊《鴟鴞》之詩曰：「爲此詩者，其知道乎！能治其國家，誰敢侮之。」〔一〕贊《烝民》之詩曰：「爲此詩者，其知道乎！故有物必有則，民之秉彝也，故『好是懿德』。」〔二〕皆用一二字點綴詠歎，而意義躍如。曾子得其傳，作《大學》，於「邦畿千里，維民所止」「桃之夭夭，其葉蓁蓁」「樂只君子，民之父母」數節，皆不拘本文，斷章取義，自言其所心得。子思子得其傳，作《中庸》，於「衣錦尚絅」數節，精探道蘊，引人入勝；而於「予懷明德」一節，三引《詩》文，有左右逢原之妙，尤爲千古説《詩》之祖。孟子得其傳，作「七篇」〔三〕，章末每引《詩》語作結，實開「外傳」之先河。《韓詩》有「外傳」，《毛詩》亦稱「傳」；傳者，傳其義也。而「以意逆志」數言〔四〕，尤爲説《詩》之要領。後世學《詩》者，能得孔門家法，自無支離穿鑿之

〔一〕《孟子·公孫丑上》。
〔二〕《孟子·告子上》。
〔三〕趙岐《孟子注疏·孟子題辭》：「（孟子）於是退而論集所與高第弟子公孫丑、萬章之徒難疑答問，又自撰其法度之言，著書七篇。」
〔四〕《孟子·萬章上》云：「故説《詩》者，不以文害辭，不以辭害志。以意逆志，是爲得之。」

習矣〔一〕。

聲成文謂之音，詩者，音而已矣。古人有言「審樂知政」〔二〕，審樂者，審音而已矣。《詩序》云：「情動於中而形於言，言之不足，故嗟歎之；嗟歎之不足，故永歌之；永歌之不足，不知手之舞之，足之蹈之也。」昔曾子居衛〔三〕，讀《商頌》，其聲淵淵然，恍聞金石之奏〔四〕。蓋《長發》《殷武》諸詩，其聲大矣遠矣。予嘗推斯意，以讀周家之詩，若《大明》《緜》、若《皇矣》、若《公劉》諸篇，其忠厚淵懿之意，洋溢乎紙上。美哉！商周之音也。蓋在唐虞之世，契爲舜司徒，敬敷五教〔五〕，教在人倫。歷五百年而生湯與伊尹，再歷五百年而生孔子〔六〕，孔子其先宋人；宋，殷之後也。蓋契始創教民之政者也。教民者，後世食其報，故商詩之音特遠。后稷教民稼穡，樹藝五穀，歷十餘世而生文王、武王、周公，蓋稷始創養民之政者也。養民者，後世食其報，故周詩之音特閎。由是

〔一〕不識不知，遂致支離。

〔二〕《禮記・樂記》云：「審聲以知音，審音以知樂，審樂以知政，而治道備矣。」

〔三〕「衛」，原刻作「魯」，據《莊子・讓王》爲正。

〔四〕《莊子・讓王》載曾子居衛，「曳縱而歌《商頌》，聲滿天地，若出金石」。

〔五〕《尚書・堯典》載堯之任命契曰：「百姓不親，五品不遜。汝作司徒，敬敷五教，在寬。」按，本段論《詩》學家法。

〔六〕出《孟子・公孫丑下》「五百年必有王者興」章。

推之，而其他之音均可知已。一升一降，一治一亂，一盛一衰，皆可於音驗之。不獨一國然也，一家亦然，一身一心亦然。積善愈深以厚，則其音愈和以平。故夫善治天下與善觀人者，能知天下之善音，並能遠天下之惡音，此其義難與俗人言也〔一〕。

《左氏傳》載吴季子觀樂〔二〕，即所謂「審音以知政」〔三〕。而學《詩》之方，更詳於《論語》。子曰：「《詩》三百，一言以蔽之，曰『思無邪』。」〔四〕又曰：「誦《詩》三百，授之以政，不達；使於四方，不能專對；雖多，亦奚以爲。」〔五〕蓋「思無邪」，治心之學也，體也；達於政事、專對四方，用也。舍是二者，則不必學《詩》矣。通經貴乎致用，自聖學衰，而溝瞀之儒騁辭馳説，世遂詆聖學爲無用，固不獨説《詩》一端爲然也。

唐李漢序《韓昌黎集》云：「周情孔思，日光玉潔。」〔六〕自古文情之至深者，其惟我

〔一〕按，本段論審音知政。
〔二〕事在《左傳·襄公二十九年》。
〔三〕《禮記·樂記》原文云：「審音以知樂，審樂以知政。」
〔四〕《論語·爲政》。
〔五〕《論語·子路》。
〔六〕李漢序文原作：「日光玉潔，周情孔思。」

周公乎？《常棣》之詩，每章言兄弟，末曰「是究是圖，亶其然乎」，何其婉也。《七月》之詩，陳民事也，則曰：「女心傷悲，殆及公子同歸。」《鴟鴞》之詩，明素心也，則曰：「恩斯勤斯，鬻子之閔斯。」《東山》之詩，慰師旅也，則曰：「之子于歸，皇駁其馬。」「其新孔嘉，其舊如之何。」以聖哲神相之著作，無異於勞人思婦之離憂。至於《閔予小子》《小毖》諸篇，深情若揭，孝哉我周公！忠哉我周公！文情之至深者，亦惟我周公。天下惟至情之人，乃能感天地、泣鬼神而定天下之大業。周家八百年之基統，根於情而已矣。故學者學《詩》，先在養其性情。深於情，而興觀羣怨〔一〕，乃有不能自已者。孔子曰：「吾不復夢見周公。」〔二〕事有曠百世而相感者，予誠不知其何心也〔三〕。

言詞章者多宗《騷》《選》，予謂：讀《騷》《選》，不如讀《詩》。試略論之。《雅》之《生民》《皇矣》《公劉》，《頌》之《載芟》諸篇，實爲《文選》詩賦之胚胎。《斯干》之詩，頌嘉祥也，而中間忽以「乃寢乃興，乃占我夢」作轉，末乃以「乃生男子，乃生女子」作

〔一〕《論語·陽貨》載孔子云：「小子何莫學夫詩？詩，可以興，可以觀，可以羣，可以怨；邇之事父，遠之事君；多識於鳥獸草木之名。」

〔二〕《論語·述而》。

〔三〕按，本段論學《詩》之方。

結，其文思之奇，可謂千古獨絕。「誰謂爾無羊」一篇逸趣横生，爲後世畫記之祖，末乃以牧人一夢作結，與《斯干》詩同一奇想。蘇東坡《後赤壁賦》以一夢作結，用意實本於此，因無結束，而得好結束法也。又如《緜》之詩以「予曰有禦侮」作結，《皇矣》詩以「四方以無拂」作結，《大東》詩以「維北有斗，西柄之揭」作結，簡老奇横，無與倫比，美哉詩乎！蓋無體不備矣。友人某君〔一〕云杜子美「絶代有佳人」詩一首，實脱胎於《谷風》一篇，予深思之，其説良然。如「夫壻輕薄兒，新人美如玉」數句，實本於「宴爾新昏，如兄如弟」；「在山泉水清，出山泉水濁」二句，實本於「涇以渭濁，湜湜其沚」；「侍婢賣珠回，牽蘿補茅屋」二句，實本於「我有旨蓄，亦以御冬」。然如《谷風》詩之「既生既育，比予于毒」，則子美詩尚不能如是之沈痛。而「宴爾新昏，以我御窮」二句，尤爲奇横，後人所不能及也。

曾文正《古文四象》「少陰情韻類」選《詩》八十篇：以《關雎》《葛覃》《卷耳》《鵲巢》《采蘩》《采蘋》《清廟》《雍》爲可興上；以《七月》《鴟鴞》《東山》《狼跋》《文王》《大明》《緜》《思齊》爲可興下；以《楚茨》《信南山》《文王有聲》《生民》《行葦》《篤公劉》《那》《長發》爲美中之可觀；以《北門》《匪風》《北山》《頍弁》《白華》《板》《蕩》《瞻卬》

〔一〕辜鴻銘。

爲刺中之可觀;以《鹿鳴》《四牡》《常棣》《伐木》《崧高》《烝民》《江漢》《常武》爲可羣;以《節南山》《正月》《十月之交》《雨無正》《小旻》《小宛》《小弁》《巧言》爲可怨;以《柏舟》《淇奥》《蓼莪》《抑》《閔予小子》《訪落》《敬之》《小毖》屬義理;以《碩人》《小戎》《采芑》《車攻》《斯干》《皇矣》《韓奕》《閟宫》屬氣勢;以《柏舟》《谷風》《伯兮》《葛生》《蒹葭》《黄鳥》《采薇》《杕杜》屬情韻;以《簡兮》《大叔于田》《清人》《還》《伐檀》《山有樞》《宛丘》《大東》屬趣味,可謂精思入杳冥矣。惟概入於「少陰情韻類」,鄙意竊以爲可商。蓋《詩》中如《柏舟》《緑衣》《蒹葭》等,丰韻獨絶,斯可屬諸情韻。若《那》《長發》不得不謂之「太陽」,《江漢》《常武》不得不謂之「少陽」,未可概以「少陰」目之。觀文正於興觀羣怨四類外,别分義理、氣勢、情韻、趣味四者,是以八十篇概屬之「少陰」,固未定之意也〔一〕。

學《詩》當以《傳》《箋》〔二〕爲主,而以《朱子集傳》輔之,孔沖遠《疏》亦稱詳備。近

〔一〕按,以上論《詩》之詞章法式。
〔二〕指《毛詩》與鄭玄《毛詩箋》。

世作者以陳碩甫《毛詩傳疏》〔一〕爲最精博，李氏《毛詩紬義》〔二〕、胡氏《毛詩後箋》〔三〕，亦足備參考，惜皆詳於考據，尠有注意於性情者。陳蘭甫《讀詩日録》涵泳義理，深合孔門家法，亟録之附於卷末。至是編文法，明鍾伯敬先生評點用紅筆，國朝劉海峰先生評點用墨筆，其藍筆爲宋謝疊山先生所評。學者循是以求之，於昌黎所謂「正而葩」者，自可得其門徑也。

附：《詩經》選目

卷上

那　玄鳥　長發　殷武　生民　公劉　大明　緜　皇矣

〔一〕陳奂（一七八六～一八六三），字倬雲，號碩甫，蘇州人；受學於段玉裁，與胡承珙訂交，共研《毛詩》；承珙謝世前遺予其《毛詩後箋》稿，道光二十九年（一八四九）赴金陵主持校刻事宜；咸豐六年（一八五六）太平軍陷金陵，避禍家鄉，著《詩毛氏傳疏》三十卷。

〔二〕李黼平（一七七一～一八三三），字繡子、貞甫，梅城人；嘉慶十年（一八〇五）進士，入翰林；告假南歸講學，爲兩廣總督阮元器重，聘至廣州學海堂講學。《詩》學著述有《毛詩紬義》，收入《皇清經解》之中。

〔三〕胡承珙（一七七六～一八三二），字景孟，號墨莊，安徽涇縣人；嘉慶十年（一八〇五）進士；道光元年（一八二一）任按察使，分巡臺灣兵備道；潛心經學，尤重《毛詩》，與陳奂往復討論，並以《毛詩後箋》手稿授予陳奂；另有《儀禮古今文疏義》《爾雅古義》《求是堂詩文集》等傳世。

常棣　七月　鴟鴞　東山　思文　小毖　卷阿　小宛　蕩

江漢　常武　既醉　斯干

卷下

蓼莪　鴇羽　葛覃　卷耳　柏舟　緑衣　谷風　氓　女曰

雞鳴　蒹葭　黍離

曾文正《四象古文》所選《詩經》，分興觀羣怨、義理、氣勢、情韻、趣味各類，未免太繁。此卷所選，上編專取「清明廣大」之音，下編專取「情韻抑揚」之作，用以自娱，故哀怨離憂之詞選録較少。學者欲考盛衰興亡之消息，非讀全經不可也。

卷四

周禮

【釋】唐先生於篇中云：「竊嘗欲采取經義，酌古斟今，旁考先儒緒論，別爲《周官經世録》一書，冀得周公之遺意。」雖其立願未圓，而經世安民之志，發而爲堅守道統之文化承擔。故於《周禮》，獨許顧炎武解讀内府繫於天官之卓識。此蓋有感晚清垂簾聽政之弊，於《周禮》防於先萌，更添篤信之誠，而思欲著書實踐周公之遺意也。故於鄭玄《周禮注》以漢制説經稍有微辭，因此法雖便取讀，唯漢承秦制，制度與《周禮》王制宗旨實存天淵之別，故勉强比附，則大失周公制禮作樂之保民之意。而先生經歷帝制崩潰而共和新政過渡之時，於黨治之能否體現共和之旨，反省尤其深刻，非徒古制之文字考辨焉，故篇末再伸貴得大意之教誨也。至於先生重視實業，因亟賞《周禮》之多創奇字，以此感發時人創新創業之願力，皆出於經世情懷之識見也。各節標題與序號，乃原文所有。

一、授受源流

《四庫提要》云：「《周禮》一書，上自河間獻王，於諸經之中，其出最晚，其真僞亦紛如聚訟，不可縷舉。惟《横渠語録》曰：『《周禮》是的當之書，然其間必有末世增入者。』〔一〕鄭樵《通志》引孫處之言曰：『周公居攝六年之後，書成歸豐，而實未嘗行。蓋周公之爲《周禮》，亦猶唐之《顯慶》《開元禮》，預爲之以待他日之用，其實未嘗行也。惟其未經行，故僅述大略，俟其臨事而損益之。故建都之制不與《召誥》《洛誥》合，封國之制不與《武成》《孟子》合，設官之制不與《周官》合，九畿之制不與《禹貢》合。』云云，其説差爲近之，然亦未盡也。夫《周禮》作於周初，而周事之可考者，不過春秋以後。其東遷以前三百餘年，官制之沿革，政典之損益，除舊布新，不知凡幾。其初去成、康未遠，不過因其舊章，稍爲改易。而改易之人，不皆周公也。於是以後世之法竄入之，其書遂雜。其後去之愈遠，時移勢變，不可行者漸多，其書遂廢。此亦如後世律令條格，率數十年而一修，修則必有所附益。特世近者可考，年遠者無徵，其增

〔一〕出張載《經學理窟·周禮》。

删之迹，遂靡所稽，統以爲周公之舊耳。」

又云：「《考工記》稱鄭之刀，又稱秦無廬。鄭封於宣王時，秦封於孝王時，其非周公之舊典，已無疑義。《南齊書》稱文惠太子鎮雍州，有盜發楚王冢，獲竹簡書，青絲編，簡廣數分，長二尺有奇，得十餘簡，以示王僧虔。僧虔曰是科斗書《考工記》〔一〕。則其爲秦以前書，亦灼然可知。雖不足以當《冬官》，然百工爲九經之一〔二〕，其工爲九官之一〔三〕，先王原以制器爲大事，存之尚稍見古制。俞庭椿〔四〕以下，紛紛割裂五官，均無知妄作耳。《鄭注》，《隋志》作十二卷。《賈疏》文繁，乃析爲五十卷，新舊《唐志》並同。今本四十二卷，不知何人所併。文治案：先師黄元同先生曰：「四十二卷首尾完具，八卷乃其圖。」〔五〕此則

〔一〕事載蕭子顯《南齊書·文惠太子列傳》。
〔二〕《禮記·中庸》云「凡爲天下國家有九經」，「來百工」是其一。
〔三〕指《尚書·舜典》中舜所任命九官，即禹作司空、棄作后稷、契作司徒、咎繇作士、垂作共工、益作虞、伯夷作秩宗、夔典樂、龍作納言。又《漢書·百官公卿表》云「垂作共工」。
〔四〕俞庭椿，字壽翁，南宋臨川人；師事陸九淵，乾道八年（一一七二）進士，著《周禮復古編》。
〔五〕黄以周《儆季雜著·周官賈疏有圖》云：「及讀聶崇義《三禮圖目録》，謂『《周官》疏，特圖大琮。』又知賈疏亦有圖。賈公彦《周官疏》，新舊《唐書》並箸録，稱五十卷。今通行本止四十二卷，檢其疏文首尾完具，則所少八卷，非其圖與？」

非後人所併。玄於三《禮》之學，本爲專門，故所釋特精。惟好引緯書，是其一短。《歐陽修集》有《請校正五經劄子》，欲删削其書[一]。然緯書不盡可據，亦非盡不可據，在審別其是非而已，不必竄易古書也。又好改經字，亦其一失。然所注但曰『當作某』耳，尚不似北宋以後連篇累牘，動稱錯簡，則亦不必苛責於玄矣。公彦之疏，亦極博核，足以發揮鄭學。《朱子語録》稱『五經疏中，《周禮疏》最好。』[二] 蓋宋儒惟朱子深於《禮》，故能知鄭、賈之善云。」[三]

二、精義

顧亭林先生《日知録》云：「閹人、寺人屬於冢宰，則内廷無亂政之人；九嬪、世婦屬於冢宰，則後宮無盛色之事。太宰之於王，不惟佐之治國，而亦誨之齊家者也。自漢以來，惟諸葛孔明爲知此義，故其上表後主，謂：『宮中、府中俱爲一體，

[一] 歐陽修《論删去〈九經正義〉中讖緯劄子》云：「臣欲乞特詔名儒學官，悉取九經之疏，删去讖緯之文，使學者不爲怪異之言惑亂，然後經義純一，無所駁雜。」

[二] 《朱子語類·周禮總論》。

[三] 《四庫全書總目·周禮注疏提要》。

而宫中之事，事無大小，悉以咨攸之、禕、允三人。』于是後主欲采擇以充後宫，而終執不聽。宦人黄皓終允之世，位不過黄門丞〔一〕。可以爲行《周禮》之效矣。後之人君以爲此『吾家事』，而爲之大臣者亦以爲『天子之家事』，人臣不敢執而問也。其家之不正，而何國之能理乎？魏楊阜爲少府，上疏欲省宫人，乃召御府吏，問後宫人數，吏曰：『禁密不得宣露。』阜怒，杖吏一百，數之曰：『國家不與九卿爲密，反與小吏爲密乎？』〔二〕然後知閹封、嬪御之繫于天官，周公所以爲後世慮至深遠也。」〔三〕

文治謹按：閹寺之當廢，盡人能言之，而宫内之制屬於冢宰之職，亭林先生所論，獨爲遠大。具此卓識，方可與讀經，方可與讀史。

又云：「《士師》掌士之八成，七曰爲邦朋〔四〕。太公對武王，民有十大，而曰：『民

〔一〕《三國志・蜀書・董允傳》。
〔二〕事見《三國志・魏書・楊阜傳》。
〔三〕《日知録》卷六。
〔四〕《周禮・秋官司寇・士師》：「掌士之八成，一曰邦汋，二曰邦賊，三曰邦諜，四曰犯邦令，五曰撟邦令，六曰爲邦盜，七曰爲邦朋，八曰爲邦誣。」

有百里之譽，千里之交，六大也。』又曰：『一家害一里，一里害諸侯，諸侯害天下。』〔一〕嗟乎！此太公之所以誅華士也。世衰道微，王綱弛于上，而私黨植于下，故箕子之陳《洪範》，必皇建其有極，而後庶民人無淫朋比德。《易》泰之九二曰：『朋亡。』渙之六四曰：『渙其羣，元吉。』《莊子》：『文王寓政于臧丈人，而列士壞植散羣。』〔二〕荀悦論曰：『言論者計薄厚而吐辭，選舉者度親疏而舉筆，苞苴盈于門庭，聘問交于道路，書記繁于公文，私務衆于官事。』〔三〕世之弊也，古今同之，可爲太息者此也。

文治謹按：《洪範》云「無偏無黨」，偏黨行而議論龐雜，政治破壞，人心世道，蓋如江河之日下。讀亭林先生此條，不禁潸焉出涕也。〔四〕

《周官義疏·總辨》云：「注釋三《禮》，康成鄭氏之功甚鉅，而其過亦不細，蓋王安石所以襲迹於新莽而禍宋者，多依於鄭氏之説也。康成注『九賦』〔五〕，以爲『口率出

〔一〕見范曄《後漢書·百官志四》李賢注所引《太公陰符》。
〔二〕《莊子·田子方》。
〔三〕荀悦《漢紀·孝武皇帝紀》。
〔四〕《日知録》卷六。
〔五〕《周禮·天官冢宰·大宰》：「以九賦斂財賄：一曰邦中之賦，二曰四郊之賦，三曰邦甸之賦，四曰家削之賦，五曰邦縣之賦，六曰邦都之賦，七曰關市之賦，八曰山澤之賦，九曰幣餘之賦。」

泉』；注『門關』『市政』〔一〕，以『舉爲官，没其貨』；注『國服爲之息』，曰『貸以泉，息以泉』。而安石剥民之政，皆託是而爲之〔二〕。自康成之注『王日一舉』也〔三〕，辭不别白，疏者以爲日舉太牢，共百二十饔之醯醢，安石因之有備物之説〔四〕。自康成以王后世子不會爲優尊者〔五〕，安石倡之，而蔡京、童貫、王黼恣焉以速北宋之亡。經義之不明，其禍遂至於斯極，可不懼哉！夫口率出泉，漢法也，《周官》無是也。閭師掌國中四郊之賦，而其職曰『任農以耕事，貢九穀』〔六〕，圃牧、工商、虞衡、嬪婦各貢其所有之物，則農自九穀以外，餘七職自所貢之物外，别無所謂賦，明矣。没民之貨而入於官，漢之亂政也，《周官》無是也。《春秋傳》曰：『仲尼使舉是禮也，以爲多文辭。』〔七〕《管

〔一〕《周禮·地官司徒》「遺人」及「司市」。

〔二〕《宋史紀事本末》卷三七「王安石變法」載：「甲子，議行新法，王安石言：『周置泉府之官，以榷制兼併，均濟貧乏，變通天下之財，後世唯桑弘羊、劉晏粗合此意。學者不能推明先王法意，更以爲人主不當與民爭利。今欲理財，則當修泉府之法，以收利權。』」

〔三〕《周禮·天官冢宰·膳夫》。

〔四〕王安石《賀景靈宫奉安列聖御容表》云：「館御因時，初豈忘於苟簡；修除備物，乃有待於純熙。」

〔五〕《周禮正義·天官冢宰·膳夫》鄭玄注：「不會計多少，優尊者。其頒賜諸臣則計之。」

〔六〕《周禮·地官司徒·閭師》。

〔七〕《春秋左傳·襄公二十七年》。

子》曰：『以時稽帥馬牛之肥瘠，其老而死者皆舉之。』〔一〕則『舉』乃登諸册籍之謂爾。況質人所稽者，書籍所考者，度量淳制。而曰：『犯禁者，舉而罰之。』〔二〕則『舉』爲登諸册籍，而不可謂没其貨決矣。貸民以財使治産業，而計其贏餘以收息者，莽之亂政也。《周官》本有賒而無貸，康成不能辨，而謂貸泉出息，一以園廛郊野受田之地爲差，是爲國服以誣聖法，傅莽事而啓安石之愚迷，不亦悖乎！至於王日一舉，舉少牢耳。醢醢六十甕，朔月月半，共之以爲旬有五日之用者耳。大司樂職曰：『王大食三侑。』〔三〕則日一舉之爲恒食明矣。若恒食日舉大牢，則朔月月半之大食何以加焉？
王后之膳服不會，飲酒不會，膳禽不會，以具於大宰，羞服之式者，品數有常，無所用其會耳，非縱其欲而不爲之限度也。至於世子，服不敢備則服會，飲無常期則飲會，膳無加獻則禽會，以其有無多少疏數，惟王所命而無常式故也。其與王后同者，惟朝夕恒膳，品味有常，故無所用其會耳。然如此類者，在鄭氏、賈氏則訓釋之疏，而在安石則心術隱微之病也。安石雖於道未有聞焉，而於文則晰矣。其言

〔一〕《管子·問》云：「時簡稽帥馬牛之肥膌，其老而死者皆舉之。」
〔二〕《周禮·地官司徒·司市》。
〔三〕《周禮·春官宗伯·大司樂》。

『祁寒暑雨，民猶怨咨也』，舍先王思圖民艱之義，而謂『民怨不足惜』，以惑主聽而閉民言，則其假《周官》與注疏之説，乃明知其非，而借之以售其術耳，是亦不可以無辨也。」〔一〕

文治謹按：此數條確係鄭注之誤，在鄭君以漢制説經，而未能逆知其流弊之鉅。雖然，後世之尋章摘句以自文其私者，何所不至，又焉能歸咎於鄭君哉？

陳蘭甫先生《東塾讀書記》云：「《考工記》實可補經，何必割裂五官乎？作記者以一人而盡諳衆工之事，此人甚奇特，且所記皆有用之物，不可卑視之。惟其卑視工事，一任賤工爲之，以致中國之物不如外國，此所關者甚大也，今時乃頗悟之矣。」

又云：「工事以治水爲最大，匠人爲溝爲防。百餘字而盡治水之法：『善溝者水漱之，善防者水淫之。』〔二〕漱之者，潘季馴所謂『以水刷沙』也〔三〕；淫之者，賈讓所謂

〔一〕《欽定周官義疏・凡例》第六十八。

〔二〕《周禮・冬官考工記・匠人》。

〔三〕潘季馴《河議辨惑》云：「水分則勢緩，勢緩則沙停，沙停則河飽。尺寸之水皆由沙面，止見其高。水合則勢猛，勢猛則沙刷，沙刷則河深，尋丈之水皆由河底，止見其卑。築堤束水，以水攻沙，水不奔溢于兩旁，則必直刷乎河底。一定之理，必然之勢，此合之所以愈于分也。」載《古今圖書集成》卷二二七「河部」《方輿彙編・山川典・藝文》。

『左右游波，寬緩而不迫』也〔一〕。『凡溝，逆地防，謂之不行』〔二〕，如廣東之西江，水盛時每爲害，昔人欲於肇慶鑿山，使西江分一支南入海，以殺水勢，則下流不受其害，而不知此所謂『逆地防，謂之不行』也。」〔三〕

文治按：二説皆通人之論，讀此可悟讀《禮》之法。竊嘗欲采取經義，酌古斟今，旁考先儒緒論，别爲《周官經世録》一書，冀得周公之遺意，未知何日能成也〔四〕。

《孟子》曰：「周公思兼三王，以施四事。其有不合者，仰而思之，夜以繼日。幸而得之，坐以待旦。」〔五〕此《周官》所由作也。宋程子謂：「有《關雎》《麟趾》之精義，而後可行《周官》之法度。」〔六〕可見學《周官》者，不惟其法，惟其意，所謂「有不忍人之心，斯有不忍人之政」也。陸稼書先生云：「立法以垂後者，千古之常經；

〔一〕《漢書·溝洫志》載其説云：「大川無防，小水得入，陂障卑下，以爲汙澤，使秋水多，得有所休息，左右游波，寬緩而不迫。」
〔二〕《周禮·冬官考工記·匠人》。
〔三〕陳澧《東塾讀書記·周禮》。
〔四〕謹按：唐先生此願未圓。
〔五〕《孟子·離婁下》。
〔六〕《近思録》卷八。

因時以制宜者，天下之通義。」[一]故讀《周官》，宜考漢唐以來歷代官制，凡今有而古無，古有而今無，與名同而實異，實同而名異者，詳爲考證，以後人因時制宜之意，上契周公因時制宜之意。且研究歷代所以能合與其所以不合之故，會而通之，則庶幾成經世之儒矣！陳蘭甫先生云：「《周禮》者，古之政書也。治此經者，宜通知古今，陋儒不足以知之。」[二]蓋識見陋則必至於泥古，泥古則必至於害民。深可懼已！

三、正僞

方望溪先生《周官辨僞》云：「凡疑《周官》爲僞作者，非道聽塗説而未嘗一用其心，即粗用其心而未能究乎事理之實者也。然其間決不可信者，實有數事焉：《周

[一] 陸隴其（一六三〇～一六九三），字稼書，謚清獻，浙江平湖人。唐先生所徵引陸氏語，見《貢助徹論》，文云：「立法以垂後者，所以明一王之大典也；審勢以合宜者，所以順天下之大情也。」載《三魚堂文集》卷三。

[二] 陳澧《東塾讀書記·周禮》。

官》九職貢物〔一〕之外，別無所取於民，而《載師》職則曰：『近郊十一，遠郊二十而三，甸、稍、縣、都皆無過十二。』市官所掌，惟廛布與罰布，而廛人之斂布、總布、質布，別增其三。夏、秋二官驅疫，禬蠱，攻貍蠹，去妖鳥，驅水蟲，所以除民害，安物生，肅禮事也〔二〕；而以戈擊壙，以矢射神，以書方厭鳥，以牡橭、象齒殺神〔三〕，則荒誕而不經。若是者，揆之於理則不宜，驗之於人心之同然則不順，而經有是文，何也？則莽與歆所竄入也。蓋莽誦六藝，以文姦言；而浚民之政，皆託於《周官》。其未篡也，既以『公田口井』布令〔四〕，故既篡下書，不能遽變十一之說，而謂『漢法名三十稅一，實十稅

〔一〕《周禮・天官冢宰・大宰》載：「以九職任萬民：一曰三農，生九穀。二曰園圃，毓草木。三曰虞衡，作山澤之材。四曰藪牧，養蕃鳥獸。五曰百工，飭化八材。六曰商賈，阜通貨賄。七曰嬪婦，化治絲枲。八曰臣妾，聚斂疏材。九曰閒民，無常職，轉移執事。」

〔二〕「驅疫」見《夏官司馬・方相氏》，「禬蠱」見《秋官司寇・庶氏》，「攻貍蠹」見《翦氏》《赤友氏》，「去妖鳥」見《翨氏》《哲蔟氏》《庭氏》，「驅水蟲」見《蟈氏》《壺涿氏》，皆巫官。

〔三〕「以戈擊壙」見《夏官司馬・方相氏》，「以矢射神」見《秋官司寇・庭氏》，「以書方厭鳥」見《哲蔟氏》，「以牡橭、象齒殺神」見《壺涿氏》，皆巫官。

〔四〕《漢書・王莽傳》顏師古注：「計口而爲井田。」

五』〔一〕，則其意居可知矣。故歆承其意而增竄《閭師》〔二〕之文，以示《周官》之田賦本不止於十一也。莽立山澤、六筦、榷酒、鑄器，税衆物以窮工商，故歆增竄《廛人》之文，以示《周官》征布之目，本如是其多也。莽好厭勝，妖妄愚誣，爲天下訕笑，故歆增竄《方相》《壺涿》《硩族》《庭氏》之文，以示聖人之法，固如是其多怪變也。夫歆頌莽之功，既曰『發得《周禮》，以明因監』，而公孫禄數歆之罪，又曰『顛倒「五經」，使學士疑惑』〔三〕，則此數事者，乃莽與歆所竄入，決矣。」〔四〕

又云：「《媒氏》：『仲春之月，大會男女，奔者不禁。』〔五〕近或爲之説曰：『是乃聖

〔一〕《漢書·王莽傳》載：「古者設廬井八家，一夫一婦田百畝，什一而税，則國給民富而頌聲作。此唐虞之道，三代所遵行也。」又：「漢氏減輕田租，三十而税一，常有更賦，罷癃咸出，而豪民侵陵，分田劫假。厥名三十税一，實什税五也。」

〔二〕疑爲《載師》之誤。《地官司徒·載師》：「凡任地，國宅無征，園廛二十而一，近郊十一，遠郊二十而三，甸、稍、縣、都皆無過十二，唯其漆林之征二十而五。」税法不只「十一」。前文已引；且度其行文筆法，皆先舉一正例，再舉反例，如先以「驅疫」爲正，再以「矢射神」爲反，以見新莽增竄《周禮》之誣，同理相揆，先以「九職貢物」、别無取於民爲正，以《載師》引文爲反，以見「十一」之税外别有税法之誣。故此處「閭師」應爲「載師」。

〔三〕《漢書·王莽傳下》。

〔四〕方苞《周官辨·周官辨僞一》。

〔五〕《周禮·地官司徒·媒氏》。

人之所以止佚淫而消鬭辯也。每見甿庶之家，嫠者改適，猜釁叢生，變詐百出，由是而成獄訟者十四三焉。豈若天子之吏以時會之，而聽其相從於有司之前，可以稱年材，使各得其分願哉！管子治齊，以掌媒合獨，猶師其意，則斯乃民治之所宜也，審矣。』嗚呼！管子生政散民流之後，而姑爲一切之法，是不可知。若成周之世，安用此哉？自文王后妃之躬化，遠蒸江、漢，至周公作洛，道洽政行，民知秉禮而度義也久矣。又況《周官》之法，冠昏之禮事，黨正教之；比户之女功，酇長稽之。凡民之有邪惡者，雖未麗於法，而已『坐諸嘉石，役諸司空』〔一〕，任諸州里，尚何怨曠陰私暴詐之敢作哉？管子合獨之政〔二〕，乃取鰥寡而官配之，若會焉而聽其自奔，則雖亂國污吏，能布此爲憲令乎？蓋莽之法，私鑄者伍坐，没入爲官奴婢，傳詣鍾官者以十萬數，至則易其夫婦，民人駭痛。故歆增竄《媒氏》之文，以示《周官》之法，官會男女而聽其相奔，則以罪没而易其夫婦，猶未爲已甚也。莽之母死而不欲爲之服，歆與博士獻議：

〔一〕《周禮·秋官司寇·都士》。

〔二〕《管子·入國》載：「所謂合獨者，凡國都皆有掌媒；丈夫無妻曰鰥，婦人無夫曰寡，取鰥寡而合和之，予田宅而家室之，三年然後事之，此之謂合獨。」

『《周禮》王爲諸侯緦衰〔一〕，弁而加環絰〔二〕，同姓則麻，異姓則葛。』〔三〕今《周禮・司服》無『弁而加環絰』三語，則《媒氏》之文，爲歆所增竄也，決矣。」〔四〕

文治按：《周官辨僞》論者極多，惟望溪先生此二條最爲精審，特著録之。

四、奇字

「六經」用字，亦間有奇古者，惟不若《周禮》所載之多。昔人以爲此書出於劉歆，嘗從楊子雲學作奇字，故用以入經。近郎兆玉嘗集《周禮》奇字〔五〕，如稍爲削、裂爲洌、釋爲澤之類。然此要係叚借之通例，未足當奇字也。

其可以稱奇字者，如《地官》草人「⿱龹土」字、即「糞」字。「㯺」字、言堅也。「爂」字，言脆也。林衡「禁」字，疑即「麓」字。⿰飠熙人「⿰飠熙」字；疑即「饎」字。《春官》大宗伯「飌」字、即「風」字。

〔一〕《周禮・春官宗伯・司服》云：「王爲三公六卿錫衰，爲諸侯緦衰，爲大夫、士疑衰，其首服皆弁絰。」

〔二〕《周禮・夏官司馬・弁師》云：「王之弁絰，弁而加環絰。」

〔三〕《漢書・王莽傳上》。

〔四〕方苞《周官辨・周官辨僞二》。

〔五〕《明史・藝文志》載郎兆玉注釋《古周禮》六卷。郎兆玉，字完白，浙江仁和人；萬曆四十一年進士。

「鼺」字，疑作「犦」字，解鼺牲胸也。大師「鞞」字，小鼓也。典同「韽」字，聲小不成也。大卜「兆」字，同「兆」字。「蔷」字，同「夢」字。司巫「匰」字，器名。諸如此類，不勝枚舉。《考工記》內其字尤夥，殆皆傳自子雲歟？

昔陸桴亭先生謂：「許叔重先生作《説文》，都九千數百字，原非限定此數，謂後人不能再行造字，惟須通人方可續造，不可無知妄作如武曌耳。」竊意後來事業日繁，科學日新，有通儒出，正宜倣《考工記》之例，廣造奇字，以供應用。記云：「作者之謂聖，述者之謂明。」誰其能任此哉？

五、注釋及文法

《周禮注疏》訾議者頗多，然考核究爲詳備。《欽定周官義疏》尤爲精邃。近孫仲容《周官正義》網羅宏富，疏釋故言，較勝舊疏。《通志堂經解》中刊有宋葉文康《禮經會元》〔一〕、

〔一〕葉時，字秀發，號竹埜愚叟，錢塘人；宋孝宗乾道二年（一一六六）特科進士，理宗朝龍圖閣學士、光禄大夫，致仕卒，謚文康。存《禮經會元》四卷。

鄭節卿《太平經國書》〔一〕，融貫大義，可稱通洽。近顧亭林、陳蘭甫論《周官》，亦能見其大。江氏《周禮疑義舉要》、莊氏《周官記》亦足備參考，其餘則等諸自鄶以下矣。

至讀《禮》者，貴得其大意，若求之於文法，抑末矣。雖然，讀其文始可曉其義，曉其義始可會其微。明代郭正域評點《考工記》最爲精審。近曾文正選《經史百家雜鈔》，亦多采《周禮》。提綱挈領，是在通人。嗚呼！宣聖有言：「甚矣吾衰也！久矣吾不復夢見周公。」〔二〕先進不作，讀此經者，能無慨焉？

〔一〕鄭伯謙，字節卿，宋永嘉人，官修職郎、衢州府學教授。著《太平經國書》十一卷，以發明《周禮》經義。《四庫全書》收録。

〔二〕《論語·述而》。「也」字原無，據《論語》補入。

卷五

儀禮

【釋】唐先生重視禮教於重整世道人心之重要作用，於此「提綱」指出禮於儀之本末關係，主張因儀式制度等具體設計與安排，進一步觀察與理解其中成禮之本意。因而特重喪禮，以爲「喪禮者，生民之大事，良心之本原」。禮儀之目的在感奮良心良知，制度之善因，根植於誠敬之參預，則《禮》《易》同旨，無非良心之體現與作用。先生未有《儀禮》專著，於《儀禮》大義，以本篇爲備。爲清晰理路，今謹依據《周禮提綱》例，按内容標示小題。

一、授受源流

《儀禮》出殘闕之餘，篇次各有不同。古文經久亡，今文十七篇，有戴德本，有戴聖本，有劉向《別録》本。鄭君注，賈公彥疏，用《別録》本。因《別録》本尊卑、吉凶次第倫敘，二戴則尊卑、吉凶雜亂，故鄭不從之也。戴德本：《冠禮》第一、《昏禮》第二、《相見》第三、《士喪》第四、《既夕》第五、《士虞》第六、《特牲》第七、《少牢》第八、《有司徹》第九、《鄉飲酒》第十、《鄉射》第十一、《燕禮》第十二、《大射》第十三、《聘禮》第十四、《公食》第十五、《覲禮》第十六、《喪服》第十七。戴聖本：《冠禮》第一、《昏禮》第二、《相見》第三、《鄉飲》第四、《鄉射》第五、《燕禮》第六、《大射》第七、《士虞》第八、《喪服》第九、《特牲》第十、《少牢》第十一、《有司徹》第十二、《士喪》第十三、《既夕》第十四、《聘禮》第十五、《公食》第十六、《覲禮》第十七。劉向《別録》本：《士冠》第一、《士昏》第二、《相見》第三、《鄉飲酒》第四、《鄉射》第五、《燕禮》第六、《大射》第七、《聘禮》第八、《公食》第九、《覲禮》第十、《喪服》第十一、《士喪》第十二、《既夕》第十三、《士虞》第十四、《特牲》第十五、《少牢》第十六、《有司徹》第十七。其書自漢以後，傳習者鮮，脱落謬誤滋多，明代以來尤甚。顧亭林先生《日知録》斥萬曆北監本之謬，謂不亡於秦火者，亡於監本[一]，其言極可痛。國初張稷若先生[二]據唐石經校正監本，成《儀禮鄭注句讀》一書，分節尤極精密，而禮學乃初明矣[三]。

[一]《日知録》卷二〇《監本二十一史》，原文作：「此則秦火之所未亡，而亡於監刻矣。」

[二]張爾岐（一六一二～一六七八），字稷若，號蒿庵，山東濟陽人；明末諸生，入清不仕，教授鄉里，恪守程朱之學；顧炎武稱其「獨精三《禮》」，著《儀禮鄭注句讀》《周易説略》《春秋三傳駁義》《夏小正傳注》《老子説略》等。

[三]唐先生《十三經讀本》即用張氏《儀禮鄭注句讀》十七卷。

二、精意

禮者，天命秩序之原，民彝物則之要，人心世道，惟斯爲大。記曰：「以舊坊爲無所用而壞之者，必有水敗；以舊禮爲無所用而去之者，必有亂患。」〔一〕凡壞國、喪家、亡人，必先去其禮。自《老子》以禮爲「忠信之薄」〔二〕，而戰國啓爭殺之端。自晉人以「禮豈爲我輩而設」〔三〕，而六朝肇夷狄之禍。上下數千年歷史，國之治亂，皆視乎禮之興廢。《詩》曰：「人而無禮，胡不遄死。」〔四〕《左氏傳》載辛有曰：「不及百年，此其戎乎？其禮先亡矣！」〔五〕讀之可爲寒心者也。迄於近世而諱言禮，嗚呼！人無異於禽獸矣！

〔一〕《禮記・經解》。
〔二〕《道德經》第三十八章：「夫禮者，忠信之薄，而亂之首。」
〔三〕《世説新語・任誕》載：「阮籍嫂嘗還家，籍見與别，或譏之。籍曰：『禮豈爲我輩設也？』」
〔四〕《詩・鄘風・相鼠》。
〔五〕《春秋左傳・僖公二十二年》。

曾子曰：「慎終追遠，民德歸厚。」〔一〕喪禮者，生民之大事，良心之本原也。尸子云：「曾子讀喪禮，泣下霑襟。」〔二〕陳蘭甫先生《東塾讀書記》云：「《士喪禮》『代哭』鄭注云：『代，更也。孝子始有親喪，悲哀憔悴，禮防其以死傷生，使之更哭，不絕聲而已。』《既夕禮》『三虞』注云：『虞，安也。骨肉歸于土，精氣無所不之，孝子爲其彷徨，三祭以安之。朝葬，日中而虞，不忍一日離。』如此之類，乃鄭注發明喪禮之精意，而《禮記注》尤多。如《喪大記》『主人二手承衾而哭』注云：『哀慕若欲攀援。』《雜記上》『朝夕哭不帷』注云：『緣孝子之心欲見殯肂也。』……讀鄭君之注，真欲泣下沾襟矣。」〔三〕文治案：《士喪禮》自「親始死」以至「祖奠」，每節讀之，無不當泣下者；而祖奠之禮，尤爲慘怛。《既夕》屬纊之後，「行禱于五祀」，「主人啼，兄弟哭」，其文真覺有錐刺於心之痛。啓發良心，感動孝思，莫此爲甚。又《喪服》一篇，周公作經，子夏作傳〔四〕，斟情酌理，極人倫之至。千古著作之精，無逾於此。傳文簡質精當，一字不能增損，

〔一〕《論語・學而》。
〔二〕《尸子》卷下。
〔三〕陳澧《東塾讀書記》卷八。
〔四〕賈公彦《儀禮疏・喪服第十一》云：「（《喪服》「傳曰」者）此傳得爲子夏所作。」

惟《穀梁傳》或可比擬。至後世「稱情立文」，更爲周密。顧亭林先生謂今人三年之喪有過於古人者，其説甚詳，見《日知録》〔一〕。乃近時居父母之喪，竟有不持服者；甚至宴然歡樂，直可目爲國家之妖孽。王仲淹曰：「喪禮廢，天下遺其親。祭禮廢，天下忘其祖。」〔二〕文治竊嘗謂講經自學禮始，凡有人心風俗之責者，於「喪禮」尤宜兢兢也。

三、名義

《儀禮》古專稱《禮》，或稱《士禮》，至漢時始稱《儀禮》。實則，「禮」與「儀」有别。《左傳》魯昭公如晉，自郊勞至于贈賄無失禮，女叔齊曰：「是儀也，不可謂禮。禮所以守其國，行其政令，無失其民者也。」〔三〕趙簡子見子大叔，問揖讓周旋之禮焉，子大叔曰：「是儀也，非禮也。夫禮，上下之紀，天地之經緯，民之所以生也。」〔四〕此「禮」與「儀」之分也。然制度文爲雖禮之末，而安上治民之意寓焉。蓋禮有主於内心者，有飾

〔一〕《日知録》卷七《三年之喪》。
〔二〕王通（五八四～六一八），字仲淹，隋絳州龍門人。引文見王通《中説》卷六《禮樂篇》，原文兩句末有「矣」字。
〔三〕詳參《春秋左傳・昭公五年》。
〔四〕詳參《春秋左傳・昭公二十五年》。

於外貌者。儀者，飾於外者也。張稷若先生曰：「愚初讀《儀禮》〔一〕，遥望光氣，以爲非周、孔莫能爲已耳，莫測其所言者何等也〔二〕。及矻矻乎讀之，讀已又默存而心歷之，而後其俯仰揖遜之容如可覩也，忠厚藹惻之情如將遇也。周文郁郁，其斯爲郁郁矣；君子彬彬，其斯爲彬彬矣。雖不可施之行事，時一神往焉；彷彿戴弁垂紳，從事乎其間，忘其身之喬野鄙僿，無所肖似也。」〔三〕然則因儀以求禮之意，非所謂本末一貫者乎？

四、讀法：分節、禮圖、提要

《儀禮》難讀，韓文公已有此言〔四〕。陳蘭甫先生云：「昔人讀《儀禮》，『略有數端：一曰分節，二曰繪圖，三曰釋例。今人生古人後，得其法以讀之，通此經不難矣。如《士冠禮》『筮於廟門』，《賈疏》云：『自此至「宗人告事畢」一節，論將行冠禮先筮取日

〔一〕張爾岐《儀禮鄭注句讀》此句作「方愚之初讀之也」。
〔二〕「莫測其所言者何等也」九字，原脱，據張氏文補。
〔三〕張爾岐《儀禮鄭注句讀序》。
〔四〕韓愈《讀儀禮》云：「余嘗苦《儀禮》難讀。」

之事。』《賈疏》全部皆如此，此讀《儀禮》第一要法也」[一]。

文治案：《賈疏》分節至爲明晰；陳蘭甫先生又補數條，益臻完密。至繪圖之法，始於楊信齋[二]，刊入《通志堂經解》中[三]，陳蘭甫先生盛稱之；近張皋文所作《儀禮圖》，精詳尤至。鄭注釋《儀禮》例凡數十條，熟讀精思，餘可推見。近凌次仲《禮經釋例》亦極貫串。得此三法，《儀禮》亦不難讀矣。

韓文公《讀儀禮篇》云：「古書之存者希矣。百氏雜家尚有可取，況聖人之制度耶！於是掇其大要，奇辭奧旨，著于篇，學者可觀焉。」方望溪先生《讀儀禮篇》云：「《儀禮》志繁而辭簡，義曲而體直，微周公手定，亦周人最初之文也。……然其辭以類相從，其義以合而見，而韓子乃分裂而別著爲篇，則非吾之所能知矣。」

文治案：韓子所謂「掇其大要」，即所謂「紀事者必提其要」是也。其所謂「奇辭奧旨」雖不可考，然即以《喪服經》論之，實爲後世「提綱」之祖；以《喪服傳》論之，實爲後世「傳注」之祖。奇辭奧旨，當不外是爾。

[一] 陳澧《東塾讀書記》卷八《儀禮》。
[二] 楊復，字茂才，號信齋，南宋福州人，朱子門人。
[三] 《通志堂經解》收入楊復《儀禮圖》十七卷、《儀禮旁通圖》一卷。

陳蘭甫先生云：「韓昌黎《讀儀禮》云：『考於今誠無所用。』澧謂〔一〕此語過矣。《抱朴子》云：『冠、昏、飲、射，何煩碎之甚耶？好古官長，時或修之；至乃講試累月，猶有過誤。而欲以此爲生民之常事，至難行也。余以爲可命精學洽聞之士，使删定三《禮》，割棄不要，次其源流，總合其事，類集以相從；務令約儉，無令小碎。條牒各別，令易案用。』〔二〕此則至當之論也。朱子云：『司馬氏書，讀者見其節文度數之詳，有若未易究者，往往未見習行，而已有望風退怯之意。又或見其堂室之廣，給使之多，儀物之盛，而竊自病其力之不足，是以其書雖布而傳者，徒爲篋笥之藏，未有能舉而行之者也。殊不知禮書之文雖多，而身親試之，或不過於頃刻。其物雖博，而亦有所謂「不若禮不足而敬有餘」〔三〕者。今乃以安於驕佚而逆憚其難，以小不備之故，而反就於大不備，豈不誤哉！』〔四〕《讀儀禮》以爲不可行，而藉口於文之多、物之博者，此

〔一〕「澧謂」二字原脱，據陳氏文補入。
〔二〕葛洪《抱朴子·外篇·省煩》。
〔三〕《禮記·檀弓上》載子路語
〔四〕朱子《跋三家禮範》，載《朱文公文集》卷八三。

說足以破之矣。」〔一〕文治案：蘭甫先生此論，「信古」之誼也。

方望溪先生云：「《儀禮》之制，惟施於成周爲宜。蓋自二帝三王，彰道教以明民，凡仁義忠敬之大體，雖甿隸曉然於心，故層累而精其義，密其文，用以磨礲德性，而起教於微眇，使之益深於人道焉耳。後世淳澆樸散，縱性情而安恣睢，其於人道之大防，且陰決顯潰而不能自禁矣〔二〕。乃使戔戔於登降進反之儀、服物采色之辨，而相較於微忽之間，不亦末乎？吾知周公而生，秦漢以降，其用此，必有變通矣。」〔三〕文治案：望溪先生此論，「從今」之誼也。

以上「信古」「從今」兩端，其言雖殊，其理則一。文治請得而斷之曰：「周公思兼三王，以施〔四〕四事，其有不合者，仰而思之，夜以繼日」〔五〕。此何爲者也？即作《周官》《士禮》〔六〕之時也。夫以三王之事，施於周初，尚有不合，而況他人乎！周公距三

〔一〕陳澧《東塾讀書記》卷八《儀禮》。
〔二〕「矣」字原缺，據方氏文補入。
〔三〕方苞《讀儀禮》，載《望溪集》卷一。
〔四〕「施」，原作「思」，據《孟子》改。
〔五〕《孟子·離婁下》。
〔六〕即《儀禮》。

王之時如此其近，已有不合，而況數千載之後乎！故讀《禮》者，貴得《禮》之精意而用之，庶幾窮理盡性，協諸義而協，而釐然有當於人人之心。竊嘗欲取冠、昏、喪、祭、鄉、相見之禮，博采古今，參酌中西，去其悖於古者，益其宜於今者，約爲一編，以昭來禩。顧念先聖有言「毋輕議禮」[一]，且自揣學問謭陋，未敢從事。惟「禮教」爲人心風俗之本原，沿習既久，豈能不變？後聖有作，其必亟亟於此哉！

五、注釋

《儀禮》自鄭注、賈疏外，杜氏《通典》言禮最詳。朱子《儀禮經傳通解》以《禮》爲經，以記爲傳，義例精詳，燦然大備。《欽定儀禮義疏》采擇宏富，折衷至當。此外如江氏[二]《禮書綱目》、徐氏[三]《讀

[一]《禮記·禮器》載孔子語。
[二] 江永（一六八一～一七六二），字慎修，安徽婺源人。
[三] 徐乾學（一六三一～一六九四），字原一，蘇州崑山人。

禮通考》、秦氏[一]《五禮通考》，精深閎博，足資參考。而胡氏培翬[二]竭四十餘年之精力，撰《儀禮正義》一書，先生嘗自述其例有四：曰補注，補鄭君注所未備也；曰申注，申鄭君注義也；曰附注，近儒所説雖異鄭恉，義可旁通，附而存之，廣異聞，祛專己也；曰訂注，鄭君注義，偶有違失，詳爲辨正，别是非，明折衷也。是禮學家不可不讀之書也。

先師定海黄元同先生撰《禮書通故》，辨析制度名物，推及於天命倫彝，分目凡四十有九，洪纖畢舉。德清俞曲園先生[三]叙之，謂可配「三通」及《五禮通考》。蓋禮經著述，至此歎觀止矣。

[一] 秦蕙田（一七〇二～一七六四），字樹峯，江蘇金匱人。
[二] 胡培翬（一七八二～一八四九），字載屏，安徽績溪人。
[三] 俞樾（一八二一～一九〇六），字蔭甫，號曲園先生，浙江德清人。

卷六

禮記

《大學》《中庸》附

【釋】唐先生開宗明義，讀《禮》貴通知其精神與大義，不斤斤囿於制度形器之枝節。此皆治經心術之幾運，故徵朱子踐行達德、歸本身心以明斯旨，而於陳澧分類《禮記》諸篇以求禮義之統貫意義，深爲許可，以其於禮義，知類知通也。是以闡明《禮記》分類之法，乃探求大義之關鍵方法。遂具論《大戴禮記》與《小戴禮記》之義類。二戴並重，乃南菁書院之治經傳統，先生早年曾輯録《大戴禮記》之《曾子》十篇，復合之《孝經》，成《曾子大義》。其關鍵在愛與敬之用心，先生視之爲《禮經》大義所在。唐先生於《大戴禮記》爲當行，此識見實在高出當時。其闡述《禮記》十六篇要義，乃後來撰寫《禮記大義》之基礎。此《禮記大義》所以精辟無倫，皆學術積累與深思精究之成果。於「提綱」，其梗概可知。至於一以貫之者，亦唯用心。「提綱」分説《禮記》諸篇，内容豐富。篇末列十二篇篇目，亦見其有意草撰讀本也。

通經者，非徒通其句讀也，當論世而知其通〔一〕，得經之意焉耳。通《禮經》者，不徒通其制度也，當論世而知其通，得《禮經》之意焉耳。自殷周迄今數千年，宮室不同，衣服異制，飲食起居異宜，如本經《曲禮》《少儀》《玉藻》諸篇，多有不能行於今者矣。因其不能行於今而詆訾之，概謂其不適於用，是誣已也，是誣民也。君子讀記文，貴得其意焉。是故善讀《禮記》者，當擇其有益於風俗人心者，兢兢致意而時措之。若夫制度考據之細，抑末也。

朱子《講禮記序説》云：「學者博學乎先王六藝之文，誦焉以識其辭，講焉以通其意，而無以約之，則非學也。故曰：『博學而詳説之，將以反説約也。』〔二〕何謂約？禮是已。禮者，履也〔三〕，謂昔之誦而説者，至是可踐而履也。故夫子曰：『君子博學於文，約之以禮。』〔四〕顏子之稱夫子，亦曰：『博我以文，約我以禮。』禮之爲義，不其大

〔一〕「知其通」，王弼《周易注·周易略例》云：「能説諸心，能研諸慮。睽而知其類，異而知其通，其唯明爻者乎？」唐先生取知其通之旨，故於此斷句。
〔二〕《孟子·離婁下》。
〔三〕《荀子·大略》云：「禮者，人之所履也。」許慎《説文解字·示部》云：「禮，履也，所以事神致福也。」
〔四〕《論語·雍也》。

哉？然古禮非必有經，蓋先王之世，上自朝廷，下達閭巷，其儀品有章，動作有節，所謂禮之實者，皆踐而履之矣。故曰：『禮儀三百，威儀三千，待其人而後行。』〔一〕則豈必簡策而後傳哉？其後禮廢，儒者惜之，乃始論著爲書，以傳於世。今《禮記》四十九篇，則其遺説已。學而求所以約之者，不可以莫之習也。……《易》曰：『知崇禮卑。』禮以極卑爲事，故自飲食、居處、洒埽、欬唾之間，皆有儀節，聞之若可厭，行之若瑣碎而不綱。然唯愈卑，故愈約，與所謂極崇之智，殆未可以差殊觀也。夫如是，故成性存存而道義出矣。此造約之極功也。」〔二〕云云。然則讀《禮記》者，卑之在乎踐履之實，尊之達乎德性之原，未有外身心而可以學禮者也。朱子之言，不啻耳提而面命矣。

陳蘭甫先生引《文王世子》云：「《記》曰：『虞夏商周有師保，有疑丞。』〔三〕孔疏云：『此作《記》之人，更言「《記》曰」，則是古有此《記》，作《記》引之耳。』是〔四〕凡《禮

〔一〕《禮記·中庸》。
〔二〕朱子文載《朱文公文集》卷七四。
〔三〕《禮記·文王世子》。
〔四〕「是」字，陳氏作「灃案」。

記》所言『《記》曰』，皆是古有此《記》也。《記》之所從來遠矣。」[一]文治案：經之有記，猶經之有傳也。傳所以釋經，記亦所以釋經。《禮記》者，記《禮經》之大意，而制度亦詳焉，故當輔經以行。劉向《别録》，古經師無傳者，獨《禮記》孔疏每篇引鄭《目録》云：「此於《别録》屬某某。」則子政《别録》，猶有可考者也。陳蘭甫先生欲依《别録》「分類」讀之，善哉！得讀經之法矣。

先儒胡氏謂：「《禮記》出於孔子弟子。」[二]宜博集名儒，擇冠、昏、喪、祭、燕、射、相見之禮典，以類相從，然後可爲一書。若《中庸》《大學》不可附之禮篇，至於《樂記》《表記》《學記》《坊記》《燕居》《緇衣》，格言甚多，當爲《中庸》《大學》之次。《禮運》《禮器》《玉藻》《郊特牲》之類，又其次也。

朱子謂：「《儀禮》，禮之根本，而《禮記》乃其枝葉。《禮記》本秦漢上下諸儒解釋《儀禮》之書，又有他書附益於其間。今欲定作一書，先以《儀禮》篇目置於前，而附《禮記》於其後，如《射禮》則附以《射義》，似此類已得二十餘篇。若其餘《曲禮》《少

[一] 陳澧《東塾讀書記・禮記》。
[二] 宋儒胡寅語，見《欽定禮記義疏》卷首。

儀》，又自作一項，而以類相從。若疏中有説制度處，亦當採取以益之。」〔一〕此皆讀《禮記》「分類之法」也。知分類之法，而《禮記》之大綱得矣。

唐時《小戴記》列於學官，孔穎達作《五經正義》，獨取《小戴記》而遺《大戴記》，未知其何居？莫有能詳之者。或者謂「戴德删《禮》，定爲八十五篇，戴聖又删大戴之書爲四十九篇，是小戴所録，爲《禮記》之菁華，故獨列於學官。」〔二〕是説也，文治以爲不然。《大戴禮·曾子》十篇與《易本命》諸篇，均《禮經》大義所在。《孔子三朝記》傳先聖之微言，豈得謂小戴所述獨得其菁華乎？竊嘗欲取《大戴禮記》，依鄭《目録》例，分類編次，與《小戴記》分類，合爲一書，而統謂之「釋義」。惜人事尠暇，精力亦未逮，待後學者成之耳。

【釋】以下乃先生後來撰寫《禮記大義》之基礎。

《曲禮》首曰「毋不敬」，鄭君注《禮》主於「敬」。蓋禮者，敬而已矣，此《孝經》説

〔一〕《朱子語類》卷八四。
〔二〕本《隋書·經籍志》。

也。陳蘭甫先生云：「『毋不敬』四句，冠四十九篇之首，此微言大義，非但制度而已。『敖不可長，欲不可從，志不可滿，樂不可極』四句亦然。故鄭注云：『四者慢遊之道，桀紂所以自禍。』痛切言之，以警人也。『行修言道，禮之質也』，然則講禮學者，必慎言行。若行不修，言不道，則無質矣。『道德仁義，非禮不成』[一]，然則講道學者，必講禮學，不然則不成矣。此尤有關於千古學術也。」[二]文治謂：陳先生之言洵足羽翼全經，有功世道。又案：《曲禮》中「凡爲人子之禮」「夫爲人子者」數節，規矩謹嚴，爲子弟者，守茲弗失，則於家庭社會之間，自無囂凌隳突之習。其有益於風俗人心，豈淺鮮哉！

《檀弓》之文，後儒或推爲極作。然專學之，恐落於小家數耳。其中如「秦穆公弔公子重耳」一段，辭意純厚，法則簡雅，洵爲可貴。此外如「吴侵陳戰於郎」「孔子過泰山側」數段，實不過《公羊》《穀梁》之流裔，推爲極作，恐非知言也。更有可疑者，若「曾子弔子夏」一段，語意不倫。曾子襲裘而弔，指子游而示人，衆辱執友，實無此理。

[一] 所徵引皆出《禮記·曲禮上》。
[二] 陳澧《東塾讀書記·禮記》。

且語言俚俗，其爲劉歆輩所羼入無疑。惟其言「喪服」，深得禮之精義。「見孺子慕」節，尤爲悱惻。顧亭林先生謂：「讀《檀弓》二篇及《曾子問》，乃知古人於禮服，講之悉而辨之明如此。」〔一〕後學之士，當知所重者在此而不在彼也。

盧植云《王制》爲漢文博士所録〔二〕，蓋雜鈔古書而成篇者。今撮其大綱，約分數事：曰預算，曰刑法，曰學校，曰丈量。預算之精理如：「冢宰制國用，必於歲之杪，量入以爲出，國無九年之蓄曰不足。」皆制國之常經，其周公之遺法乎？「爵人於朝，與士共之；刑人於市，與衆棄之。」深得大同之意。「廣谷大川異制，民生其間者異俗。」「修其教不易其俗，齊其政不易其宜。」政治之學，基於習慣法。聖人復作，不易斯言。「地、邑、民、居，必參相得。無曠土，無游民。」「樂事勸功，尊君親上，然後興學。」美哉！太平之景象，其周公所朝夜以思而得之者乎？「析言破律，亂名改作，執

〔一〕《日知録・檀弓》。按：「《檀弓》二篇及《曾子問》」，原作「《檀弓》《曾子問》二篇」；「乃」字原缺；「如此」原缺：均據顧氏原文改。
〔二〕《史記・封禪書》已經明確説文帝以新垣平爲上大夫，「使博士諸生刺《六經》中，作《王制》，謀議巡狩封禪事」。東漢盧植説見引於《禮記正義》。

左道以亂政，殺。」「行僞而堅，言僞而辯，學非而博，順非而澤，以疑衆，殺。」〔一〕法律森嚴，邪説者不得作，而治化日隆焉，豈難致哉！惟在上者有以主持之耳。

滕文公問爲國，孟子首言：「民事不可緩。」〔二〕《月令》，重農之書也。孟春之月，「天子親載耒耜，措之于參保介之御間，帥三公九卿、諸侯大夫，躬耕帝藉。天子三推，三公五推，卿諸侯九推」，其制古矣。中國以農立國，學者所最當注意也。君子齊戒，處必掩身，薄滋味，節耆欲，定心氣〔三〕，其衛生之法乎？而其言之尤要者，如「稱兵必有〔四〕天殃。兵戎不起，不可以〔五〕從我始。無〔六〕變天之道，無絶地之理，無亂人之紀」，嗚呼！何其仁也，此豈戰國之士所能言者？蓋不韋蒐集古制而成此書，故不獨文法簡古，且多《周官》之精義。暴秦何時乃有此不刊之作，世之空言而不能行者，其皆不韋之類也夫？

〔一〕皆《禮記·王制》文。
〔二〕見《孟子·滕文公》。
〔三〕見《禮記·月令》。
〔四〕「有」字脱，據《月令》補入。
〔五〕「以」字脱，據《月令》補入。
〔六〕「無」字，原刻作「毋」，據《月令》爲正；下二「無」字同。

方望溪先生《考定文王世子後》云：「余少讀《世子記》，怪其語多複沓枝贅。既長，益辨周公踐阼之誣，武王夢帝與九齡之妄，而未有以黜之。及觀《前漢書》王莽居攝，羣臣獻議，稱《明堂位》『周公踐阼，以具其儀』，然後知是篇誣妄語，亦當時所增竄也。是篇所記，教世子之禮也。而稱成王不能莅阼者再，周公踐阼者三。成王幼而孤，無由習世子之禮，非關不能踐阼也；周公抗世子之法於伯禽，豈必踐阼而後法可抗哉？其强而附之，增竄之跡，隱然可尋。莽將即真，稱天公使者見夢於亭長，曰攝皇帝當爲真〔一〕，故僞附此記，以示年齒命於天，而夢中得以相與。昔周文、武實見此兆〔二〕，則亭長之夢，信乎其有徵矣！」〔三〕文治案：望溪先生所見精確，夢帝與齡一段，詞氣鄙俚，與記文絶不相類也。

〔一〕事見班固《漢書·王莽傳》。

〔二〕《禮記·文王世子》：「文王謂武王曰：『女何夢矣？』武王對曰：『夢帝與我九齡。』文王曰：『女以爲何也？』武王曰：『西方有九國焉，君王其終撫諸？』文王曰：『非也。古者謂年齡，齒亦齡也。我百，爾九十。吾與爾三焉。』文王九十七乃終，武王九十三而終。」

〔三〕方苞《書考定〈文王世子〉後》，《望溪集》卷一。

友人陸君勤之〔一〕云："凡《内則》所載飯膳、飲酒、羞食、八珍等，皆養親之具，與夫養老之典，所謂『滫瀡以滑之，脂膏以膏之』〔二〕是也。後人視同食譜，非特過侈，且失禮意矣。"文治案：此説極精確。《内則》篇首"后王命冢宰降德于衆兆民"，降德者何？播孝德也。雞鳴而起，昧爽而朝，凡世子以下，士大夫之家，皆當行之。故篇中旁及於養老之禮、生子之禮，皆倫常中之庸行。朱子節採之以入《小學》，所以存古禮也。近世故家遺俗，尚有能行斯儀式者，竊願講求"家政"之士，維持於永久也。

《學記》一篇，乃古時學校教人之法，今世師範學校所當熟讀精思，奉爲圭臬者也。"禁於未發之爲豫"，是爲管理之良法；"發然後禁，則扞格而不勝"，所以紛紜而多故乎？"燕朋逆其師，燕辟廢其學"，羣居終日，而惟以逆師廢學爲務，尤可爲學者痛心矣。"善歌者使人繼其聲，善教者使人繼其志"，"繼"、"志"二字特精；至使師徒不通其志，貌合而神離，何以教爲？"善問"之法，極爲精詳，"道而弗牽，强而弗抑，開

〔一〕陸勤之（一八六七～一九四八），字芹芷，號鳳蹇，太倉人；一九一二年唐先生與赴北京，協商實業學堂改爲南洋大學並經費問題，唐先生稱"余倚之如左右手"；一九二〇年無錫國學專修學校開辦，唐先生聘爲總幹事。後來唐先生四公子慶永娶其女爲媳婦（即中科院院士唐孝威母），遂成親家。

〔二〕《禮記·内則》。

而弗達」，可見古者教授法，皆使其自化；若以生徒所不能通達之理，强而語之，譬諸食物積滯而不化，爲害甚矣。三王祭川，先河後海，務本之教〔一〕，尤爲千古不易之經。以此作結，何等正大切實。近世爲學而忘本者，競入於虚無縹緲之幻途，終身不能自拔，豈盡學者之過歟？抑教者與有罪焉。

亭林先生云：「三代之世，凡民之俊秀皆入大學，而教之以治國平天下之事。孔子之於弟子也，四代之禮樂以告顔淵，五至三無以告子夏。而又曰：『雍也，可使南面。』然則内而聖，外而王，無異道矣。其繫《易》也曰：『九二曰〔二〕，見龍在田，利見大人。何謂也？子曰：龍德而正中者也。庸言之信，庸行之謹，閑邪存其誠，善世而不伐，德博而化。《易》曰：見龍在田，利見大人。君德也。』『君子學以聚之，問以辨之，寛以居之，仁以行之。《易》曰：見龍在田，利見大人。君德也。』〔三〕故曰師也者，所以學爲君也。」〔四〕

〔一〕《禮記·學記》云：「三王之祭川也，皆先河而後海；或源也，或委也。此之謂務本。」
〔二〕「曰」字原脱，據《易傳》原文補入。
〔三〕兩段均見於《易·乾卦文言傳》。
〔四〕顧炎武《日知録》卷八《師也者所以學爲君》。

文治讀《尚書》「夔曰戛擊鳴球」〔一〕一節，恍然如聞上古之遺音，蓋夔爲樂師，故讀其文如聆雅樂也。《樂記》一篇，闡至德之光，發陰陽之和，所謂：「壹倡三歎，有遺音者矣。」〔二〕是爲《禮記》中第一篇文字。昔先師贊述六藝，《樂經》早亡矣，吾人每日焚香，讀是篇一過，節奏鏗鏘，時露紙外，而光大清明和易之心，油然自生。「聖人感人心而天下和平」〔三〕，其在斯乎？其可寶貴何如乎！「人生而靜，天之性也」〔四〕一節，開宋儒理學之先河，語語精到。孟子曰：「人之所以異於禽獸者幾希。」又曰：「平旦之氣，好惡與人相近也者幾希。梏之反覆，則其違禽獸不遠。」而《樂記》則曰好惡無節於内，則是「人化物也。人化物也者，滅天理而窮人欲者也」。夫好惡無節至於化物。然則生人之好惡，其可斯須不慎乎？此《大學》一書，所以始終以慎好惡爲先也。《樂記》云：「教者民之寒暑也，教不時則傷世。」二語精絶，足括《學記》一篇之

〔一〕見《尚書・虞書・益稷》。
〔二〕《禮記・樂記》文。
〔三〕《易》咸卦彖辭句。
〔四〕《禮記・樂記》云：「人生而靜，天之性也；感於物而動，性之欲也。物至知知，然後好惡形焉。好惡無節於内，知誘於外，不能反躬，天理滅矣。」

旨。先儒謂教學者如扶一邊倒一邊〔一〕，蓋須因其時而扶之。若教不得其時，宜柔也而教以剛，宜實也而教以虚，宜鎮静也而教以浮動，嗚呼！教育之旨偏，世傷而大亂矣。

文治幼時讀「一獻之禮，賓主百拜」〔二〕二語，疑其禮太繁，決不能行。及後遊日本，始悟古人席地而坐，故百拜禮行之尚易，如今日本行酒，儼然猶行百拜之禮，然後知考經者必論其世，不可泥也。昔孔子問官，郯子謂學在四夷，信然。桌椅始於唐以後，詳見黄遵憲《日本國志》〔三〕。禮經中制度一類不宜於今者，蓋夥矣。

《祭義》一篇，多仁人孝子之言，「思其所樂，思其所嗜」，「色不忘乎目，聲不絶乎耳」，「致愛則存，致慤則著」，孝之至矣。嗚呼！色也、聲也、所樂也、所嗜也，與其於不存不著之時，而致愛以存之，致慤以著之，曷若於其親存著之時，而汲汲焉盡其孝

〔一〕《朱子語類》卷一二〇載朱子曰：「大意固合理會，文義亦不可不講究，最忌流於一偏。明道曰：『與賢説話，卻似扶醉漢，救得一邊，倒了一邊。』今之學者大抵皆然。」

〔二〕《禮記・樂記》。

〔三〕黄遵憲《日本國志・禮俗志二・几案》詳述之。

乎？故曰：「祭而豐，不如養之薄也。」〔一〕曾子曰：「慎終追遠，民德歸厚矣。」〔二〕倘節録此篇以爲本教，民德焉有不厚者乎？末載曾子言數則，爲十篇外之粹語，爲人子者宜時三復也。

黄石齋先先〔三〕云：「亂患之坊，莫大於《春秋》。聖人本春以立禮，本王以立刑，本天以立命。命以坊欲，刑以坊淫，禮以坊德。三坊立而亂患息，亂患息而後禮樂可舉也。……《坊記》因《春秋》之旨〔四〕，以端源於禮制，障流於淫欲，先之以敬讓，衷之以孝弟，終始於富而不驕、貴而不淫，以爲君臣、父子、夫婦、昆弟、朋友所繇正。雖其所稱引，不過楚喪、晉亂、吴孟子三事，而於以定君臣、辨夷夏、正妃耦。《春秋》千七

〔一〕歐陽修《瀧岡阡表》。

〔二〕《論語·學而》。

〔三〕黄道周（一五八五～一六四六），字幼玄，號石齋，人稱「石齋先生」，閩南、臺灣尊稱「助順將軍」，謚忠烈，漳州人；天啓二年（一六二二）進士，任右中允，批評大臣妄自議和而謫戍廣西，遂辭官。北京陷，任南明禮部尚書，封武英殿大學士兼吏部、兵部尚書。時清廷頒剃髮令，江南求救南明未遂；遂返鄉籌兵，隆武元年（一六四五）九月募兵數千北上，兵敗被俘，隆武二年（一六四六）就義。刑場上再拜南方，指血書遺家人謂：「綱常萬古，節義千秋；天地知我，家人無憂。」門人蔡春落、賴繼謹、趙士超、毛玉潔等黄門四君子同日遇害。著有《儒行集傳》《孝經集傳》《易象正義》《春秋揆略》《石齋集》。乾隆稱許其「不愧一代完人」，改謚忠端。

〔四〕「《坊記》因《春秋》之旨」句，黄氏原作「《坊記》因之」。

百餘事，其大指盡於此矣。……宋淳化、至道間，嘗以《坊》《表》二記，頒賜廷臣。今禮學備在學官，而習者相沿，爲曲臺遺言，無復知爲《春秋》義例之所從者。」[一]云云。其説極精。學者必須參讀先生《坊記集傳》，玩其分章次第，自可悟其大義矣。

陳蘭甫先生云：「《坊記》《表記》《緇衣》《禮運》《儒行》《哀公問》《仲尼燕居》《孔子閒居》八篇，《别録》皆屬通論。」澧按：此皆記孔子之言，而其體不同。古者記言之體有三：其一聞而記之，所記非一時之言，記之者非一人之筆，彙集成篇，非著書也，尤非作文也，《論語》是也；其一傳聞而記之，所記非一時之言，記之者則一人之筆，伸説引證而成篇，此著書也，《坊記》《表記》《緇衣》是也；其一亦傳聞而記之，記之者一人之筆，所記者一時之言，敷演潤色，駢偶用韻而成篇，此作文者也，《禮運》《儒行》《哀公問》《仲尼燕居》《孔子閒居》是也。」[二]此又於分類之中，别其文法，可稱通博之論。

黄石齋先生云：「古者窺測天地日月，皆先立表，以别陰陽。……表正則景正，

[一] 黄道周《坊記集傳序》，《黄石齋先生文集》卷七。
[二] 陳澧《東塾讀書記·禮記》。

表邪則景邪。體存於表，而用在於制。……子曰：『仁者，天下之表也；義者，天下之制也；報者，天下之利也。』〔一〕君子以仁立表，以義制之，度其長短大小，近取之一身，遠取之百世，不責報於天下，而天下之子孫黎民，陰受其利。……《表記》四十三章，皆以仁立表，以義制之；其大指以天地日月辨君臣之位，式尊親之序，持之以敬，量之以恕，使人邇不敢褻，遠不敢怨。幽以告于鬼神，明以告于朋友、庶民、小子，而禮樂文質皆備於是矣。……《坊記》主於禮讓，歸别於男女，以明忠孝之化，始於閨門，猶《易》之有下經。《表記》主於仁義，歸餘於卜筮，以明文質之原，達於天德，猶《易》之有上經。凡聖門所記，夫子之言論，自『齊書』〔二〕二十篇外，未有明著於此者也。」〔三〕

黄石齋先生云：「《緇衣》凡十五引《書》，二十三引《詩》，其稱《易》者一而已，歸於『恒德』，言好賢惡惡之貴有恒德也。好賢不堅，惡惡不著，則爲上難事，爲下難知。

〔一〕《禮記·表記》。
〔二〕疑作「魯論」，《黄石齋先生文集》本及鄭開極本均作「齊書」，《四庫》本則未收此序。
〔三〕黄道周《表記集傳序》，《黄石齋先生文集》卷七。

上無定心，下無固志，而爵賞刑威，皆不可用矣。」〔一〕文治案：此説確得此篇精義。「心以體全，亦以體傷。君以民存，亦以民亡」〔二〕四語，養身者當猛省，治國者尤當猛省。

陳蘭甫先生云：「曾子讀喪禮，泣下霑襟。禮謂：《問喪》云：『入門而弗見也，上堂又弗見也，入室又弗見也，亡矣，喪矣，不可復見已矣！』《三年問》云：『凡生天地之間者，有血氣之屬必有知，有知之屬莫不知愛其類；今是大鳥獸，則失喪其羣匹，越月踰時焉，則必反巡，過其故鄉，翔回焉，鳴號焉，蹢躅焉，踟躕焉，然後乃能去之。小者至於燕雀，猶有啁噍之頃焉，然後乃能去之。故有血氣之屬者，莫知於人，故人於其親也，至死不窮。』讀此二節，當無不泣下霑襟者。使墨者讀之，亦當爲之憮然也。近代士人囿於科舉〔三〕習氣，不讀喪禮，性情薄而風俗衰，未必不由於此矣。」〔四〕

〔一〕黄道周《緇衣集傳》卷四《成信章》。
〔二〕《禮記·緇衣》。
〔三〕「科舉」二字脱，據陳氏原文補。
〔四〕陳澧《東塾讀書記·禮記》。

黄石齋先生云：「《儒行》以宏毅爲本，以任重致遠爲務，與窮達不變，造次顛沛不離之意同旨。……東漢諸儒推準《儒行》以爲人極，其時武人稺子皆能特立砥礪〔一〕，不藉誦説以自見，使大梟鉅雄如卓、操之徒，尚俯仰以畏名士。」〔二〕云云，此言於人心風俗，蓋能探其本矣。

《冠義》《昏義》二篇多精語，足以箴砭風俗之澆薄。《冠義》中「凡人之所以爲人者，禮義也。禮義之始在於正容體，齊顔色，順辭令」「可以爲人，而后可以治人」數語。《昏義》中「婦順備而后内和理，内和理而后家可長久」二語，旨哉！言乎士大夫家子子孫孫，宜勿替引之。

治《禮記》者，當以《注疏》〔三〕爲主。《欽定禮記義疏》〔四〕廣大悉備，而每篇標題下，撮舉大義，使學者易得門徑，尤可寶貴。此外先儒之説《禮記》者，如黄石齋先生

〔一〕「礪」，黄氏《儒行集傳序》原文作「厲」。
〔二〕黄道周《儒行集傳》卷下《命儒章》。按：「尚俯仰以畏名士」，黄氏原文「俯仰」作「僶俛」。
〔三〕鄭玄注、孔穎達疏。
〔四〕此唐先生《十三經讀本》收録者。

之《集傳》四種〔一〕、顧抱桐先生之《内則章句》〔二〕，均精當不磨，可作爲單行本，以資講貫。修身制行之要，不外是矣。

《禮記》文法，在經子之間，兹定孫月峰先生評點者墨筆，姚姬傳先生黄筆，吴摯甫先生緑筆，文治用紅筆，謝疊山先生評點《檀弓》篇藍筆〔三〕。讀者知所選擇，略其冗蕪而不宜於今者，則能得其精華矣。至《大學》《中庸》二篇，余别編《大義》，故不復著論云。

附：《禮記》選目

檀弓　月令　禮運　内則　學記　樂記　祭義　坊記　表記　緇衣　三年問　儒行

〔一〕指《坊記集傳》《表記集傳》《緇衣集傳》《儒行集傳》四種。

〔二〕顧陳垿，字玉停，號賓陽，太倉人；康熙五十四年（一七一五）舉人，以算學應試列第一，稱「算狀元」；著《内則章句》《鐘律陳數》《賓陽子譜》《旋宫知義》《抱桐軒文集》《洗桐軒文集》。

〔三〕五種評點，皆收録於唐先生《十三經讀本評點劄記》。

大學

【釋】此提綱原題《讀大學提綱》，乃先生《大學新讀本》之序後附録者。唐先生編《十三經提綱》時抽出，别爲《大學提綱》，内容基本一致。唐先生論《大學》，以「誠意」爲修齊治平之宗本，此乃聖王道統之正傳，心學精義之所在。先生以爲《禮記》經文文從字順，故不認同歷來改經之説。此《讀大學提綱》又載上海《大衆》雜誌第八期（一九四三年，頁八三～八六）。此提綱言及《大學》之讀法、朱子本與古本、注釋等。

一、《大學》本在《小戴禮記》四十九篇中，其經文聚訟最繁。自《注疏》本外，有大程子本、二程子本，有朱子本，有高景逸先生〔一〕本，有劉蕺山先生〔二〕本。或疑經文有錯亂，或疑中有闕文，或爲之釐正，或爲之分經傳。要而言之，皆由本經論「誠意」

〔一〕高攀龍（一五六二～一六二六），字存之、雲從，無錫人；世稱景逸先生，東林八君子之一；謚忠憲。

〔二〕劉宗周（一五七八～一六四五），字起東，號念臺，紹興人；講學蕺山，提倡誠意慎獨，學者稱蕺山先生；萬曆二十九年（一六〇一）進士；順治二年（一六四五）杭州陷，絶食殉義。

之功在先，以致開後儒疑竇。不知本經八條目，以「修身」爲本；而「修身」以「誠意」爲本，以下「道學」「自修」「明德」「自新」「新民」之旨，皆賅於「誠意」之内；其義極明顯、極精微。且即以文義而論，古人文章，錯綜變化，不必如後人文字，拘拘於前呼而後應也。朱子强分經傳，後人多加訾議。近陳蘭甫先生云：「《詩·邠風·七月》首章，鄭箋云：『此章陳人以衣食爲急，餘章廣而成之。』然則古人之文，有以餘章廣成首章之意者。若朱子但於首章之下云：『餘章廣而成之，而不分經傳。』則後人不能訾議矣。」〔一〕其説是也。夫以意説經，已違先儒家法，況以意改經乎？況顛倒其次序乎？故此書以鄭注本爲正，不分經傳，以免改經之誚。

一、朱子《補格物傳》，後儒多宗之，末學何敢妄議。惟案《補傳》云：「大學始教，必使學者即凡天下之物，莫不因其已知之理而益窮之。」竊恐本經無此意義。蓋「格物」二字，即經文「物有本末」之「物」，由誠意而推之，則心與身與家與國與天下，皆物也。鄭注云：「其知於善深，則來善物；其知於惡深，則來惡物。」歸本

〔一〕陳澧《東塾讀書記》卷九《禮記》。

於誠意，與《孟子》言「萬物皆備」之旨相合〔一〕，至爲精深。若謂「盡窮天下事物之理」，恐失之泛矣。然則格物固切於生人之日用，後儒侈談窮理，而於身物民物，轉置而不講，恐非《大學》之教也。王陽明先生毅然復古本，允已。然欲借誠意之説，以託於禪宗光明寂照之學，亦不能爲之諱。此王船山《大學章句》在《禮記章句》内所以大肆詆譏也。陽明先生又以「致知」爲「致良知」，尤屬未合。蓋致知者，即《易傳》所謂「知至至之」一事〔二〕，而貫徹其終始之幾，即所謂「知至」；與「良知」知愛其親、知敬其兄，迥然不同。陽明先生之品詣功業，予向所景行，至其學説，則不敢苟同也〔三〕。

一、讀經分别注釋之是非，最爲要旨。朱子分經傳，雖與古本不合，然其注之質實簡明，非他人所能及。故予於鄭注、朱注，幾全録無遺，作爲正義，其重複及無意義者則去之。朱子分傳次第，亦附録入案語内，用備參考。《大全》所載諸儒之説，大都

〔一〕《孟子·盡心上》：「萬物皆備於我矣。反身而誠，樂莫大焉。强恕而行，求仁莫近焉。」

〔二〕《易·乾卦文言傳》云：「君子進德修業，忠信，所以進德也，修辭立其誠，所以居業也。知至至之，可與幾也；知終終之，可與存義也。」

〔三〕唐先生於王學前後變化兩極，《提綱》乃前期之主張，未爲定論。

發明朱注，不免雷同，又多語録體，故無取焉。他如孫夏峰先生〔一〕《四書近指》、劉蕺山先生《大學古記約義》《大學雜言》、顧亭林先生《日知録》、陸桴亭先生《思辨録》、李二曲先生〔二〕《四書反身録》、陳蘭甫先生《東塾讀書記》，其説之精粹者，則均皆采録。其中以劉、顧兩先生説尤爲廣大而精微。真西山先生〔三〕《大學衍義》，爲講幄之書，非説經之體。近胡朏明先生〔四〕《大學翼真》，考據《大學》本源流最詳，惟亦與經旨無關，是以付諸闕如。至於愚案〔五〕則務以本於躬行，切於時務，關於世道人心者爲主。蓋是書實救世之良寶，吾國人無論爲上爲下、在朝、在野、在學校，皆當服膺之者也。至《大學》文字在《小戴記》中，特爲精純。蓋此書本爲古「大學」中講貫之書，故其分章

〔一〕孫奇逢（一五八五～一六七五），字啓泰，號鍾元，直隸保定人；明亡不仕，講學輝縣夏峰村，世稱夏峰先生；著有《讀易大旨》《理學宗傳》《聖學録》等。

〔二〕李顒（一六二七～一七〇五），字中孚，號二曲，陝西盩厔人；康熙十二年（一六七三）主講關中書院，兼融朱陸；著有《四書反身録》《二曲集》。

〔三〕真德秀（一一七八～一二三五），字景元、景希，號西山，福建浦城人。事跡載《宋史·儒林傳》。

〔四〕胡渭（一六三三～一七一四），字朏明，號東樵，浙江德清人；縣學生，康熙二十五年（一六八六）與萬斯同、閻若璩參與徐乾學纂修《大清一統志》《明史》，著有《禹貢錐指》《易圖明辨》《洪範正論》。

〔五〕指唐先生在《大學大義》之案語。

教授，頗與後世分節課程相類。「平天下」章分段尤顯明。考尋迹象，極有意味。予於文法並加圈點〔一〕。蓋文以載道，因文而道益顯也。

中庸

【釋】唐先生以篤信踐履之「篤行」，知而行之，乃實學精神，此先生「心學」非常大義，故謂「《大學》《中庸》二書，相爲表裏」。蓋《大學》在格物，此致知之學；而《中庸》言用，行之在誠，其言性、道、中、和、九經、審察、天下平諸大義，皆須於生命實踐中深切體會，虛詞瀾説，自命精密，爲所不取。是以唐先生縷述《中庸》學源流，篇末特別介紹宋遺民黎立武之《中庸指歸》，因知《中庸》之學，道體之用，其義在行，此先生心跡之所寄也。唐先生《自訂年譜》丁巳（一九一七）五十三歲譜載：「冬，編《中庸大義》成。如《大學大義》例，惟鄭注本以『君子之道費而隱』屬於『索隱行怪』章；又末章分節多舛誤，不及朱注，特糾正之。又作《提綱》，推及於天人，本原於誠孝，自謂稍有功於世道也。」此提綱言及《中庸》之大義、微言、授

〔一〕唐先生之圈點皆在《大學大義》正文之中。

受、注釋、文法等。

一、大義

《大學》《中庸》二書，相爲表裏。《大學》言明德，《中庸》言天命之性；《大學》言慎獨，《中庸》亦言慎獨；《大學》言修身以誠意爲本，《中庸》言修身亦以至誠爲本。蓋曾子、子思子一脈相傳，二書不獨爲道德之指歸，且皆政治之要領也。惟吾人須知政治、學問具在力行，本經「博學、審問、慎思、明辨」，必以「篤行」〔一〕爲歸宿之地，譬如讀「天命之謂性，率性之謂道」，即當求所謂性者安在？所謂道者安在？讀「喜怒哀樂之未發謂之中，發而皆中節謂之和」，即當思所謂中者如何？所謂和者如何？讀「九經」〔二〕，即當求如何爲「修身」之道？如何爲「尊賢」諸經之道？讀「闇然日章，内省不疚」，即當審察如何而後能闇然？如何而後能不疚？讀「相在爾室」三節，即當審

〔一〕《禮記·中庸》云：「博學之，審問之，慎思之，明辨之，篤行之。」
〔二〕《禮記·中庸》云：「凡爲天下國家有九經，曰：修身也，尊賢也，親親也，敬大臣也，體羣臣也，子庶民也，來百工也，柔遠人也，懷諸侯也。」

察如何而能敬信？如何而能勸威？如何而能天下平？事事返諸實踐，不可徒託空言。倘侈談鳶飛魚躍之靈機，德性、問學之宗派[一]，甚至縋幽絶險，好大喜功，不誠不明，乃生心而害政，則是《中庸》之罪人也。

二、微言

本經微言，略見前序。然先儒説多有可采者。陳氏紫峰云：「《中庸》一書，始之以天，終之以天。夫學所以學爲人，而始終以天焉者，天人一也。不知天，不足以盡人。故始以『天命之謂性』，自天而人也；終以『上天之載，無聲無臭』，至矣，則自人而天也。」[二]又孫氏夏峰云：「《中庸》闡道微言，其間舉舜之受命、武之纘緒、周公之制禮，皆千古非常之事。而名之曰孝曰達，見奇事皆歸於庸德也。對哀公言道德九經，而一通之於誠，見王道之必本於天德也。至論鬼神之德性，教

[一] 謂「尊德性」與「道問學」兩大門户，即朱陸之交攻也。

[二] 陳琛（一四七七～一五四五），字思獻，號紫峰，福建晉江人；事跡載《明史·儒林列傳》。其《四書淺説》，見引於孫奇逢《四書近指》卷三「衣錦尚絅」章。

之自天，人之一以及篤恭不顯，無聲無臭，總於本體上無加，反之天命之始，而不外喜怒哀樂之常，乃所以爲中庸也。前人謂《中庸》説下學處少，説上達處多。愚謂離下無上，上達即在下學中也。夫子平生，祇是下學，而祖述憲章，上律下襲，於此立極。一部《中庸》，皆修道而教之事。」〔一〕案：此二説俱極精，實足括全書之要。

三、授受

《中庸》爲《禮記》第三十一篇。孔穎達疏引鄭《目録》云：「此書於《别録》屬通論。」《漢書・藝文志》有《中庸説》二篇，顔師古注曰：「今《禮記》中有《中庸》一篇，亦非本《禮經》。」《四庫全書提要》云：「子思之作是書，本以闡天人之奥。漢儒以無所附麗，編之《禮記》，實於五禮無所屬，故劉向謂之通論，師古以爲非本《禮經》也。」《隋書・經籍志》載有戴顒《中庸傳》二卷，梁武帝《中庸講疏》一卷。又《書録解題》載司

〔一〕孫奇逢《四書近指》卷三「衣錦尚絅」章。

馬光有《中庸廣義》一卷[一]。自唐宋以來，多有表章此經者，至二程子出，而論説益詳。吕大臨、謝良佐、游酢、楊時、侯仲良、尹焞、石𡼖諸儒，各述師説，互有發明。迨朱子更定「四書」之目，《中庸》於「四書」中尤爲精奧。朱注薈萃諸家之説，備極純粹，《四庫提要》謂其：「雖不從鄭注，實較鄭注爲精密。蓋考證之學，宋儒不及漢儒；義理之學，漢儒亦不及宋儒。」其説允矣。

四、注釋

自來注《周易》者，無慮數千家；而説《中庸》者，殆不過百家。予纂是書，謹先鄭君、朱子二家注，於其煩冗處，稍删節之。次采先師黄氏元同《子思子輯解》，尊師也。間有己意，特加「愚案」二字以别之。此外若顧亭林、陸桴亭、陳蘭甫諸先生説，博大精深，並皆采録。孫夏峰先生《四書近指》、李二曲先生《四書反身録》更鞭辟近裏。讀二曲先生説，時覺開心明目，或有通身汗下者，未可因其與朱子異

[一] 司馬光（一〇一九～一〇八六）别出《中庸》《大學》於《禮記》，而著《中庸廣義》《大學廣義》，較之程顥（一〇三二～一〇八五）、程頤（一〇三三～一一〇七），早著先鞭。

而忽之也。門人北流陳柱撰《中庸通義》〔一〕，能見其大，頗多新知，亦網羅其説，用資參考云。

五、文法

朱子謂《中庸》文法特爲縝密。竊謂《中庸》係説理之書，與《易·繫辭傳》極相近。中如「至誠無息」章、「大哉聖人之道」章、「王天下有三重」章，皆太陰識度之文也。「哀公問政」章，爲逐層脱卸法，波瀾壯濶。「衣錦尚絅」章，爲逐層推進法，每節俱引《詩》語發端而引申之，蓋本於《大學》，文法特奇。「聰明睿知」章，意味雅近《虞夏書》，俱至文也。

至分章節法，朱子章句與鄭本不同，竊意從朱子本爲是。即如「索隱行怪」章，明係三節，而鄭君以「君子之道費而隱」二句連屬上章，則爲贅矣。末章鄭君分節，皆以引《詩》作結，無論首節引「衣錦尚絅」，文法爲不倫，且潛伏確爲人之所不見不顯，確爲篤恭，一經割裂，文義頗覺不貫。此則朱子實勝於鄭君。蓋讀書之法，前賢引其

〔一〕唐先生爲陳柱《中庸通義》所撰序，附録於《中庸大義》之末。

端，後賢廣其緒，後人固易勝於前人也。《四庫提要》載宋黎立武撰《中庸指歸》，分全經爲十五章，別具條理，可備研究〔一〕。

〔一〕黎立武（一二四三～一三一〇），字以常，號寄翁，江西新餘人；太學生，咸淳四年（一二六八）進士，官至國子司；宋亡不出，在江西蒙峰書院講學，深受文天祥敬重；傳二程之學，著《大易元通説》《中庸指歸》《中庸分章》《大學本旨》《大學發微》。黎氏於《中庸》極有心得，主誠明合一，其《中庸指歸》認爲《中庸》是「羣經之統會樞要」。

卷七

左傳

【釋】唐先生師從王祖畬（一八四二～一九一八），王氏精湛《左傳》，以二十餘年之功，成《讀左質疑》四卷卷首一卷，唐先生爲作跋〔一〕，於民國七年（一九一八）爲之刊刻。師承有自，故唐先生深重《左傳》，尤重其文，以大義爲所寄，不能筌唾輕視，此先生重視文法之精神，可見一斑。因文見道，故承説《左傳》大義，先之以心之爲用，是爲知覺；聖賢自覺禮防之用，故次之以重禮之大旨；而善報因果，聖人設教以勸民，不務高論。本篇值得注意者，乃特出諸侯外交之義。蓋先生入仕及接觸外交事務，又其時丁韙良研究公法（即國際法），主張《左傳》所記諸侯外交之間，已經存在如後世公法之設計，唯先生批評其文拙，有意另撰《春秋外交學》，以

〔一〕唐先生《讀左質疑跋》，原載《茹經堂文集》二編卷五，今録在《唐文治文集》「序跋類」。

德禮見義。唐先生更重者，乃《左傳》之「政治學」，見君子得用，摒絶小人，本恕而行，則德禮可施。恕之爲政治心學要義，乃先生論《左傳》之得意處也。此「提綱」分五類概括《左傳》義理，蓋分類治經，乃先生經學門法，而唐先生一九二七年所撰《讀左研究法》更詳言之。篇末附録選目二十一篇，可視爲讀本之嚆矢。篇後附録先生二十世紀三四十年代之交在滬上之講義《左傳分類大綱（附三傳、内外傳比較略）》，乃對《春秋》三傳與《國語》關係之全面論述，精辟之至。此提綱言及《左傳》之作者、大義、文法等。

《左氏傳》之爲邱明作，《四庫全書提要》言之綦詳。余嘗謂中國有大文學家二，左邱明、司馬遷是也。孔子曰：「巧言、令色、足恭，左邱明耻之，丘亦耻之；匿怨而友其人，左邱明耻之，丘亦耻之。」〔一〕意其爲人光明磊落，崇尚氣節，故其爲傳，大率寫其胸中之奇，而不規規於經。其書之牢籠萬有，睥睨古今，與《史記》相類，故昔人謂「邱明作傳，非以傳經；子長爲文，非以作史，要别有其精神所在，自成爲一家之言」，洵篤論也。漢博士謂「左氏不傳《春秋》」〔二〕，實即此意，惟語未顯明耳。然邱明之詼詭尚不逮子長

〔一〕《論語·公冶長》載孔子語。
〔二〕劉歆《移書讓太常博士》云時人「謂左氏爲不傳《春秋》」，此見引班固《漢書·楚元王傳》。

者，子長傳千數百年之事，邱明不過傳二百數十年之事也。譬諸弈棋然，子長國手也，邱明則二手也，莊周亦可爲國手，惜其但言修道耳，韓子則四手也，其餘蓋寥寥矣。向令後無子長，則邱明固國手矣。善哉文乎！瓣[一]香以奉之久矣[二]。

【釋】以下從知覺、善禮、因果、外交、政治五方面言《左傳》之大義。

有知覺運動而後可以爲人，有知覺運動而後可以爲文。所以主宰其運動者，知覺也。有運動而無知覺，傀然人也，不謂之人亦可也，無知覺也；傫然文也，不謂之文亦可也，無知覺也。《莊子》之文，通篇皆知覺也，猶人之全體，皆知覺也。司馬遷之文，隨時而有知覺者也，例如《伯夷傳》不言尊孔；《范睢傳》綈袍戀戀，不言入須賈之玄中；《外戚世家》言衛皇后，其家號曰衛氏，皆是也；《封禪書》全篇皆知覺。此蓋含之於一心，因時以爲妙用者也。左氏之文，其知覺深藏而晦，有勝於司馬遷者，

[一]「瓣」字，原誤作「辨」。
[二]言《左傳》不必句句解經，自有一番大議論、大抱負，下文所論知覺、善禮、因果、外交、政治是也。

亦有遜於司馬遷者。如以下所論之文法是也。韓子文之知覺，少於邱明、子長矣。宋以後文，知覺之分數益少，並有全無知覺者。余嘗謂：讀一文而知其文之精神命意者，知覺也；作一文而使後人知其精神命意之所在者，知覺也。以知覺感知覺，文乃不絶於天下。《孟子》曰「先知先覺」〔一〕，夫惟先知先覺，斯爲聖人；亦惟先知先覺，斯爲文人。

黄石齋先生《坊記集傳序》云：「左氏以春秋之亂，魯始於羽父，終於三桓；晉始於曲沃，終於六卿。故於鄭伯克段之章首明其義，以爲寵禄不過都城有制，爲立坊之要領。因而推於桓、莊、文、宣之間，外釁所從入，内匿所從出，歸重於别微明嫌，爲立坊之要歸。」故《左傳》一書，兄弟之大坊也。然余謂不獨坊兄弟也，父子有坊，君臣有坊，夫婦有坊，夷夏有坊。惟孔子作經，託始於隱公，故兄弟之坊爲尤著耳。陳蘭甫先生云：「羽父請殺桓公〔二〕，則桓公有不臣之迹，可知也。云反譖公於桓公而請弑之，則桓公許之，可知也。云討寪氏有死者，言其冤也。云不書葬，不成喪也，言桓不

〔一〕《孟子・萬章下》載伊尹言：「天之生斯民也，使先知覺後知，使先覺覺後覺。」

〔二〕事見《春秋左傳・隱公十一年》。

以人君之禮葬隱也。左氏爲魯史官，亦[一]不可以直書者，而能曲曲傳之，其敘事之精善，非後世史家所及也。」[二]余謂「鄭伯克段于鄢」[三]一篇文法，亦是如此。曰「姜氏欲之，焉辟害」，曰「多行不義必自斃」，曰「無庸，將自及」，皆以見叔段之無叛志，而莊公則處心積慮，有以釀成之也。凡文之意在言外者，俱當以此爲法，所謂知覺者是也。

鄭君云：「《左氏》善于禮，《公羊》善于讖，《穀梁》善于經。」誠哉！左氏之善於禮也。其載劉子曰：「民受天地之中以生，所謂命也。是以有動作禮義威儀之則，以定命也。能者養之以福，不能者敗以取禍。是故君子勤禮，小人盡力。勤禮莫如致敬，盡力莫如敦篤。敬在養神，篤在守業。」[四]又曰：「不忘恭敬，民之主也。」[五]又曰：「敬，德之聚也。」[六]至精至粹之言，實與《中庸》「天命謂性，率性謂道」之旨互相發

[一]「亦」字原脱，據陳氏文補。
[二]陳澧《東塾讀書記》卷一〇《春秋三傳》。
[三]事見《春秋左傳・隱公元年》。
[四]《春秋左傳・成公十三年》。
[五]《春秋左傳・宣公二年》。
[六]《春秋左傳・僖公三十三年》。

明，此《禮經》之精蘊也。宋王伯厚〔一〕云：「名卿大夫講聞故實，三代文獻藹如也。納鼎有諫，觀社有諫，申繻名子之對，里革斷罟之規，御孫别男女之贄，管仲辭上卿之饗，柳下季之述祀典，單襄公之述《夏令》《秩官》，魏絳之述《夏訓》《虞箴》，郯子能言紀官，州鳩能言七律，子革、倚相能誦《祈招》《懿戒》，觀射父之陳祭祀，閔馬父之稱《商頌》，格言猷訓，粲然可覩。齊虞人之守官，魯宗人之守禮，懍懍秋霜，夏日之嚴，統紀相承，淵源相續，得夏時、坤乾，見易象、魯春秋，而知三代之禮所以扶持於未墜者，豈一人之力哉？」見《漢制考》叙。陳蘭甫先生云：「學者〔二〕當知所謂道德、仁義、憲章、墳典、故實、文獻、經學、德行、名言，皆出於孔子之前，賴有《左傳》《國語》述之，至今得以考見，此左氏之功之大也。」〔三〕蓋凡此皆古禮之所由存也。

然而有不愜於心者。後人好改經傳，《左氏》罹厄尤甚。六國既盛，田氏有竄入

〔一〕王應麟（一二二三～一二九六）字伯厚，南宋慶元府人。
〔二〕「學者」二字，陳氏原文作「且」。
〔三〕陳澧《東塾讀書記》卷一〇《春秋三傳》。

者，如懿氏卜妻敬仲之類〔一〕；魏氏有竄入者，如畢萬之後必大之類〔二〕；趙氏有竄入者，如越竟乃免之類〔三〕。秦燔而後劉氏有竄入者，如處者爲劉氏之類〔四〕。西漢時，《公羊》先立於學官，緣飾讖緯。治《左氏》者效之，亦竄入符瑞之説。下逮王莽之世，劉歆奮其私筆，任意增改謬誤可疑之處，迺孳乳而浸多。其最謬者，導淫之文，如宋華父督事齊人，使昭伯烝於宣姜事〔五〕，所謂言之則污口舌，書之則污簡牘者也。又如《襄九年傳》「晉悼公謂國君十五而生子，冠而生子，禮也」而魯襄且以十二歲而冠，然則十二歲而可生子乎？而注且以「文王十三生伯邑考」傅會之〔六〕，破壞古禮，重誣古聖，莫此爲甚。方望溪先生云：「余少閲《大戴記》稱『文王十三生伯邑考』，即辨其誣，而未得證驗。及考《王莽傳》，平帝年十有二，而莽欲以女配，故歆先竄此於《大戴記》，以示文王始婚亦年十有二。然後莽請考論

〔一〕《春秋左傳・莊公二十二年》。
〔二〕《春秋左傳・閔公元年》。
〔三〕《春秋左傳・宣公二年》。
〔四〕《春秋左傳・文公十三年》。
〔五〕《春秋左傳・閔公二年》。
〔六〕孔穎達《春秋左傳正義・襄公九年》正義。

『五經』，以定天子之娶禮」〔一〕云云，可謂能燭其奸。然歆非特竄《禮》，抑且竄《傳》，可笑之甚。吾師王紫翔先生《讀左質疑》特詳辨之，此蓋厚愛《左氏》，意在存《左》之真，非以攻《左》、難《左》也。此義余跋王先生書中已詳論之〔二〕。

因果之事，儒者所不道，蓋君子言理不言數。惟中人以下，不得不以福善禍淫之説惕之，是以孔子曰：「聖人以神道設教。」〔三〕《左氏傳》載閔子馬曰：「禍福無門，唯人所召。」〔四〕善哉！千古之名言也。至《孟子》又引伸其義曰「禍福無不自己求之者」，且引《詩》曰：「永言配命，自求多福。」《太甲》曰：「天作孽，猶可違。自作孽，不可活。」蓋「惠迪吉，從逆凶」，如響斯應然，況於倫常之間，爲人道之根本。吉德以仁孝爲先，凶德以淫貪爲極，鮮有不報者。一身一家之幾如此，一國之幾亦如此。是以魯桓弑隱，文姜淫亂以報，而身爲彭生所乘〔五〕；齊襄殺魯桓，殺彭生，厥後彭生見，而遂

〔一〕方苞《望溪集》卷一《文王十三生伯邑考辨》。
〔二〕先生《讀左質疑跋》成於一九一八年，原載《茹經堂文集》二編卷五，今録《唐文治文集》中。
〔三〕《易・觀卦・彖傳》。
〔四〕《春秋左傳・襄公二十三年》。
〔五〕魯桓弑隱事，見《春秋左傳・隱公十一年》；桓公遭報事，見《春秋左傳・桓公十八年》。

爲公孫無知所弑〔一〕；晉獻滅虢，即得驪姬以報之；其昏亂，生夷吾以報之；其殺申生，里克殺奚齊卓子以報之〔二〕；晉靈遭趙盾之弑〔三〕，齊光遭崔杼之弑〔四〕。千載而下，靡不稱快。其他因果報施，悉數不能盡。蓋《左氏》言禮義，所以範中人以上也；言因果，所以懼中人以下也。其有功於人心世道一也。《周易》坤之初六占曰「履霜」，積善餘慶，積惡餘殃。天綱至大，不爽毫芒。《詩》曰：「無言不讎，無德不報。」〔五〕曾子曰：「戒之戒之，出乎爾者，反乎爾者也。」〔六〕可不畏哉？嗟乎！民興胥漸，泯泯棼棼，倫紀之潰，於今爲烈。彼夫冥頑蠢愚之人心，進以因果之説，倘可唤醒之與？

《左氏》紀二百數十年之事，其尤宜注意者有二人焉，曰管仲、曰子産。管子天下

〔一〕齊襄爲公孫無知所弑事，見《春秋左傳·莊公八年》。
〔二〕滅虢至里克殺卓子等事，見《春秋左傳》僖公二年至九年。
〔三〕事見《春秋左傳·宣公二年》。
〔四〕事見《春秋左傳·襄公二十五年》。
〔五〕《詩·大雅·抑》。
〔六〕見《孟子·梁惠王下》。

才也，其所設施，頗得周禮之遺意；招攜以禮，懷遠以德〔一〕；葵邱五命，皆足誅當時諸侯之心〔二〕。孟子所以黜之者，惡其以力假仁爾，然其才豈易得哉？子産外交家之祖也，以蕞爾鄭，介晉楚之間，樽俎周旋，不卑不亢，夫豈易與？毁垣爭承〔三〕，錚錚然如聞其聲，而大國亦屈服者，惟其所據之理正也。後人畏葸無能，於是弱國無外交之説，洋洋盈耳。對於内國，則無所不爭；對於外人，則無所不讓。闒茸貽誤，可勝痛心！孔子曰：「使於四方，不辱君命，子産有焉。」〔四〕竊願外交家鑄金以祀之矣。西人嘗輯《中國古世公法》一卷〔五〕，惜其文太劣。余嘗欲編《春秋外交學》，專以子産爲師，

〔一〕見《春秋左傳・僖公七年》。

〔二〕見《孟子・告子下》：「五霸，桓公爲盛。葵丘之會諸侯，束牲、載書而不歃血。初命曰：『誅不孝，無易樹子，無以妾爲妻。』再命曰：『尊賢育才，以彰有德。』三命曰：『敬老慈幼，無忘賓旅。』四命曰：『士無世官，官事無攝，取士必得，無專殺大夫。』五命曰：『無曲防，無遏糴，無有封而不告。』曰：『凡我同盟之人，既盟之後，言歸于好。』今之諸侯，皆犯此五禁，故曰：今之諸侯，五霸之罪人也。」五命皆痛砭當時諸國上下之僭越詭詐，故唐先生曰「足誅當時諸侯之心」。

〔三〕事見《春秋左傳・襄公三十一年》。

〔四〕《論語・子路》。

〔五〕此指丁韙良（William A. P. Martin，一八二七～一九一六）之 *International Law in Ancient China*《中國古世公法論略》。一八八二撰寫於柏林，一八八三刊於 *International Review*。北京同文館副教習汪鳳藻（一八五一～一九一八）中譯並題此名，一八八八年京師同文館刊行，故唐先生得讀此書。

人事楝檖，未果也。

左氏親受緒論於孔子，最深於政治學，世儒忽焉，可歎也。如閔二年載：「衛文公大布之衣，大帛之冠，務材訓農，通商惠工，敬教勸學，授方任能。」成十八年載：「晉始命百官，施舍，已責，逮鰥寡，振廢滯，薄賦斂，節器用。」此皆立國之本也。古未有不儉而能爲治者也。又宣十一年載郤成子曰：「非德莫如勤，非勤何以求人？能勤有繼，其從之也。」宣十二年欒武子述楚莊之言曰：「民生在勤，勤則不匱。」無日不討國人而訓之，此又皆立國之本也。古未有不勤而能爲治者也。不儉不勤，不祀忽諸，哀哉！襄十三年載晉卿之互相讓曰：「世之治也，君子尚能而讓其下，小人農力以事其上，是以上下有禮，而讒慝黜遠，由不爭也，謂之懿德；及其亂也，君子稱其功以加小人，小人伐其技以馮君子，是以上下無禮，亂虐並生，由爭善也，謂之昏德。國家之敝，恒必由之。」善哉斯言！「受爵不讓，至於己斯亡」〔一〕，蓋上不讓則下無禮，賊民覞覞，死亡隨之，哀哉！

甚哉！恕道之大也。孔子曰：「臧武仲之智而不容於魯，有由也，作不順而施不

〔一〕《詩·小雅·角弓》句。

恕也。《夏書》曰『念兹在兹』，順事恕施也。」〔一〕斯言也，其爲政者之金鑑乎？《禮記·月令》篇曰：「毋隳天之道，毋絶地之理，毋亂人之紀。」《孟子》曰：「所欲與之聚之，所惡勿施爾也。」〔二〕皆所謂恕也。《春秋》之中，弑君三十六，亡國五十二，諸侯奔走不得保其社稷者，不可勝數〔三〕。察其所以，皆出於不恕。是故治民而不知恕，則身亡而國危。子産告子太叔寬猛相濟〔四〕，後世傳爲美談。古有之曰：「治亂國，用重典。」〔五〕末世之治，其必尚猛乎？然而尤可師者，在止尹何之爲邑夫〔六〕？百姓之受禍，皆由於親民者之庸闇無所知也。未能操刀而遽使割，長敖遂非，貿然懵然，割民乎？自割耳。子路使子羔爲費宰，孔子曰「賊夫人之子」〔七〕，然而賊民人也，賊社稷也，實自賊也。嗚呼！資格固不可以用人，豈騃豎而可以行政乎？此貪與亂之階也，

〔一〕《孔子家語·顔回》。
〔二〕《孟子·離婁上》。
〔三〕《史記·太史公自序》。
〔四〕事見《春秋左傳·昭公二十年》。
〔五〕《周禮·秋官·大司寇》：「一曰刑新國用輕典，二曰刑平國用中典，三曰刑亂國用重典。」
〔六〕事見《春秋左傳·襄公三十一年》。
〔七〕《論語·先進》。

可爲萬世戒矣。又考襄九年、昭十八年載火政，皆古法，文尤秩然老潔，此皆《左氏》真面目也。

【釋】以下言《左傳》之「文法」。

阪泉、涿鹿之師，書缺有間，牧野南巢，不聞論及兵法，逮《左氏》書出，遂爲談兵之雄。其言陳法，若先偏後伍，伍承彌縫〔一〕之類；言誘敵如使勇而無剛者，嘗寇而速去之，君爲三覆以待之〔二〕，及欒枝使輿曳柴而僞遁〔三〕之類；其言變化如塞井夷竈，成陳以當之〔四〕之類。又吴越笠澤之戰，夾水而陳，越子爲左右句卒，使夜或左或右，鼓噪而進，吴師分以禦之，越子以三軍潛涉，當中軍而鼓之，吴師大亂，遂敗之〔五〕。吴

〔一〕「先偏後伍，伍承彌縫」，蓋言兵陣士卒相互間之夾輔補闕；「偏」「伍」蓋爲編制定名，其數説法紛紜，詳參楊伯峻《春秋左傳注・桓公五年》。

〔二〕楊伯峻《春秋左傳注・桓公五年》注「三覆」云：「覆，埋伏之兵。伏兵分三處，故曰三覆。」

〔三〕楊伯峻《春秋左傳注・僖公二十八年》注：「《淮南子・兵略訓》云：『曳梢肆柴，揚塵起堨，所以營其目者，此善爲詐佯者也。』」

〔四〕事見《春秋左傳・襄公二十六年》。塞井夷竈：井用以汲水飲用、竈用以生火煮食，古時行軍安營扎寨，必不可少。今塞之平之，成陣以當之，以示戰無退路之決心。

〔五〕事見《春秋左傳・哀公十七年》。

摯甫先生評之曰：「《左氏》序戰功之妙，千古無兩，此絶筆也。」極奇正之變，而該兵法之能，蓋兵法無他，奇正而已。奇正無他，變化而已。變化無他，不測而已。出其不意，攻其無備，不測之術也。多方以誤之、出不意，攻無備之術也。而此傳一一備之。句卒，奇也，三軍，正也。左右鼓噪，虛而實，以奇爲正也；三軍潛涉，實而虛，以正爲奇也。吴師分禦左右，誤矣。當中軍而鼓，出其不意，攻其無備也。其論戰術精矣。庸詎知更有本而有原也。觀於曹劌之言曰：「忠之屬也，可以一戰。」〔一〕晉楚城濮之戰，歸本於定人謂禮，少長有禮，又大書子犯之言曰：「師直爲壯，曲爲老。」〔二〕此用兵之本原也。民生之不易，禍至之無日，戒懼之不可以怠，益信兵德之重於兵法也。近胡文忠《讀史兵略》采《左氏傳》列於卷首，言兵者其尚奉爲圭臬哉！

《左氏傳》稱曰「内傳」，《國語》稱曰「外傳」。顧亭林先生謂《左氏》采列國之史而作，非出於一人之手〔三〕。余疑内傳爲邱明所編輯，外傳則采自列國未加删削者也。

〔一〕事見《春秋左傳・莊公十年》。
〔二〕事見《春秋左傳・僖公二十八年》。
〔三〕顧炎武《日知録》卷四《春秋闕疑之書》。

夙好以《左氏傳》與《公》《穀》二傳互相比較。如《左氏》「鄭伯克段于鄢」一段，宜與《穀梁傳》對較。「晉獻公欲以驪姬爲夫人」一段，宜與《穀梁傳》晉殺其大夫里克〔一〕對較。「晉靈公不君」一段〔二〕，宜與《公羊傳》對較。悟其文法之各異，而文思文境乃可日進。又好以內傳與外傳參考，如外傳「管子論軌里連鄉之法」〔三〕、「敬姜論勞逸」〔四〕、「優施教驪姬夜半而泣」〔五〕諸篇，皆爲內傳所不載，而一則波瀾壯闊，一則丰裁嚴整，一則細語喁喁，委婉入聽，均各擅其勝。又如「晉文請隧，襄王不許」，內傳曰：「王章也，未有代德而有二王，亦叔父之所惡也。」僅三語，懍乎其不可犯，而外傳則衍成數百言，負聲振采，琅琅錚錚，有令人不厭百回讀者矣〔六〕。惟吳越語氣體句調，均屬萎薾，疑與內傳末載智伯事相同，爲後人附益。司馬子長曰：「邱明懼弟子

〔一〕《春秋穀梁傳・僖公十年》。
〔二〕事見《春秋左傳・宣公二年》。
〔三〕《國語・齊語》。
〔四〕《國語・魯語下》。
〔五〕《國語・晉語一》。
〔六〕晉文請隧並見於《春秋左傳・僖公二十五年》及《國語・周語中》。

人人異端，各安其意，失其真，故因孔子史記，具論其語，成《左氏春秋》。」又曰：「左邱失明，厥有《國語》。」[二]然則二書之當並重無疑。余於《國語》有鄉先進程迓亭先生評點本，亦足寶也。

評《左》之書，汗牛充棟，而審度義法，以方望溪先生爲最。其於晉楚諸大戰文字，可謂批郤導窾，無微不至矣。其評「齊侯使連稱、管至父戍葵邱」一段，謂：「公孫無知與連稱從妹之布置爲亂，概藏不露，而以齊侯游於姑棼宕開，下接走出遇賊於門，彌覺奇突。」[三]斯評也，開千古文家之秘鑰。蓋匣劍帷燈之法，藏匿而驟露，司馬子長常用之矣，是即所謂知覺也。

余於《左傳》中特賞「祭仲專，鄭伯患之」一段。雍姬謂其母曰：「父與夫孰親？」此何異禽獸之聲也。其母知其有變，故不待言也，曰：「人盡夫也，父一而已。」亦禽獸之聲也。遂告祭仲曰：「雍氏舍其室，而將享子於郊，吾惑之以告。」稱其夫曰「雍氏」，稱其夫之罪曰「舍其室」，稱其父曰「子」，自稱曰「吾」，皆禽獸之聲也。祭仲殺雍

[二] 前語見司馬遷《史記・十二諸侯年表》，後者見班固《漢書・司馬遷傳》。
[三] 方苞《左傳義法舉要》卷一《齊連稱管至父弒襄公》。

糾，尸諸周氏之汪，公載以出曰：「謀及婦人，宜其死也。」結出宗旨，如神龍掉尾。而鄭伯欲殺祭仲，即使其壻以致事敗，其爲不智之極，自在言外。僅用數十言，包括絶大之事，旨哉文乎！司馬子長又常用此法矣〔一〕。是亦所謂知覺也。

「齊魯長勺之戰」一篇，壁壘森嚴，文家奇正相生之法，實從此創。「吕相絶秦」一篇，丰神千古獨絶，論者謂爲開策士之先聲，余謂此文委婉高朗，與策士之縱横放恣，迥乎不同；惟己所屈者略之，理長者逾分揄揚之，則與策士相近耳。

曾文正《經史百家雜鈔》選《左氏傳》，亦極精當。是編藍筆係孫月峰先生本，黄筆係方望溪先生本，紅筆係姚姬傳先生本，墨筆係曾文正選本。方氏《義法舉要》最爲精能。後之研究《左氏》文法者，共必以是爲嚆矢矣。

附：《左傳》選目

鄭伯克段于鄢 隱公元年　魯會齊鄭入許 隱公十一年　楚屈瑕伐羅 桓公十三年

齊人弑襄公 莊公八年　齊魯長勺之戰 莊公十年　秦晉韓之戰 僖公十五年　晉公子

〔一〕此爲唐先生發明方望溪「左氏之文，有太史公所不能及者」之語。

重耳出亡僖公二十三年　晉楚城濮之戰僖公二十八年　秦晉殽之戰僖公三十三年　晉

楚邲之戰宣公十二年　楚子伐蕭宣公十二年　齊晉鞌之戰成公二年　晉侯使吕相絶

秦成公十三年　晉楚鄢陵之戰成公十六年　齊晉平陰之戰襄公十八年　叔孫穆子之

難昭公四年　楚子狩于州來昭公十二年　楚靈王乾谿之難昭公十三年　吴楚柏舉之

戰定公四年　齊魯清之戰哀公十一年　白公之難哀公十六年

附録：《左傳》分類大綱附三傳、内外傳比較略〔二〕

【釋】本文大體出《茹經堂文集》三編卷三之《讀〈左〉研究法》（一九二七），原擬爲《左傳》分類研究之專書綱目。一九三八年流離之際復講於滬上，關照面更寬，附論勘探《公羊傳》《穀梁傳》與《國語》，以文法分析把握《春秋》學整體意義，此唐先生所重視之文本義理。而强調分類治經，乃先生經學門法。本文值得注意者，乃特出「國際類」之國際交涉與國際公法之内容，反映出對晚清丁韙良國際法研究之重視，蓋親歷列强侵凌故也。

〔二〕載《交通大學演講録》第一集上卷「經學心學類」。

《左傳》之文如名山大川，魚龍變化，寶藏興，貨財殖，衆美畢備，顧亭林先生謂「成之者非一人，繼之者非一世，可謂富矣」〔一〕。蓋孔子周流列邦，得百二十國之寶書〔二〕，邱明實親見之，故編纂是書至爲宏博，必分類讀之，方盡其妙。兹約舉類別如左。

一曰紀事類，以綫索變化爲主。《左氏》文雖亞於司馬子長，然紀事特爲神妙，譬諸弈棋然，可與子長同稱國手。如「齊侯使連稱管至父」一段，不敘連稱之布置，即敘齊侯之遇賊；「鄭厲公自櫟侵鄭」，插入内蛇與外蛇相鬥，均有天外飛來之致。讀者應從此等處推求，可以悟變化之妙矣。

二曰兵事類，以局度縱横爲主。《左傳》敘用兵，間有勝於子長處，如「齊晉鞌之戰」「晉楚鄢陵之戰」是也。故方望溪先生〔三〕《左傳義法舉要》選四大戰，曾文正《經史百家雜鈔》於諸大戰概行選録，胡文忠〔四〕《讀史兵略》首選《左氏》，讀者學其文兼可知兵略。要而言之，變化無方而已。

三曰諷諫類，以清婉正直爲主。如「臧僖伯之諫觀魚」「臧哀伯之諫取鼎」「季文子之諫納莒僕」是。《孝經》曰：「天子有諍臣七人，雖無道，不失其天下。諸侯有諍臣五人，雖無道，不失其國。」事

〔一〕顧炎武《日知録》卷四。
〔二〕《春秋公羊傳·隱公元年》疏引閔因之語。
〔三〕方苞（一六六八～一七四九），字鳳九，晚號望溪，安徽桐城人，官至禮部右侍郎。
〔四〕胡林翼（一八一二～一八六一），字貺生，號潤之，長沙人；道光十六年（一八三六）進士，官至湖北巡撫；謚文忠。著《讀史兵略》四十六卷。

君者能將順其美，匡救其惡，故能上下相親也。及世之衰，士君子「獨寐寤宿，永矢弗告」，誦《考槃》之詩，深爲天下蒼生惜矣！

四曰詞令類。言語之科，聖門所重。然春秋時辭令委婉，不若戰國策士之囂張，如「鄭燭之武説秦伯」「晉侯使吕相絶秦」是。厥後子貢一出，存魯亂齊、强晉霸越，此聖門之教，史公所以大書之也。

五曰政治類，多有可爲近世鑑戒者。如「鄭子産止尹何爲邑」及「不毁鄉校」等是。夫内政之與軍政，有息息相通者，至「管子作内政寄軍令」，其《七法》篇曰：「不能治其民而能强其兵者，未之有也。」是以楚子玉剛而無禮，不可以治民，即不可以治兵。

六曰論道類。多有極精粹樸實之處，如「劉子論定命」等是。他如「克己復禮爲仁」「敬爲德之聚」等皆古時格言，可爲修身之韋佩也。

七曰國際類。西人選録《左傳》中交涉事爲中國古世公法〔一〕，失之太簡，然其意亦可取。交涉之才，吾於春秋得二人，曰齊管仲、曰鄭子産，皆可師法。然子産時，鄭國地險已盡失，尚能尊崇國體，維持四十餘年。設以泱泱之齊屬諸子産，蕞爾之邦屬諸管仲，則功業之升降、國勢之盛衰，恐未可以一例論。

八曰小品類。曾文正《古文四象》於《左傳》小品中之詼詭者，選入少陽類，趣味横生，令人讀之不厭。桐城吴氏《左傳文法教科書》亦專選小品，然其精采不逮曾氏矣。讀者當以《古文四象》爲本。

〔一〕 指丁韙良書，見前注。

要知傳一人必肖其人，傳一事必肖其事，則小品可爲神品已。

以上八類，略舉大概。後之興國者，於政治、兵事二端，尤宜三致意焉。蓋《左氏》親受緒論於孔子，最深於「政治學」，如閔二年載：「衛文公大布之衣，大帛之冠，務財訓農，通商惠工，敬教勸學，授方任能。」宣十二年欒武子述楚莊之言曰：「民生在勤，勤則不匱。」襄二十三年傳孔子曰：「臧武仲之智而不容於魯，有由也。妙作不順而施不恕也。《夏書》曰：念兹在兹，順事恕施也。」世未有不儉、不勤、不恕而可以行政者也，而立國之本尤在於禮。劉康公言：「君子勤禮，小人盡力，尚已。」齊仲孫湫謂：「魯不可取，猶秉周禮。」蓋禮亡則本實撥矣〔一〕，可不鑑哉！

上世不傳兵法，《左氏》書出，遂爲談兵之雄。其言陣法，若「先偏後伍，伍承彌縫」之類；其言誘敵，如「使勇而無剛者，嘗寇而速去之，君爲三覆以待之」，及「欒枝使輿曳柴而僞遁」之類；其言變化，如「塞井夷竈，成陳以當之」之類；又吳越笠澤之戰，夾水而陳，越子爲左右句卒，使夜或左或右，鼓譟而進，吳師分以禦之，越子以三軍潛涉，當中軍而鼓之，吳師大亂，遂敗之。其於奇正虚實，叙述精密，抑知更有本原在。觀於齊魯長勺之戰，曹劌之言曰：「忠之屬也，可以一戰。」晉楚城濮之戰，歸本於「定人爲禮」「少長有禮」；又大書子犯之言曰：「師直爲壯，曲爲老。」至於作三軍，謀元帥，趙衰曰：「卻縠可。說禮樂而敦《詩》《書》。《詩》《書》，義之府也；德義，禮之經也。」善哉斯言！晉文遂一戰而霸。後世能師此意，則雍容儒，將可以練仁義之師矣！

〔一〕意出《詩・大雅・蕩》，謂禮亡則全體俱滅絶。

《左傳》與《公羊》《穀梁傳》比較略

鄭康成先生云：「《左氏》善於禮，《公羊》善於讖，《穀梁》善於經。」此蓋探其大義而言。余嘗以三《傳》文法相較，覺其精奥之處，極可玩味。如隱桓之事，三《傳》不同，而其意則一。《左傳》云：「惠公元妃孟子。孟子卒，繼室以聲子，生隱公。宋武公生仲子，仲子生而有文在其手，曰爲魯夫人，故仲子歸于我。生桓公而惠公薨，是以隱公立而奉之。」夫聲子既爲繼室矣，仲子獨非繼室乎？聲子而尚在，則仲子不過娣姒之屬耳。有文在手，附會之辭，其誰信之？則惠公明因偏愛，故欲立桓公也。《公羊傳》曰：「其爲尊卑也微，國人莫知。」其辭亦微矣。夫君夫人之尊，而國人莫知乎？國人既莫知，可以爲君夫人乎？又曰：「立嫡以長不以賢，立子以貴不以長。」是隱公明爲嫡子，桓公明爲衆子也。又曰：「子以母貴，母以子貴。」是桓公明因偏愛而貴而仲子，明因其子得立而貴也，皆微辭也。嫡庶之辨不明，遂召弑奪之禍，可痛矣！《穀梁傳》大書之曰：「讓桓正乎？曰不正。」又曰：「成父之惡。」又曰：「己廢天倫，而忘君父，以行小惠，曰小道也。」則辭嚴義正，不若《左氏》《公羊》之隱約其詞矣。鄭伯克段于鄢事，《左傳》載鄭莊處心積慮以逐其弟，而《穀梁傳》直曰：「取諸其母之懷中而殺之。」則更辣矣。《左傳》晉獻公欲以驪姬爲夫人事，宜與《穀梁傳》晉殺其大夫里克對較。《左傳》姬泣曰：「賊由太子。」四字繪聲繪影，《穀梁傳》驪姬下堂而啼曰：「天乎！國子之國也。子何遲乎爲君？」同是追魂攝魄法。《左傳》晉靈公不君事，宜與《公羊傳》對較，似《公羊》筆更矯健。學者當取《春秋傳説彙纂》，依次讀之，悟其文法之各異，則文思文境自然日進矣。

《左傳》與《國語》比較略

《左傳》稱曰「内傳」，《國語》稱曰「外傳」。余疑「内傳」爲邱明所編緝，「外傳」則采自列國，邱明删削較少。嘗以「内傳」與「外傳」互相參考。如「外傳」齊管子論軌里連鄉之法、魯敬姜論勞逸晉優施教、驪姬夜半而泣諸篇，皆爲「内傳」所未載，而一則波瀾壯闊，一則丰裁嚴整，一則細語喁喁、委婉入聽，均各擅其勝。又如晉文請隧，襄王不許，「内傳」曰：「王章也。未有代德，而有二王，亦叔父之所惡也。」僅三語，懔然不可犯。而「外傳」則衍成數百言，負聲振采，琅琅錚錚，令人不厭百回讀。至若《齊語》，通篇一氣捲舒，而蹊徑分明，峯巒迴抱。鄭係西周文字，上下數百年，如燭照數計，博麗中尤極縝密。《吴語》叙黄池軍容之盛，如火如荼，光耀出没，較「内傳」諸大戰，壁壘一新。末叙句踐滅吴，參謀血戰，有雷霆精鋭之概。司馬子長曰：「邱明懼弟子人人異端，各安其意，失其真，故因孔子史記，具論其語，成《左氏春秋》。」又曰：「左邱失明，厥有《國語》。」然則，二書之當並重無疑矣。

《左傳》應參考書列左：

《賈服注輯述》、《杜林注》、《春秋傳説彙纂》、顧震滄《春秋大事表》、姜白巖《讀左補義》、方望溪《左傳義法舉要》、姚姬傳《評點》

卷八

公羊傳

【釋】唐先生「提綱」闢董仲舒及何休傳説，以其非《公羊傳》之本義。從王魯、故宋、紀時、讖緯、復讐五方面，批判何休解詁之誤解，以其歪曲孔子本意，從根本處釐清康、梁變法之理論基礎，爲此而堅持「實事求是」之治經態度。唐先生更指出《公羊傳》文章之妙，在判斷明確之筆法，展示高峻之義理層次。篇末選目具列十八篇，其讀本之嚆矢也。此「提綱」言及《公羊傳》之授受、何休傳説、文法等。

《四庫全書總目》云：「案《漢書・藝文志》，《公羊傳》十一卷，班固自注曰：『公羊子，齊人。』〔一〕顏師古注曰『名高』〔二〕，徐彦疏引戴宏《序》曰：『子夏傳與公羊高，高

〔一〕《總目》此處有案語：「《漢書・藝文志》不題顏師古名者，皆固之自注。」

〔二〕《總目》此處有案語：「此據《春秋説題辭》之文，見徐彦疏所引。」

傳與其子平，平傳與其子地，地傳與其子敢，敢傳與其子壽。至漢景帝時，壽乃與齊人胡毋子都著於竹帛。』……今觀傳中有子沈子曰、子司馬子曰、子女子曰、子北宮子曰，又有高子曰、魯子曰，蓋皆傳授之經師，不盡出於公羊子。定公元年傳『正棺於兩楹之間』二句，《穀梁傳》引之直稱沈子，不稱公羊，是併其不著姓氏者，亦不盡出公羊子，且併有子公羊子曰，尤不出於高之明證。知傳確爲壽撰，而胡毋子都助成之。舊本首署高名，蓋未審也。」〔一〕愚案：漢武帝好《公羊》，治其學者董膠西〔二〕爲最著。膠西下帷誦讀，著書十餘萬言〔三〕，皆明經術之意，後世言《公羊》學者，多依據之，然其宗旨亦頗有相背者〔四〕。授受世代既遠，經説遂多歧異，在學者分別其是非耳。

【釋】以下從王魯辨、故宋辨、紀時辨、讖緯辨、復讎辨五方面闢何休傳説。

〔一〕《春秋公羊傳注疏提要》，載《四庫全書總目》經部《春秋》類，卷二六。
〔二〕董仲舒，西漢廣川人，曾爲膠西王相，故又稱董膠西。事跡載《漢書·董仲舒傳》。
〔三〕謂《春義繁露》。
〔四〕康有爲作《春秋董氏學》，乃唐先生批評對象。

《公羊》立義最爲正大，如開卷「春王正月」，傳即謂：「王者孰謂？謂文王也。」「隱五年考仲子之宮」，傳曰：「僭諸公，猶可言也；僭天子，不可言也。」詞嚴而義正矣。《春秋繁露》云「王魯絀夏」「新周故宋」[一]，《公羊》實無此説。假如《繁露》之言，則傳何不云：「王者孰謂？謂魯也。」初獻六羽，更不得謂之「僭天子」矣。乃何劭公[二]侈談「王魯」之説，而近儒劉氏逢禄[三]編《何氏釋例》，復特列「王魯例」一門，如隱元年三月「公及邾婁儀父盟于眛」，注：「《春秋》王魯，記隱公以爲始受命王，因儀父先與隱公盟，可假以見褒賞之法。」「譬若隱公受命而王，諸侯有倡始先歸之者，當進而封之。」[四]又秋七月「天王使宰咺來歸惠公仲子之賵」，注：「《春秋》王魯，以魯爲天下化，首明親來被王化。」又隱八年「宿男卒」注：「宿本小國，不當卒。所以卒而日之者，《春秋》王魯，以隱公爲始受命王，宿男先與隱公交接，故卒，褒之也。」諸如此類，微特迂曲而不可通，其啓人僭竊之心，流弊滋大。後人因「王魯」之説，並稱孔子

[一] 此康有爲於《春秋董氏學序》所主張者。
[二] 何休（一二九～一八二），字邵公，任城樊人，有《春秋公羊解詁》。事跡載《後漢書・儒林傳》。
[三] 劉逢禄（一七七六～一八二九），字申受，江蘇陽湖人，著《公羊春秋何氏釋例》。
[四] 皆何休注文。

爲「素王」。夫孔子作《春秋》以賞罰天下，曷嘗欲自王乎？「君子一言以爲知，一言以爲不知，故言不可不慎也。」〔一〕

至於「新周故宋」之説，尤有不可誤解者。陳蘭甫先生《東塾讀書記》云：「宣十六年，成周宣謝災。《公羊》云：『外災不書，此何以書？新周也。』惟此有新周二字。何注云：『孔子以《春秋》當新王，上黜杞，下新周而故宋。』此取《繁露》之説以解之也。孔巽軒《通義》〔二〕云：『周之東遷，本在王城。及敬王遷成周，作傳者號爲「新周」，猶晉徙於新田謂之「新絳」、鄭居郭鄶之地謂之「新鄭」，實非如注解。「故宋」傳絶無文，惟《穀梁》有之，然意尤不相涉。』《公羊》『新周』二字，自董生以來將二千年，至巽軒乃得其解，可謂《公羊》之功臣矣。」〔三〕據此則知彼之馳騁異説者，并文義而未之省，可笑也。

司馬遷論《春秋》云：「厤人取其年月，數家隆於神運。」〔四〕聖人紀年月日詳略，或有深義，然微而隱矣，後人豈能以臆測之？陳蘭甫先生云：「莊二十二年『夏五月』，

〔一〕《論語·子張》文。
〔二〕孔廣森（一七五一～一七八六），字衆仲，號顨軒，孔子七十代孫，撰《春秋公羊經傳通義》十二卷。
〔三〕陳澧《東塾讀書記》卷一〇《春秋三傳》。
〔四〕《史記·十二諸侯年表》。

何注云：『以五月首時者，譏莊公取讎國女，不可以事先祖，奉四時祭祀，猶五月不宜以首時。』桓十七年五月丙午，『及齊師戰於奚』，注云：『去夏者，明夫人不繫於公也。』成十年秋七月，『公如晉』，注云：『如晉者冬也，去冬者，惡成公前既怨懟不免牲，今復如晉，過郊乃反，遂怨懟，無事天之意，當絶之。』此皆穿鑿之甚。定十四年『無冬』，徐疏云：『不脩《春秋》已無冬字。又《春秋》之説，口授相傳，達於漢時，乃著竹帛，去一冬字，何傷之有？』此疏最通，凡時月日之字，宜有而無者，皆當如是解之，何必穿鑿乎？」[一]

若夫讖緯之説，怪妄豈足憑信？傳文並無標新領異之事，乃邵公壹意穿鑿，如注「西狩獲麟」一段云：「夫子素案圖録，知庶聖劉季當代周，見薪采者獲麟，知爲其出。何者？麟者木精，薪采者，庶人燃火之意，此赤帝將代周居其位，故麟爲薪采者所執。西狩獲之者，從東方王於西也。東卯西金象也，言獲者兵戈文也，言漢姓卯金刀，以兵得天下。」[二]云云，若是則獲麟之事直爲妖孽，「《公羊》善于讖」，豈誣妄至此乎？

[一] 陳澧《東塾讀書記》卷一〇《春秋三傳》。
[二] 《春秋公羊傳注疏·哀公十四年》。

徒以當時無善注，故不得不存之耳。

以上諸條所述，皆邵公之誤，闢之而後讀者不入於歧路。邵公序《公羊傳》云「其中多非常異義可怪之論」，夫説經而惟怪異之是尚，無怪其謬也。且經師之所貴乎墨守者，守家法也。若於本經家法之外，妄下己意，何謂墨守乎？何邵公作《公羊墨守》，鄭君著《發墨守》以難之。友人江君霄緯〔二〕云：「邵公之注《公羊》，支離傅會，壹意諂漢，不辭侮孔。漢儒多以治經起家，休直借《春秋》爲干禄之計，可謂屈經從己，宜乎賈侍中、鄭司農各作長義以短之。休嘗自謂『康成將入吾室，操吾矛以伐吾』，即指《發墨守》《箴膏肓》《起廢疾》而言。高密信緯，尚不以休爲然，可知矣。」其説頗爲精確。自漢以來治《公羊》者數十家，我朝乾嘉而後，《公羊》學尤甚，然大半惑於轇轕之辭，互相矜炫。惟孔巽軒《公羊通義》、陳卓人《公羊義疏》爲純實無疵。總之，治經必以「實事求是」爲貴，學者當明辨而慎取之。

〔二〕江衡（一八五二～一九二六後），原名善宜，字霄緯，行一，江蘇吴縣人；光緒二十年（一八九四）進士，宣統二年（一九一〇）任江蘇師範學堂監督，唐先生主持南洋公學時任圖書館職；曾助福商榮德生撰寫書籍。精數學，著有《句股演代》《句股樸説》《學計韻言》各一卷、《天算畣問》十卷；譯有《算式集要》四卷、《錊影法》一卷，並有詩文集。

《公羊》家「復讐」之説，後世多稱引之。考莊四年「紀侯大去其國」，傳云：「大去者何？滅也。齊哀公亨乎周，紀侯譖之，襄公爲此者，事祖禰之心盡矣。遠祖者，幾世乎？九世矣。九世猶可以復讐乎？雖百世可也。先君之耻，猶今君之耻也。」又曰：「紀侯不誅，猶無明天子也。上無天子，下無方伯，緣恩疾者可也。」夫謂「先君之耻即今君之耻」，此大義也，然謂「復讐而可及於百世」，其語失之過激矣。齊襄公時，周上有天子，未聞襄公有一言之質，訴其於諸侯，亦未嘗明宣紀侯之罪惡，乃遽謂「上無天子，緣恩疾者可也」，其語更失之過激矣。爲人臣而皆自爲，其弊何所底止？蘇東坡所謂：「其父殺人報讐，其子必且行劫。」〔一〕儒者立言，平則致天下之和，激則致天下之禍，而世風且因之移易焉，可不懼哉〔二〕？

【釋】以下言《公羊傳》之文法。

〔一〕蘇軾《荀卿論》云：「其父殺人報仇，其子必且行劫。荀卿明王道，述禮樂，而李斯以其學亂天下，其高談異論有以激之也。」

〔二〕此就康梁變法言。

韓文公《遺殷侍御書》云：「近世《公羊》學幾絶，何氏注外，不見他書。聖經賢傳，屏而不省，要妙之義，無自而尋。非先生好之樂之，味於衆人之所不味，務張而明之，其孰能勤勤拳拳若此之至？」〔一〕可見《公羊》之學，文公亦篤嗜之矣。文治幼時喜讀《穀梁》文，謂其氣嚴以厲，其辭峻以直，勝於《公羊》。及今温習之，始知《公羊》之文盤屈蒼老處，實勝《穀梁》，而其横空提筆及硬住法，尤宜注意。其最奇恣者，如「盜竊寶玉大弓」一段〔二〕，實開司馬子長之先，而爲子長之所不能逮也。

自來評《公羊傳》文者頗多，今定孫月峰紅筆，張賓王黄筆，鍾伯敬藍筆，楊紹溥紫筆，儲同人墨筆，至余《鈎元録》〔三〕中所選《公羊傳》文目並附於後，學者可與所選《詩》《書》《左傳》《穀梁》《禮記》諸篇並讀之也。

〔一〕韓愈《答殷侍御書》。
〔二〕《春秋公羊傳・定公八年》。
〔三〕《鈎玄録》乃唐先生在一九〇九年編撰《國文講義》五種之一，因過於艱深而未成。詳《唐文治文章學論著集》所收《國文大義序・例言》。

附：《公羊傳》選目

葬宋繆公隱公三年　宋人執鄭祭仲桓公十一年　紀侯大去其國莊公四年　宋萬弑其君接及其大夫仇牧莊公十二年　公會齊侯盟于柯莊公十三年　公子友帥師敗莒師于犁僖公元年　虞師晉師滅夏陽僖公二年　晉人及姜戎敗秦于殽僖公三十三年　趙盾弑君宣公六年　晉荀林父帥師及楚子戰于邲宣公十二年　宋人及楚人平宣公十五年　齊侯使國佐如師成公二年　衛殺其大夫寧喜襄公二十七年　吴子使札來聘襄公二十九年　葬許悼公昭公十九年　盜竊寶玉大弓定公八年　齊陳乞弑其君舍哀公六年　西狩獲麟哀公十四年

卷九

穀梁傳

【釋】唐先生主《穀梁傳》成於子夏之門，此提綱舉五例，證《穀梁傳》見道，支持鄭玄「善經近孔」之論，於三《傳》中最近孔子精義。而《穀梁傳》之經義，在指出春秋禍亂，皆起於同室操戈，兄弟鬩牆，人倫自亂而自毀，後世足鑑，此是謂見道也。表彰范甯《春秋穀梁傳集解》之優長，尤於紀時絶無穿鑿之大弊，遠勝何休《公羊》注。至於其行文，詞嚴誼正，簡鍊精鋭，樹立言指標，因文學道，無以尚之，故具列範文篇目五十二，深冀學者循是用力，成就大雅。先生經歷長期生活磨煉并反復涵茹經文，三復提點《穀梁》之近經，理解更深，體會更切，此讀經「實事求是」之親證也。篇末附録先生擬撰之《穀梁傳選本》之跋文，蓋同時成文者，互見先生之整體見解。

阮文達引《六藝論》云：「『《穀梁》善于經』，豈以其親炙於子夏所傳爲得其實，與公羊同師子夏，而鄭氏《起廢疾》則以穀梁爲近孔子，公羊爲六國時人。」〔一〕然則「善經近孔」四字，固《穀梁傳》之確評矣。文治謂《穀梁》惟邃於道，是以能善於經〔二〕。今考本傳，見道之言甚夥，曰：「人之於天也以道，受命於人也以言。受命不若於道者，天絶之也，不若於言者，人絶之也。」〔三〕又曰：「言之所以爲言者，信也，言而不信，何以爲言？信之所以爲信者，道也，信而不道，何以爲道？」〔四〕又曰：「君子不奪人名，不奪人親之所名，重其所以來也。」〔五〕凡若此語，皆先賢所未發，尤足以警醒人心，善哉！其孔子之遺言乎？穀梁惟親受業於子夏，故所言多孔門精義。如隱元年傳引「成人之美，不成人之惡」，僖二十二年傳引「禮人而不答則反其敬，愛人而不親則反其仁，治人而不治則反其知」〔六〕，此爲聖賢忠厚剴切之言，豈淺儒所能道？至「禮人不

〔一〕阮元《春秋穀梁傳注疏・校勘記序》。
〔二〕謂其知本，
〔三〕《春秋穀梁傳・莊公元年》。
〔四〕《春秋穀梁傳・僖公二十二年》。
〔五〕《春秋穀梁傳・昭公七年》。
〔六〕《左傳》亦同引。

荅」數語，其穀梁述孟子之語耶？抑孟子述穀梁之語耶？未可知也。

陳蘭甫先生云：「『世衰道微，邪説暴行有作。臣弑其君者有之，子弑其父者有之。孔子懼，作《春秋》。《春秋》，天子之事也。孔子成《春秋》而亂臣賊子懼。』《春秋》之所以作，孟子此數語既明之矣。其始於隱、桓，何也？《春秋》之前，魯幽公之弟魏公弑幽公而自立，懿公之兄子伯御弑懿公而自立，《春秋》不始於彼者，周宣王伐魯，殺伯御而立孝公，是時天子尚能治亂賊也。至隱公爲桓公所弑，天子不能治之，此則孔子所以懼而作《春秋》也。《穀梁》隱元年傳云：『公何以不言即位？成公志也，將以讓桓也。讓桓正乎？曰不正。隱不正而成之，何也？將以惡桓也。』桓元年傳云：『桓弟弑兄，臣弑君，天子不能定，諸侯不能救，百姓不能去，以爲無王之道，遂可以至焉爾？元年有王，所以治桓也。』然則《春秋》始於隱、桓，爲惡桓弑隱，而孔子以王法治之，大義昭然矣。此所謂《穀梁》善於經歟？」〔一〕文治案：春秋二百四十餘年，皆兄弟之禍，蘭甫先生揭明之。《穀梁》大義，炳如日星矣。

蘭甫先生又云：「《公羊》《穀梁》二傳同者，『隱公不書即位』，《公羊》云成公意，

〔一〕陳澧《東塾讀書記》卷一〇《春秋三傳》。

《穀梁》云成公志；『鄭伯克段于鄢』，皆云殺之。如此者不可枚舉矣。僖十七年夏滅項，《公羊》云：『孰滅之？齊滅之。曷爲不言齊滅之？《春秋》爲賢者諱。此滅人之國，何賢爾？君子之惡惡也疾始，善善也樂終，桓公嘗有繼絶存亡之功，故君子爲之諱也。』《穀梁》云：『孰滅之？桓公也。何以不言桓公也？爲賢者諱也。既滅人之國矣，何賢乎？君子惡惡疾其始，善善樂其終，桓公嘗有存亡繼絶之功，故君子爲之諱也。』此更句句相同，蓋《穀梁》以《公羊》之説爲是而録取之也。《穀梁》在《公羊》之後，研究《公羊》之説，或取之，或不取，或駁之，或與己説兼存之，其傳較《公羊》爲平正者以此也。」〔一〕文治案：此説允矣。然穀梁子見道較深，其精卓之處，更非《公羊》所能逮也。

《穀梁傳》固勝於《公羊》，范甯之解，絶無穿鑿，更遠勝於邵公。考《范序》樹義正大，歷舉三《傳》傷教害義之處，棄其所滯，擇善而從，可謂當於理矣。其謂：「《左氏》艷而富，其失也巫；《穀梁》清而婉，其失也短；《公羊》辯而裁，其失也

〔一〕陳澧《東塾讀書記》卷一〇《春秋三傳》。

俗。」〔一〕論文章亦妙。惟《穀梁》氣直，未可云婉，若謂「清以厲」，則得之矣。《穀梁》年月日例，近許氏桂林《穀梁釋例》〔二〕、柳氏興恩《穀梁大義》〔三〕皆稱述之，蘭甫先生頗以爲非〔四〕。文治案：孔子因史記舊文而修《春秋》，其年月日，或因舊史，何必鑿爲之説？顧亭林先生《日知録》引趙氏云：「宣成以前，人名及甲子多不具，舊史闕也。」又論「隕石于宋五，六鷁退飛」條云：「石無知故日之，然則梁山崩，不日何也？鷁微有知之物，故月之，然則有鸜鵒來巢，不月何也？夫月日之有無，其文則史也。」〔五〕是通人之論也。

文治年十三歲讀《穀梁傳》，但覺其文之詰屈奇奧，未知其佳處也。後爲釋經，文

〔一〕范甯《春秋穀梁傳集解序》（即《春秋穀梁傳注疏序》）文。

〔二〕許桂林（一七七八～一八二一），字同叔，號月南，江蘇海州人；嘉慶丙子（一八一六）舉人；著有《易確》《許氏説音》，其《春秋穀梁傳時月日書法釋例》四卷，收入《皇清經解續編》中，故唐先生熟識也。

〔三〕柳興恩（一七九五～一八八〇），原名興宗，字賓叔，江蘇丹徒人；道光十二年（一八三二）舉人；阮元門人，因《皇清經解》獨缺《穀梁》專著，遂發憤著《穀梁春秋大義述》三十卷，陳澧歎其精博而定交，至於其中商略如下所述者，乃實事求是，非否定其書也。清代《穀梁》學專著，許氏與柳氏書爲代表。

〔四〕陳澧《東塾讀書記》卷一〇《春秋三傳》論此曰：「蓋《春秋》無達例，但當臚列書法之同異，有可以心知其意者則爲之説，不可知者則不爲妄説。斯得之矣。」

〔五〕見《日知録》卷五「隱十年無正」及「隕石于宋五」條。

字平衍而已，未嘗以文法行之。年三十餘潛研文學，讀柳子厚《論文書》曰：「參之穀梁氏，以厲其氣。」〔一〕爰復讀《穀梁》，乃深好之，以爲《穀梁》法律家也，斷制謹嚴，於説《春秋》爲最宜。後撰《孟子大義》，忽悟説經之要，皆當以穀梁氏文法行之，所謂詞嚴誼正，筆挾風霜，斯能簡鍊文義，精鋭無倫，不當如後世「訓故傳」之屬，蕪庸而寡要也。願以質諸知言之君子。

嚮嘗疑司馬子長作《十二諸侯年表序》詳述《左氏春秋》以下諸家，而不及公羊、穀梁，豈公、穀二家不如吕不韋、張蒼歟？抑偶遺之歟？然如《穀梁傳》中，「晉殺其大夫里克」「虞師晉師滅夏陽」「晉趙盾弑其君」「秋蒐於紅」諸篇，奇情驚采，皆足與《左氏》相頡頏，子長常獵取其神以爲文。後之學者能味於不味，則悟其妙矣。

《穀梁》文法之奥妙，在設一問題以解釋之；而其解釋之事，則又作一問題，層纍而下，蘇老泉《春秋論》即竊取是法。顧用心斠之，《穀梁》之文氣嚴以厲，蘇氏之文氣粗以囂，不同日而語也。兹定諸家評點，孫月峰墨筆，張賓王黄筆，鍾伯敬藍筆，王昭

〔一〕見柳宗元《答韋中立論師道書》。

平紅筆，儲同人緑筆。余嚮所選《鈎元録》中《穀梁傳》文目並附於後焉。

附：《穀梁傳》選目

元年春，王正月隱公元年　夏五月，鄭伯克段于鄢隱公元年　二月己巳，日有食之隱公三年　秋，武氏子來求賻隱公三年　元年春，王。桓無王桓公元年　三月，公會齊侯、陳侯、鄭伯于稷桓公二年　夏四月，取郜大鼎于宋桓公二年　公子翬如齊逆女桓公三年　冬，曹伯使其世子射姑來朝桓公九年　夏五桓公十四年　秋八月壬申，御廩災桓公十四年　三月，夫人孫于齊莊公元年　五月，葬桓王莊公三年　夏四月辛卯，昔，恒星不見莊公七年　八年春王正月，師次于郎莊公八年　夏六月，公會齊侯、宋公、陳侯、鄭伯，同盟于幽莊公二十七年　秋，築臺于秦莊公三十一年　虞師、晉師滅夏陽僖公二年　楚屈完來盟于師僖公四年　秋八月，諸侯盟于首戴僖公五年　晉殺其大夫里克僖公十年　隕石于宋五，是月六鶂退飛過宋都僖公十六年　夏，滅項僖公十七年　冬十有一月己巳朔，宋公及楚人戰于泓僖公二十二年　夏四月辛巳，晉人及姜戎敗秦師于殽僖公三十三年　晉殺其大夫陽處父文公六年　冬十月甲午，叔孫得臣敗狄于鹹文公十一年　晉人納捷菑于邾文公十四年　秋九月乙丑，晉趙盾弑其君夷皋宣公二年　王札子殺召伯、毛伯宣公十五年　初稅畝宣公十五年　冬十月，季孫行父秃、晉郤克眇、衛孫良夫跛、曹公子手僂，同時而聘於齊成公元年　秋七月，齊侯使國佐如師成公二年　梁山崩成公五年　莒人滅繒襄公六年　晉士匄帥師侵齊襄公十九年　十有二月，吴子謁伐楚襄公二十五年　衛侯之弟專出奔晉襄公二十七年　閽弑吴子餘祭襄公二十九年　吴子使札來聘襄公二十九年　五月甲午，宋災襄公三十年　秋七月，楚子、蔡侯、陳侯、許男、頓子、胡子、沈子、淮夷伐吴昭公四年　秋〔一〕八月戊辰，衛侯惡卒昭公七年　秋，蒐于紅昭公八年　夏五月戊辰，許世子止弑其君買昭公十九年　冬，葬許悼公昭公十九年　秋，盜殺衛侯之兄輒昭公二十年　戊辰，公即位定公元年　九月，大雩定公元年　冬十有一月庚午，蔡侯以吴子及楚人戰于伯舉定公四年　夏，公會齊侯于頰谷定公十年　公會晉侯及吴子于黄池哀公十三年

〔一〕「秋」字原脱，據文例及《穀梁傳》補。

附録：《穀梁傳選本》跋 乙卯〔一〕

余十三歲讀《穀梁傳》，但覺其文之詰屈奇奥，初不知其佳處也。年二十後學爲説經文字，隨意平衍，更不知若何而爲佳也？年四十後，潛研文章，讀柳子厚《論書》曰：「參之穀梁氏以厲其氣。」爰復讀《穀梁》，乃深好之，以爲《穀梁》法律家也，斷制謹嚴，於説《春秋》爲最宜。年五十一，撰《孟子大義》，忽悟説經之要，皆當以「文法」行之，其例實始於《春秋》三傳，而《穀梁》爲之最，不當如後世「訓故傳」之屬，蕪庸而寡要也。爰取《穀梁》文法以説《孟子》，而文章覺稍稍進。是歲，適得王氏道焜〔二〕評點本，余詳加選擇，以爲讀本，復屬陸君景周附録范甯《集解》，以資考證。

《穀梁氏》之文見道精邃之處甚夥，曰：「人之於天也，以道受命，於人也，以言受命。不若於道者，天絶之也；不若於言者，人絶之也。」又曰：「言之所以爲言者，信也。言而不信，何以

〔一〕原載《茹經堂文集》二編卷五。乙卯即一九一五年。

〔二〕王道焜，字昭平，錢塘人。天啓元年（一六二一）舉於鄉。崇禎時，爲南平知縣，遷南雄同知。會光澤寇發，其父老言非道焜不能平。撫按爲請，詔改邵武同知，知光澤縣事。撫剿兼施，境内底定。莊烈帝破格求賢，盡徵天下賢能吏，撫按以道焜名聞。方待命而都城陷，微服南還。及杭州失守，遂投繯死。

爲言？信之所以爲信者，道也。信而不通，何以爲道？」又曰：「君子不奪人名，不奪人名者，不奪人親之所名也，重其所以來也。」凡若此語，皆先賢所未發，而尤足警今世之人心。其「文法」之奧妙，在設一問題以解釋之，而其解釋之事，則又作一問題，層累而下。蘇老泉《春秋論》即竊取是法。顧用心斠之，《穀梁》之文氣嚴以厲，蘇氏之文氣麤以囂，不同日而語也。

余嘗疑司馬子長作《十二諸侯年表序》，詳述《左氏春秋》以下諸家，而不及公羊、穀梁，豈公、穀二家不如鐸、吕歟？抑偶遺之歟？然如《穀梁傳》中「晉殺其大夫里克」「晉師、虞師滅夏陽」「晉趙盾弑其君」「秋，蒐于紅」諸篇，子長常獵取其「神」以爲文，而後之人不能知也；學者誠心通而神會之，則於學古文之法，左之右之〔一〕，無不有之〔二〕矣。

〔一〕《詩·小雅·裳裳者華》云：「左之左之，君子宜之；右之右之，君子有之。」

〔二〕《莊子·刻意》文：「若夫不刻意而高，無仁義而修，無功名而治，無江海而閒，不道引而壽，無不忘也，無不有也。澹然無極而衆美從之，此天地之道，聖人之德也。」此唐先生所説爲文之神理。

卷十

論語

【釋】唐先生一意復興聖學，本孔孟之道以致治。此其端重「政治學」之本衷。正視時代與生活現實，務須清晰之思維與處理之魄力，所謂知類通達而比類合宜，此在治學上乃重要之陶冶。故唐先生承朱熹之緒，極重視分類治經之法，於《論語》《孟子》爲尤然。於義類尤所究心，而仁之固然爲核心，若分類則以「政治學」爲先，即「《論語》政治學」也。先生於《十三經讀本》刻成後一年，時五十九歲，作《政治學大義》，先生《自訂年譜》自述云：「七月，編《政治學大義》成。余因中國政治學始自唐虞，傳自洙泗，而向無專書，倘有外人詢及，茫然無以對，深可愧也。」蓋即本提綱首「政治學」之實踐也。至於《論語》微言，涵蓋六藝大義，博文約禮，一以貫之。此提綱可視爲先生《論語大義》總序，蓋《論語大義》未撰序文，與先生《論語新讀本》可互補見義也。《論語》文法，先生特重其記載孔子失意之情懷。

一、大義

凡讀書須觀其遠大之處。《論語》一書，道德之淵藪，政治之綱領，與夫修身處世觀人之道，悉備於此。昔宋紫陽朱子嘗以《孟子》分門别類，編爲《孟子要略》〔一〕。余謂《論語》亦可編爲《要略》，如爲人之要，首在爲仁，即可以論仁各章編爲一類，排比觀之，如阮文達《論語論仁論》〔二〕之類是也。

陳蘭甫先生《東塾讀書記》云：「《論語》最重仁字，編《論語》者以『孝弟爲仁之本』爲言仁之第一章〔三〕，『巧言令色鮮矣仁』爲言仁之第二章〔四〕，他如『克己復

〔一〕《孟子要略》，據曾國藩説是朱子所撰。原書亡佚，歷來書目没有記載。元儒金履祥撰《孟子集注考證》中有引録，然没有明確指出，連序文也没有交代，但其中一條注文提及《要略》。清人劉傳瑩據以輯録復原，曾國藩謂金履祥百密一疏。劉傳瑩病逝，曾國藩爲之付梓刊刻。事見曾國藩《孟子要略序》。《孟子要略》輯本凡五卷。卷一「言人性本善，欲人存心養性，以復其初」；卷二「論孝弟之道」；卷三「嚴義利之辨」；卷四「辨王霸之方，明治道之要」；卷五「孟子尚論古人，而自言其爲學要領」。唐先生《論語提綱》及《孟子大義》，均明言取法《孟子要略》。

〔二〕阮元《揅經室一集》卷八《論語論仁論》。

〔三〕《論語・學而》載有子曰：「其爲人也孝弟，而好犯上者，鮮矣；不好犯上，而好作亂者，未之有也。君子務本，本立而道生。孝弟也者，其爲仁之本與！」

〔四〕見《論語・學而》。

禮』〔一〕『出門如見大賓』〔二〕，皆遠在其後。且『孝弟』『巧言』二章，以有子之言在前，孔子之言在後，尤必有故矣。蓋『克己復禮』『出門如見大賓』，惟顔淵、仲弓乃能『請事斯語』；若爲人孝弟、不巧言令色，則智愚賢否，皆必由此道，而孝弟尤爲至要。此其編次先後之意也。此二章之後則『弟子章』曰『汎愛衆而親仁』，孔子於子路、冉有、公西華皆曰『不知其仁』，於令尹子文、陳文子皆曰『焉得仁』〔三〕，而教弟子則曰『親仁』，弟子安所得仁者而親之乎？惟先有『孝弟』『巧言』二章在前，則親仁之仁不煩言而解，蓋即孝弟不巧令之人耳，此則十室之邑有之矣。以此見《論語》之言仁，至平至實，而深歎其編次之善也。」〔四〕由陳先生之説推之，可以悟分類之法矣。

至孔門政治學，讀《子路篇》前三章，已得大綱，而「名不正則言不順，言不順則事不成」二語，尤爲千古名言，後之從政者宜日三復也。「子貢問政」章「必不得已而去，

〔一〕見《論語·顔淵》。
〔二〕見《論語·顔淵》。
〔三〕俱見《論語·公冶長》。
〔四〕陳澧《東塾讀書記》卷二《論語》。

於斯三者何先？曰去兵」〔一〕，則兵之非最重可知也；「必不得已而去，於斯二者何先？曰去食」，則信之至重可知也。「自古皆有死，民無信不立」，聖人因爲政者之無信，特礪齒言之。後世乃謂西人重信用，吾國人不逮西人，不知孔子於數千載以前已痛切言之。且如《學而篇》首章言學，次二章言仁，其次「三省」章即曰「與朋友交而不信乎」，次曰「敬事而信」，次曰「謹而信」，次曰「與朋友交，言而有信」，次曰「主忠信」，余嘗謂之「五信」章。而《爲政篇》又特曰：「人而無信，不知其可也。」則政治之重信用，尤可知也。聖門之重信如此，此亦可悟分類之法也。

若拙編《大義》〔二〕，則發明連章以類拼比之義，頗多精思而得之者。令學者如遊名山，如覽大川，又如遊五都之市，珍寶畢陳，應接不暇。竊望後之人勿以輕心躁心讀之也。

〔一〕見《論語·顏淵》。
〔二〕指《論語大義》。

二、微言

聖人傳道之奧，無行不與〔一〕之誼，具詳於本經，而六藝〔二〕之要旨，亦散見焉。論《易》如「無大過」一章〔三〕、「南人有言」一章〔四〕，可見學《易》不外乎修身寡過〔五〕。《堯曰》一篇不言引《尚書》，而二十八篇之精蘊，實已掇其菁華〔六〕。「思無邪」一語、「誦詩三百」一章，興觀羣怨數言，學《詩》之道，有外於是者乎〔七〕？至孔子謂季氏三章、請討陳恒一章，所謂討大夫以達王事也，《春秋》之旨也〔八〕。《八佾》《鄉黨》二篇言禮樂

〔一〕《論語・述而》載孔子云：「二三子以我爲隱乎？吾無隱乎爾。吾無行而不與二三子者，是丘也。」無行不與，乃孔子自表坦蕩光明之意。

〔二〕此指「六經」。

〔三〕《論語・述而》載子曰：「加我數年，五十以學《易》，可以無大過矣。」「無大過」，指此章。

〔四〕《論語・子路》載孔子曰：「南人有言曰：『人而無恒，不可以作巫醫。』善夫！『不恒其德，或承之羞。』」子曰：『不占而已矣。』」謹按：「不恒其德，或承之羞」，乃《易》恒九三《爻辭》。

〔五〕此述《論語》已蘊涵《周易》微旨。

〔六〕此述《論語》已蘊涵《尚書》微旨。

〔七〕此述《論語》已蘊涵《詩經》微旨。

〔八〕此述《論語》已蘊涵《春秋》微旨。

詳矣，而聞《韶》之不知肉味、《關雎》之洋洋盈耳，皆先進之遺風，至太師摯諸人雲散風流而樂譜亡矣〔一〕。夫子之文章可得而聞，何其盛耶！下學而上達，則性與天道即寓焉〔二〕。高堅前後，無非在博文約禮中也〔三〕。

宋代大儒語録盛行，論者謂讀先儒遺書，當先讀其語録，取其開發詳明。然則學孔子者，固當先讀《論語》矣。陳蘭甫先生謂學者讀《論語》，如人子親家庭，愈親近而愈有味〔四〕。旨哉旨哉！

三、授受

《漢書·藝文志》云：「《論語》者，孔子應答弟子時人，及弟子相與言而接聞於夫

〔一〕此述《論語》已藴涵《禮》《樂》微旨。

〔二〕《論語·公冶長》載子貢云：「夫子之文章，可得而聞也。夫子之言性與天道，不可得而聞也。」

〔三〕《論語·子罕》載顔淵喟然歎曰：「仰之彌高，鑽之彌堅；瞻之在前，忽焉在後。夫子循循然善誘人，博我以文，約我以禮。欲罷不能，既竭吾才，如有所立卓爾。雖欲從之，末由也已。」

〔四〕陳灃《東塾讀書記》卷二《論語》：「（《伊川語録》）又云：『以《論語》爲先，一日只看一二段，莫問精粗難易，但只須從頭看將去，讀而未曉則思，思而未曉則讀，反復玩味久之，必有得矣。』近年與朋友商量，亦多以此告之。」

子之語也。當時弟子各有所記，夫子既卒，門人相與輯而論纂，故謂之《論語》。漢興有齊魯之説。」齊《論》有《問王》《知道》，多於魯《論》二篇；古《論》亦無此二篇，分《堯曰》下章「子張問」以爲一篇，有兩「子張」，凡二十一篇，篇次不與齊魯《論》同。顧自後多傳魯《論》。

魏何晏始爲《集解》，唐陸德明《經典釋文·序録》云：「何晏集孔安國、包咸、周氏、馬融、鄭玄、陳羣、王肅、周生烈之説，并下己意爲《集解》，正始中上之，盛行於世。」疏之者，有皇侃、邢昺，古義頗傳，而析理未暢。伊洛諸大儒出，尊崇《論語》，朱子復集諸儒之大成以爲之注。

案：古人説經之體有二，曰訓故，曰傳訓。故者釋其字，傳者説其義。如《毛詩故訓傳》則合二者爲一，朱子注《論語》實宗此法而條暢之。如注首篇「孝弟」章云「善事父母爲孝，善事兄長爲弟」至「作亂則爲悖逆急鬬之事矣」，此訓故也；「此言人能孝弟」以下，所謂傳也。又如注「巧言令色」章云「巧，好；令，善也」，此訓故也；「好其言，善其色」以下，所謂傳也。學者須知朱注最得聖人之意，精深廣大，無義不賅。

余作是編〔一〕，採用朱注較多，此外參用古注，間下己意，專以開發初學爲宗旨，故文義特爲淺顯，然不得因是編而遂廢朱注也。至此外之發明義理者，以汪武曹〔二〕《論語大全》爲最，次則陸清獻〔三〕《松陽講義》，切於修身。至有關係其貫串訓詁者，如近儒潘氏〔四〕《論語古注集箋》、劉氏〔五〕《論語正義》，多采用馬鄭古注，而《正義》尤爲閎博。先太夫子黄薇香先生《論語後案》〔六〕，折衷漢宋，精義堅深。讀《論語》者皆當參考也。

四、文法

「子以四教」，首曰文，又曰：「文王既没，文不在兹乎。」故孔門之文特爲超妙。

〔一〕指原《論語新讀本》，收入《十三經讀本》中改題《論語大義》。
〔二〕汪份（一六五五～一七二一），字武曹，江蘇長洲人；與陶元淳、何焯俱以文學知名。康熙四十三年（一七〇四）進士，督學雲南，未赴而卒。編纂增訂胡廣《四書大全》。
〔三〕陸隴其（一六三〇～一六九二），字稼書，浙江平湖人；清廉著稱；服膺朱子，謚清獻。
〔四〕潘維城，字閬如，江蘇吴縣人；錢大昕再傳弟子；搜輯《論語》鄭康成注，博采漢、魏古義及清儒之説成《論語古注集箋》十卷。
〔五〕劉寶楠（一七九一～一八五五），字楚楨，號念樓，寶應人；道光二十年（一八四〇）進士，任地方知縣；著《論語正義》，未成而卒。
〔六〕此先生撰《論語大義》所據之底本。

《微子》一篇文境，如雲水蒼茫，煙波無際，而終之以周公。「謂魯公」兩章〔一〕，則又堂皇之甚，可見感喟之文，當有以振作之，不宜終於蕭瑟也。「四子侍坐」章〔二〕爲大營包小營法，整齊變化。「季氏伐顓臾」章〔三〕爲逐層詰難法，乃陰柔文中之最美者。「儀封人」章〔四〕藏過孔子與儀封人語，而以一句點明之曰：「天將以夫子爲木鐸。」「夫子爲衛君」章〔五〕藏過衛輒，忽問夷齊，而以一句點明之曰：「夫子不爲也此。」爲文家隱藏射覆之法，有匣劍帷燈之妙，司馬遷文章之變化，不過善用此法而已。

「子路問政」章、「葉公問政」章〔六〕，孔子所言均不過六字，簡潔有過於此者乎？

〔一〕《論語・微子》。

〔二〕《論語・先進》。

〔三〕《論語・季氏》。

〔四〕《論語・八佾》。

〔五〕《論語・述而》。

〔六〕俱見《論語・子路》：「子路問政。子曰：『先之，勞之。』請益。曰：『無倦。』」「葉公問政。子曰：『近者說，遠者來。』」

「孝哉閔子騫」〔一〕一句，父母贊閔子在此言，兄弟贊閔子亦在此言，他人贊閔子亦在此言，孔子贊閔子亦在此言；中間僅以「不間」二字爲之樞紐，則簡潔而又神化矣。

尤奇者如《鄉黨》一篇，詳言孔子之禮儀容止，末忽以「山梁雌雉，時哉時哉」作結，借此以贊孔子之時，如神龍掉尾，畫龍點睛，雖《莊子》之詼詭，不能仰而企也。又若首篇以「不知不愠」爲君子始，末篇以「不知命，無以爲君子」終，有意無意之間，首尾自然呼應。所以勉人者至矣，所以示人文法者亦至矣，微矣，神矣！

至自來評點《論語》者卻甚鮮。評則以方存之先生《文章本原》爲最佳，圈點則以吴摯甫先生本爲最佳。余所圈點更較吴本加增〔二〕，蓋指點成材之士，固宜著意筋節，而開示初學，則以紛紜爛縵爲貴也。

〔一〕《論語・先進》：「子曰：『孝哉閔子騫！人不間於其父母昆弟之言。』」
〔二〕唐先生之《論語》評點，門人陸修祜過録在《十三經讀本評點劄記》。

卷十一

孝經

【釋】唐先生一九〇七年丁母憂期間編輯《曾子大義述》，《孝經》置第一卷，蓋肯定其爲曾子門人記録師説之遺文也。後爲編輯《十三經讀本》，遂修訂《曾子大義述》之首卷而定題曰《孝經大義》，並撰此「提綱」。故此可視爲先生《孝經大義》總序也。提綱成於《孝經大義》之後，屬治經心得之論，而非泛泛虚説文獻流傳者也。「提綱」反復提點讀經務在實踐，切己體察。其實事求是之旨意，體現於完全摒棄庸常經學著述屢屢徵引之《孝經鈎命訣》所載孔子語「吾志在《春秋》，行在《孝經》」〔一〕，與《公羊傳提綱》所批判之穿鑿虚説，其徵實精神，一以貫之。於《孝經》教孝大義，指陳孝道實踐之方，究在和順，進一步落實在養和順之氣，推恩精神，具體貫注其中，修

〔一〕此語馬國翰輯録於《玉函山房輯佚書·經編緯書類》中。

齊治平之基礎，與《大學》相表裏，此先生獨到之見。先生於前賢著述，特嘉許明末氣節之士黄道周《孝經集傳》，視爲「人生世界内不可不讀之書」。盡孝所以進忠，孝義氣節非分兩截者也，此先生教孝之重旨。

一、授受

《漢書·藝文志》曰：「《孝經》者，孔子爲曾子陳孝道也。」而《史記》則稱曾子作《孝經》〔一〕。竊意《孝經》爲孔子、曾子所傳而門弟子記録之，故其文與《小戴禮記》《孔子閒居》諸篇極相近。《四庫全書提要》亦謂：「其文去二戴所録爲近，要爲七十子之遺書，使河間獻王采入一百三十一篇中，則亦《禮記》之一篇，與《儒行》《緇衣》轉從其類，惟其各出别行，稱孔子所作，傳録者又分章標目，自名一經耳〔二〕。」

漢河間顔貞始獻其父芝所藏《孝經》，是謂今文，鄭君爲之注，晉荀昶傳之。孔壁所出爲古文，孔安國爲之傳，遭巫蠱事未行。迨唐明皇改作新注，而鄭君注遂廢。

〔一〕《史記·仲尼弟子列傳》載曾子事跡云：「孔子以爲能通孝道，故授之業，作《孝經》。」

〔二〕《四庫全書總目》無「耳」字。

元、邢兩家作疏〔一〕，亦無甚精義。至明黄石齋先生作《孝經集傳》，以本經爲經，以《儀禮》《孟子》諸經爲傳，博大精深，探性命之源，立人道之本，實人生世界内不可不讀之書。惜傳本極尠。近臧庸堂、嚴鐵橋〔二〕輯鄭君注，雖零篇殘簡，而大義已詳。阮福作《孝經義疏》〔三〕，頗存古誼。友人曹叔彦〔四〕作《孝經學》，於本經大義發揮精至。拙編《大義》〔五〕，首采鄭君注，次采石齋先生《集傳》，又間采阮氏之説，其間參以己意者，居十之五六。後之學者能熟讀而精思之，可以識經旨之所在矣。

二、大義

黄石齋先生云：「《孝經》者，道德之淵源，治化之綱領也。『六經』之本皆出《孝

〔一〕唐玄宗注《孝經》，命元行沖作疏。宋邢昺復本元行沖之本作疏，乃今《十三經注疏》定本。

〔二〕嚴可均（一七六二～一八四三），字景文，號鐵橋，浙江烏程人；博聞强識，精考據之學。嚴氏《孝經鄭注》，見載於《知不足齋叢書》。

〔三〕其書正名爲《孝經義疏補》。

〔四〕曹元弼（一八六七～一九五三），字師鄭，號叔彦，齋名復禮堂，吴縣人，純粹經師；光緒二十一年（一八九五）進士，主講兩湖書院、存古學堂；辛亥後歸里，雖目疾而著述無間；曹氏爲唐先生南菁書院學侣，二人交誼甚篤。

〔五〕唐先生《孝經大義》一卷，收入《十三經讀本》，乃在一九〇七年丁母憂時所作《曾子大義》第一卷基礎上撰成。

經》，而《小戴》四十九篇，《大戴》三十六篇，《儀禮》十七篇，皆爲《孝經》疏義。蓋當時師偃、商參之徒習觀夫子之行事，誦其遺言，尊聞行知，萃爲禮論，而其至要所在，備於《孝經》。觀《戴記》所稱君子之教也，及送終時思〔一〕之類，多繹《孝經》者，蓋孝爲教本，禮所由生。語孝必本敬，本敬則禮從此起，非必《禮記》初爲《孝經》之傳注也。臣繹《孝經》『微義』有五，『著意』十二。微義五者：因性明教，一也；追文反質，二也；貴道德而賤兵刑，三也；定辟異端，四也；韋布而享祀，五也。此五者皆先聖所未著，而夫子獨著之，其文甚微。十二著者，郊廟、明堂、釋奠、齒胄、養老、耕藉、冠、昏、朝聘、喪、祭、鄉飲酒是也。著是十七者以治天下，選士不與焉，而士出其中矣。」〔二〕此説可謂析之極其精，擴之極其大。

三、微言

《孝經》微言，具詳於石齋先生《集傳》中。近陳蘭甫先生《東塾讀書記》論《孝經》

〔一〕參見《大戴禮記·喪親》。
〔二〕黄道周《孝經集傳序》。

一卷亦極精，實惟余尤有發明者。竊維孝之爲道，和順而已矣。周公《周禮》之教曰「和親」「康樂」[一]，蓋惟和而後能親，惟和親而後一家可康樂，天下可康樂也。本經《開宗明義》曰：「先王有至德要道，以順天下民用和睦。」首標和、順二字。《中庸》引《詩》：「兄弟既翕，和樂且耽。」又引孔子之言曰：「父母其順矣乎。」下文即言舜之大孝、武王周公之達孝。然則孝之必始於和、順，明矣。本經言「天下和平，菑害不生，禍亂不作，明王之以孝治天下如此」[二]。然則天下不能和平，則菑害必生、禍亂必作，亦明矣。

蓋孝，和氣也。天下皆和順之氣，則生機暢；天下皆乖戾之氣，則殺機萌。孝者，所以消乖戾之氣，清天下之亂源，弭天下之殺機也。是以《論語》首章言學，次章即言孝弟，不犯上不作亂。蓋不犯上不作亂，和順之氣所感召也；犯上作亂，乖戾之氣所釀成也。然則孝之爲道，豈非治平之根本乎？

[一] 見《周禮·秋官司寇》：「及其萬民之利害爲一書，其禮俗、政事、教治、刑禁之逆順爲一書，其悖逆、暴亂、作慝、猶犯令者爲一書，其札喪、凶荒、厄貧爲一書，其康樂、和親、安平爲一書。凡此五物者，每國辨異之，以反命于王，以周知天下之故。」

[二] 《孝經·孝治章》。按，「明王」句，《孝經》作「故明王之以孝治天下也如此」。

至朱子《孝經刊誤》疑「嚴父配天」一語〔一〕，將啓人僭竊之漸。不知此言特以贊周公之盛德，如孟子贊舜之盛德曰：「孝子之至，莫大乎尊親；尊親之至，莫大乎以天下養。」〔二〕固非謂人人當配天，人人當以天下養也。讀書之法，當不以文害辭，不以辭害意〔三〕，斯爲得之耳。

四、實踐

凡讀經必須切己體察，而《孝經》尤以實踐爲主，非可徒託空言也。譬如「身體髮膚，……不敢毀傷」，當求所以不毀傷之道；「揚名於後世」，當求所以揚名之道〔四〕。「愛親者不敢惡於人，敬親者不敢慢於人」〔五〕，當求如何而可不惡於人，如何

〔一〕《孝經·聖治章》載孔子語云：「孝莫大於嚴父，嚴父莫大於配天，則周公其人也。」
〔二〕《孟子·萬章上》。
〔三〕《孟子·萬章上》云「不以辭害志」。
〔四〕《孝經·開宗明義章》：「身體髮膚，受之父母，不敢毀傷，孝之始也。立身行道，揚名於後世，以顯父母，孝之終也。夫孝，始於事親，中於事君，終於立身。」
〔五〕《孝經·天子章》。

而可不慢於人。「口無擇言，身無擇行」〔一〕，擇，厭也，言爲人所厭也。當求如何而無擇言？如何而無擇行？語語反之於身，察之於心，斯能進德修行。《紀孝行章》「居則致其敬，養則致其樂，病則致其憂，喪則致其哀，祭則致其嚴」，此五「致」字，各有實際。司馬温公《家範》録此五句，每句各引經史以證之，可見温公之讀《孝經》，專求實事矣。

《喪親章》哀痛惻怛，尤足啓發人之孝思。蓋孝子之事其親，與其盡心力於既没之後，曷若盡心力於逮存之時？所謂「祭而豐，不如養之薄也」〔二〕。曾子讀喪禮，泣下霑襟，以孝之有不及也。然則本經《喪親》一章，仁人君子讀之，有不泣下者乎？

余幼時嘗欲蒐輯《論語》《孟子》《曾子》十篇，及《禮》中之言孝者，彙爲一編，並擬倣陶淵明《五孝傳》之例，采取歷史中之「孝行傳」，以附於後，用備考鏡。後讀《孝經集傳》，遂擱筆；而輯《孝行傳》一事，尚盤旋於胸中，深望有志之士踵爲

〔一〕《孝經·卿大夫章》。
〔二〕見歐陽修《瀧崗阡表》。

之也。

五、誦讀

陳蘭甫引朱子《甲寅上封事》云：「『臣所讀者不過《孝經》《語》《孟》之書。』知南康時《示俗文》云：『《孝經》云：「用天之道，分地之利，謹身節用，以養父母，此庶人之孝也。」以上《孝經·庶人章》正文五句，係先聖至聖文宣王所説，奉勸民間逐日持誦，依此經解説，早晚思維，常切遵守。不須更念佛號，佛經無益於身，枉費力也。』朱子上告君，下教民，皆以《孝經》。學者勿以朱子有《刊誤》之作，而謂朱子不尊信《孝經》也。」〔一〕

又黄東發《日鈔》以《孝經》爲首，而《論語》《孟子》次之〔二〕，以讀經者當先讀此經也。可見吾儒誦讀《孝經》，實爲先務之急。能熟讀而後能精思，能精思而後能實踐

〔一〕陳澧《東塾讀書記》卷一《孝經》。
〔二〕黄震（一二一三～一二八〇）《黄氏日鈔》九十七卷，首三十卷讀經，卷一《讀孝經》，卷二《讀論語》，卷三《讀孟子》，卷四《讀毛詩》，卷五《讀尚書》等。

也。余嘗有言：不讀《孝經》者，非吾之子弟。故此編務宜推廣鄉僻窮閭，尤宜逐户以時宣講，小學中當用此爲課本，庶幾和氣充塞，風俗淳樸，國家康寧。至於見淺見深，因人而異，各從所宜，幸勿驚爲深奥，畏而廢之也。

卷十二

爾雅

【釋】唐先生治經義之學，通貫義理與訓故，更致慨於學術門户偏蔽，漢宋互詆，古今不容，以至中西互拒之狹隘，從而窒息學術生機與文化元氣。此提綱明示經學之坦途，《爾雅》《孝經》古歸一部，皆以啓蒙正學，不能偏廢。正其字義乃訓故要旨，訓故明則義理明，是以先生亟勸學者因《爾雅》以求道，毋視之爲類書，則《爾雅》自存通經之意義。先生指出，雅者乃語言文字之進境，在意不在音，其刻意統一語音與推行白話，薄雅於流俗，皆棄本而趨末，措置失宜，深爲致慨。此唐先生「度心」之義，見用於世情者也。

一、授受源流

魏張揖《上廣雅表》云：「昔在周公制禮，以導天下，著《爾雅》一篇，以釋其意義。

傳于後孠，歷載五百，墳典散零〔一〕，唯《爾雅》恒存。《禮・三朝記》哀公曰：『寡人欲學小辨以觀於政，其可乎？』孔子曰：『爾雅以觀於古，足以辯言矣。』〔二〕《春秋元命包》言：『子夏問夫子作《春秋》不以初、哉、首、基爲始何？』是以知周公所造也。率斯以降，超絶六國，越踰秦楚，爰暨帝劉，魯人叔孫通撰置《禮記》，文不違古。今俗所傳三篇《爾雅》，或言仲尼所增，或言子夏所益，或言叔孫通所補，或言郝郡梁文所考，皆解家所説，先師口傳，既無正譣，聖人所言，是故疑不能明也。」〔三〕

文治案：《爾雅》各篇，有依《毛詩》而作者，有依《國語》而作者，有依《楚辭〔四〕》而作者，《四庫提要》言之綦詳，其非周公所作，蓋無疑義。陸德明《經典釋文》有云：「《釋詁》一篇，周公所作。」《顔氏家訓》亦云：「《爾雅》，周公所

〔一〕同「落」字。
〔二〕參《大戴禮記・小辨》：「子曰：『循弦以觀於樂，足以辨風矣。爾雅以觀於古，足以辨言矣。』」《禮・三朝記》指《孔子三朝記》七篇，部分内容保存在《大戴禮記》之《哀公問五義》《千乘》《四代》《虞戴德》《誥志》《小辨》《用兵》《少間》等篇章之中。
〔三〕張揖《上廣雅表》文。
〔四〕「辭」原刻作「詞」。

作。……其釋後世詩篇〔一〕，後人所羼，非本文也。」〔二〕論者因謂：「是書始於周公，繼以孔子，增以子夏，益以叔孫通、梁文之徒，必欲指何者爲何人所著，則未可臆斷。」〔三〕其説允矣。

二、精義

近人姜氏兆錫〔四〕云：「《爾雅》爲書，本訓詁耳。然而〔五〕先聖作之者，自昔而言，實爲繼天立極，翼經明道之書。而〔六〕自後而言，但爲鑿智角才，好異驚奇之書也。遡自上古結繩爲政，無所爲〔七〕文字也。其後有圖象而後有書契，有書契而後有典籍矣，然猶無所爲訓詁也。夫日星之屬之成象于上，川嶽之屬之成形于下，仁

〔一〕此句概説顔氏大意。
〔二〕《顔氏家訓·書證》文。
〔三〕張揖《上廣雅表》文。
〔四〕姜兆錫（一六六六～一七四五），字上均，江蘇丹陽人，著有《爾雅注疏參議》。
〔五〕「而」字原缺，據姜氏文補入。
〔六〕「而」字原缺，據姜氏文補入。
〔七〕「爲」字通「謂」。下句「所爲」之「爲」同。

義之屬之成性于中，厥類蓋繁，顧六書不作則類虚，衆義不釋則類舛。古者六書謂之方名，名立而字生，字生而義附，義附而解著。字之言滋也，因名而滋；釋之言解也，因義以解。然則字非道，安所生解？非道，安自著耶？故《爾雅》之書凡三變：自《爾雅》言之，周公書止一篇，而遞增者凡四嬗，此一變也。《爾雅》而外，其後又以《小爾雅》漢孔鮒作《廣雅》魏張揖作佐之，此又一變。又其後更以《逸雅》漢劉熙作《埤雅》宋陸佃作附之，此更其一變與！綜而計之，《爾雅》及《小爾雅》《廣雅》，因文以釋義；而《逸雅》《埤雅》，因義而釋其所以爲義。釋其義者質而固，而釋其所以爲義者文而支。故曰爾之爲言近也，雅之爲言正也，所謂言近而指遠，不下帶而道存者也。」[一] 其説極爲精至。可見學《爾雅》者，宜探索「道本」，不當作「類書」讀也。

張揖云：「《爾雅》爲書，文約而義固，其陳道也，精研而無誤，真七經之檢度，學問之階路，儒林之楷素也。」[二] 此可謂見道之言矣。而文治則更有進者。據《漢・藝

[一] 姜兆錫《爾雅注疏參議・目録》。
[二] 張揖《廣雅・廣雅表》。

文志》，《爾雅》三卷二十篇，附於「《孝經》類」中。夫《爾雅》與《孝經》非一類，而同一部居者，何也？蓋《孝經》，道德之總匯也；《爾雅》，訓詁之指歸也。古者入小學，先讀是二書，所以端修身之本、知文字之源，使道德、訓詁合而爲一，蒙以養正，皆聖功之基也。後儒析訓詁、義理爲二，甚至分别學派，聚訟紛紜，乃較古者學僮之不若，豈非大惑也哉！

三、致用

邢昺《爾雅疏叙》云：「《爾雅》者……傳注之濫觴，經籍之樞要。」[一] 後儒因視爲文學淵藪，詞章奥府，藉供掇拾之資，此未爲知用者也。陳蘭甫先生《東塾讀書記》云：「詁者，古也。古今異言，通之使人知也。蓋時有古今，猶地有東西，有南北，相隔遠則言語不通矣。地遠則有繙譯，時遠則有訓詁。有繙譯則能使别國如鄉鄰，有訓詁則能使古今如旦暮，所謂通之也。訓詁之功大矣哉。」[二]

[一] 邢昺《爾雅疏叙》原文云：「夫《爾雅》者，先儒授教之術，後進索隱之方，誠傳注之濫觴，爲經籍之樞要者也。」
[二] 陳澧《東塾讀書記》卷一一《小學》。

文治竊觀近代學子，縱橫億萬里，於繙譯之辭，既得其用矣！獨至上下數千年古聖人典籍訓詁之辭，轉略而不講，何其陋耶？士不通經，決不足用。博文强識，廣而通之，是在有志之君子。揚子雲云：「通天地人曰儒。」〔一〕先儒有云：「一物不知，儒者之耻。」〔二〕舉凡天地人物、山川草木、鳥獸蟲魚，無一非格致之用。河間獻王治經之法曰「實事求是」〔三〕，實事者，即格物之學也。自周公創《釋詁》之例，孔子、子夏均有增益。可見《爾雅》並非限定三卷二十篇，且每篇亦並非限定若干條。學問之道日新月益，正賴後人遞相推廣。乃自五《雅》世稱《爾雅》《小爾雅》《廣雅》《逸雅》《埤雅》爲五《雅》及《駢雅》外，未聞更有作者，何也？竊嘗歎中國學術拘墟：其始也，漢學、宋學互相排擊，不能合而爲一；其繼也，中學、西學互相訾謷，亦不能合而爲一；故藝學無續《考工記》，文學無續《爾雅》，實士林之耻也。

《論語》：「子所雅言，《詩》《書》執禮。」〔四〕近劉氏《論語駢枝》云：「昔者周公著

〔一〕揚雄《法言・君子》。按，「揚」原作「楊」。
〔二〕揚雄《法言・君子》。
〔三〕班固《漢書・景十三王傳》載：「河間獻王德以孝景前二年立，修學好古，實事求是。」
〔四〕《論語・述而》。

《爾雅》一篇，以釋古今之異言，通方俗之殊語。劉熙《釋名》曰：『爾，昵也；昵，近也。雅，義也；義，正也。五方之言不同，皆以近正爲主也。』〔一〕上古聖人正名百物，以顯法象、别品類、統人情、壹道術，名定而實辨，言協而志通；其後事爲踵起，象數滋生，積漸增加，隨時遷變。王者就一世之所宜，而斟酌損益之，以爲憲法，所謂雅也。然而五方之俗不能强同，或意同而言異，或言同而聲異。綜集謡俗，釋以雅言，比物連類，使相附近，故曰爾雅。」〔二〕

文治案：「古者廣谷大川異制，民生其間者異俗」〔三〕，聖人修其教，齊其政，遂使不一者而統於一，則文字之功也。我中國數千年之文化，所以久盛而不衰者，文字爲之，即雅言爲之也。然則古人之修教也，將以化俗而爲雅；而今人之言教也，將以化雅而爲俗。古人因言語之不能一，而以文字統一之；今人於文字之統一者掃而除之，於言語之不能統一者强而合之，而不一者更無統一之日。聖訓日微，文化滅息。

〔一〕劉熙《釋名·釋典藝》。

〔二〕劉台拱《論語駢枝》解釋「子所雅言」之訓。

〔三〕《禮記·王制》。

嗚呼！其可痛也哉〔一〕！

四、注釋及文法

郭璞注《爾雅》，去古未遠，後人雖多爲補正，然宏綱大旨，終不出其範圍。爲之疏者，舊有孫炎、高璉二家，今皆不傳。邢昺疏成於宋初，或剌取《毛詩正義》，掩爲己説，間采《尚書》《禮記正義》，亦多闕略。近邵二雲〔二〕《爾雅正義》、郝蘭皋〔三〕《爾雅義疏》，實能度越前人。然郝氏疏更在邵氏之上，蓋郝氏之學出於阮文達。文達《與宋定之論〈爾雅〉書》云：「以聲音文字爲注《爾雅》之本，則《爾雅》明矣。」〔四〕郝氏深得文達之法，而其書成，又在邵氏之後，故特爲精詳。至《爾雅》係解詁例〔五〕，雖文質相宜，而實則愈質而文愈奥，故於字法尤當注意。

〔一〕「我中國數千年之文化」至此，此段文字又發表於一九四〇年《佛學半月刊》第九卷第二十一號二一六期之第四頁，題爲《爾雅提綱》，僅個别字詞略異。
〔二〕邵晉涵（一七四三～一七九六），字與桐，號二雲，浙江餘姚人。
〔三〕郝懿行（一七五七～一八二五），字恂九，號蘭皋，山東棲霞人。
〔四〕阮元《與高郵宋定之論〈爾雅〉書》，載《揅經室集》卷五。
〔五〕「例」指體例。

卷十三

孟子

【釋】唐先生於《孟子》最有心得，護持宋儒，不遺餘力，故於戴震與焦循之刻意撻伐朱子，甚爲反感。此提綱分列《孟子》大義之綱領凡六，乃先生《孟子》分類義理之大體。先生厭惡强别漢宋門户，故强調其《孟子大義》博取諸家之長，然萬變不離其宗，道統義脈有在，則不陷入另一種支離狀態。此義脈之通貫，先生名之曰「講貫」；又借助文法之解讀，而文法乃不可或缺之環節，故先生於提綱特爲申明，更主張與《春秋穀梁傳》互參，以悟聖心旨意。此文本精讀非尋章摘句，而是終歸於喚醒人性中之良知，以達到正人心之崇高教化目的，因文以明道。此提綱可視爲先生《孟子》學著作之總序，而其「正人心」之宗旨，乃《十三經提綱》標榜「心學」之歸宿，「十三經」義脈之流通貫注，皆在成全「人道」。

一、要旨

《孟子》全書大義，一言性善與存心養性之功，一論孝弟之道；一言義利之辨，一論王霸之分，發明治道；一尚論古人與授受道統源流，並自言爲學要領〔一〕。昔宋紫陽朱子曾分類編輯《孟子要略》〔二〕，余師其意，爲《孟子》講義〔三〕。繼思學者未闚全書，且不知其順序，究有遺憾，爰復循七篇〔四〕次第，纂爲《大義》〔五〕。然學者讀書之法，要在提綱挈領，不可不先知徑涂之所在也。

〔一〕《孟子》大義六項要領。
〔二〕《孟子要略》見前注。唐先生在《孟子大義》明言取法《孟子要略》，起筆所陳《孟子》全書大義前五項，正是曾國藩所序的五項大要。
〔三〕此講義爲後來《孟子救世編》之基礎。
〔四〕七篇指《孟子》。
〔五〕指先生之《孟子大義》，其初爲《孟子新讀本》。

二、注釋

先儒於解釋文字名曰「訓故」；發揮義理，引證事實，名曰「傳」。趙邠卿〔一〕注長於訓故，失之簡淺。朱注兼訓故義理，貫串羣言，洞明奧旨而探原性理，尤能析之極其精，擴之極其大。張南軒《孟子説》〔二〕推闡精微，心得頗多，能於朱注外別樹一幟。《大全》〔三〕所載，諸儒之説未有能過之者，且其書體裁尤與講義相合，至善本也。明末顧亭林、黄梨洲、王船山、陸桴亭諸先生，近陳蘭甫、羅羅山先生之説《孟子》，雖零星碎玉，俱係精當不磨。桴亭、羅山先生之言性理，尤爲精實，非淺儒所能道。近戴東原《孟子字義疏證》、焦禮堂《孟子正義》，於宋儒之學，初未窺其門徑，乃於朱子妄肆譏彈，所謂「蚍蜉撼大樹」也。

〔一〕趙岐（一〇八～二〇一），字邠卿，京兆長陵人；於黨錮之禍（一七六～一八四）期間，完成《孟子章句》十四卷，乃存世最早之完整《孟子》注本。事跡載《後漢書》。

〔二〕張栻（一一三三～一一八〇）字敬甫，號南軒，漢州綿竹人，仕至右文殿修撰。與朱子往復論學；張氏《孟子説》七卷，今存。

〔三〕指《孟子大全》。

余作《大義》，固重在發揮新義，然於朱注及諸先儒説之精粹者，亦並加採録。惟學者讀是編，必須兼讀朱注，方有根柢，不可因此而廢彼也。至孫奭疏〔一〕係屬僞託，《四庫提要》言之綦詳，而「音義」則當從奭本爲正，蓋疏僞而音義則真出孫手也。

三、講貫

《孟子》言論最切於今世，而尤切於今世之人心。故余作《大義》，專取其切時者言之，有如孝弟人倫之本、出處取與之經、察識擴充之幾〔二〕、闢邪反經之道，不憚剴切敷陳。而其尤注意者，則在剖析義利，唤醒迷途於醉生夢死之中，俾其良心之乍露，因其乍露而操存之〔三〕，此即孟子「正人心」〔四〕之本旨也。夫道一而已矣，誠能家置一編，相與講明熟習，所謂「歸而求之，有餘師者」也。

〔一〕孫奭（九六二～一〇三三），字宗古，北宋博州人；今《十三經注疏》採其《孟子注疏》。
〔二〕朱子《孟子集注·梁惠王章句上》：「王見牛之觳觫而不忍殺，即所謂惻隱之心，仁之端也。擴而充之，則可以保四海矣。故孟子指而言之，欲王察識於此而擴充之也。」
〔三〕《孟子·告子上》引孔子曰：「操則存，舍則亡；出入無時，莫知其鄉。」
〔四〕《孟子·滕文公下》云：「我亦欲正人心，息邪説，距詖行，放淫辭，以承三聖者。」

抑更有進者。用「文法」解經，始於孔子《十翼》，子夏、邱明繼之，而《春秋穀梁傳》之文尤爲嚴厲精鋭。故柳子厚有言：「參之《穀梁》以厲其氣。」余此編略仿《穀梁》文法，其中有數十篇皆可作古文讀。後世學者神明乎此，可以爲學韓文之楷梯也。至於説理必新而不腐，訓詁必簡而不支，務使學者讀之，於無形之中，人格、文格皆能駸駸日上，此則區區命意之所在也。

四、評點

昔人謂文體莫備於《國策》，不知尤備於《孟子》。《孟子》之文最長者，翻空法、設喻法、詰難法，筆陣縱横，令人不可測度。蘇老泉評之云：「《孟子》之文，語約而意盡，不爲巉刻斬絶之言，而其鋒不可犯。」〔一〕惟世傳《蘇批孟子》，實無甚精義，且類似批制舉文者，決係贋託。余僅採其圈點，芟其評語。近世桐城方氏宗誠論《孟子》文法〔二〕，雖

〔一〕蘇洵《上歐陽内翰書》。
〔二〕方宗誠（一八一八～一八八八），字存之，安徽桐城人；學宗程朱，乃清末桐城名家，受知於曾國藩、李鴻章；著有《柏堂文集》《輔仁録》《春秋集義》等。唐先生所言方氏論《孟子》文法之篇，收入先生《孟子新讀本》之前序附録，今載在本書「《孟子》編」所録《孟子大義》前序之中，互參爲是。

多鑿空附會，然其精當之處，要亦具備。此外間有鄙意，一并列入《劄記》〔一〕。蓋余自八歲家大人〔二〕授以《孟子》，十八歲受業紫翔王先生之門，熟讀《孟子大全》。詳繹庭訓師訓，兼考諸儒之説，其義理文法，盤旋於胸中者，四十年矣。至篇中圈點，紅筆者爲蘇氏本，黄筆者爲曾文正本，藍筆者爲桐城吴摯甫先生本，墨筆者爲余本。惟余意在鼓舞初學之興味，故圈處過多；若程度較高者，欲求文章起伏開闔、縱横綫索之處，則當於三家圈點中求之也。

〔一〕指唐先生《十三經評點劄記》。
〔二〕唐先生之父唐受祺。

附録一：十三經讀本序

附凡例、總目

【釋】此序不啻是唐先生讀經救世之宣言，爲唐先生纂輯《十三經讀本》之原序，又編入《茹經堂文集》一編卷四，題《施刻十三經序》而未附凡例。《十三經讀本》是唐先生從教前期之經學總彙，亦是二十世紀初之重要學術成果。序後凡例，概述治經精神與方法，並匯歸「致良知」之知行合一之途，意義重大。唐先生《自訂年譜》辛酉（一九二一）五十七歲譜述編纂緣起云：「正月，新生陸續來見。二十日開館，余親自上課，每日二節，講《論語》《孝經》《孟子》。（中略）與施君省之議刻『十三經』。近時吾國學生皆畏讀經，苦其難也。爰搜羅『十三經』善本及文法評點之書，已十餘年矣，自宋謝疊山先生至國朝曾文正止，凡二十餘家，頗爲詳備。施君聞有此書，商請付梓。余因定先刻『十三經』正本，冠以《提綱》，附刻先儒説經、世鮮傳本之書，而以評點文法入《劄記》，謹作叙文，並請陳太傅弢庵名寶琛〔一〕撰序，命上海刻字鋪朱文記

〔一〕陳寶琛（一八四八～一九三五），字伯潛，號弢庵，福建閩縣人；同治七年（一八六八）進士，光緒元年（一八七五）擢翰林侍讀，與學士張佩綸、通政使黄體芳、侍郎寶廷合稱「清流四諫」；宣統三年（一九一一），在毓慶宮行走，任溥儀師；一九二一年修成《德宗本紀》，授太傅。唐先生尊稱曰「陳太傅」，故知在此年。

經刊。分校者太倉陸君蓬士、王君慧言、李君慰農、徐君天劬及陸生景周，期以三年竣工。」唐先生經學精進無已，《十三經讀本》僅其中之一個環節，未足盡其全體，其後三十間，唐先生經學再上層樓，揮灑自如，美不勝收，此其經益求精、自强不息之生命實踐也。

斯道之在天下，如日月之經天，江河之行地，其孰能澌滅之乎？顧横覽宙合，有不得不鰓鰓過慮者，誠以今日之世，一大戰國之世也。戰國之時，策士肆其簧鼓，時君逐於干戈，爭地以戰，殺人盈野；爭城以戰，殺人盈城；饑饉薦臻，流離載道，百姓輾轉溝壑，其慘苦之狀，爲生民以來所未有。曾不踰世而秦政出，燔燒《詩》《書》，坑僇儒士，毒痛四海，於稽其禍，亦生民以爲所未有。若是者何也？人心之害爲之也。

然而秦時之書焚於有形，而今世之書則焚於無形；秦時之儒坑於可見，而今世之儒則坑於不可見。横政之所出也，横民之所止也，截截乎學説之詖淫也，幡幡乎士林之盲從也。憯乎怛乎！閭閻之痛苦而無所控訴也；茫乎渺乎！世界之劫運，若巨舟泛汪洋，而靡所止屆也。若是者何也？人心之害爲之也。

人心之害，孰爲之？廢經爲之也。廢經而仁義塞，廢經而禮法乖，廢經而孝悌廉恥亡，人且無異於禽獸。嗟乎！斯道之在天下，其將澌滅矣乎？於是正其本者則曰「反經」〔一〕，挽其流者則曰

〔一〕《孟子·盡心下》云：「君子反經而已矣。經正則庶民興，庶民興斯無邪慝矣。」朱子《孟子集注》云：「反，復也。經，常也，萬世不易之常道也。」謹按：唐先生《讀經救國論序》云：「經者，常道也。知常則明，明常道則明是非。」

「治經」。

且夫天生人而與以至善之心，孰不有純粹之良知？瑩然藹然，超出於物類之外。而乃有大謬不然、大惑不解、悍然廢經而不顧者，非盡人之無良也。或曰：「經之過高過晦，階之戾也。」不知非經之咎也，自來説經者之咎也；非經之晦也，説經者鑿之使晦也；非經之高也，説經者歧之而高也。當是之時，倡廢經之議，人樂其淺陋而便己也，是以靡然從風，而禍遂中於人心。當是之時，雖日告以讀經之益，人且昧然莫知其徑途也；鄉壁以行，得其門者蓋寡也。

文治於是悚然以懼，淵然以思，思所以拯斯道之厄，則孳孳焉，汲汲焉，搜集「十三經」善本，採其注之簡當者，芟其解之破碎而繁蕪者，抉其微言，標其大義，撰爲《提綱》，附於諸經簡末；復集昔人評點，自鍾、孫以逮方、劉、姚、曾諸名家，參以五色之筆，閲十數年而成書。由是各經之文法顯、文義明，釐然燦然，讀者如登康莊，如遊五都，如親聆古人之詔語，無復嚮者艱澀不通之患矣。

而難者曰：「傳經所以傳道也。道精而文麤。如子所爲，不幾等道於文乎？」則應之曰：宣聖有言：「文王既没，文不在茲乎！」道載於文，文所以明道也。「十三經」權輿，祇有本文熟讀而精思焉，循序而漸進焉，虚心而涵泳，切己而體察焉，則聖道之奥，不煩多言而解矣。夫然，道與文一，胡精麤之可分？

今試約而舉之，開而示之。《十翼》之編，消息盈虚，無非洗心之旨也。《三禮》之學，委曲周詳，無非主敬之則也。不爲鉤沈，孰綱維是也。古文之《書》爲梅賾所造，而淺者罔識其爲贗鼎也。邱明之傳爲劉歆所竄，而懵者莫知其爲媚新也。不爲摘伏，孰辨别是也？他如《孝經》則養正之基也，《爾雅》則識字之本也，《論語》則羣經之喉舌也，《孟子》則六藝之藩籬也。是數經者，人皆於小學時習之，不爲闡微，孰會通是也？賢者識大，不賢者識小〔一〕。陟遐必自邇，升高必自卑〔二〕。《戴記》有言：「離經辨志。」〔三〕（鄭注謂：「離，絶句讀。」）又曰：「先其易者，後其節目。」今者句讀節目之不諳，遑論乎通經乎？然則求道之津筏與其指南，必在於斯編矣。用是保兹兢兢，期寫定授梓，鮮有應者。

友人施君省之〔四〕，勇於爲善，志在淑人，嘗矢竭其心力，以宏大道；既倡建「國學專修館」於錫邑，適覩此書，愛而不舍，慨然獨捐鉅資，用付剞劂。自庚申（一九二〇）冬，始期以二年告成，徵序於文治。歎曰：偉哉！施君之功，其盛矣乎！夫欲救世，先救人；欲救人，先救心；欲救心，先讀經；欲讀經，先知經之所以爲經。往者秦火之餘，典籍蕩盡，然而抱殘守闕，代有師承，若董江都，若河間獻王，若劉子政、馬季長，至鄭君出，經學家法於焉大明；下逮有宋周、程、張、朱，諸子迭興，而經學義理益復擴之極其大，析之極其精。

〔一〕《論語・子張》載衛公孫朝問於子貢曰：「仲尼焉學？」子貢曰：「文、武之道，未墜於地，在人。賢者識其大者，不賢者識其小者，莫不有文、武之道焉。夫子焉不學？而亦何常師之有？」

〔二〕本《書・太甲》「若升高必自下，若陟遐必自邇」句。

〔三〕《禮記・學記》：「一年視離經辨志，三年視敬業樂羣，五年視博習親師，七年視論學取友，謂之小成。」

〔四〕施肇曾（一八六七～一九四五），號省之，捐辦無錫國學專修館，資助刻印唐先生《十三經讀本》。唐先生撰《錢塘施公省之墓誌銘》（一九四六）。

夫以秦政之威之權、之才之力，且不能廢經，蚍蜉之撼大樹，無損枝葉，何況本根？繼自今十年百年而後、千里萬里而遥，安知無董、劉、馬、鄭，與夫周、程、張、朱其人者，名世挺生，以「爲往聖繼絶學，爲萬世開太平」乎？在《易》，一陽繫於上，其卦爲剥，其繇辭曰「碩果不食」。一陽動於下，其卦爲復，其繇辭曰「不遠復」。夫復，其見天地之心乎？其必有人焉，反復其道，而順天以行乎？然則斯道之在天下，其孰能澌滅之乎？辛酉孟春太倉唐文治謹序〔一〕。

〔一〕畢壽頤《十三經讀本跋》（一九二五）云：「右《十三經讀本》并附名家著述，都凡二百二十七卷，《札記》四十五卷，我師施省之先生所刊行者也。先生原籍錢唐，寄籍震澤，以孝友力行世其家；有慨於國學之淪胥，庚申歲（一九二〇）設『國學專修館』於無錫，並刊刻是編，爲末學倡。凡五閲寒暑，始克蕆事。先生迺授簡於頤曰：『是編之刊，吾子曾與讐校之役，印行時吾子實董其成。今四方好學之士聞風興起，咸願手一編以爲快，吾子烏可無一言以志之？』頤實不敏，又奚敢辭？竊謂聖人之道如日月經天，江河行地，亘終古而不變。發言爲經，信今傳後，由之則治，背之則亂。粤稽載籍，昭然莫爽。然世衰道微，流風闃寂。國學之不昌，未有甚於此時者也。抱禹、稷己飢己溺之志者，所當引爲深憂，而亟亟焉以救世自任矣！夫聖經賢傳，裨益人心，功在萬世，固無論已。至於廣爲流傳，則尤賴有人刊布之。所以葛氏永懷堂、于氏稽古樓咸有《十三經》之刻，厥功非尠。至阮氏有《校勘記》之作，舉凡别風淮雨、傳寫舛譌者，咸加考正，士林翕然稱之。阮刻迄今蓋已百餘年矣，而此百餘年間，窮經之士殫心竭慮，闡發經旨，著述如林，不勝枚舉。間有私家鈔録未經刊行者，苟不擷其精純，彙刊巨帙，則阮氏嘉惠來學以淑人淑世之心，末由大白。而諸家抱殘守缺，羽翼經傳之旨，亦湮没而不彰。百十年之後，能不漸致澌滅無餘乎？未可知也。則是書之刻，更烏可緩耶？我師唐蔚芝先生竭數十年之力，實成是編；抉擇之精，採輯之富，備詳於弁首巨公諸序，兹不復贅。乙丑（一九二五）秋弇山畢壽頤謹跋。」按：畢壽頤，太倉人，無錫國專首屆畢業生。附注録入此跋，以存《十三經讀本》梓行之史實。

凡例

一、朱子《易本義》以寶應劉氏「仿宋本」爲最善，初刻於淮南局，再刻於金陵局。近貴池劉氏刻有「影宋本」，彼此對校，似不若「仿宋本」之完善。是刻專據「仿宋本」，惟合彖、象、《文言傳》於經，以便學者誦讀；《九圖》《五贊》《筮儀》，悉依原本。先師黄元同先生《周易故訓訂》及《乾坤屯卦注疏》，雖係未成之書，而闡明《易》例最爲精審，附刻於後。

一、蔡氏《尚書集傳》用東晉梅賾本，真僞雜揉，蓋梅書之僞，朱子雖嘗疑之，蔡氏未及更定也。迨我朝閻、段、江、王、孫諸家書出，真僞於是大明。而王西莊《後案》、孫淵如《今古文注疏》，尤爲精覈；惟卷帙較繁，卒業非易。庚戌歲（一九一〇）得孫氏補集《古文尚書馬鄭注》，深爲欣喜，蓋本宋王厚齋所輯而加詳，於漢經師遺説，大致備矣，是刻即用此本。惟於二十八篇外，增《泰誓》一篇，不無可商之處耳。至梅氏僞《書》，其中亦多名言，足資參考。近任氏《尚書約注》依據蔡《傳》，易簡而明，附刻於後。

一、《詩經》讀本，朱子《詩集傳》風行已久，第於訓詁尚略，好古者不無遺憾。是刻據武英殿翻「宋相臺本」，以毛傳鄭箋爲主，俾學者童而習之，即知訓詁名物之大概。近陳氏東塾《讀詩日録》，婉而多諷，均有關於修齊治平之旨，爲學《詩》者之根本，附刻於後。

一、《三禮》鄭注，如日月之莫踰。是刻《周禮》據金陵局刊鄭注本；《儀禮》據金陵局刊張氏《儀禮鄭注句讀》本；《禮記》據崇文局重刊宋撫州本，亦專用鄭注，而以朱子《大學》《中庸章句》系焉。

先師王紫翔先生《禮記經注校證》，至爲精審。拙著有《大學》《中庸大義》，一并附刻於後。

一、《春秋左氏傳》謹遵用乾隆時欽定本，采輯諸家，至爲簡當。《公羊傳》據金陵局刻何休注本，何注溺於讖緯，頗開後世穿鑿嚣張之習，未爲愜心（説見《提綱》）。惟别無善注，不得不過而存之耳。《穀梁傳范甯注》，據《古逸叢書》影宋紹熙本，精善足徵也。

一、朱子《四書章句集注》與鄭注《三禮》，同爲萬古不磨之作，近淮南局仿宋刻本較佳，然猶未盡善也。先師王紫翔先生嘗取局刻本，以常熟瞿氏所藏淳祐大字本精校，是刻《論》《孟》二經，據王先生所校定者，實即朱子原本，至可寶也。（《學》《庸》章句附入《禮記》後，亦用王校宋本。）王先生又有《讀孟隨筆》一書，析理精深，洞明奥旨。此外拙著有《論語》《孟子大義》，一并附刻於後。

一、《孝經鄭注》久佚，後世沿用唐明皇注本，殊黯陋無精義。是刻用明黄氏《孝經集傳》，以《孝經》爲經，以《儀禮》《禮記》《孟子》諸書爲大傳，而石齋先生又自下己意爲小傳，貫串博通，精微廣大，爲古今所罕見，蓋人生不可不讀之書也。拙著《大義》采録鄭注，即近阮氏諸家説，附刻於後。

一、近代治《爾雅》者，以邵氏、郝氏爲最精。然初學者辨訓詁名物，取資於《注疏》足矣。是刻據乾隆四年殿本，其中偶有顯係差誤者，就通行各本改正；其涉疑似者，仍照原本，未敢輕改。以上所刻各經，悉依此例。（原有《校記》可據者，雖顯誤，亦照刻不改。）

一、各經音讀，應參考陸德明《音義》。圈别四聲，近於陋習，今概不用。句讀則句用旁點，讀用中點，慎之又慎。惜鐫刻時恒多脱落，修補不易，不無遺憾，讀者諒之。

一、經書本非難讀，若從文法入手，便易了解。是刻所用評點本，皆歷年蒐集而成，頗費心力。惟因五色筆套版不便，故略仿歸、方評點《史記》之例，改作「劄記」。學者案照「劄記」自臨一過，則於聖道之淵源，文章之奧義，思過半矣！

唐文治謹識。

總目

【釋】《十三經讀本》收録唐先生自撰者計六種：《洪範大義》三卷、《大學大義》一卷、《中庸大義》一卷、《論語大義》二十卷、《孝經大義》一卷、《孟子大義》十四卷。

《周易》　朱子《本義》

《周易故訓訂牋本》一卷　定海黄以周

《乾坤屯卦注疏》一卷　定海黄以周

《尚書》　馬氏鄭氏注

《尚書約注》四卷　宜興任啓運

《洪範大義》三卷　太倉唐文治

《詩經》　毛公傳、鄭氏箋

《讀詩日録》　番禺陳澧

《周禮》　鄭氏注
《儀禮》　鄭氏注
《禮記》　鄭氏注
《大學》一卷　朱子《章句》
《中庸》一卷　朱子《章句》
《禮記經注校證》二卷　鎮洋王祖畬
《大學大義》一卷　太倉唐文治
《中庸大義》一卷　太倉唐文治
《春秋左傳》　乾隆欽定本
《春秋公羊傳》　何休《解詁》
《春秋穀梁傳》　范甯《集解》
《論語》　朱子《集注》
《論語大義》二十卷　太倉唐文治
《孝經》　黄道周《集解》
《孝經大義》一卷　太倉唐文治
《爾雅》　郭璞注、邢昺疏

《孟子》　朱子《集注》

《讀孟隨筆》二卷　鎮洋王祖畬

《孟子大義》十四卷　太倉唐文治

附録二：論讀經分類删節法〔一〕

【釋】唐先生治經之特色在分類，本篇提出分類治經之主張。更要者，此文透露先生有意建立「興民會」，以其諸經大義爲底本，匯集經義傳授經旨，以養成國民品格；又欲請教育部通行各省建立「傳經會」，以落實推行。可見先生之經世抱負。

余於昔年撰《論讀經法》一篇，載入《教育雜誌》第五號「讀經問題專號」，迄今未能實行。越一年而西安之變起，不禁喟然嘆曰：「嗟乎！廢經之禍，一至此哉？」夫經者，人倫秩序之本也。經廢而人倫亦廢，今朋友一倫，掃地至於斯極。信義淪喪，爾詐我虞，犯上作亂，爭民施奪。若不急圖挽救，人心風俗，如江河日下，將何所底止乎？惟發揚本國文化，始有復興民族之望。《孟子》曰：「經正則庶民興，庶民興斯無邪慝。」此之謂也。

〔一〕載《國專月刊》第五卷第三期，一九三七年，頁四至六。

迨本年二月間，開三中全會，湘省主席何芸樵先生〔二〕提出「讀經議案」，全體通過，國民歡欣鼓舞，若大旱之望雲霓。論者謂：「讀經貴乎節取，其合於『三民主義』者讀之，不合於『三民主義』者去之。」余謂各經中不合於「三民主義」者絶少。蓋孔孟聖賢尚大同，惡專制，重民權，如《春秋》譏世卿、《禮運》言天下爲公、《論語》斥「惟其言而莫予違」、《孟子》斥「訑訑之聲音顔色距人於千里之外」，又言樂民之樂、憂民之憂、民貴君輕之類，不勝枚舉。而説者輒謂孔孟囿於封建思想，豈不誤哉！

顧諸經中確有宜節取者，時代不同，則宫室衣服異宜，法度文爲異制，風俗遞變，器械日新，凡居今日而應行變革者，皆在古經中應行删節者也；其他《周禮》《禮記》《左傳》中，間有爲王莽、劉歆輩所竄入者，宋朱子及諸先儒辨之綦詳，悉應淘汰。惟兹事體大，談何容易？若以無根柢者爲之，猶未能操刀而使割，爲害滋大。爰擬設「興民會」，鳩集同志數人，分門編輯。以余所撰羣經《大義》爲底本，將各經中切於倫紀道德、修己治人，犖犖諸要端，有關日用者，詳細分類删節，各爲淺近注釋，務使明白易曉，便於講授。一而擬請教育部通行各省分設「傳經會」，延攬高才，廣爲傳授，預備師資。庶幾共由正軌，不入歧趨。兹特本前論讀經法，續加説

〔二〕何鍵（一八八七～一九五六），字芸樵，醴陵人；一九一六年保定軍官學校畢業，國民革命軍二級上將，一九二九年任湖南省主席。

明列後。

一、《孝經》

本經不宜刪節。

其注釋各本，前論〔一〕明黄忠端《孝經集傳》及余所撰《孝經大義》，文義過深，當别爲淺注，輔以余所著《孝經救世篇》，共分十篇：其第一卷曰《孝德宏綱篇》《不敢毁傷篇》《立身揚名篇》《良知愛敬篇》《法服言行篇》，第二卷曰《居則致敬篇》《養則致樂篇》《病則致憂篇》《喪則致哀篇》《祭則致嚴篇》，第三卷曰《移孝作忠篇》《兄友弟恭篇》《擴充不忍篇》《大同盛治篇》《不孝嚴刑篇》，以上各篇，均尚易解。宜擇要爲諸生講貫，庶可啓發良知，養成國民資格。

二、《大學》《論語》

此二經亦不宜刪節。

《大學》可以余所撰《大義》作爲課本，或採用其義，略加淺釋亦可。

《論語》之要者，在論學、論仁、論政。分類原無不可，然如《學而篇》專言學、《爲政篇》專言政，（内有志學論孝各章，蓋皆《大學》格、致、誠、正、修、齊之義。）《八佾篇》專言禮樂、《里仁篇》專言仁道、《公冶長篇》專論人，而歸結於「忠信好學」。他如《子路篇》網絡百家、《憲問篇》包括禮義廉耻。本經意

〔一〕指《論讀經法》。

義，實係貫串精密，若强爲分類，轉致割裂，宜以余所撰第二次《大義》稿本爲主。又余别有《論語微言》及《論語外編》，指示門徑，亦當研究。

三、《詩經》

此經宜分類節讀，詳見余所編《詩經大義》，其《詩》旨注釋亦淺近，即可作爲課本。

四、《孟子》《左傳》

此二經俱宜分類删節。

《孟子》應以元金仁山先生《孟子要略》爲分類式，而改其題目，擬稱《孟子大同學》《孝弟學》《政治學》《心性學》《闢異端學》《出處進退取與學》，其注釋當以余《孟子大義》略加删節，即可適用。

《左傳》余所選八類，曰兵事類、外交類、禮教類、内政類、紀事類、諷諫類、闢邪類、小品類。每篇首標明事由，務使首尾完具，讀者瞭然。近人列《左傳》於史學，亦有見地，以其於外交兵事最宜注意也。

《公羊》《穀梁傳》及《國語》，坿於後，注釋以簡明爲要。

五、大小戴《禮記》

二經並宜删節。

《小戴》較《大戴》爲精粹，然如《曲禮》上下篇，本原孝弟恭敬大綱，及童蒙幼稚飲食、洒掃應對諸禮外，其餘瑣碎繁重者，均可删節；《檀弓》上下篇，多誣衊聖賢之語，而其言喪禮特爲沉痛懇摯；《王制》載預算度地、學校選才，俱極精要，惟此意以取裁，均成善本。其不可删節者，《學》《庸》而外，僅《學記》《樂記》《經解》《問喪》《三年問》《哀公問》《孔子閒居》及《儒行》《冠義》數篇而已。

《大戴》篇中《曾子》十篇均應存，《疾病》篇一字不可删。至《孔子三朝記》已多有粗淺之文。

統計《大戴禮》三十九篇，共三萬七千八百六十三字。《小戴禮》四十九篇，共九萬八千五百四十五字。一經删節，《小戴記》當不過四萬字左右，《大戴記》當不過一萬字左右。應分列高中學校課程，注釋節取《注疏》及陳皓《集説》，亦以淺明爲貴。

以上所列各經，分配各級學校，多者每星期四小時，少者兩三小時。此係性情道德教育，爲涵養國民陶淑國性之具，未可因科學較繁，遂爾擱置。倘有性所篤好者，或於星期日補習兩三小時尤善。（星期爲洗心寡過之日，未可專事游散，余著《人格》一書，曾詳論之。）

此外《周易》爲哲理最深之書，《尚書》爲立政宏模，聱牙難讀。（梅賾僞古文，當提出別爲一編。）《周禮》體國經野，《儀禮》窮理盡性，《爾雅》訓詁權輿，皆不宜删節。當於大學院中分門研究，讀余所撰《十三經提綱》，自得門徑。

至於講經者應遵守《朱子讀書法》，令學生熟讀精思，循序漸進，虚心涵泳，切己體察，必以真實致用爲指歸。若貌尊之曰格言，其實敬而遠之，雖勉强誦讀，亦無益也。

夫吾國經書之厄極矣！一厄於秦火，再厄於六朝五季之棼亂，三厄於科舉家之剽竊餖飣，至近時幾有蕩焉滅焉之懼。余有奧國友人羅逸民君〔一〕，謂余彼邦設立中國文學科，講讀「四書五經」，井然有條理，詢其門徑，亦有本有原。今日若不從速培養師資，他日吾國文學，行將求師於外國，可恥孰甚？用特再貢芻蕘，以供當事者之採擇焉。

〔一〕羅逸民（Erwin Reifler 一九〇三～一九六五），奧地利猶太人；一九三一年任國際聯盟駐上海奧地利顧問助理；一九三二至一九四七年間於上海交通大學、國立醫學院、中法大學、震旦大學教授拉丁文、德文、漢學。

周易編

整理説明

一

《易》學是唐先生「心學」核心。以「聖賢之志」説《周易》，本《周易》立崇高之志氣，不獨爲提升個人之道德修養，還在培養敏鋭洞察力，堅强道德意志與生命關懷；由此而變化氣質，步步體現聖賢氣象。此乃充分消化漢宋兩系之《易》學，而自開新面，以「心學」統攝象數與義理，建立以正人心、救民命爲目的之「政治學」，是唐先生《易》學之特色。是以漢易或宋易之類門户意識，皆非唐先生在意者，其存心在經世濟民，故其説《易》之專著，皆所以重振「易教」，以爲來日太平之基。

「周易編」彙録唐先生《周易》學專著，涵蓋《周易消息大義》《學易反身録》《周易憂患九卦大義》等三種，末附先生所撰《周易應讀書目表》。

先生在無錫國專講授《周易》，與摯友曹元弼交流商略，於一九三四年刊出《周易消息大義》四卷，正文三卷，附録《學易反身録》一卷及《周易應讀書目表》。戰時在上海講授《周易》，成《周易憂患九卦大義》，收録在《茹經先生新著》卷首。以上所述乃先生《周易》專論之傳世者，皆其重建「易教」之嘗試，乃其《易》學之本綱。唯先生在一八八五年二十一歲時，於南菁書院師從黄以周研習《易》學，即有意撰寫《周易大義》。然遺憾一生無法如願，未能處理全經。本編所録，乃先生夙願之所僅能實現者，過去孤本綿綿若存，今復得以流通，開復之運，無疑也。

至於先生晚年所撰《周易》學文章與講義，如《論周易君子教育》《讀周易大綱》《學易入門録》及《周易天命學》《保民學》《積善學》等，乃先生分類治經義之要目，乃其「易教」體系之一部分，雖未成集，已收入《唐文治文集》相關類目之中，讀者互參可得，故不並載。其餘爲他人所撰《易》學序跋，載《唐文治文集》「序跋類」，皆不並載於此。

二

《周易消息大義》三卷，是唐先生《周易》學代表作，體現着先生義理《易》學之特色。其意在講求正心修身，達於治國平天下，而要皆歸於「實用」，以糾正虚言濫説之説《易》風氣，進而指導人生社會與政治，實現孔門家法之精神。《易》學之「消息」，指「十二消息卦」之卦爻陰陽變化，陰長謂之消，陽長謂之息。十二消息卦即十二辟卦。六十四卦卦變之所自，皆不離十二辟卦。此十二卦爲：乾、坤、復、臨、泰、大壯、夬、姤、遯、否、觀、剥。卦與卦之間，透過六爻之陰陽變化而顯示消長之幾，此即《易微言》所言之「志」。先生解釋此十二消息卦，各卦以一篇「大義」總持宗旨，猶《論語大義》二十篇之例。此十二篇辟卦大義，闡明義理，乃本書精義所在。

其書成於先生主持無錫國學專修學校時期，列入《無錫國學專修學校叢書》之六，未及列入《十三經讀本》。謝鴻軒先生在臺灣影印出版唐先生《十三經讀本》時亦不及見，故流傳不廣。其撰作因由，詳唐先生《自訂年譜》甲戌（一九三四）七十歲譜載：「二月，《禮記大義》整理完竣。又修改《周易消息大義》，加入《讀易反身録》一卷並《應讀書目表》，一併交馮生振心校正付印。」謹按：先生於文末「附記」交代治《易》之道，表明「正心」乃其關鍵，一消一息，善惡之界，君子小人之别，皆在起心動念之際，故讀《易》可正人心而寡過失。此又在《易微言》之重「志」所開出之義理進路與新境界，殊爲可貴。唐先生所言「實用」，修齊治平之仁政事業，皆此一念轉善之志，反求諸己而已。故唐先生論德位難相稱，而一時之善願難圓，則亦善自處，一心無時不正，自持之道，須要極强之道德意志與明辨能力，皆能於十二辟卦消息變化中悟得所處之方。此唐先生言消息之重旨也。

此次整理，謹據一九三四年《無錫國學專修學校叢書》初印本爲底本，以前述戰時油印講義稿參校，補足唐先生《周易》學之專論，原書卷四後之《周易應讀書目表》移至本編之後。凡所徵引文獻與原文差異處，出校注明。唐先生原擬作涵括全經六十四卦之《周易大義》，然未如願。就蒐求所得，有綫裝油印一册本題曰《周易大義》者，而内文題「《周易十二辟卦消息大義》，太倉唐文治蔚芝著」，考查内文，原《周易消息大義》卷首摘録於書末，並附録曹元弼説《周易》之文凡七篇，較《周易消息大義》多六篇，末附朱子《筮儀》。估計是戰時在滬上學生整理之講義，今並取以參校。

三

《學易反身録》，「反身」取義《易》蹇卦《大象傳》「君子以反身修德」。唐先生强調研治《周易》自《繫辭傳》始，因以通知聖人憂患之志。此書六篇，選釋《易繫辭》上下篇，納入誠意正心之義理體統中，本天道而立人極；原點在人性中自存之良知良能，仁之爲德，推之以成就治平之大業，實現天道生生之德，闡述心靈自新之内在自訟過程，乃實事求是之心學修養工夫。至於道德修養，謹言慎行，乃處世之要，皆關乎心術，此知幾大義，萌善除惡，君子小人判别於此，君子處憂患依然居安自得，不役於時代與環境，而足自振一代者；居蹇遇困而堅持氣節，反身而誠，儒者修德，切實明白，期於平治。是國難時期，清音高奏，尤爲可貴。

《反身録》原附載於唐先生《周易消息大義》卷四，實與「大義」不同，而爲另一著作，見於《周易消息大義自序》，故今從《周易消息大義》析出。一九三八年先生避戰亂遷居滬上，定期爲上海交通大學講演，曾節録本書第四篇《繫辭上傳》四爻與第五篇《繫辭下傳》六爻，併選爲講義，因時立教，緊扣時事，收入一九四〇年出版之《交通大學演講録》第一集上卷第十二期，題爲《周易洗心寡過大旨》：兼世變人情、國家治亂》，今取爲校本，凡差異處，隨文出校注明，以見先生之思想進路。

四

《周易憂患九卦大義》，孫壽熙於戰時刻於滬上，未存序跋，傳世僅一孤本，現即據此爲底本。唐先生於書末云，是書大義已見《學易反身録》。先生《自訂年譜》壬午（一九四二）七十八歲譜載是年夏，滬商金巨山向唐先生紹介孫壽熙云：「八月間，寶山金君巨山介紹紗號孫君煜峰名壽熙、孫君邦瑞名壽徵，採辦事務所顧君麗江、繆君天行名振堇、高君君藩名垣、高君吹萬之哲嗣。電影界費君敬廬名穆孝行純篤。來受業，每星期課以《論語大義》及《詩經大義》各一節，『先朝掌故』一節。」又《自訂年譜》癸未（一九四三）正月載：「孫君煜峰等仍來聽講，每星期二節。余爲編《讀易入門》，接講《周易消息大義》。其中《學易反身録》於修己治人之道最爲切近，不可不熟讀也。」

唐先生在一九四八年《答曹君叔彦書》中自述生活情事云：「兄僑寓滬濱，仍前講學『讀經救國』四字，永矢弗諼。平居惟以《易》『憂患九卦』，心誦心維，藉以自遣，而於履之初二兩爻，及復之初爻，尤往復不置。先儒謂《論語》『我欲仁，斯仁至矣』二語即本心之『一陽來復』，此境最爲有味。又井以『辨義』一語深造之，使物各得其所，即『精義入神之域』，故曰：『過此以往，未之或知。』即《孟子》所謂：『聖而不可知之謂神。』故下文云：『窮神知化，德之盛也。』若大有之『自天祐之』二句，其根柢全在積善。《大象傳》曰：『君子以遏惡揚善，順天休命。』善者天之所命。二爻曰：『大車以載，積中不敗。』即積善也。《孟子》『大舜有大焉，善與人同』，即大有、同人二卦。曾文正欲以『取人爲善，與人爲善』八字，每日作爲常課，載諸日記，實爲學聖基礎。」

唐先生滬上講授此稿，孫氏爲之印出，因戰時境況險峻，故未撰序跋。而其輪廓，已概見《易微言·憂患九卦修德之義》，本篇則加詳焉，更於開端高揚王陽明「知行合一」之主張，綜以洗心改過爲宗旨，一以踐履爲依歸，乃先生晚年至醇之心境。

豕亥魚魯，在所難免，不當之處，方家指正爲盼。

歲次丁酉立秋　鄧國光　謹誌

周易消息大義

周易消息大義自叙

【釋】唐先生於自序之後，補記治《易》之三層學術經歷與心路歷程，於理解唐先生《易》學之精深與規模，至爲關鍵。

夫《易》何爲者也？致廣大而言之，冒天下之道，通天下之志，定天下之業也。盡精微而言之，極深研幾，窮理盡性以至於命也。而究其奧旨，要歸於古聖伏羲所言消息之教，陽用事爲息，陰用事爲消也。

文王傳其教，於乾、坤、蠱、臨、復諸卦言之；周公傳其教，於坤初、明夷五、升上言之。孔子傳其教，於泰傳曰：「君子道長，小人道消。」否傳曰：「小人道長，君子道消。」此言國家治亂之消息也。於剥傳曰：「君子尚消息盈虚。」於復傳曰：「剛長，復其見天地之心。」此言人心善惡之消息也。於豐傳曰：「日昃月食，天地盈虚，與時消息。」此言天地間氣化之消息也。此特以辭而言，若論象數，則六十四卦發揮旁通，無非消息之周流也。孟子傳其教曰：「日夜之所息，平旦之氣，好惡與人相近。得其養，無物不長；失其養，無物不消。」引孔子曰：「操則存，舍則亡。」〔一〕操存，陽者，息也；舍亡，陰者，消也〔二〕。因一心之存亡，推之即一身一家之存亡，又推之即一國天下之存亡。消息之幾〔三〕，危乎微乎！

《易》類萬物之情，實即格物之書。《大學》言：「致知在格物。」後人聚訟紛如，不知其大義備於《易》，末學自不識爾。《大象傳》言厚德載物、類族辨物、稱物平施、育萬物、言有物，皆格物學也。《説卦傳》「帝出乎震」章説震、巽七卦，皆言「萬物」〔四〕。

〔一〕《孟子·告子上》云：「其日夜之所息，平旦之氣，其好惡與人相近也者幾希，則其旦晝之所爲，有梏亡之矣。梏之反覆，則其夜氣不足以存；夜氣不足以存，則其違禽獸不遠矣。人見其禽獸也，而以爲未嘗有才焉者，是豈人之情也哉？故苟得其養，無物不長；苟失其養，無物不消。」

〔二〕貫通《孟子》「夜氣」與「平旦之氣」之良知培養之道，重新解説《易》學消息之説，是唐先生《易》學之亮點。具論於「孟子編」所録《孟子救世編》卷一〇《周易學》。

〔三〕「幾」謂變化之際之意念作用，唐先生下文所説「一心之消息」，本此觀念開拓而出。

〔四〕「七卦」爲震、巽、離、坤、兑、坎、艮卦，出《説卦傳》第五章：「萬物出乎震，震，東方也；齊乎巽，巽，東南也。齊也者，言萬物之潔齊也。離也者，明也。萬物皆相見，南方之卦也。聖人南面而聽天下，嚮明而治，蓋取諸此也。坤也者，地也，萬物皆致養焉，故曰致役乎坤。兑，正秋也，萬物之所説也，故曰説言乎兑。戰乎乾，乾，西北之卦也，言陰陽相薄也。坎者，水也，正北方之卦也，勞卦也，萬物之所歸也，故曰勞乎坎。艮，東北之卦也，萬物之所成終，而所成始也，故曰成言乎艮。」

《序卦傳》言物穉、物畜、物不可以終通、終否、終盡、終過〔一〕之類，皆格物學也，實皆消息也。

《繫辭傳》言「无有遠近幽深，遂知來物」，「有不善，未嘗不知」，是即鄭君所謂「知於善深則來善物」也〔二〕；又言「乾知大始，坤作成物」，「易簡而天下之理得」，「雜物撰德，辨是與非」，是即朱子所謂「窮至事物之理」也〔三〕。鄭君、朱子皆本《易》理釋《大學》也。而握其樞機，則自「復，小而辨於物」，極之「開物成務」。「先知覺後知，先覺覺後覺」〔四〕，因一心之消息，推及於身與家與國與天下之消息，舉凡廢興存亡、進退得喪、風俗遷流、運會變革，不外消息之幾。危乎微乎！

人第知格物之學，探賾索隱，足以知周萬物，道濟天下；庸詎知皆消息之隱藏於其中乎〔五〕！正學榛莽，異説紛龐，人心如矛戟也！人命如草芥也！吾爲此痛，爰本天

〔一〕《序卦傳》云：「物穉不可不養也，故受之以需。」「物畜然後有禮，故受之以履。」「物不可以終通，故受之以否。」「物不可以終否，故受之以同人。」「物不可以終盡，剥窮上反下，故受之以復。」「物不可以終過，故受之以坎。」
〔二〕孔穎達《禮記正義·大學》引鄭玄注。
〔三〕朱子《大學章句》文。
〔四〕《孟子·萬章下》文。
〔五〕「中」者，衷也。此唐先生治《易》，由外回歸内之關鍵。

地大生之德，發明消息大義，將以曉學者，達神恉，正人心，拯人命，吉凶與民同患。樂民之樂是爲「比樂」，憂民之憂是爲「師憂」〔一〕。危者安其位，亡者保其存，亂者有其治，其殆庶幾乎！

癸酉（一九三三）季冬月，唐文治自叙於無錫國學專修學校。

光緒乙酉（一八八五），文治年二十一，受《易》於定海黄元同先生之門。先生《易》學專家，著有《十翼後録》八十卷，漢宋兼採。每談《易》義，口講指畫，孳孳不倦。文治爰擬撰《周易大義》，僅成數卦，旋橐筆津沽，遊宦京師，遂中輟。己酉（一九〇九），年四十五，講《易》於「上海南洋大學」。諸生科學繁重，義取顯明，僅採《程傳》與項平甫先生《周易玩辭》、楊誠齋先生《易傳》，編輯教授，亦未能成書〔二〕。

甲子（一九二四），年六十，講《易》於「無錫國學專修館」，復博考漢宋諸家之説，間下己意；其有未明者，輒與友人吴縣曹君叔彦往復討論，獲益非尠；編成

〔一〕《雜卦傳》文。
〔二〕此即前所録《易微言》，載《十三經提綱》之《周易提綱》之中。

《消息大義》三卷，並附《學易反身録》一卷，蓋已三易稿矣。荏苒數十年，所造僅止於此，深用疚恨。

《易》之爲書，天道之顯、性命之藏、聖功之鑰、陰陽動靜幽明之故、禮樂之精微、鬼神之屈伸、仁義之大用、治亂吉凶生死之數，莫不悉備，所以「開物而成務」〔一〕，「崇德而廣業」〔二〕，由正心修身，達於治國平天下，要皆歸於「實用」〔三〕。故曰：「精義入神，以致用也。」〔四〕而後儒溺於圖象，牽於訓詁，假於時日、風候、占驗，以矜奇而炫異，誤哉誤哉！

兹編之作，本於孔聖「洗心」〔五〕「寡過」〔六〕「其要无咎」〔七〕，與亞聖「正人心、息

〔一〕《繫辭上傳》第十一章。
〔二〕《繫辭上傳》第七章。
〔三〕「實用」乃唐先生治《易》宗旨之定論，所以拒絕玄虛之空論，而皆回歸本心良知之天德，由此而建立與實現「道德政治」者也。
〔四〕《繫辭下傳》第五章。
〔五〕《繫辭上傳》第十一章。
〔六〕《論語・述而》載：「子曰：『加我數年，五十以學易，可以無大過矣。』」
〔七〕《繫辭下傳》第九章。

邪説」〔一〕之旨，而於陽息陰消之精藴，君子小人進退之大原，尤三致意焉。至於先儒家法通例，略加蒐録，尚多疏漏。蓋不過爲教授之書，略示門徑，若學者以爲取足於是，則重吾之過矣。文治附記。

〔一〕《孟子·滕文公下》。

卷首

【釋】卷首之部收録朱子《八卦取象歌》（附録黄家岱《釋周易八卦名義》）、朱子《分宫卦象次序歌》（附録唐先生及曹元弼先生按語）、《十二辟卦消息圖》（附録唐先生按語），皆治《易》之基本知識。

朱子《八卦取象歌》

☰ 乾三連　☷ 坤六斷

☳ 震仰盂　☶ 艮覆碗

☲ 離中虛　☵ 坎中滿

☱ 兑上缺　☴ 巽下斷

定海黄氏家岱《釋八卦名義》〔一〕曰：「乾、坤、震、巽、坎、離、艮、兑，卦名也。健、順、動、入、陷、麗、止、説，卦義也。……然不明卦畫與象〔二〕，其名義無由解。天爲純陽之氣〔三〕，上包日月風雷，下包山澤大地而不墜，非特天之大氣足以舉之，亦以日月風雷山澤大地之氣，皆上達於天，故其氣膠固鬱結而不可解，解斯墜矣。卦以陽之三畫爲天，其卦曰乾。……其取義於健者，爲天行之健也。天一晝夜行三百六十五度四分度之一，《考靈耀》云：『一度二千九百三十二里千四百六十一分里之三百四十八。』〔四〕是一晝夜行百七萬一千里也，故卦義謂之健。卦又以陰之六斷者爲地象。地，純陰之氣也，其卦曰坤。坤古文作巛，即坤六畫之横形也。……近人不識古字，以爲古文『川』之通借〔五〕，此説甚謬。……坤从土从

〔一〕此唐先生附録之篇。黄家岱，黄以周之子，與唐先生善，字鎮青，浙江定海人；光緒十七年（一八九一）應秋試不售，十二月病卒，年三十八歲。《清儒學案》卷一五四《黄先生家岱》載其事，有《周易解》若干篇。唐先生徵引其説以明學術淵源。黄家岱此文原題《釋周易八卦名義》，載黄家岱編《儆季所箸書五種·嬹藝軒襍著》卷首。

〔二〕「然不明卦畫與象」句，黄氏原文作「不論卦畫與象」。

〔三〕黄氏原文句首有「夫」字以起文氣。

〔四〕孔穎達《禮記正義·月令》疏引。

〔五〕此説見李慈銘《越縵堂讀書記》卷一二。

申，謂土氣能上達。卦義取諸順者，謂其氣之上達於天，實其上順乎天也，故曰：『至哉坤元，萬物資生，乃順承天。』〔一〕

上兩畫斷、下一畫連者，其卦名震。……震之卦，一陽動於二陰之下，其象爲雷。雷爲陽氣，上爲羣陰所薄激而成雷，陰之錮者厚，陽之激者益力；激之益力，其發之也，聲大以遠，故有迅雷，必有暴雨。雨，陰象也，而雷必與雨偕，故雷字从雨。其卦名震〔二〕，震亦雨也，其下从辰。辰，龍之位也。龍得天之陽氣而爲雷，雷得地之陰氣又伏而爲龍，故震爲雷又爲龍。龍、雷一也〔三〕。

巽之卦，一陰入於二陽之下，其象爲風。風出於大塊之噫氣。……然風之能發，必有陽氣助之。故巽雖陰卦，其畫多陽也。……《説卦傳》訓〔四〕爲入者，明震之動爲動而出，巽之入爲入而伏也。雷以動而出爲義，故《易》曰：『雷出地奮。』〔五〕風以入而

〔一〕坤卦《彖傳》。
〔二〕「其卦名震」句，原脱，據黄氏文補入。
〔三〕「龍雷一也」句，原脱，據黄氏文補入。
〔四〕「訓」字，黄氏原文作「必訓」。
〔五〕坤卦《象辭》。

伏爲義，故《易》曰：『兑見而巽伏也。』〔一〕……

一陽陷於二陰之中，其卦名坎。一陰附於二陽之間，其卦名離〔二〕。坎爲月，離爲日。日月，水火之精也。坎之畫☵，即篆文『巛』字之横形也。正視其畫爲☵，横視其畫即成『巛』字。『巛』隸作水。坎者，水之窞也。窞之言陷，其義本屬一貫。離之畫爲☲，即篆文火字之變體也。火字之左右从八，即卦之上下兩畫；火字之中從人，即卦之中畫兩開也。蓋倉頡作字之初，本以☲爲火字，與水之作☵同。後李斯作篆，變作火爾。火必有所附麗而後熾，故其卦名曰離，而義取諸麗；離、麗音義並同。……坎陷、離麗，以相反而見義也〔三〕。

艮以一陽峙於二陰之上，其象爲山。山發源於崑崙，其奇特而高峙於上者，猶艮之一陽在上也。其東西開張而一起一伏者，猶艮二陰畫之分列於下也。而脈之入中國者，又分南北兩支。古人言中國水分南條、北條，判爲兩戒。而水之判爲兩戒者，爲山之先分兩支也。故言中國之山，亦當分南條、北條，取艮兩陰畫南北分列之象。而南北

〔一〕《雜卦傳》。
〔二〕「離」字，黄氏原文作「离」。
〔三〕「以相反而見義也」句，黄氏原文作「以相反而見義如此」。

兩條之中，又分四脈。……艮又訓止……字之从艮得聲者，如垠，如限，皆取止義〔一〕。

兑以一陰乘於二陽之上，其象爲澤。澤非藪澤之澤，謂水之積於山巔者，堪輿家所謂天池是也。其卦開乾之上口，以納天之氣，又塞坎之下口，俾水不至於下泄。故高山之澤，其清而淺者，雖大旱亦不涸。……兑，古悦字，故曰：『兑，説也。』〔二〕艮之止謂『敵應，不相與』〔三〕，兑則相與而説者〔四〕，其以相反見義又如此。」

朱子《分宫卦象次序歌》

乾爲天䷀　天風姤䷫　天山遯䷠　天地否䷋　風地觀䷓　山地剥䷖　火地晉䷢　火天大有䷍

坎爲水䷜　水澤節䷻　水雷屯䷂　水火既濟䷾　澤火革䷰　雷火豐䷶　地火明夷䷣　地水師䷆

艮爲山䷳　山火賁䷕　山天大畜䷙　山澤損䷨　火澤睽䷥　天澤履䷉　風澤中孚䷼　風山漸䷴

〔一〕此概括黄氏文意，非原文。

〔二〕兑卦《彖傳》。

〔三〕艮卦《彖傳》云：「艮其止，止其所也。上下敵應，不相與也。」

〔四〕此按兑卦《彖傳》之言「兑，説也。剛中而柔外，説以利貞，是以順乎天而應乎人」爲説。

震爲雷䷲	雷地豫䷏	雷水解䷧	雷風恒䷟	地風升䷭	水風井䷯	澤風大過䷛	澤雷隨䷐
巽爲風䷸	風天小畜䷈	風火家人䷤	風雷益䷩	天雷无妄䷘	火雷噬嗑䷔	山雷頤䷚	山風蠱䷑
離爲火䷝	火山旅䷷	火風鼎䷱	火水未濟䷿	山水蒙䷃	風水渙䷺	天水訟䷅	天火同人䷌
坤爲地䷁	地雷復䷗	地澤臨䷒	地天泰䷊	雷天大壯䷡	澤天夬䷪	水天需䷄	水地比䷇
兑爲澤䷹	澤水困䷮	澤地萃䷬	澤山咸䷞	水山蹇䷦	地山謙䷎	雷山小過䷽	雷澤歸妹䷵

文治按：此歌爲朱子所作。「方以類聚，物以羣分」[一]，一縱一横，可樂而玩。縱者，每爻遞變至五世，轉爲遊魂、歸魂也；横者，皆旁通卦，如天風姤與地雷復、水澤節與火山旅是也。又以上下卦相易，如天風姤爲乾宫一世卦，而風天小畜則爲巽宫一世卦；風火家人爲巽是宫二世卦，而火風鼎則爲離宫二世卦。推之遊魂、歸魂卦，無不皆然。萬事萬物之理，畢具於是，奇法縝密，學者務宜熟讀。

又按：《京房易積算法》曰：「孔子《易》云：『有四易：一世、二世爲地易，三世、四世爲人易，五世、八純爲天易，遊魂、歸魂爲鬼易。』」[二]據此則世卦之説，由來已舊，

[一]《繫辭上傳》第一章。
[二] 惠棟《易漢學》卷四引。

朱子此歌蓋本古義。積至五世而變者，孟子所謂：「君子之澤，五世而斬；小人之澤，五世而斬。」〔一〕天道、人事無百數十年而不變者，惟在爲善有以維持之，可不敬哉！

遊魂、歸魂之義，惠氏（棟）、張氏（惠言）書所載，其説不一。《京房・乾傳》曰：「陰陽代謝，至于遊魂。」引《繫辭傳》「遊魂爲變」作證，則遊魂當爲「碩果不食」之義〔二〕。荀爽注乾《彖傳》曰：「乾起坎而終於離，坤起於離而終於坎。離坎者，乾坤之家，而陰陽之府，故曰：『大明終始。』」〔三〕惠氏謂：「乾遊魂於火地，歸魂於火天，故曰終於離；坤遊魂於水天，歸魂於水地，故曰終於坎。」〔四〕

竊按：惠氏之意，亦以乾坤成既濟爲歸魂。大抵歸魂卦皆八純卦性質之相近

〔一〕《孟子・離婁下》。

〔二〕惠棟《易例一・世應（附遊魂）》曰：「《京房・乾傳》曰：『精粹氣純，是爲游魂。』陸績曰：『爲陰極剥盡，陽道不可盡滅，故返陽道，道不復本位爲遊魂，例八卦。』先曾王父樸菴先生《易説》（諱有聲，字律和）曰：『碩果不食，故有遊魂。』又曰：『陰陽代謝，至於遊魂。』《繫》云：『精氣爲物，遊魂爲變，是故知鬼神之情狀。』（樸菴先生曰：「此《易緯》以遊魂爲鬼易也。」）」載《皇清經解續編》卷一三七。

〔三〕李鼎祚《周易集解》卷一引。

〔四〕惠棟《易例一・世應（附遊魂）》，載《皇清經解續編》卷一三七。

者，如地水師、風山漸之類是也。鬼易者，如晉爲乾遊魂卦，故有「王母」之象〔一〕；大過爲震遊魂卦，故其象爲棺槨〔二〕；小過爲兑遊魂卦，故有「過祖遇妣」之象〔三〕，此其證也。而消息之義，更有大可懼者。《孟子》言「人之所以異於禽獸者幾希，庶民去之，君子存之」也〔四〕。君子，舜、禹、湯、文、武、周、孔是也；存之者，「成性存存」也〔五〕。古聖人德澤久大，則百年爲一世，即百年爲一爻，故五百歲而聖人復出，道統之傳嬗亦然。蓋聖人之所以存其心、存其澤，即所以存其國。國運剥於上則復於下，皆視一國之心性以爲消息。國性惡，則國魂遊而國亡；國性善，則國魂歸而國存。故聖人制數度、議德行，必垂諸數百年。《繫辭傳》言「精氣」「遊魂」，極之於「智周乎萬物，而道濟天下」，明善國性之道也。人生天地間，要必維持當世之德行功業，俾不至於消滅，此孔子傳天易、地易、人易、鬼易之義也。「无有師保，如臨父母。」〔六〕吾人

〔一〕晉六二爻辭：「晉如愁如，貞吉。受兹介福於其王母。」

〔二〕《繫辭下傳》第二章：「古之葬者，厚衣之以薪，葬之中野，不封不樹，喪期无數，後世聖人易之以棺槨，蓋取諸大過。」

〔三〕小過六二爻辭：「過其祖，遇其妣，不及其君。遇其臣，无咎。」

〔四〕《孟子·離婁下》。

〔五〕《繫辭上傳》第七章。

〔六〕《易·繫辭下傳》第八章。

心術之隱與鬼神合其吉凶矣。凡人莫不有死，而死固有其道焉。積善孳孳，則餘慶復於子孫，而家國不至於爲變。

又按：友人曹君叔彦作《遊魂在四歸魂在三説》[一]曰：「《易》謙《彖傳》曰：『鬼神害盈而福謙。』虞注云：『鬼謂四，神謂三。』[二]張氏云：『遊魂在四，歸魂在三，四詘三信，鬼神皆乾精也。』[三]此本京氏之法，而專以乾坤往來言，且義主於乾。蓋京氏以六十四卦分屬八卦，變初爲一世，變二爲二世，依次而上。故乾一世爲姤，二世爲遯，以至於五世爲剥，而上爻不變以本體，由是四爻返爲遊魂，三爻及下體盡復爲歸魂。故乾遊魂爲晉，歸魂爲大有，五爻爲卦主不復，則譬之人身，諸陽之復，非死而復生；四如陽魂之初入陰，三以下如魂之有所歸而定，與天地之氣合，復爲生息之本耳。四失位，遊之象；三得位，歸之象。遊則詘，故爲鬼；歸則信，故爲神。坤及六子皆同例。但遊魂之爻不必失位，歸魂之爻不必得位，要其卦氣之詘信與乾同耳。

[一] 此唐先生附録曹元弼文闡明合德鬼神之義，雖極幽微而非隱密，可知可辨。
[二] 李鼎祚《周易集解》卷四引。
[三] 李道平《周易集解纂疏》卷三謙卦《彖傳》「鬼神害盈而福謙」疏云：「虞注：謙，兑宫五世卦也。遊魂在四，歸魂在三。四詘三信，故『鬼謂四』『神謂三』，皆乾精也。」

復者陽生，故其卦始終於謙，乾魂在三。姤者陰生，故其卦始於豫，乾魂在四。此雖乾息坤消各自爲義，而亦四詘三信、四遊三歸，鬼謂四、神謂三之意也。

遊魂、歸魂，就乾言，則四陽詘入陰爲遊，三陽信本體復爲歸；合坤及六子言，則四一爻陰陽入非其類，皆詘而爲遊；三及下體陰陽復其本，皆信而爲歸。陰陽五行之氣行乎天地間，其氣之聚而生人生物也。氣盡而散，遊魂爲變也。散而復歸其本，是爲歸魂，所謂返而歸者爲鬼也。歸則復聚而爲生物之本，所謂至而伸者爲神也。『精氣爲物』，氣之聚也；『遊魂爲變』，氣之散也，散而定則爲歸魂。京氏引孔子曰：『遊魂、歸魂爲鬼易。』其法蓋傳自古易家。《繫》言遊魂，而歸魂在其中，歸魂其在爲變、爲物之間乎？

天地氣化，終則又始，魂即精氣，爲變爲物，如環無端。聖人與天地合德，鬼神合吉凶，故知鬼神之情狀與天地相似，而其制禮曲得其情，如見其狀也。鬼者陰之靈，而陰之信亦猶陽。歸魂爲神，物之本也。神者陽之靈，而陽之詘亦猶陰。遊魂爲鬼，物之變也。抑可推之，卦之消息自下而上，猶人之少而壯也；卦世之變亦自下而上，猶人之壯而衰也。天地間既有此人，即其人終古不滅，形有盡而清明之氣无窮，故上世不變。凡物有始必有終，木落歸根，水流雖涸而源不絶，故遊魂、歸魂自上而下，終則又始，則歸者又自初息矣。天地盈虛，與時消息，而況於人、況於鬼神？

萬物遷流於氣化之中，莫能自主，然而有可以自主者。惠定宇先生曰：『聖人贊化育，以天地萬物爲坎離；術士鍊精魄，以一身爲坎離。』〔一〕本諸其所歸，而培養滋息之，以防其遊散，則既濟之功成，太極之體復，各正性命，保合太和，天下之所以長治久安也。澹泊寧靜，嘘吸精和，人之所以長生久視也。此君子所以否則可使爲泰，泰則不使爲否，而元永貞无咎也。」〔二〕以上皆曹氏説。

愚按：此説原本古《易》家義，探賾索隱，可謂知死生之説，鬼神之情狀，實與宋張子《正蒙》所言隱相符合。《正蒙・太和篇》曰：「太虛不能無氣，氣不能不聚而爲萬物，萬物不能不散而爲太虛。循是出入，是皆不得已而然也。然則聖人盡道其間，兼體而不累者存神，其至矣。」〔三〕王船山先生嘗謂遊歸之説，人莫能言其故〔四〕，得此涣然冰釋矣。

〔一〕惠棟《太上感應篇注・序》文。

〔二〕唐先生所開列《周易應讀書目表》中，曹元弼三部作品《周易集解補釋》《周易學》《周易鄭氏注箋釋》，均未收《遊魂在四歸魂在三説》文。

〔三〕張載《正蒙・太和篇》。

〔四〕王夫之《周易内傳》卷末《周易内傳發例》載：「乾之變窮於剥，何以反下而爲晉？又全反其所已變而爲大有？無可奈何而爲遊魂、歸魂之説以文之。何以遊？何以歸也？無能言其故也，窮斯遁也。」

十二辟卦消息圖

文治按：孟長卿《卦氣圖》，以坎、離、震、兑爲四正卦，餘六十卦，卦主六日七分，合周天之數。内辟卦十二，謂之消息卦。乾盈爲息，坤盈爲消，其實乾坤兩卦十二畫周流六位也。虞氏《十二辟卦消息圖》蓋本孟氏家法，觀乎此，而四時之遞嬗，意念之善惡，事物之變遷，君子小人之消長，世運之循環，舉可知矣。

卷一

【釋】唐先生於南菁書院師從黄以周時，發現「本卦釋爻」之解讀《周易》之例，以對治「支離」之弊。先生《易屯二爻辭義》云：「治《易》者，凡釋卦爻中之一辭，則當就一爻統言之，至釋卦中一爻之義，則當就全卦統觀之。蓋必能明全卦之義，然後解一爻之義，方能確鑿。」（載《唐文治文集》「經説類」）本書解釋卦爻辭，皆本卦義以釋爻，卦爻並重，然後總以一卦「大義」，體現完整之義理脈絡與體統。此乃唐先生《易》學精到之處。

乾[一] ䷀

乾下乾上

按：此爲伏羲所畫之卦，而文王所重者。至「乾下乾上」何人所加，則不可考矣。

[一] 封名原無，爲醒眉目，謹添加。後同。

乾十二辟卦〔一〕，由夬進，與坤旁通。八純卦〔二〕。《釋文》云：「乾，竭然反。依字作倝下乙，乾从旦㫃。㫃音偃。《説卦》云：『乾，健也。』」〔三〕

乾：元亨利貞。

此爲文王所繫之彖辭。《子夏傳》曰：「元，始也。亨，通也。利，和也。貞，正也。」〔四〕

愚按：本經彖辭言「元亨利貞」者，乾、坤、屯、臨、隨、无妄、革，七卦。然「元亨」之義，聖傳多解作「大亨」，如臨〔五〕、屯〔六〕、无妄〔七〕諸卦是也。利貞之義，有偏言之者，如坤「利牝馬之貞」是也。蓋四德運行，惟乾所獨，而乾元、坤元之氣，流行於六十四

〔一〕辟卦即主卦。
〔二〕八純卦即三爻卦，即乾、兑、離、震、巽、坎、艮、坤。
〔三〕陸德明《經典釋文·周易音義》。
〔四〕李鼎祚《周易集解》卷一引。
〔五〕《易》臨卦《彖傳》：「臨，剛浸而長，説而順，剛中而應。大亨以正，天之道也。」
〔六〕屯《彖傳》：「屯，剛柔始交而難生，動乎險中，大亨貞。」
〔七〕无妄《彖傳》：「无妄，剛自外來，而爲主於内，動而健，剛中而應。大亨以正，天之命也。」

卦之中，所謂「天地之大德曰生」〔一〕。故聖傳以乾元、坤元連續，與他卦之解作大亨者，其義迥不相同。又：先儒解利貞，皆謂變之正，及剛柔相易、乾升坤降之類〔二〕，祇可解他卦，若乾之四德，斷以《文言傳》爲正。

又按：「元亨利貞」配春夏秋冬，此以天道言也；又配仁義禮智，此以人性言也。若以人事推衍之，有一日之元亨利貞，有一歲之元亨利貞，有一世之元亨利貞〔三〕。學者以心體驗之，則於自强不息之道，思過半矣。

初九：潛龍勿用。

此以下爲周公所繫之爻辭。干氏寶曰：「位始，故稱初。陽重故稱九。陽在初九，十一月之時，自復來也。十二消息卦即乾坤十二畫，乾初陽始生，故云自復來。……此文王在羑里之爻，雖有聖明之德，未被時用，故曰勿用。」〔四〕先師黄氏以周曰：「筮法：以過揲之數定七八九六。過揲七四則得少陽，過揲八四則得少陰，過揲九四則得老陽，過

〔一〕《繫辭下傳》第一章。
〔二〕惠棟《周易述·易漢學·易例》卷二「乾元亨利貞」疏：「經凡言利貞者，皆爻當位，或變之正，或剛柔相易。」
〔三〕一日、一歲、一世，皆以特定之時之終始周期階段言，非必限於一年之春夏秋冬也。此先生之卓見。
〔四〕干寶説見引於唐李鼎祚《周易集解》卷一。

揲六四則得老陰。陽數有七九，陰數有六八。」〔一〕《左氏·襄九年傳》曰：「穆姜薨於東宫。始往而筮之，遇艮之八。史曰：『是謂艮之隨。』」〔二〕服注曰：「唯六二不變。《連山》、《歸藏》之占，以不變爲正。」〔三〕杜注曰：「二《易》皆以七八爲占，故言遇艮之八。」〔四〕是《連山》、《歸藏》以不變者占，稱七八；《周易》以變者占，稱九六也。

愚按：凡説《易》，當以聖傳釋經。此傳云：「陽在下也。」陽謂龍，下謂潛；經言勿用者，筮者勿用之以作事也。凡釋《易》爻之例，曰數、曰象、曰占。九，數也。潛龍，象也。勿用，占也。他卦有有象而無占者，有有占而無象者，當觀其會通。又以時位言之，初，位也；潛，時也。占者遇之，當知其時與位，是以勿用。

九二：見龍在田，利見大人。

干氏寶曰：「陽在九二，十二月之時，自臨來也。二爲地上，田在地之表，而有人

〔一〕黄以周《周易注疏賸本·周易上經傳》乾卦初九爻辭「潛龍勿用」疏。
〔二〕《春秋左傳注疏》卷三〇。
〔三〕賈公彦《周禮注疏》卷二八《春官宗伯下·大卜》疏引。
〔四〕孔穎達《春秋左傳注疏》卷三〇載杜預注。

功者也。陽氣將施，聖人將顯。此文王免於羑里之日也，故曰利見大人。」〔一〕

愚按：此師位而兼君德也。玩《文言傳》「庸言之信」云云可見。師道立則善人多，正學昌明，天下萬世，心悦誠服。孔子開其統，以下若顔、曾、思、孟，漢唐後在野講學諸賢皆是也。故《文言傳》又曰「天下文明」，蓋離象也。「利見大人」，或以爲二見五，或以爲五見二。然《易》義變動不居，要未可泥。離卦《大象傳》曰：「大人以繼明照于四方。」六十四卦大象傳例，多稱君子，或稱先王，稱后，惟離卦則稱大人，蓋南面嚮明之象。乾二、五變皆成離，「利見大人」，當指變離而言，示占者之辭也。

九三：君子終日乾乾，夕惕若，厲无咎。

干氏寶曰：「陽在九三，正月之時，自泰來也。……此蓋文王反國，大釐其政之日也。」〔二〕

愚按：乾乾者，健之至也。凡經中疊字爲言者，皆有極至之義，如謙謙、坎坎、蹇蹇、夬夬、井井之例是也。惕若，畏懼之至也。厲，危辭也。據下卦之上，惟恐盛極而生

〔一〕李鼎祚《周易集解》卷一引。
〔二〕李鼎祚《周易集解》卷一引。

陰，當以憂危之道處之，故傳曰：「反復道也。」又曰：「雖危无咎。」此文王緝熙敬止之學，《禮記》所謂「莊敬日强」是也〔一〕。彖辭「元亨利貞」之德，蓋流行于日夕之間矣。

九四：或躍在淵，无咎。

干氏寶曰：「陽在九四，二月之時，自大壯來也。……此武王舉兵孟津，觀釁而退之爻也。守柔順，則逆天人之應。通權道，則違經常之教。故聖人不得已而爲之，故其辭疑矣。」〔二〕

愚按：聖人學《易》可以無大過，故《易》義以寡過爲主。无咎者，善補過也。三爻言學問中之「无咎」，四爻言出處時之「无咎」。君子德日進而位不敢苟進，德愈盛，心愈下。武王順天應人，豈躁進哉？此爲六十四卦「无咎」二字之起例。三多凶，四多懼，周公憂患之意深矣！

九五：飛龍在天，利見大人。

干氏寶曰：「陽在九五，三月之時，自夬來也。五在天位，故曰飛龍。此武王克

〔一〕《禮記·表記》文：「子曰：『君子莊敬日强，安肆日偷。君子不以一日使其躬儳焉如不終日。』」
〔二〕李鼎祚《周易集解》卷一引。

紂正位之爻也。聖功既就，萬物既覩，故曰『利見大人』矣。」〔一〕

先師黃氏曰：「飛龍者，龍之神也。以天德居大位，故曰大人。飛者，喻無所拘，謂其神也。」〔二〕《管子》曰：龍生於水，被五色而游。故上則淩于雲氣，下則入于深泉，言神之至也。〔三〕

曹氏元弼曰：「姚氏配中謂：大人首出，是謂乾元。乾元始息于初，終于上，而位于五。文王繫庖犧于乾五，作八卦，以正夫婦父子君臣之義，此繼天立極、開元建始之大經大法。」〔四〕

〔一〕李鼎祚《周易集解》卷一引。

〔二〕黃以周《周易注疏賸本》乾卦九五爻辭疏。

〔三〕《管子·水地》云：「龍生于水，被五色而游，故神。欲小則化如蠶蠋，欲大則藏於天下，欲上則淩于雲氣，欲下則入于深泉，變化無日，上下無時，謂之神龜與龍，伏闇能存而能亡者也。」

〔四〕曹元弼《周易集解補釋》卷一云：「姚氏曰：『陽息至五，四化則五互離，坤五之乾二亦成離。萬物皆相見，五以陽德居天位爲大人，天下利見之也。大人首出，是爲乾元。乾五天位，乾元託焉以治天下者也。按：乾元始息於初，終於上，而位於五，文王書經，繫庖犧于乾五，作八卦以正夫婦父子君臣之義，此繼天立極、開元建始之大經大法。』」

上九：亢龍有悔。

干氏寶曰：「陽在上九，四月之時也。亢，過也。」〔一〕聖人治世，威德相濟。武功既成，義在止戈。盈而不反，必陷于悔。

先師黃氏曰：據《説文・心部》文，亢一作忼。許君傳孟氏《易》，是亢作忼者，孟喜之古文用假借字也。「《易》，窮則變」，上窮，故悔，悔斯變也。「凡言悔者，皆從變」，此《易》例也。亢謂其已窮，龍謂其能變。窮而能變，不失爲龍也，故有悔而无大凶。〔二〕

愚按：本經言悔者有二例。一貞悔之悔，以蓍卦之象言。一悔吝之悔，以在心之理言。如豫六三「悔，遲有悔」，困上六「動悔，有悔」，皆上爲貞悔之悔，下爲悔吝之悔。《易》中專言悔，皆貞悔之悔。言有悔、无悔、无祇悔，皆悔吝之悔。然惟心理中有悔，而後於事能變而之吉。

又按：六爻象天地人，以此起例：二爻在田，地道也；三爻君子，人道也；五爻

〔一〕李鼎祚《周易集解》卷一引。
〔二〕黃以周《周易注疏賸本》乾上九爻辭疏。謹按：唐先生取其大意，非録原文。

在天，天道也。與大有卦爻例略同，惟《易》義變動不居，亦不可泥。又：周公作爻辭，多有依文王彖辭爲義者，如本卦統六爻言之，潛龍，元也；見龍、飛龍，亨也；「亢龍有悔」，則勉以利貞也。以内外卦分言之，初爻潛，元也；二爻見，亨也；三爻乾惕，利貞也；四爻躍，元也；五爻飛，亨也；上爻亢而有悔，利貞之道也。經義精密如此。又：綜而言之，初爻潛，上斯亢矣；二爻見，五斯飛矣；三爻惕，四斯躍矣。諸卦爻例可以此推之，然亦不可拘。

用九：見羣龍无首，吉。

先師黄氏曰：「筮法：以過揲之數定七八九六。乾未必皆九也，或九七相間，六爻皆七，亦乾也。坤未必皆六也，或六八相間，六爻皆八，亦坤也。此言用九、用六者，則以乾六爻皆九，坤六爻皆六言。六爻皆體乾，爲羣龍之象。羣龍者，六龍也。」〔一〕

曹氏元弼曰：「九六者爻之變。乾元坤元用之以立消息、正六位。乾用九以通

〔一〕黄以周《周易注疏賸本》乾用九《象傳》疏。

坤，坤用六以應乾，則剛柔正而位當，是謂天則。餘卦九六之用皆視此。」〔一〕

愚按：曹氏之説，不專指本卦而言，此蓋周公以筮法教萬世，特于乾、坤二卦發其例，餘俟後賢樂玩而自悟。羣龍者，羣賢之象。无首者，尊無二上。六十四卦最吉之象，君子道長也。

彖曰：大哉乾元！萬物資始，乃統天。

此以下爲孔子所作之《彖傳》。《九家易》曰：「陽稱大，六爻純陽，故曰大。乾者純陽，衆卦所生，天之象也。觀乾之始，以知天德。惟天爲大，惟乾則之，故曰大哉。元者，氣之始也。」〔二〕

荀氏爽曰：「謂分爲六十四卦，萬一千五百二十策，皆取始於乾也。册取始於乾，猶萬物之生稟於天。」〔三〕

愚按：經例：陰爲小，陽爲大。萬物兆始，皆資取于生長之元氣，是本乎天也。

〔一〕曹元弼《周易集解補釋》卷一。
〔二〕李鼎祚《周易集解》卷一引。
〔三〕李鼎祚《周易集解》卷一引。

統者，本也[一]。此乃釋彖辭之元。經例：凡以德長大萬物曰元。此言天道，聖人則之。荀説太拘，别備一義。

雲行雨施，品物流形。

虞氏翻曰：「已成既濟，上坎爲雲，下坎爲雨，故雲行雨施。乾以雲雨，流坤之形，萬物化成，故曰品物流形也。」[二]

先師黄氏曰：「坎、離者，乾、坤之用也。坎之上行爲雲，下施爲雨，而品物流動而成形。離之今日既終，明日又始，晝夜各行六辰之位而時成，此謂坎、離升降，乾、坤之氣通也。乾二、五之坤爲坎，坎之上行爲雲，如雲雷屯是也。坎之下施爲雨，如雷雨解是也。品物者，各爻之物也。《繫辭傳》曰：『爻有等，故曰物。』」[三]

大明終始，六位時成，時乘六龍以御天。

荀氏爽曰：「乾起坎而終于離，坤起離而終于坎。離、坎者，乾、坤之家而陰陽之

[一]「統者本也」乃鄭玄《禮記目録》之説。
[二]李鼎祚《周易集解》卷一引。
[三]黄以周《周易注疏賸本》乾《彖傳》疏。

府，故曰『大明終始』也。」[一]

先師黄氏曰：「雲行雨施，虞氏專以坎言，則『大明終始』，當指離日爲是。虞氏《逸象》：『乾，爲大明。』[二]離日麗天，天之大明者也。晉《彖傳》曰：『順而麗乎大明。』亦謂離日。《禮·禮器篇》曰：『大明生于東。』是也。」

曹氏元弼曰：「姚氏曰：『一陽生，當坎位；夏至，陽終於上，當離位，故起坎終離。一陰生，當離位；冬至，陰終於上，當坎位，故起離終坎。此所以日月爲易，卦成既濟，經終坎、離、既濟、未濟也。陽明陰闇，陰陽不交，則其明不顯；交成既濟，其明乃彰。故坎、離爲乾、坤之家，陰陽之府也。坎、離中宫，陰陽所出入者也。兼坤言者，陽息於子，至十月始盡；自午至亥，陰消陽，故以坤言之。其實十二消息皆主陽言。消謂消陽，息謂陽息。虞翻坤卦注所謂「終于坤亥，出乾初子」是也。』」[三]

《莊子》「六氣之辯」，辯讀爲變，六氣之變即六龍也。云「乘雲氣，御飛龍，而遊乎

[一] 李鼎祚《周易集解》卷一引。
[二] 紀磊《虞氏逸象考正》卷一。
[三] 曹元弼《周易集解補釋》卷一。按：姚氏説見《周易姚氏學》卷一乾卦按語。

四海之外，其神凝」〔一〕者，蓋以喻元，此古《易》微言，真子夏所傳也。

愚按：終始者，謂六爻之位也。卦爻上爲終，初爲始，舉終始即晐六位。六龍者，六爻之陽也。坎雨時施，離日時成，天之亨必順其時，人之亨亦必乘乎時，故龍德之人，乘潛、見、惕、躍、飛、亢之時以御天也。此以上乃釋彖辭之亨。經例：凡以時會通萬物謂之亨。

乾道變化，各正性命，保合太和，乃利貞。

先師黄氏曰：「《繫辭傳》曰：『一陰一陽謂之道。』乾變坤化，則陰陽之性命各正，而太和之元氣亦保合而無間。此釋乾道之利貞也。家君儆居子〔二〕曰：變則通，利也。性命各正，貞也。『保合大和』，保亦貞，和亦利也〔三〕。以爻象言之，乾二之坤五爲變，坤五之乾二爲化。《繫辭傳》曰：『剛柔相推而生變化。』虞翻注曰：『剛推柔生變，柔推剛生化。』荀注《繫辭傳》『成變化而行鬼神』曰：『在天爲變，在地爲化。』義

〔一〕王先謙《莊子集解·逍遥遊》卷一。

〔二〕黄式三（一七八九～一八六二），黄以周之父，字薇香，號儆居，一生治經未仕。

〔三〕黄式三《易釋·疑義分析三》云：「乾道變化，變則通利也。二位不當，以見大人而貞；四位不當，以在淵而貞；上位不當，以有悔而貞，是謂各正性命。正即貞也。保合太和，保亦貞，和亦利。」

亦同也。乾坤變化，成即濟定，剛柔位正，陰陽德合，故云：『各正性命，保合太和，乃利貞。』凡曰利者，以變言也。《繫辭傳》曰：『變動以利言。』貞者，或位正而贊其常守正，或位不正而勸其往，得正而常守之也。」〔一〕

愚按：變以氣言，化以質言。此乃釋彖辭之利貞。經例：凡變而和謂之利，正而固謂之貞。周子《通書》曰：「『大哉乾元，萬物資始』，誠之原也。『乾道變化，各正性命』，誠斯立焉。」〔二〕天以誠爲主，人以誠爲用。天道之所以保合太和者在誠，人君之所以咸寧萬國者亦在乎誠，不誠則無物。

首出庶物，萬國咸寧。

愚按：乾爲諸卦之首，九五爲乾之首。《文言傳》曰：「聖人作而萬物覩。」《尚書》贊堯曰：「協和萬邦。」〔三〕惟協和而後能咸寧也。孔子作全經《彖傳》，常有慨想太平之志，此傳更情見乎辭。王氏夫之謂：「凡《彖傳》於釋彖之餘，皆以人事終之。大

〔一〕黄以周《周易注疏賸本》乾《彖傳》疏。
〔二〕周敦頤《通書・誠上》。
〔三〕《尚書・堯典》文。

小險易，各如其象之德。學《易》者可法，筮者可戒。」〔一〕説極精覈。

象曰：天行健，君子以自强不息。

此爲孔子所作之《大象傳》。程子曰：「卦下象解一卦之象，爻下象解一爻之象。諸卦皆取象以爲法。」〔二〕

王氏夫之曰：「六十二象自乾坤而出。象有陽，皆乾之陽也。象有陰，皆坤之陰也。學《易》者所用之六十二德，皆修己治人之事。道在身心，皆自强之事也。道在民物，皆載物之事也。『自强不息』非一德，『厚德載物』非一功。以自强不息爲修己之綱，以厚德載物爲治人之本，故曰：『乾坤者其《易》之門。』」〔三〕又曰：「自少至老，爲而不倦，初、上之行也。自窮而達，不失不離，二、五之行也。自危而安，不變其塞，三、四之行也。君子于道，周遍省察，知其宜于修身之用，以之去私，期乎必淨；以之復禮，期乎必純；以之盡心，期乎必至，斯乃如天之自健其行也。」〔四〕

〔一〕王夫之《周易内傳》卷一上。
〔二〕程頤《周易程氏傳》卷一。
〔三〕王夫之《周易大象解》。
〔四〕王夫之《周易大象解》。

姚氏配中曰：「乾卦獨云健者，舉一以例其餘也。天行健即天行乾，地勢坤即地勢順。依乾健、坤順、震動、艮止、坎陷、離麗、兑説、巽入及序卦之義推之，六十四卦，可悉知也。」[一]

愚按：以，用也。六十四卦《大象傳》皆言以者，所以示學《易》者用《易》之方也。吾人修身處世之道，胥寓于此。若《繫辭傳》之「以此洗心」，「以神明其德」，則又統而言之矣。《大象傳》「以」字例，以内外卦對勘爲義。「自强」，健也；「不息」，重乾也。如蒙卦之「果行育德」[二]，「果行」，艮象也；「育德」，坎象也。師卦之「容民畜衆」[三]，「容民」，坤象也；「畜衆」，坎象也。餘可類推。

「潛龍勿用」，陽在下也。

此以下爲孔子所作之《爻象傳》。

王氏夫之曰：「此以下皆所謂《小象》，釋周公之爻辭也。取一爻之畫，剛柔升

[一] 姚配中《周易姚氏學》卷一乾卦按語。
[二] 蒙卦《大象傳》。按：「果行育德」乃先生經常誨勉學子者。
[三] 師卦《大象傳》。

降、應違得失之象，與爻下之辭相擬，見辭皆因象而立也。其例有陰有陽，有中有不中，有當位有不當位，有應有不應，有承有乘，有進有退，晝與位合而乘乎其時，取義不一。所謂『周流六虛，不可爲典要』，《易》道之所以盡變化也。初九處地位之下，五陽積剛于上，立純陽之定體，疑無不可用者，以道在潛伏，不可以亟見，故一陽興於地下，物榮其根，爲反己退藏、固本定基、居易俟命之道，位使然也。」[一]

先師黄氏曰：「九陽在初，其氣凝，其位卑，如龍有陽，潛藏於下，占者勿用此也。龍者陽氣，潛者下伏。初氣始生，故凝；初位爲士，故卑。龍謂陽之氣，潛謂伏於下。陽即釋龍，下即釋潛也。象爻未言陰陽，《象傳》於乾初曰『陽在下』，於坤初曰『陰始凝』，創言九六陰陽之道。」[二]

「見龍在田」，德施普也。

愚按：「見龍在田」，出乎潛也。鄭君云：「二于三才爲地道。地上即田，故稱田

[一] 王夫之《周易内傳》卷一上。
[二] 黄以周《周易注疏賸本》乾初九《象傳》疏。

也。」〔一〕蓋初、二皆爲地，初地之下，二地之上。陽在初，猶龍之潛伏于地下也。陽在二，猶龍之發見于地上也。《學記》曰：「師也者，所以學爲君也。」三者師位也。孔子雖不得位，而教育之德，普及于天下，是師德即君德也。

「終日乾乾」，反復道也。

虞氏翻曰：「至三體復，故『反復道』，謂否泰反其類也。」〔二〕

愚按：張氏惠言《虞氏消息》泰注云：「陽息坤，反否也。」〔三〕否注云：「陰消乾，又反泰也。」〔四〕《雜卦》云：「否、泰反其類也。」〔五〕凡否、泰之成，無不即反。故乾九三陽息泰就，三「反復道」能接乾生乾。坤三已發成泰，不能體復，至四反成否，故六四「括囊」而成觀。又既濟象注云：「終止於泰，則反成否。」〔六〕是其義也。據此，是此注爲消息大義。竊謂乾九三陽息在泰，「反復道」者，聖人教人貞泰之道也。聖傳云：

〔一〕張惠言訂正《周易鄭注》卷一。
〔二〕李鼎祚《周易集解》卷一引。
〔三〕張惠言《周易虞氏義》卷二。
〔四〕張惠言《周易虞氏義》卷二。
〔五〕張惠言《周易虞氏義》卷九。
〔六〕張惠言《周易虞氏義》卷六。

「乾乾因其時而惕，雖危无咎矣。」[一]因其時者，因陽息成泰之時也。陽息成泰之時，不惕則反否，故必體復，斯能接乾生乾，而雖危無咎。聖經云：「厲无咎。」聖傳云：「雖危無咎矣。」艮九三：「厲薰心。」聖傳云：「危薰心也。」則厲之訓危，自是確詁。設非成泰反否，則此爻有何危象？故此傳之「反復道」，即復卦之「反復其道」[二]。能常反于復，斯能不變于陰。聖人憂危盛明之微意，實在于此。《虞氏消息》，義至精矣！

「或躍在淵」，進无咎也。

愚按：「或躍在淵」，以時進也。淵當爲初九，初在地下稱淵。四與初應，既不安于地，又不可飛于天，如在淵而躍，頓起而倏止焉。此上下无常，欲及時而進也。蓋聖人以進爲主，是可進則進，非安于隱也。

「飛龍在天」，大人造也。

愚按：聖人法天而著作興，所謂大人造也，如作八卦、造書契等皆是。二爲在下之大人，五爲在上之大人。經例：凡言大人者，皆指九二、九五言，陽爲大也。

[一]《乾文言傳》文。
[二]復卦《彖辭》。

「亢龍有悔」，盈不可久也。

愚按：亢龍，陽之盈也。「盈不可久」，時已極也。盈釋亢，不可久釋有悔。悔則能變，變則通，通則久矣。

用九，天德不可爲首也。

先師黄氏曰：「用乾六爻之九。羣龍盡見，天德之盛，无以尚之矣！此如唐虞之際五臣並用也。《後漢・郎顗傳》曰：『唐堯在上，羣龍爲用。』鄭注云『六爻皆體乾，羣龍之象。舜既受禪，禹與稷、契、咎繇之屬並在朝』是也。《左氏・文五年傳》曰『天爲剛德』，故純陽則天德也。萬物資始於乾，故莫能先之，此乾元之所以大也。或謂乾剛不可爲物首，非也，不可爲物首則非天德矣。」〔一〕

《文言》曰：元者善之長也，亨者嘉之會也，利者義之和也，貞者事之幹也。

此以下，孔子所作之《文言傳》。

王氏夫之曰：「文，《繫傳》之所謂辭，文王、周公彖爻所繫之辭也。言者，推其立言之意，引伸之而博言其義也。乾坤爲《易》之門，詳釋其博通之旨。然以此推之，餘

〔一〕黄以周《周易注疏賸本》乾爻《象傳》疏。

卦之義類可知。」[一]

愚按：《釋文》引梁武帝曰：「《文言》是文王所制。」[二]故《左傳》已引其文。竊意王氏之説爲然。言者，解釋之詞，如本卦「潛之爲言」「亢之爲言」，坤卦「蓋言順」「蓋言謹」是也。乾爲積善，故爲「善之長」。善氣在天地間，無一刻之或停，故乾元之德，在天地間亦無一日之或息，此國性之所以善也。以乾通坤，嘉美所合，故爲「嘉之會」，禮之始也。《説文》：「利，銛也。从刀，和然後利，从和省。」[三]是非和即不利矣。古之聖賢皆以義爲利，未有不義而利者也。《説卦傳》：「離爲乾卦。」鄭君注云：「乾當爲幹。」[四]事之幹，猶枝葉之有本根也。

君子體仁足以長人，嘉會足以合禮，利物足以和義，貞固足以幹事。

張氏惠言曰：「初息震，震爲仁，爲諸侯，故『體仁足以長人』。乾以嘉美旁通合坤。陽稱嘉，坤爲禮；陽稱物，坤爲義。坤來成乾，和順道德而理于義。貞謂之正，

[一] 王夫之《周易内傳》卷一上。
[二] 陸德明《經典釋文・周易音義》。
[三] 許慎《説文解字・刀部》卷四下。
[四] 張惠言訂正《周易鄭注》卷一〇「離爲乾卦」注。

既濟定。坤爲事，以乾舉坤；坤爲智，配四德也。」[一]

愚按：本節四「足以」字，與《中庸》「聰明睿知，足以有臨」[二]五「足以」字，義例相類。蓋體仁者有之矣，然僅煦嫗者非也，必足以長人，乃可謂之元。嘉會者有之矣，然僅合羣者非也，必足以合禮，乃可謂之亨。利物者有之矣，然僅周濟者非也，必足以和義，乃可謂之利。貞固者有之矣，然僅堅守者非也，必足以幹事，乃可謂之貞。

君子行此四德者，故曰「乾，元亨利貞」。

干氏寶曰：「純陽，天之精氣。四行，君之懿德。是故乾冠卦首，辭表篇目，明道義之門在於此矣。」[三]亂則敗禮，其教淫。逆則拂時，其功否。錯則妨用，其事廢。忘則失正，其官敗。四德者，文王所由興。四愆者，商紂所由亡。

〔一〕張惠言《周易虞氏義》卷一。
〔二〕《禮記·中庸》云：「唯天下至聖，爲能聰明睿知，足以有臨也；寬裕温柔，足以有容也；發强剛毅，足以有執也；齊莊中正，足以有敬也；文理密察，足以有别也。」
〔三〕李鼎祚《周易集解》卷一引。

初九曰「潛龍勿用」，何謂也？子曰：「龍德而隱者也。不易乎世，不成乎名，遯世无悶，不見是而无悶。樂則行之，憂則違之，確乎其不可拔，潛龍也。」

程子曰：「自此以下，言乾之用。用九之道也。初九陽之微，龍德之潛隱，乃聖賢之在側陋也。守其道，不隨世而變；晦其行，不求知於時；自信自樂，可見而動，知難而避，其守堅不可奪，潛龍之德也。」〔一〕

曹氏元弼曰：「惠氏謂：『復小而辨于物，一陽不亂于五陰。』故言違，此節皆據由坤息復時言。」〔二〕

愚按：聖賢處世，最重一「潛」字。《中庸》云：「君子依乎中庸，遯世不見知而不悔。」遯者，潛也。「不見知而不悔」，即所謂「不見是而无悶」也。以《論語》大義言之，「學而時習」章爲全書之首，其末節曰「人不知而不愠」，即所謂「不見是而无悶」也，求見是則爲鄉愿矣。《學而篇》之末章曰「不患人之不己知」，即所謂「不見

〔一〕程頤《周易程氏傳》卷一。
〔二〕曹元弼《周易學·要旨第二》「憂則違之」條。按：惠棟《周易述·文言傳》云：「陽隱坤中，遯世无悶，故憂則違之。初體復，復小而辯于物，一陽不亂於五陰，是辯於物也。」

是而无悶也」。樂則行、憂則違,「則」字與「即」通,用則行、舍則藏也。至《論語》全書之末章曰:「不知命,無以爲君子也。」蓋不知命,則學問德行隨時外露,憂樂失其正,即不能「確乎其不可拔」。此《論語》大義教人以潛也。又綜全節之義論之,「不易乎世」二句,境遇也;「遯世」二句,心理也;「樂行」三句,德行氣節也。故龍德備矣。

九二曰「見龍在田,利見大人」,何謂也?子曰:「龍德而正中者也。庸言之信,庸行之謹,閑邪存其誠,善世而不伐,德博而化。《易》曰『見龍在田,利見大人』,君德也。」

姚氏配中曰:「陽爲龍德,正中謂五,二非陽位,必升坤五,正位爲君,故『利見大人』也。」「二升坤五、坤五降二,成既濟。二爲雨施,故善世;爲繼體,故不伐;德施普,故德博而化。化爲陰陽,《易》成既濟,雲行雨施,品物流形也。」〔一〕

愚按:此傳言正中,言庸言、庸行,即《中庸》之所本。顧氏炎武謂:「乾卦見龍

〔一〕 姚配中《周易姚氏學·周易文言傳》卷二乾卦按語。

之象，似與言行無與也。」〔一〕而孔子説之曰：「庸言之信，庸行之謹。」中孚卦「鳴鶴」之象，似與言行無與也，而孔子説之曰：「言行，君子之樞機。」〔二〕乃知聖人隨事取象，無不返之于言行。至于閑邪存誠，即道義之門。不伐善，乃顔子之學。「德博而化」，所謂「窮神知化，德之盛矣」。又綜全節之義論之，「庸言」句，品詣也；「閑邪」句，心理也；「善世」二句，德行度量也，皆龍德也。

九三曰「君子終日乾乾，夕惕若，厲无咎」，何謂也？子曰：「君子進德修業。忠信，所以進德也。修辭立其誠，所以居業也。知至至之，可與幾也。知終終之，可與存義也。是故居上位而不驕，在下位而不憂。故乾乾因其時而惕，雖危无咎矣。」

項氏安世曰：「九五在下卦之上，九四在上卦之下，故皆兼有上下之象。《中庸》所謂『尊德性，道問學』，『居上不驕，爲下不倍』，即此爻也。」〔三〕

〔一〕顧炎武《日知録》卷七《忠恕》曰：「《中庸》記夫子言『君子之道四』，無非忠恕之事。而乾九二之龍德，亦惟曰『庸言之信，庸行之謹』。然則忠恕，君子之道也。何以言『違道不遠』？曰：此猶之云『巧言令色，鮮矣仁』也，豈可以此而疑忠恕之有二乎？或曰：孟子言『强恕而行，求仁莫近焉』，何也？曰：此爲未至乎道者言之也。《孟子》曰：『由仁義行，非行仁義也。』仁義豈有二乎！」

〔二〕《易・繫辭上傳》文。

〔三〕項安世《周易玩辭》卷一。

曹氏元弼曰：「《易》者，聖人所以效天法地，崇德廣業。陽息至三，下坤成乾；至四，上坤生乾。乾爲德，坤爲業。三四人道，以人事成天地之功，故皆言進德修業。」〔一〕

愚按：《繫辭傳》曰：「夫《易》，聖人所以崇德而廣業也。」又曰：「富有之謂大業，日新之謂盛德。」〔二〕聖賢之學，所重者惟德與業。周子《通書》云：「聖人之道，入乎耳，存乎心，蘊之爲德行，行之爲事業。」〔三〕德行，體也；事業，用也。君子無論出處，所以終日乾乾者，惟在進德修業而已。

本經最重「幾」字。幾者，心學也。屯三爻曰「君子幾不如舍」，言知幾也。《繫辭傳》言「極深研幾」，「惟幾也，故能成天下之務」〔四〕。孔子暢發「幾」字之義，至周子又

〔一〕曹元弼《周易集解補釋》卷一。
〔二〕《繫辭上傳》文。
〔三〕周敦頤《通書·陋》。
〔四〕《繫辭上傳》文：「夫易，聖人之所以極深而研幾也。唯深也，故能通天下之志。唯幾也，故能成天下之務。唯神也，故不疾而速，不行而至。」

言「幾，善惡」〔一〕，「動而未形，有無之間者」〔二〕，兢兢于此，自能得始終條理矣。

九四曰「或躍在淵，无咎」，何謂也？子曰：「上下无常，非爲邪也。進退無恒，非離羣也。君子進德修業，欲及時也，故无咎。」

程子曰：「或躍或處，上下無常；或進或退，去就從宜；非爲邪枉，非離羣類，進德修業，欲及時耳。時行時止，不可恒也，故云『或』。」〔三〕

王氏夫之曰：「自初至三，皆象聖修之功。九二君道已盡，九三更加乾惕，以應物盡變，乾德成矣。自四以上，以學言之，則不思不勉而入聖；以時位言之，德盛道行，將出以受天命之候也。故四以上皆以功效言之。」〔四〕

曹氏元弼曰：「陽與陽爲羣，陰與陰爲羣，所謂『方以類聚，物以羣分』。陰道從陽，當離其類，故坤彖曰：『東北喪朋。』陽則否，或進或退，皆乾元之用，所以息乾通

〔一〕周敦頤《通書・誠幾》。
〔二〕周敦頤《通書・聖》。
〔三〕程頤《周易程氏傳》卷一。
〔四〕王夫之《周易内傳》卷一上。

坤，非離其羣也。此陰陽之別。」〔一〕

愚按：「上下無常」，謂四當上下之交，進退無恒。巽爲進退，謂四變爲陰也。否六二《象傳》曰：「『大人否亨』，不亂羣也。」「非離羣」，言不離于君子之羣，即不亂于小人之羣也。「非爲邪」者，聖人戒以處上下之交，不可易其守。「非離羣」者，聖人戒以處進退之時，不可變其性也。此爻總以見君子處事，量而後入，躍出在淵，必係君子所能安之地也。本經最重「時」字，聖傳特于乾三、四兩爻起其例。先儒釋此，專指武王觀兵孟津〔二〕，泥矣。

九五曰「飛龍在天，利見大人」，何謂也？子曰：「同聲相應，同氣相求。水流濕，火就燥，雲從龍，風從虎，聖人作而萬物覩。本乎天者親上，本乎地者親下。則各從其類也。」

虞氏翻曰：「『同聲相應』，謂震、巽也。庖犧觀變而作八卦，雷風相薄，故相應也。『同氣相求』，謂艮、兑，山澤通氣，故相求也。『水流濕，火就燥』，謂離上而坎下，

〔一〕曹元弼《周易集解補釋》卷一。
〔二〕李鼎祚《周易集解》卷一引干寶曰：「此武王舉兵孟津，觀釁而退之爻也。守柔順，則逆天人之應。通權道，則違經常之教。故聖人不得已而爲之，故其辭疑矣。」

水火不相射。『雲從龍』，謂乾爲龍，雲生天，故從龍也。『風從虎』，謂坤爲虎，風生地，故從虎也。覩，見也。聖人，則庖犧，合德乾五，造作八卦，以通神明之德，以類萬物之情。五動成離，日出照，物皆相見，故曰『聖人作而萬物覩』也。『各從其類』，謂方以類聚，物以羣分，乾道變化，各正性命，觸類而長，故各從其類。」〔一〕

曹氏元弼曰：「八卦貞于乾坤六位，其相應如是，故凡同類者舉相應也。聖人先得人心之所同然，出於其類而實與我同類。八卦之氣，根于乾元，萬物知覺，覺于聖人。故聖人起在天位，造作法度，則萬物共仰而覩之。『聖人作』即『大人造』，所謂『飛龍在天』也。『萬物覩』，所謂『利見大人』也。庖犧作八卦，」「萬物之生，各有其本，本所以爲類別也。上古之世，民不知類。庖犧類萬物之情，本之于父子，又本之于夫婦，而人倫正，倫即類也。人倫正，而王道行。」〔二〕

愚按：此爻爲《易》中文明最著之象。「聖人作而萬物覩」，言發明萬物之學也，

〔一〕李鼎祚《周易集解》卷一引。
〔二〕曹元弼《周易集解補釋》卷一。

所謂「盡人之性，盡物之性」也〔一〕。「本乎天」，主氣言；「本乎地」，主質言。在人爲良知良能，在物爲鳶飛魚躍而上下察〔二〕，《尚書》謂：「疇若于上下草木鳥獸。」〔三〕《禮運》：「鳥不獝，獸不狘。」〔四〕咸若其性，即「各從其類」也。

上九曰「亢龍有悔」，何謂也？子曰：「貴而无位，高而无民，賢人在下位而无輔，是以動而有悔也。」

項氏安世曰：「天德者，貴下喜中而忌上者也。」「上九一爻，无中无下，惟有上義而已。无中則无位，无下則无民、无輔，此天德之所忌也。然窮則能變，必无遂亢之理。故爻辭不言凶咎，止言有悔，悔則能變也。」〔五〕

〔一〕《禮記·中庸》文。
〔二〕《禮記·中庸》言君子之道云：「故君子語大，天下莫能載焉；語小，天下莫能破焉。《詩》云：『鳶飛戾天，魚躍于淵。』言其上下察也。」唐先生本此意。
〔三〕《尚書·舜典》文。
〔四〕《禮記·禮運》云：「鳳以爲畜，故鳥不獝。麟以爲畜，故獸不狘。」
〔五〕項安世《周易玩辭》卷一乾「亢龍有悔」章。

愚按：「无位」之位，指名位而言。先儒謂失位故无位〔一〕，又謂上无爻位者〔二〕，皆非也。玩此節，可見在上者以求賢爲急。

「潛龍勿用」，下也。

姚氏配中曰：「不言陽，但言下，明在下皆然也。《淮南子》曰：『潛龍勿用，言時之不可以行也。』〔三〕」〔四〕

曹氏元弼曰：「此以下兩章，反覆詠歎六爻之義。此章以人事明之。」〔五〕

「見龍在田」，時舍也。

曹氏元弼曰：「何妥説教授門徒，非通舍，孰能如此。本王弼義。舍，釋也。但王以時言，謂時運漸亨，凝閉解釋；何以德言，謂樂天知時，無所凝滯耳。皆非也。『時舍』，謂二有君德，當升坤五，時暫舍于二，若舜臣堯時是也。」〔六〕

〔一〕李鼎祚《周易集解》卷一引荀爽曰：「在上，故貴。失位，故无位。」
〔二〕王弼《周易略例·辯位》曰：「乾上九貴而無位。」
〔三〕何寧《淮南子集釋·人閒訓》。
〔四〕姚配中《周易姚氏學·周易文言傳》卷二乾卦按語。
〔五〕曹元弼《周易集解補釋》卷一。
〔六〕曹元弼《周易集解補釋》卷一。

愚按：古語「舍」訓爲置。苟置于此，則舍于此，故經文曰在。

「終日乾乾」，行事也。

項氏安世曰：「行事者，云爲動作之總名也。潛龍，夜也。見龍，旦也。飛龍，日中也。亢龍，日昃也。乾乾者，終日之所從事也。」「三言『終日』，四言『及時』，此二爻者，經營乎晝夜之間者也。」[一]

愚按：言行事，可知「乾乾」非冥心妙悟之謂，聖人所謂「敬事」是也。

「或躍在淵」，自試也。

愚按：張氏惠言謂：「上下進退，自考其德業。」[二]竊謂躍，自動也，非上所用而自試之。所以閱歷事變，而上下進退之權，要在于己也。

「飛龍在天」，上治也。

何氏妥曰：「此當堯舜冕旒之日，以聖德而居高位，在上而治民也。」[三]

[一] 項安世《周易玩辭》卷一。
[二] 張惠言《周易虞氏義》卷一。
[三] 李鼎祚《周易集解》卷一引。

「亢龍有悔」，窮之災也。

姚氏配中曰：「窮，極也。災，害也。亢上故窮，陽極則陰來，故窮之災。」〔一〕

乾元「用九」，天下治也。

項氏安世曰：「爲治之道无他，通其變而已。《下繫》曰：『黄帝、堯、舜氏作，通其變，使民不倦；神而化之，使民宜之。易窮則變，變則通，通則久。……黄帝、堯、舜垂衣裳而天下治，蓋取諸乾坤。』其所取者，正乾變爲坤，坤變爲乾之義也。」〔二〕

姚氏配中曰：「『乾元用九』，則爻之九皆元之用矣。乾元不自用，合衆陽以爲用。聖人不自用，合羣聖以爲用，故天下治。」〔三〕

「潛龍勿用」，陽氣潛藏。

曹氏元弼曰：「此章兼以天氣、人事明之。陽氣藏在地中，據復時言。」〔四〕

〔一〕姚配中《周易姚氏學·周易文言傳》卷二乾卦按語。
〔二〕項安世《周易玩辭》卷一。
〔三〕姚配中《周易姚氏學》卷二乾卦按語。
〔四〕曹元弼《周易集解補釋》卷一。

愚按：《繫辭傳》云：「龍蛇之蟄，以存身也。」〔一〕虞注云：「蟄，潛藏也。龍潛而蛇藏。陰息初，巽爲蛇。陽息初，震爲龍。十月坤成，十一月復生。遘巽在下，龍蛇俱蟄初。」〔二〕張氏謂：「陰陽相俱並生。」〔三〕惠氏亦謂：「陽息初，震下有伏巽，故曰潛藏。」〔四〕竊謂龍潛、蛇藏，仲翔偶舉爲文。其實龍蟄在復初，蛇蟄在遘初，故云龍蛇俱蟄，初非謂並蟄在復初也。聖傳明云「陽在下」，又云「陽氣潛藏」，則此爻自專指陽息震初而言，似不必泥陰陽並生、下有伏巽之説。

「見龍在田」，天下文明。

曹氏元弼曰：「姚氏曰乾二之坤五，坤五降乾二，成離，爲文明。按：……天下文明之治，始於伏羲。民自無禮而有禮，自無别而有别。相愛相敬，尊尊親親，長長賢賢，而人類超然殊絶于禽獸。禽獸無别，故昏亂。人有别，故文明。伏羲作八卦，

〔一〕《繫辭下傳》第五章。
〔二〕李鼎祚《周易集解》卷一五引。
〔三〕張惠言《周易虞氏義》卷八。
〔四〕惠棟《周易述·文言傳》卷十九。

立人倫，文明之本；作結繩網罟，備物致用，立成器以爲天下利，文明之用也。」[一]

愚按：田者，師位也。聖人在下，善施而不伐，德博而化，故天下文明。然則君子之兼善天下，豈必拘隱與顯哉？孔、孟講學，即天下文明之象。《學記》曰：「師也者，所以學爲君也。」

「終日乾乾」，與時偕行。

愚按：損《彖傳》曰：「損益盈虛，與時偕行。」益《彖傳》曰：「凡益之道，與時偕行。」損德之修，益德之裕，可見因時而惕者，損益之道也。時之爲義大矣哉！

「或躍在淵」，乾道乃革。

愚按：姚氏配中謂：「革，去故也。下體終，上體繼。」「乾道變化，氣自四始，否泰之交，乾坤革易，故三曰反復、四曰革。」[二]竊謂四體大壯，將以陽決陰，故曰革。姚氏説與消息義極合。

「飛龍在天」，乃位乎天德。

[一] 曹元弼《周易集解補釋》卷一。
[二] 姚配中《周易姚氏學·周易文言傳》乾卦按語。

愚按：惠氏定宇謂：「體元居正，故位乎天德。《書》曰：『其惟王位在德元。』」[一]疏云：「《易》有天位、天德。天位，九五也；天德，乾元也。《中庸》曰：『雖有其位，苟無其德，不敢作禮樂焉。雖有其德，苟無其位，亦不敢作禮樂焉。』鄭注云：『言作禮樂者，必聖人在天子之位。』體元居正者，以乾元之德，而居九五之位，故云『位乎天德』也。」[二]

「亢龍有悔」，與時偕極。

愚按：程子云：「時既極，則處時者亦極。」[三]可見處時者不極，則不至于悔。

「乾元用九」，乃見天則。

曹氏元弼曰：「乾元用九，陰陽各正，成既濟定，天則乃見。」蓋用九，「乾道變化，以成消息；陰陽二氣，共成歲功，是乃既濟之事，所謂天則也」[四]。

〔一〕惠棟《周易述·文言傳》。
〔二〕惠棟《周易述·文言傳》。
〔三〕程頤《周易程氏傳》卷一。
〔四〕曹元弼《周易集解補釋》卷一。

愚按：「天則」之訓，以《詩》義言之，「天生烝民，有物有則」也[一]。以傳義言之，「人受天地之中以生，是以有動作、禮義、威儀之則」[二]也。故知用九之道，斯能順性命之理。

乾元者，始而亨者也。

曹氏元弼曰：「篇首分釋四德，皆統于元。『始而亨』，言乾元爲萬物始，而亨坤以生物。亨者元所爲，故曰『乾元者，始而亨者也』。」[三]

利貞者，性情也。

愚按：「性情」，鄭本作「情性」[四]。既濟《彖傳》云：「利貞，剛柔正而位當也。」爻不正以歸于正，故曰「利貞」。「情性」者，推情合性，則剛柔各得其正也。或謂利貞者句連上言，四德爲乾之性情。或謂六十四卦中凡言「利貞」者，乃每卦

[一]《詩·大雅·烝民》。
[二]《春秋左傳·成公十三年》載劉子言。
[三] 曹元弼《周易集解補釋》卷一。
[四] 張惠言訂正《周易鄭注》卷九。

每爻之性情〔一〕。各備一義。

乾始能以美利利天下，不言所利，大矣哉！

王氏夫之曰：「此言四德之統于元也。『美利』，利之正也。『利天下』，無不通也。『不言所利』，無所不利之辭，異于坤之『利在牝馬』、屯之『利在建侯』。當其始，倚於一端，而不能統萬物始終之理，則利出于偏私，而利于此者不利于彼，雖有利焉而小矣。」〔二〕

愚按：《彖傳》曰：「大哉乾元，萬物資始。」《繫辭傳》曰：「乾知大始。」乾始二字當連讀。《論語》曰：「天何言哉？四時行焉，百物生焉。」〔三〕皆乾元之氣鼓盪于無形也。「不言所利」者，天不言而化工成，是以爲大。若沾沾言利，則非「義之和」矣。故此節雖但言利，實包四德。乾始，元也；利天下，亨也；不言所利，貞也。故以

〔一〕指蘇軾《東坡易傳》乾卦第一「性之與情，非有善惡之别也，方其散而有爲，則謂之情耳。命之與性，非有天人之辨也，至其一而無我，則謂之命耳。其於《易》也，卦以言其性，爻以言其情。情以爲利，性以爲貞。」之「卦性爻情説」。

〔二〕王夫之《周易内傳》卷一上。

〔三〕《論語·陽貨》。

「大」字贊之。

大哉乾乎！剛健中正，純粹精也！

王氏夫之曰：「中正以二、五言。絲無疵纇曰純，米無糠粃曰粹，謂皆陽剛一致，而不雜陰之濁滯也。陰凝滯而爲形器。五行已結之體，百物已成之實，皆造化之粗迹；其太和清明之元氣，推盪鼓舞，無迹而運以神，則其精者也。」〔一〕

曹氏元弼曰：「崔氏覲以『剛健中正』爲句。惠氏、張氏則連下讀。」「按：七者乾之性，性剛健，故六畫純陽；性中正，故潛、見、惕、躍、飛、亢，皆不失其正；性純粹精，故純陽而能通陰。」「乾有七德，合而言之曰元。」〔二〕

六爻發揮，旁通情也。

張氏惠言曰：「發，動；揮，變也。當爻交錯，謂之發揮。全卦對易，謂之旁通。」〔三〕

〔一〕王夫之《周易内傳》卷一上。
〔二〕曹元弼《周易集解補釋》卷一。
〔三〕張惠言《周易虞氏義》卷一。

曹氏元弼曰：「乾六爻變動旁通于坤，以成六十四卦。此七德之發，是謂情。以己之情，通乎人之情，是謂『旁通情』。《中庸》曰：『成己仁也，成物知也。』『惟天下至誠，爲能盡其性。能盡其性，則能盡人之性，能盡物之性。』此旁通之義。」〔一〕

「時乘六龍」，以御天也。「雲行雨施」，天下平也。

荀氏爽曰：「御者，行也。陽升陰降，天道行也。乾升于坤曰雲行，坤降于乾曰雨施。乾坤二卦，成兩既濟，陰陽和均，而得其正，故曰天下平。」〔二〕

項氏安世曰：「此數節重演彖辭也。『大哉乾乎！剛健中正，純粹精也』，此演『大哉乾元，萬物資始』『乾道變化，各正性命，保合太和』，以釋元字、貞字，明乾之性情如此也。『六爻發揮，旁通情也。時乘六龍，以御天也』，此演『大明終始，六位時成，時乘六龍以御天』，以釋亨字、利字，明乾之功用如此也。『雲行雨施，天下平也』，此演『雲行雨施，品物流形』『首出庶物，萬國咸寧』，以明聖人法天之元亨利貞者如此也。此章故爲錯綜，使人反覆參玩以盡其意，其讀《易》之法乎！」又曰：「孔子言平

〔一〕曹元弼《周易集解補釋》卷一。
〔二〕李鼎祚《周易集解》卷一引。

天下之道，寤寐文、周。于屯之《象傳》曰『屯其膏，施未光也』，言施之未得其平也。于謙之《大象傳》曰『稱物平施』、益之《彖傳》曰『天施地生，其益無方』，言施之得其平也。施得其平，而天下無不平者矣。《書・皋陶謨》曰：『翕受敷施，九德咸時。』《書》之九德，通于乾之七德。翕受敷施，陰陽和均，是以庶績其凝，而天下平。」[一]

君子以成德爲行，日可見之行也。潛之爲言也，隱而未見，行而未成，是以君子弗用也。

項氏安世曰：「《文言》末章別出新意，以暢卦爻之義。」「重釋爻辭，與上文六爻問答不同。據上文言乾之六爻皆是龍德，但以時位爲別：遇下而潛，遇中而見，遇交而乾乾，遇革而自試，遇尊位而飛，遇極而亢，皆不失爲龍德也。此章則不然，就人之德分出六等：以初之潛爲未成德之人，以二之見爲已成德之人，以三、四之憂、疑爲不得中行之人，以五之飛爲大聖之人，以上之亢爲大愚之人，復以用九爲聖人。末章特發此例，以見爻義之无窮。或以時言，或以位言，或以德言，皆可通也。」[二]

[一] 項安世《周易玩辭》卷一。
[二] 項安世《周易玩辭》卷一。

愚按：釋《易》之例，當會其通。有當以卦象言者，有不必泥于卦象者。如上文之「水流濕，火就燥」一節，明指卦象而言。如本文之「日可見之行也」，先儒謂離爲日、爲見，牽合離象〔一〕。下文之「學以聚之，問以辨之」，先儒謂：「兑爲口，震爲言、爲講論，坤爲文。」〔二〕牽合兑、震、坤象，則失之鑿矣。

君子學以聚之，問以辨之，寬以居之，仁以行之。《易》曰「見龍在田，利見大人」，君德也。

愚按：《尚書》曰：「作之君，作之師。」〔三〕古者君師合一，三代以後，君師之道始分。二爲師位，宜有君德。《禮記·學記》篇曰：「師也者，所以學爲君也。」

九三重剛而不中，上不在天，下不在田，故乾乾因其時而惕，雖危无咎矣。

虞氏翻曰：「以乾接乾，故重剛。位非二、五，故不中也。」〔四〕

〔一〕李鼎祚《周易集解》卷一引虞翻説：「『日可見之行也』，謂初，乾稱君子，陽出成爲上德。雲行雨施則成離，日新之謂上德，故日可見之行。」

〔二〕李鼎祚《周易集解》卷一引虞翻説。

〔三〕《尚書·泰誓》文。

〔四〕李鼎祚《周易集解》卷一引。

程子曰：「三重剛，剛之盛也。過中而居下之上，上未至于天，而下已離于田，危懼之地也。因時順處，乾乾兢惕以防危，故雖危而不至于咎。君子順時兢惕，所以能泰也。」[一]

九四重剛而不中，上不在天，下不在田，中不在人，故或之。或之者，疑之也，故无咎。

侯氏果曰：「按《下繫》：『《易》有天道，有地道，有人道，兼三才而兩之。』謂兩爻爲一才也。初兼二，地也；三兼四，人也；五兼六，天也。四是兼才，非正，故言不在人也。」[二]

曹氏元弼曰：「三、四人道，在全卦之中。人陽道以三爲正，四以陽居陰，位出人上，非人道之正，故曰中不在人。」[三]

按：侯氏、曹氏説「中不在人」，義甚明。然如大有上九、大畜上九，亦兼才非正，何以言「自天祐之」「何天之衢」乎？竊謂爻辭言躍淵，非若三有君子之象，故云「中不

[一] 程頤《周易程氏傳》卷一。
[二] 李鼎祚《周易集解》卷一引。
[三] 曹元弼《周易集解補釋》卷一。

在人」。

夫大人者，與天地合其德，與日月合其明，與四時合其序，與鬼神合其吉凶。先天而天弗違，後天而奉天時。天且弗違，而況於人乎？況於鬼神乎？

姚氏配中曰：「五者聖人之位，乾元者聖人也，六爻變化皆元主之。五天二地，二應五成既濟之正，故『與天地合其德』。二五相應，離日坎月，故『與日月合其明』。四時謂十二消息，消息以時，故『與四時合其序』。精氣爲神，游魂爲鬼，成變化，行鬼神，故『與鬼神合其吉凶』。既濟，太極之象，先天地者也，故『先天而天弗違』。既濟居一經之終，故『後天而奉天時』。元所以統天也。」〔一〕

愚按：周子曰：「天地至公而已矣。」〔二〕與天地合德，道在公而無私，斯能輔相而彌缺憾。日月合明，要在不爲闇昧之事，精白乃心，斯其德明光于上下。四時合序，如月令之順時序以頒政治，先在不違農時。鬼神合吉凶，與民同患，自能質之鬼神而無疑。先天弗違者，知其不可而爲之，人定勝天，足以挽回氣運，能造命者也。後天

〔一〕姚配中《周易姚氏學》卷二乾卦按語。
〔二〕周敦頤《通書·公》文。

奉時者，天心已見，奉若其道，修身立命者也。如此則天人交感，不待卜筮而決矣。後儒以「先天」爲人生未生之前，「後天」爲人生已生之後，且以八卦分爲「先後天圖」，此乃一家之言，與聖傳義不合。

「亢」之爲言也，知進而不知退，知存而不知亡，知得而不知喪。其唯聖人乎，知進退存亡而不失其正者，其唯聖人乎！

王氏夫之曰：「剛而不止，居高而不肯下，亢也。亢之爲道，率繇于不知；而龍之亢，非不知也，秉剛正之德，雖知而不自已也。惟孔子知不可爲而爲之，而不磷不緇者，不失正，乃能與于斯。忠臣孝子，一往自靖，不恤死亡，亦有聖人之一體，雖有悔，而固爲龍德，時乘之，亦所以御亂世之天也。」[一]

姚氏配中曰：「知有退則能保其進，知有亡則能保其存，知有喪則能保其得；知失位而不動，則三者免矣。」[二]

愚按：人生當世，所以能不失其正者，在乎所知之正耳。「知進而不知退」三者，

[一] 王夫之《周易内傳》卷一上。
[二] 姚配中《周易姚氏學》卷二乾卦按語。

知之偏于一隅者也，偏則失其正。知進退存亡，非獨能先知也，且能隨時以致其知，故能行之而不失其正。知之爲用，豈不要且大哉？

乾卦大義

【釋】坤德言聖人順天道，以時消息。

古者庖羲氏作十言之教，曰：乾、坤、震、巽、坎、離、艮、兑、消、息。（見朱氏震《漢上易傳》引鄭君《易論》，並《左氏・定四年傳》正義引《易説》〔一〕。）消息者，乾坤十二畫，剛柔相推，乾陽生爲息，坤陰減爲消。故孔子《繫辭下傳》曰：「乾坤，其《易》之門耶？」「乾，陽物也；坤，陰物也。陰陽合德，而剛柔有體。」〔二〕合德者，乾統坤，坤凝乾，消息之

〔一〕朱震《漢上易傳》卷八。《春秋左傳・定公四年》載：「夫子語我九言，曰：『無始亂，無怙富，無恃寵，無違同，無敖禮，無驕能。』」《正義》引。

〔二〕《繫辭上傳》第十二章。

謂也。嘗考《易》明言消息之卦凡八：泰之「君子道長，小人道消」，否之「小人道長，君子道消」，則乾宮、坤宮之三世卦也；剥之「尚消息盈虚」，豐之「天地盈虚，與時消息」，則乾宮、坎宮之五世卦也；明夷之「明不可息」、升之「利于不息之貞」「消不富也」，則坎宮、震宮之遊魂卦也；臨之「消不久」，則坤宮之二世卦；革之「水火相息」，則坎宮之四世卦也。泰卦而外，餘皆有憂危之意，故曰：「其辭危，危者使平。」〔一〕聖人之言消息，精矣微矣！而實皆乾元、坤元之相爲維繫也。乾之《大象傳》曰：「君子以自强不息。」此息字非消息之義，然惟自强不息，然後剛浸而長。三爻曰「終日乾乾，反復道也」，復者「不遠復」也。四爻曰「或躍在淵，乾道乃革」，革者「化而裁之」，存乎變也，皆消息也。其用周乎萬物，而其理存乎一心，故曰：「成性存存，道義之門。」〔二〕

聖人知一心之消息，而措之于一家、一國、天下，蓋有道矣。乾《彖辭》曰「元亨利貞」，《大象傳》曰「天行健」，然則乾陽之息，行而已矣。周天三百六十度，《周易》三百

〔一〕《繫辭下傳》第十一章。
〔二〕《繫辭上傳》第七章。

八十四爻，無時不在行之中，故聖人之贊乾曰行。而又恐行之不得其時也，則又屢言時。曰潛、曰見、曰惕、曰躍、曰飛、曰亢，皆時也。二爻曰「時舍」，三爻曰「與時偕行」，四爻曰「欲及時」，五爻曰「與四時合其德」，上爻曰「與時偕極」，惟初爻未言時，然「樂行憂違」亦時也，皆行也，即皆「與時消息」也。《彖傳》極言天人合一之理，而《文言傳》曰「君子行此四德」，明以君子之行四德，配天之行健也。然則人心之消息，豈非配天之消息哉！孫氏奇逢謂：「《易》有六十四卦，是《易》之六十四大乾坤世界；《易》有三百八十四爻，是《易》之三百八十四小乾坤世界〔二〕。分言之，一卦自爲一卦，一爻自爲一爻，一世界自爲一世界，不可得而同也。約言之，六十四卦之彖辭、爻辭，而總括之六十四象之大人君子以人合天之事，實則皆一心之所爲也，故夫子曰吾道一以貫之。」〔三〕云云。然則世界芸芸，無非消息之變化。子思子曰：「惟天下至誠，爲能經綸天下之大經，立天下之大本，知天地之化育。」〔三〕《孟子》贊孔子仕、止、

〔一〕李贄《九正易因注·讀易要語》卷上，載有此語。
〔二〕孫奇逢《讀易大旨》卷一上經乾卦釋文。此爲孫氏申説李贄之説。
〔三〕《禮記·中庸》文。

久、速，各當其可，爲「聖之時」〔一〕。蓋聖人欲以一心之消息，措之于一家、一國、天下，故曰：「寂然不動，感而遂通天下之故。非天下之至神，孰能與于此？」又曰：「知變化之道者，其知神之所爲乎？」消息之謂也。吾人之動靜行爲，皆應乎消息之幾，是以聖人戒之曰：「外内使知懼。」〔二〕

抑更有進者。乾元之德一日不息，則人心一日不死。故乾卦大旨，要在爲善。《文言傳》曰：「元者，善之長也。」《繫辭傳》曰：「善不積，不足以成名。」乾爲積善，乾元周流于六十四卦之中，普遍于宇宙之内，皆善理也，皆善氣也。得其理，飲其氣，體天之德而天下平矣。《孟子》不言《易》，而無非《易》理。曰：「大舜有大焉，善與人同。」〔三〕大有，乾宫之歸魂卦也，「遏惡揚善，順天休命」〔四〕，聖傳明言之矣。同人，離宫之歸魂卦也，「取諸人以爲善，是與人爲善」〔五〕，《孟子》明言之矣。夫大舜之隱惡揚

〔一〕《孟子·公孫丑上》文：「可以仕則仕，可以止則止，可以久則久，可以速則速，孔子也。」《孟子·萬章下》文：「伯夷，聖之清者也；伊尹，聖之任者也；柳下惠，聖之和者也；孔子，聖之時者也。」
〔二〕《繫辭下傳》第八章。
〔三〕《孟子·公孫丑上》。
〔四〕大有卦《大象傳》。
〔五〕《孟子·公孫丑上》。

善，用中于民，學者未易驟幾，則惟學顏子之「不遠復」乎？「有不善未嘗不知，知之未嘗復行」〔一〕，善念之來復，即一陽之初息也。《論語》曰：「我欲仁，斯仁至矣。」仁至，即至日之一陽也，來復則心體清明純粹，擴而充之，善機之動，如響斯應矣。聖人于坤之《彖傳》曰：「西南得朋，乃與類行。東南喪朋，乃終有慶。」《文言傳》曰：「積善之家，必有餘慶，積不善之家，必有餘殃。」類者，陰類也，「與類行」，則陰消而積不善矣。喪朋者，化陰類之朋，以從于陽，則陽息而爲積善矣。君子小人之消長，視乎善不善之間而已。餘慶餘殃，旋至而立有效。一家之盛衰，一國之治亂，莫不由消息爲之。聖人于三爻兩言之曰「乾乾，因其時而惕」，惕者，蓋惕夫積善積不善，在一心消息之轉移也。或躍，而乾道乃革矣！可不畏哉？

坤 ䷁　坤下坤上

按：坤，十二辟卦由剥進，與乾旁通。八純卦。《釋文》云：「巛，本又作坤。坤，

〔一〕朱子《論語集注·雍也》引程子曰：「顏子之怒，在物不在己，故不遷。有不善未嘗不知，知之未嘗復行，不貳過也。」

今字也，同困魂反。《説卦》云：『順也。』〔一〕

坤：元亨，利牝馬之貞。

虞氏翻曰：「謂陰極陽生，乾流坤形，坤含光大，凝乾之元，終于坤亥，出乾初子，『品物咸亨』，故『元亨』也。坤爲牝，震爲馬。初動得正，故『利牝馬之貞』也。」〔二〕

君子有攸往。

姚氏配中曰：「上以物喻，此據人言。坤初、三、五失位，往之乾得位，故『君子有攸往』。攸，所也。往，之也。」〔三〕

先師黄氏曰：「君子謂陽，泰《彖傳》曰『内君子』，否《彖傳》曰『外君子』，並指陽言是也。陰能承順，陽往據之，故『君子有攸往』，謂乾往坤也。」〔四〕

愚按：陽稱「君子」，爲全經通例。惟下文云「先迷後得主」，《彖傳》言「柔順利貞，君子攸行」，則此君子當指坤元而言。君子之教，自文王始。此下蓋爲占者言。

〔一〕陸德明《經典釋文·周易音義》。
〔二〕李鼎祚《周易集解》卷二引。
〔三〕姚配中《周易姚氏學》卷三坤卦按語。
〔四〕黄以周《周易注疏賸本》坤卦《彖辭》疏。

先迷後得，主利。

惠氏棟曰：「坤爲迷。消剥艮爲『迷復』，故『先迷』。震爲主，反剥爲復震，故『後得主利』。」〔一〕

姚氏配中曰：「『先迷』謂初、三、五未之乾，純陰用事，无所適從，故迷惑也。『後』謂初、三、五已之乾，乾來入坤，陰從陽，故『得主』。主，君也。陰以陽爲主，陽唱陰和，无所迷矣。」〔二〕

曹氏元弼曰：「消剥則純坤，交乾則息復。陰消陽爲逆，從陽爲順，其義後而不先，先則迷，消陽也。後則得主，從陽也，從陽則息陽，故利。」利字當絶句。〔三〕

西南得朋，東北喪朋。安貞吉。

曹氏元弼曰：「此言坤行，當自西南本位，行至東北陽位，安于承天之正，則吉也。坤位西南，艮東北之卦，《説卦》明文，馬、荀義皆本之。」〔四〕

〔一〕惠棟《周易述》卷一。
〔二〕姚配中《周易姚氏學》卷三坤卦按語。
〔三〕曹元弼《周易集解補釋》卷二。
〔四〕曹元弼《周易集解補釋》卷二。

愚按：《彖傳》曰：「西南得朋，乃與類行。」《繫辭傳》曰：「方以類聚。」〔一〕朋者，同類也。巽、離、兑，陰卦。離位在南，兑位在西南，故曰得朋。震、坎、艮，陽卦，位在東北，故曰喪朋。惠氏棟以爻辰釋之，謂：「乾貞于十一月子……坤貞于六月未，皆間〔二〕時而治六辰。……坤初在未。未，西南陰位。〔三〕故『得朋』。六〔四〕四在丑，丑值〔五〕東北陽位，故『喪朋』。」别備一義。王氏夫之以地勢言〔六〕，與《彖傳》不合。

象曰：至哉坤元！萬物資生，乃順承天。

王氏夫之曰：「陰非陽無以始，而陽藉陰之材以生萬物，形質成而性即麗焉。相配而合，方始而即方生，坤之元所以與乾同也。」〔七〕

〔一〕《周易·繫辭上傳》第一章。
〔二〕「間」字，惠氏《周易述》卷一作「亦」。
〔三〕「未，西南陰位」句，惠氏原文作「未值西南，又坤之位」。
〔四〕「六」字脱，據惠氏原文補入。
〔五〕「值」字脱，據惠氏原文補入。
〔六〕王夫之《周易内傳》卷一坤《彖傳》曰：「『西南』『東北』，以中國地勢言之。西南爲梁州，崇山複嶺，冰雪夏積，陰所聚也。東北，冀、營、兖、青之城，平衍而迤于海，地氣之不足也。」
〔七〕王夫之《周易内傳》卷一上。

先師黄氏曰：「物之形資坤而生，而其氣資乾而始，故坤之元必配乾，生物也。乾元，天德，以統天爲大。坤元，地道，以順承天爲至。『至爲下』義，臨四『至臨』，虞彼注云：『至，下也。』〔一〕《説文》曰：『至，鳥飛从高下至地。從一。一猶地也。象形〔二〕，不上去而至下來也。』〔三〕上去者，先而迷；下來者，後而順。坤順承天而生萬物，故以至爲元。」〔四〕

曹氏元弼曰：「『天地之大德曰生。』乾氣至坤，坤元凝乾，元以生物……乾坤合于一元，『易簡之善配至德』也。……順者，坤元之德。以上釋元。」〔五〕

坤厚載物，德合无疆。

項氏安世曰：「无疆，天德也。『坤厚載物，德合无疆』，言地之德合乎天之无疆也。」「『安貞之吉，應地无疆』，言君子之德能應地之德，合无疆也。下兩『无疆』，皆指

〔一〕「至下也」三字，原脱。
〔二〕「象形」二字，原脱。
〔三〕許慎《説文解字·至部》。
〔四〕黄以周《周易注疏賸本》坤《彖傳》疏。
〔五〕曹元弼《周易集解補釋》卷二。

上一句言之，上一句又指其所合者言之，故曰：无疆者天德也。」[一]

含弘光大，品物咸亨。

先師黄氏曰：「地之持載，萬物歸藏其中，無不包含。坤之『含』可合乾无疆之『弘』。地之所積者厚，其積厚者，其流廣。坤之『廣』，可合乾无疆之『大』。地以廣厚之德載含萬物，可配乾之宏大，是天地氣通，萬物暢遂，則有嘉會之亨也。」「光與廣通，謂地之廣博也。坤惟厚載，故能廣含。《文言傳》曰：『坤含萬物而化光。』……是含、廣者，坤之德也。《繫辭傳》曰：『坤，其静也翕。』是其含也。又曰：『其動也闢。』是其廣也。陽稱大，弘亦大也。弘與大俱指乾言。」[二]曹氏元弼曰：「以上釋亨。」[三]

牝馬地類，行地无疆。

程子曰：「取牝馬爲象者，以其柔順而健行，地之類也。『行地无疆』，謂健也。乾健坤順，坤亦健乎？曰：非健何以配乾？未有乾行而坤止也。其動也剛，不害其

[一] 項安世《周易玩辭·坤·德合无疆》。
[二] 黄以周《周易注疏賸本》坤卦《彖傳》疏。
[三] 曹元弼《周易集解補釋》卷二。

爲柔也。」〔一〕

曹氏元弼曰：「馬，乾象也，而取之者，地用莫如馬。牝又陰類，故曰『牝馬地類』。牝馬順而健，乾坤合德之象，故『行地无疆』。」〔二〕

柔順利貞，君子攸行。

曹氏元弼曰：「行則有動而之正之義。《九家》謂坤爻本當在柔順陰位，其失正而在陽位者，利正之乾，則乾爻來據之，故曰『君子攸行』。」「以上釋『利貞』。」〔三〕

先迷失道，後順得常。

先師黄氏曰：「經云『得主者』，《文言傳》曰『得主而有常』，得應乾之常道也。失道者，未得應乾之常道，失所主也。凡曰失道、未失道，俱以應、不應言之也。先而迷者，如初陰始凝而肖乎陽也。後而順者，上陰終凝而兼於陽是也。」〔四〕

「西南得朋」，乃與類行。「東北喪朋」，乃終有慶。

〔一〕程頤《周易程氏傳》卷一。
〔二〕曹元弼《周易集解補釋》卷二。
〔三〕曹元弼《周易集解補釋》卷二。
〔四〕黄以周《周易注疏賸本》坤卦《彖傳》疏。

曹氏元弼曰：「此類字與『牝馬地類』相承，《文言》『未離其類』亦同義，則當爲陰類。『西南得朋』，坤之本位，將由本位行至陽位，承天時行，非迷而先陽也。」「『東北喪朋』，以陰從陽，始雖離類，『乃終有慶』，陰從陽，乃能化生萬物成既濟也。」[一]

愚按：坤爲朋，如泰之「朋亡」、解之「朋至」，皆指陰類言。若復之「朋來无咎」、咸之「朋從爾思」，則皆根乎心術之隱微，亦陰道也。《易》例陽爲慶，陰從陽，故「終有慶」。

「安貞」之吉，應地无疆。

曹氏元弼曰：「坤元用六以承乾，成既濟，六爻正，陰陽應，德合无疆。凡地所載動植翔泳，無不應元氣而各遂其生，故『應地无疆』。荀氏所謂布陽氣于四方[二]，坤與乾合德之功也。以上釋『先迷後得主利』四句之義。」[三]

象曰：地勢坤，君子以厚德載物。

[一] 曹元弼《周易集解補釋》卷二。
[二] 李鼎祚《周易集解》卷二引荀爽曰：「坤性至静，得陽而動，布于四方也。」
[三] 曹元弼《周易集解補釋》卷二。

王氏夫之曰：「勢，形之勢也。地形高下相積，而必漸迤于下。所處卑，而物胥託于其上，皆大順之象也。」「六十四卦之變動，皆人生所必有之事，抑人心所必有之幾；特用之不得其宜，則爲惡。故雖乾坤之大德，而以剛健治物，則物之性違；柔順處己，則己之道廢。惟以乾自强，以坤治人，而内聖外王之道備矣。餘卦之德，皆以此爲統宗，所謂『易簡而天下之理得』矣。」〔一〕

愚按：姚氏配中謂：「乾圜故以行言之，坤布故以勢言之。」「坤，順也。地位天中，其形勢順，天爲高下也。」〔二〕竊謂「勢」訓力乃古義，所謂「地心吸力」是也。君子取其吸收之象，如載華嶽而不重，振河海而不泄，皆含容之德，《書》所謂「有容，德乃大」也〔三〕。若德器褊小，不能容物，豈能載萬物乎？

初六：履霜，堅冰至。

干氏寶曰：「陰氣在初，五月之時，自姤來也。」〔四〕以下各爻由遯、否、觀、剥來，例與乾

〔一〕王夫之《周易内傳》卷一上。
〔二〕姚配中《周易姚氏學》卷三坤卦按語。
〔三〕《尚書·君陳》文。
〔四〕李鼎祚《周易集解》卷二引。

卦同。

曹氏元弼曰：「此爻之義，鄭、荀、虞皆以坤陰凝陽言。坤，十月卦。『履霜』者，九月霜始降，剥時。『堅冰至』者，十一月水澤腹堅，復時。陽由剥入坤，由坤出復，所謂陰極陽生，坤凝乾元，終亥出子，此《易》道消息之大要也。陽道有出入而無絶息，自姤時一陰初生，即凝陽在中，至履霜而陰凝之象著，剥窮于上，即潛伏于中，至十一月而陰凝之功成，陽斯復矣。」「消陽〔一〕殺物之象，以喻逆；凝陽生物之本，以喻順。凝陽消陽，失之毫釐，繆以千里，辨之不可不早。『履霜，堅冰至』，言凝陽之順以辨消陽之逆也。」〔二〕

愚按：《説卦傳》「乾爲寒，爲冰」〔三〕，「堅冰至」爲陰凝陽，自是確解。周建子，而周公作《易》爻辭、《詩・七月》皆用夏正，見夏時之爲正也。鄭讀履爲禮〔四〕，言禮霜神，别備一義。

〔一〕「消陽」，原作「消息」，據曹氏文改。

〔二〕曹元弼《周易集解補釋》卷二。

〔三〕《説卦傳》第十一章。

〔四〕張惠言訂正《周易鄭注》卷一。鄭玄注：「讀履爲禮。」

象曰：「履霜堅冰」，陰始凝也。馴致其道，至「堅冰」也。

曹氏元弼曰：「天有四時，風雨霜露，無非教也。故霜者，乾之命。乾位西北，坤于消息在十月，乾坤合居。又坤初之乾四，以坤四丑應乾初子，故履乾命而成堅冰；霜降自天，冰凝天地也。……『馴致其道』，《文言》曰：『蓋言順也。』」〔一〕

愚按：自坤卦以下，《象傳》皆與爻辭連屬，蓋鄭君所合，而王弼因之。六十四卦《象傳》，惟於乾坤言陰陽，餘卦皆言剛柔〔二〕。蓋陰陽以氣言，剛柔以質言也。坤之初爻，即姤之一陰。姤初六《象傳》曰：「繫于金柅，柔道牽也。」牽者，習因循也。蓋繫于金柅，從陽則吉，若爲柔道所牽，則因循而有羸豕之象矣。《詩》曰：「天之方蹶，無然泄泄。」〔三〕朱子云：「泄泄，怠緩悦從之貌。」〔四〕言因循之至也。因循之禍，至于破家亡國而有餘，可不畏懼哉！是故君子慎之于始，而辨于其所積。

六二：直方大，不習无不利。

〔一〕曹元弼《周易集解補釋》卷二。
〔二〕此唐先生歸納《易傳》例。
〔三〕《詩·大雅·板》句。
〔四〕朱子《孟子集注·離婁上》。

先師黃氏曰：「觀《象傳》『直以方也』之文，知『直方』字絕句。觀《象》『不習无不利』之文，知『大』字亦爲句。《九家逸象》『乾爲直，坤爲方』〔一〕。直者，乾之動也。《繫辭傳》曰：『乾，其動也直。』二云直者，地承天之氣以生物，勾萌畢達，是其直也。地之形非方，方以德言。《文言傳》曰：『坤至靜而德方。』謂其生物之廣闢也。虞注曰：『方，謂闢。坤陰爲方。』〔二〕《易》例：陽稱大，陰稱小。二云大者，言其承陽也。《說文》曰：『習，數飛也。』《漢・五行志》注曰：『習，狎也。』習謂數，狎有馴致之義。二不習，非若初之馴致也。」

愚按：《書》言「王道」蕩蕩平平〔三〕，《詩》言「周道如砥，其直如矢」〔四〕。不習者，言不必熟習其地，而自可行，以其直方而大也，故《文言》曰：「不疑于所行。」爻例凡

〔一〕朱子《周易本義・說卦傳》載：「乾爲天，爲圜，爲君，爲父，爲玉，爲金，爲寒，爲冰，爲大赤，爲良馬，爲老馬，爲瘠馬，爲駁馬，爲木果。」下注：「《荀九家》此下有『爲龍，爲直，爲衣，爲言』。」「坤爲地，爲母，爲布，爲釜，爲吝嗇，爲均，爲子母牛，爲大輿，爲文，爲衆，爲柄。其于地也爲黑。」下注：「《荀九家》有『爲牝，爲迷，爲方，爲囊，爲裳，爲黃，爲帛，爲漿』。」

〔二〕李鼎祚《周易集解》卷二引。

〔三〕《尚書・洪範》。

〔四〕《詩・小雅・大東》。

言「无不利」者，謂彼此皆利，即无所不利也。

象曰：六二之動，直以方也。不習无不利，地道光也。

項氏安世曰：「乾主九五，故於五言乾之大用，而九二止言乾德之美。坤主六二，故於二言坤之大用，而六五止言坤德之美。六二之直即『至柔而動剛』也；六二之方即『至靜而德方』也；其大即『後得主而有常，含萬物而化光』也；其『不習无不利』即『坤道其順乎，承天而時行也』。六二蓋全具坤德。」〔一〕

先師黄氏曰：「地道光，光，鄭君讀爲廣，謂二在地上，其生道甚廣也。坤爲廣，生其自然之性，故動直且方。直方並以生物之德言。二變之卦師，六二之動即承天寵也。」〔二〕

六三：含章可貞，或從王事，无成有終。

王氏夫之曰：「或者，不必然而然之辭。含章，無必於從事之志，乃因時而出，行乎其所不得不行，雖有成功而不自居。『終』與『知終終之』之終，皆以内卦小成言之

〔一〕項安世《周易玩辭》卷一。
〔二〕黄以周《周易注疏賸本》坤卦六二《象傳》疏。

也。事雖從王，志在自盡其道。内卦象德，外卦象位。三者，德之終也。」〔一〕

先師黄氏曰：「含謂包容。陰居陽位，剛柔相雜爲章。荀曰：『六三陽位，下有伏陽。坤，陰卦也。雖有伏陽，含藏不露。故以陰包陽曰含章。含者，不發也，發則以陽居陽，故發爲正。』《象傳》曰：『以時發。』謂其可變之正也。乾爲王，《說卦傳》曰：『乾以君之。』坤爲事，《說卦傳》曰：『致役乎坤。』地道不敢居成功，終乾之事，《文言傳》曰：『地道无成而有終。』」〔二〕

愚按：含章，即姤五之含章〔三〕。文王懿文德，「有美含之，以從王事」也。無成，紂不悛改也。有終，坤三變爲謙，致恭以存其位也，故曰：「殷之末世，周之盛德。」然其道甚大，亦非一事可拘。又本經「終」字例，皆在三、上兩爻，以其爲内外卦之終也。

象曰：「含章可貞」，以時發也。「或從王事」，知光大也。

〔一〕王夫之《周易内傳》卷一上。

〔二〕黄以周《周易注疏賸本》坤卦六三爻辭疏。

〔三〕姤九五爻辭：「九五：以杞包瓜，含章，有隕自天。」

先師黄氏曰：「《廣雅》：『發，動也。』[一]《乾文言傳》曰：『六爻發揮。』二言動，三言發，皆取變義，故二爻、三《傳》並言大。」

愚按：坤之「以時發」，與乾之「進无咎」義同。進无咎者，聖人之意主于進也。以時發者，聖人之意主于發也。進欲及時，發欲以時，記曰：「當其可之謂時。」[二]

六四：括囊，无咎无譽。

虞氏翻曰：「括，結也。謂泰反成否，坤爲囊，艮爲手，巽爲繩，故『括囊』在外多咎也。得位承五，『繫于包桑』，故无咎。陰在二多譽，而遠在四，故无譽。」[三]

曹氏元弼曰：「虞以息陽言。三發成泰，四陽當息。天下之生，一治一亂，泰成則反否。陽息于外，陰消于内。四得位括囊不動，陽藏坤中以承九五，臨事而懼，應變以靜，則君臣各正而否成觀，有中正以觀天下之象。得位承五，故无咎；陽隱陰

[一]《廣雅》未見「發，動也」，有云「發，舉也」（卷一下）；「發，厺也」（卷二上）；「發，開也」（卷三下）；「發，明也」（卷四上）。虞翻注則有「發，動也」之釋。

[二]《禮記·學記》。

[三] 李鼎祚《周易集解》卷二引。

中，故无譽也。」[一]

象曰：「括囊无咎」，慎不害也。

曹氏元弼曰：「危行言孫，所以遠害。荀子引此爻以爲腐儒之謂。《漢書》亦以『括囊不言』譏車千秋，皆斷章取義，謂當言而不言也。」[二]

愚按：《表記》曰：「君子慎以辟禍，篤以不揜，恭以遠耻。」《國語》曰：「慎，德之守也。」[三]孔子于坤四繫之以「慎」者，當天地閉、賢人隱之時，是非顛倒，羣言淆雜，非慎則無以遠害也，故《繫辭傳》曰：「其衰世之意邪？」[四]慎釋括囊，「不害」釋「无咎无譽」。或疑「无譽」何以言「不害」，不知衰世而有令譽，必致遭忌而受害。此爻亦指文王晦明而言。

六五：黄裳元吉。

先師黄氏曰：「五居中，稱黄。凡曰黄者，皆謂陰爻居中也。《禮・郊特牲》篇

[一] 曹元弼《周易集解補釋》卷二。
[二] 曹元弼《周易集解補釋》卷二。
[三]《國語・周語下》。
[四]《繫辭下傳》第六章。

曰：『黄者，中也。』……《九家逸象》：『乾爲衣，坤爲裳。』……稱黄以明其居中。……稱裳以明其爲下。……黄裳者，中而能下，謂坤五能降居乾二也。《京氏易傳》曰：『陰陽無差，升降有等。』降二承陽〔一〕，得元善極至之道，故吉。」〔二〕

曹氏元弼曰：「元，善之長。坤元凝乾，伏陽發，乾元正位于五，坤元居二應之，成既濟，故元吉。姚氏謂黄裳爲二也。坤元託位于二，氣發至五，含五伏陽，以坤元養乾元，以相臣輔幼主也。至尊之位而臣攝之，非坤元其孰能无忝乎？」〔三〕

愚按：此爻或謂伊周攝政之象，或謂如後世之女主〔四〕，皆屬臆説。按：坤爲土，《月令》：黄爲中央土色。裳，玄服。黄裳之象，言文王有君人之大德，有事君之小心

〔一〕「陽」，原作「福」，據黄氏文改。
〔二〕黄以周《周易注疏賸本》坤六五爻辭疏。
〔三〕曹元弼《周易集解補釋》卷二。
〔四〕李鼎祚《周易集解·泰卦》引虞翻注云：「后，君也。陰升乾位，坤女主，故稱后。」按：此二象，自虞翻、干寶、程頤主之，王應麟《困學紀聞》卷一《易》云：「《坤》之六五，程子以爲羿、莽、媧、武，非常之變。干寶之説曰：『柔居尊位，若成昭之主、周霍之臣也。百官總己，專斷萬機，雖情體信順而貌近僭疑。言必忠信，行必篤敬，然後可以取信於神明，無尤於四海。』愚謂此説爲長。」唐先生評以「臆説」，非陰襲舊説者也。

也。坤五元吉，惟文王足以當之。泰五元吉，惟成湯足以當之。復初元吉，惟顏子足以當之[一]。

象曰：「黃裳元吉」，文在中也。

曹氏元弼曰：「『物相雜，故曰文。』坤含乾在中，伏陽發，坤陰承之，陽正上中，陰正下中，息乾承乾，皆文德在中，故象黃裳而得元吉。」

上六：龍戰于野，其血玄黃。

先師黃氏曰：「消息之位，坤六陰成于亥，亥在西北，乾之位也。八卦方位分屬十二月。乾西北之位，乃戌亥之交。以卦位言之，則十月爲乾；以卦氣言之，則十月爲坤。『乾坤合居』，陰兼于陽。《文言傳》曰：『爲其嫌于陽也，故稱龍焉。』」「凡曰血者，以喻陰也，氣陽而血陰也。」「玄黃者，陰兼陽，天地之氣雜也。」「其後『震爲龍』『爲玄黃』，本于乾坤之氣血也。」[二]

曹氏元弼曰：「坤陰爲蛇。」「上六陰極盛似龍。坤元養乾元，故龍戰。戰者，接

[一] 三者皆以德言之。
[二] 黃以周《周易注疏賸本》坤上六爻辭疏。「其後」二句，爲黃以周引其父黃式三《易釋》文。

也。坤順乾，以乾之象爲象，故乾爲馬，坤稱牝馬；乾爲龍，坤蛇似龍。消息坤下有伏乾，爻辰上六巳又當乾位，巳爲蛇，乾爲龍，龍蛇俱蟄，正終亥出子之時，取象不相謀而適相合也。」〔一〕

愚按：坤卦爻位，與乾異矣。然各爻相應，未嘗不同。如初爻履霜，可知上之必至于龍戰，所謂「初辭擬之，卒成之終」也。二有直方大之德，故五有「黄裳元吉」之徵。三含章而无成，四與相比，故括囊而无咎。以此推之，則各卦爻之章法，均可意會矣。履霜、直方、含章、括囊、黄裳、玄黄，與《文言》首章皆協陽韻，《象傳》協陽、庚韻，皆取承天發揚之意。

象曰：「龍戰于野」，其道窮也。

姚氏配中曰：「陰盛極故窮。乾伏西北，蟄龍也。屈而欲信，故戰。」〔二〕

愚按：「《易》，窮則變，變則通。」〔三〕《易》例：凡言「其道窮」者，皆言其當變也。

〔一〕曹元弼《周易集解補釋》卷二。
〔二〕姚配中《周易姚氏學》卷三坤卦按語。
〔三〕《繫辭下》第二章。

用六：利永貞。

先師黄氏曰：「《釋詁》曰：『永，長也。』永貞，即彖辭之安貞也。」〔一〕

愚按：地位天中，常隨天以運行，即所謂永貞。用陰之道，如是則利。

象曰：用六「永貞」，以大終也。

項氏安世曰：「『用六利永貞』者，久也，言用六則能久，以其善變也。乾爲大，坤爲小，坤之終，見乾而不見坤，故曰『以大終也』。」〔二〕

王氏夫之曰：「陽始之，陰終之，乃成生物之利。永貞以順陽，而資生萬物，質無不成，性無不麗，則與乾之元合其大矣。」〔三〕

曹氏元弼曰：「用六，坤元用之也。不言坤元者，坤元統于乾元，臣兼功于君，以陰從陽成既濟定，皆以終陽之功而無專用，故曰『以大終』也，即『地道无成而代有終』之義。」〔四〕

〔一〕黄以周《周易注疏賸本》坤卦用六爻辭疏。
〔二〕項安世《周易玩辭》卷一。
〔三〕王夫之《周易内傳》卷一上。
〔四〕曹元弼《周易集解補釋》卷二。

《文言》曰：坤，至柔而動也剛，至靜而德方，後得主而有常，含萬物而化光。坤道其順乎？承天而時行。

王氏夫之曰：「坤卦無陽爻，而言得主者，陰陽有隱見，而無有無。陰見，而陽固隱于所未見；至柔至靜，則不拒陽，而陽隱爲之主。「含萬物」句。釋《彖傳》『含弘光大』之義。……地雖塊然靜處，而萬物之形質文章，皆其所毓發；感陽以化，則天下之美利備焉。『化光』，則亨利同乎天矣。」〔一〕

曹氏元弼曰：「柔，謂元。」「『至靜』，亦謂元。德方，謂亨而利貞。坤『其靜也翕』，翕者，靜之至；『其動也闢』，闢，開也。陰開爲方，乾元通坤，坤元應陽而動，布陽于四方。方，猶廣也，廣生萬物，德合无疆，故德方。」「得朋、喪朋，皆時行也。以上釋彖辭。」〔二〕

愚按：「德方」即二爻之「直方」，「含萬物」即三爻之「含章」。此乃引爻辭以釋彖辭也。

〔一〕王夫之《周易内傳》卷一上。
〔二〕曹元弼《周易集解補釋》卷二。

積善之家，必有餘慶。積不善之家，必有餘殃。臣弑其君，子弑其父，非一朝一夕之故，其所由來者漸矣。由辯之不早辯也。《易》曰「履霜堅冰至」，蓋言順也。

王氏夫之曰：「一陰初動，未必即爲凶慘，故卦之初筮，得六者三十二，亨利而吉者九，无咎者六。陰雖起，而即有陽以節宣之，則喪朋而慶矣。坤體純陰，自一陰而上，順其情而馴致之，遂積而不可揜。亂臣賊子，始于一念之伏，欲動利興，不早自知其非，得朋而迷，惡日以滋，至于『龍戰』，雖其始念不正，抑以積而深也。『辯之』，斯悔其非道之常，而安其貞矣。順，如順過遂非之順，即所謂馴至也。」[一]

姚氏配中曰：「弑，試也，伺也，伺閒而後得施也，故由來漸矣。早，謂辯之于初也。復初元吉，『有不善未嘗不知，知之未嘗復行』，不遠之復，辯之早也。若弗早辯，則惡積罪大，必至弑父弑君。《詩》曰『予其懲而毖後患』，辯之于早也；『觱沸檻泉，維其深矣』，言由來漸也。」「董子曰：『觀物之動，而先覺其萌，絶亂塞害于將然未形

[一] 王夫之《周易内傳》卷一上。

之時，《春秋》之志也。』」〔一〕

曹氏元弼曰：「乾坤義類至廣，以天地言，則乾坤皆善，所謂天地之大德曰生，易簡之善配至德也；以陰陽言，則乾陽爲善，坤陰凝陽、息陽亦爲善，消陽則爲不善。《易》以消息明吉凶，姤、遯、否、剥皆言消息之不善，而坤爲地道，與乾合德，特明凝陽息陽之善。《文言》又通合論之，明經言凝陽之順，以别于消陽之逆，爲《易》道消息指説大義。」〔二〕

愚按：《繫辭傳》曰：「善不積，不足以成名；惡不積，不足以滅身。」〔三〕曾子曰：「小者不審，不敢言大。」〔四〕以漢昭烈之英雄，其臨終告後主，不過曰：「勿以惡小而爲之，勿以善小而不爲。」〔五〕言慎其所積也。積之事，可畏矣哉！「辯之不早辯」，君父之昏蒙也。初變爲復，「復小而辨於物」，則辯之早矣，董子謂爲《春秋》之志。按：司馬

〔一〕姚配中《周易姚氏學》卷三坤卦按語
〔二〕曹元弼《周易集解補釋》卷二。
〔三〕《繫辭下傳》第五章。
〔四〕《大戴禮記·曾子疾病》。
〔五〕《三國志·蜀書·先主傳》卷三二，裴松之注引《諸葛亮集》載先主遺詔敕後主之言。

遷《史記・自序》引此傳文，釋之曰：「有國者不可以不知《春秋》，前有讒而弗見，後有賊而不知。爲人臣者不可以不知《春秋》。」[一] 夫不見、不知者，不能辯也。後世爲人君、爲人臣者讀之，急宜猛省默察，以自免于禍，修身乃可以免禍。

直其正也，方其義也。君子敬以直內，義以方外，敬義立而德不孤。「直方大，不習無不利」，則不疑其所行也。

程子曰：「直言其正也，方言其義也。君子主敬以直其內，守義以方其外。敬立而內直，義形而外方。義形于外，非在外也。敬義既立，其德盛矣，不期大而大矣，德不孤也。無所用而不周，無所施而不利，孰爲疑乎？」[二]

王氏夫之曰：「六二居中得正，敬德也；順而不違于天則，義行也；故爲坤道之盛，而君子立德之本也。坤中四爻，皆以君子修德業者言之，坤無尊位，異于乾之四爻以上爲乘時履位之象。」「其以君臣隱見定爻位者，失之矣。」[三]

[一] 司馬遷《史記・太史公自序》卷一三〇。
[二] 程頤《周易程氏傳》卷一。
[三] 王夫之《周易內傳》卷一上。

愚按：敬、義統内外，而云「敬以直内，義以方外」者，敬所以養心，義所以處事也。《丹書》曰：「敬勝怠者吉，怠勝敬者滅，義勝欲者從，欲勝義者凶。」〔一〕敬義之訓，聖賢傳心之要旨也。

陰雖有美含之，以從王事，弗敢成也。地道也，妻道也，臣道也。地道无成而代有終也。

陳氏世鎔曰：「乾積氣，坤積形。氣之始終不可見，見之于形，則坤非無始。而《文言》于乾曰乾始，坤不曰始者，非氣無以有形，故始必推本于乾也。終則萬物之所歸宿，悉藏于坤，《繫辭》曰『坤作成物』，是終爲坤所專有矣。不知坤之事皆乾之事，其終也，非坤自爲終也，若曰受乾之命而代終之云耳，蓋地道當如是也。」〔二〕

曹氏元弼曰：「此本地道也，妻道、臣道于是取法。坤化成物，終乾之事，不居其功。三之乾上，用六永貞以大終，成既濟，歸功于乾，故彖曰：『乾道變化，各正性

〔一〕《大戴禮記·武王踐阼》文。
〔二〕陳世鎔《周易廓》卷一。

命。』不言坤也。」[一]

天地變化，草木蕃，天地閉，賢人隱。《易》曰：「括囊无咎无譽。」蓋言謹也。

虞氏翻曰：「謂陽息坤成泰，天地反。以乾變坤，坤化成乾，萬物出震，故『天地變化，草木蕃』矣。『天地閉』二句，謂四，泰反成否，乾稱賢人，隱藏坤中，以儉德避難，不榮以禄，故『賢人隱』矣。」[二]

愚按：「天地變化」二句謂泰，言其盛也。「天地閉」二句謂否，言其衰也。《洪範》雨、暘、寒、燠、風，各以其叙；庶草蕃廡。震爲蕃鮮，四變體震，故爲草木蕃之象。成否則賢人隱而儉德避難矣，君子于斯時可不謹言慎行哉？

君子黄中通理，正位居體。美在其中，而暢于四支，發于事業，美之至也。

項氏安世曰：「坤六五之正位，猶乾九二之正中，皆言正得中位，非當位也。」[三]

王氏夫之曰：「坤無君道，以二爲内美，五爲外著，君子闇然日章之德也。若此類，惟君子占此爲吉。無其德而占遇之，如《春秋傳》南蒯所筮，神所弗告，筮策之偶

[一] 曹元弼《周易集解補釋》卷二。
[二] 李鼎祚《周易集解》卷二引。
[三] 項安世《周易玩辭》卷一。

然爾。故曰『《易》爲君子謀，不爲小人謀』也。」〔一〕

愚按：《孟子》言「君子所性，大行不加，窮居不損」〔二〕，乃乾二、五之德。又言「君子所性，仁義禮智根于心」〔三〕，乃坤五之德。黄者，中色也。「黄中通理」，謂内含中和之德，而通于性命之理也。正位所以凝命，居體所以主静。「充實之謂美」，地道充實故謂美。四德根于心，則有充實之道矣。「睟然見于面，盎于背，施于四體，四體不言而喻」〔四〕，所謂暢于四支也。《繫辭傳》言乾可久，坤可大，「可久則賢人之德，可大則賢人之業」〔五〕，「充實而有光輝之謂大」〔六〕，故曰：「發于事業，美之至也。」

陰疑于陽必戰，爲其兼于陽也，故稱龍焉。猶未離其類也，故稱「血」焉。夫玄黄者，天地之雜也，天玄而地黄。

曹氏元弼曰：「初自姤來，陰始凝，凝之始。上純坤陰凝於陽，凝之成也。陰與

〔一〕王夫之《周易内傳》卷一上。
〔二〕《孟子·盡心上》曰：「君子所性，雖大行不加焉，雖窮居不損焉，分定故也。」
〔三〕《孟子·盡心上》。
〔四〕《孟子·盡心上》。
〔五〕《易繫辭上》第一章。
〔六〕《孟子·盡心下》。

陽接，言戰者，以形容其相薄，亦因文託戒。坤下有伏乾，以陰包陽，故曰兼。鄭本作慊，讀爲嗛，訓雜，義大同。」一本作嫌，疑似之義。「《詩箋》及孫叔然《爾雅注》引作『嫌于無陽』，蓋古《易》異文。姚氏謂：『……坤下實有伏陽，而自初至上，陽氣不見，有无陽之嫌，故特稱龍以表之，言其實有陽也。』」「類，陰類也。」「玄者，黑而有赤色。地者陰，生於火，故色黄。此震之剛柔始交，所以爲玄黄也。」「故受之以屯。」〔一〕

坤卦大義

【釋】坤德言君子順成之道。

文治讀坤卦，反覆其義，喟然而歎曰：至哉坤元！君子之所以闇然自修〔二〕，内省

〔一〕曹元弼《周易集解補釋》卷二。
〔二〕《禮記·中庸》云：「故君子之道，闇然而日章；小人之道，的然而日亡。」

不疚者〔一〕，其在兹乎？

彖辭曰：「利牝馬之貞。」不爲飛龍而爲牝馬，順之至也。「君子有攸往，先迷後得主。」戒懼之至也。初六履霜、六三含章、六四括囊、上六「龍戰于野，其血玄黄」，皆有戰戰兢兢之意焉。聖傳又申言之曰：「坤道其順乎，承天而時行。」所謂奉若天道〔二〕，後天而奉天時者也〔三〕。然究其實功，不過曰：「敬以直内，義以方外。」

先儒謂乾言聖人之學，坤言賢人之學。乾之初爻，《傳》曰：「樂則行之，憂則違之。」「君子成德爲行，日可見之行也。」〔四〕坤之二爻，《傳》曰：「敬義立而德不孤」，「則不疑其所行」〔五〕。是故君子躬行之道，其在斯乎？

乾言誠，坤言敬，誠敬之别，乾坤之大義也。乾言仁，坤言義，仁義之分，陰陽之判，亦乾坤之大義也。是故希賢、希聖之功，其在斯乎？故《繫辭傳》曰：「聖人以此

〔一〕《論語·顔淵》載司馬牛問君子，子曰：「君子不憂不懼。」曰：「不憂不懼，斯謂之君子已乎？」子曰：「内省不疚，夫何憂何懼？」唐先生本孔門正義立坤德順成之旨。

〔二〕《尚書·説命中》句。

〔三〕《乾文言傳》。

〔四〕《乾文言傳》。

〔五〕《坤文言傳》。

洗心，退藏於密。」密者，「黄中通理」[一]，《中庸》所謂喜怒哀樂未發之中也。性情之德，非體道之君子，其誰能知之？若夫處履霜之時，順而靡屆；際「龍戰」之位，進而不已；蹈「鳴豫」之志窮，而不知珍「碩果」于不食，嗚呼，其可戒也夫！

李氏光地曰：「乾坤之有取於龍馬，何也？曰：心之爲物也，變變化化，而不可放于外，故斂之又斂，而欲其藏于密也，龍之象也。體之爲物也，順乎天君而不自作也，然形與神則欲其相赴，氣與志則欲其相助，夫然後可以言順矣，牝馬之象也。蓋龍者，動而能靜者也。牝馬者，順而能健者也。彼道家之言龍虎者，吾有取焉。彼以爲魂而不交於魄，是游魂也，故欲魂之守魄，如龍之爲飛騰之物而能潛蟄也；魄而不交於魂，是滯魄也，故欲魄之拘魂，如虎之爲藏伏之物而有威猛也。設此象者，疑亦竊取《周易》龍馬之義，而稍變文以自駕其説。然爲彼之道者，猶知龍馬之爲精神，而爲吾之學者，不復悟龍馬之爲身心矣。」[二]

文治按：李氏之説邃矣。古傳伏羲作八卦，其序首乾次坤。神農更伏羲之次，

[一]《坤文言傳》。
[二] 李光地《周易通論》卷二《論龍馬之義》。

首艮，夏人因而繫之辭，謂之《連山》。坤帝又更神農之次，首坤，殷人因而繫之辭，謂之《歸藏》。坤者，《歸藏易》之首也。黄帝之言曰：「谷神不死，是謂玄牝。玄牝之門，是謂天地根。」見老子《道德經》〔一〕，《列子》引之，以爲黄帝之言。〔二〕文王參用《歸藏易》之義，故曰：「利牝馬之貞。」周公亦參用《歸藏易》之義，故曰：「其血玄黄。」孔子釋之曰：「天玄而地黄。」所謂玄牝之門也，其氣終于亥而始于子，由坤出震而成復。《道德經》曰：「萬物並作，吾以觀其復。夫物云云，各歸其根。歸根曰静，静曰復命。」〔三〕各歸其根者，歸于天地之根，復所以「見天地之心」也〔四〕。故《禮記·禮運》篇曰「人者，天地之德，陰陽之交，鬼神之會」也。陰陽之交，「一陰一陽之謂道」，繼善而成性者也。鬼神之會，即道家所謂「魂欲守魄，魄欲拘魂」是也。凡此皆黄帝所謂玄牝之門，而《歸藏易》之精藴也。

〔一〕《老子》第六章曰：「谷神不死，是謂玄牝。玄牝門，天地根，綿綿若存，用之不勤。」

〔二〕《列子·天瑞》卷一曰：「《黄帝書》曰：『谷神不死，是謂玄牝。玄牝之門，是謂天地之根。綿綿若存，用之不勤。』」

〔三〕《老子·道經》第十六章。

〔四〕復卦《彖傳》。

君子惟正位居體以驗之，則靜翕動闢，而有以順性命之理矣。《禮記・禮運》篇：「孔子曰：『吾觀殷道，吾得坤乾焉。』」〔一〕坤乾，《歸藏易》也。吾友錢氏基博謂：「《繫辭傳》：『闔户謂之坤，闢户謂之乾，一闔一闢謂之變。』首坤而次乾，實《歸藏易》之微言。」〔二〕文治由是悟「立天之道曰陰與陽」〔三〕與夫「陰陽不測之謂神」〔四〕，所以先陰而後陽者，亦《歸藏易》之所傳也。老聃柱下禮官，爲殷時舊制；彭祖殷人，作《攝生論》，皆傳《歸藏易》。故孔子曰：「竊比于我老彭。」〔五〕儒家、道家本出一原。觀夫坤元之德，「含宏光大，品物咸亨」，司馬談所謂「精神專一，動合無形，贍足萬物。其爲術也，因陰陽之大順，采儒墨之善，撮名法之要，與時遷移，應物變化」，亦參合孔聖《文言傳》之旨，探《歸藏易》之微，可見三《易》各得伏羲消息之旨。《連山易》雖不可考，

〔一〕《禮記・禮運》文云：「我欲觀殷道，是故之宋而不足徵也；吾得坤乾焉。」

〔二〕錢基博先生《周易題解及其讀法》云：「老子書好以陰性爲喻，言『歸』、言『閉』，如曰『萬物之母』，曰『玄牝』，曰『知雄守雌』，曰『常德乃足，復歸于樸』，曰『塞其兑，閉其門』，曰『用其光，復歸其明』，與《周易》之『扶陽抑陰』，而有以『見天下之動』者不同，疑出《歸藏》義也。」謹按：唐先生取其大意。

〔三〕《説卦傳》第二章文。

〔四〕《繫辭上傳》第五章。

〔五〕《論語・述而》文。

而細讀艮、咸二卦，亦可知其大意。其所以首乾、首艮、首坤者，固由于學問得力之不同，然亦由尚忠、尚質、尚文之異〔一〕，蓋時代爲之耳！聖人豈有心造作于其間哉？或疑此説推道家過重。夫道家學措之政治，誠如《論語》所謂「居簡行簡，毋乃太簡」〔二〕。然以之養生，則神能守形矣。何必以其異端而黜之？

〔一〕忠、質、文三者，乃《禮記·表記》概括夏、商、周三代之時代精神，故唐先生下文言「時代爲之」。

〔二〕《論語·雍也》載：「仲弓曰：『居敬而行簡，以臨其民，不亦可乎？居簡而行簡，無乃大簡乎？』」

卷二

【釋】此卷爲復、臨、泰、大壯、夬五卦大義，此五卦爲陽長之卦。凡陽爻來而陰爻去稱「息」，故稱陽長，乃從坤宮開出之五世卦。皆言處困有方，則履險如夷。

復䷗ 震下坤上

按：乾一陽息坤爲復。十二辟卦由坤進，與姤旁通。坤宫一世卦。《釋文》云：「復，音服，反也，還也。」〔一〕

〔一〕陸德明《經典釋文·周易音義》。

復：亨，出入无疾，朋來无咎。

虞氏翻曰：「謂出震成乾，入巽成坤。坎爲疾，十二消息，不見坎象，故『出入无疾』。兑爲朋，在内稱來，五陰從初，初陽正息而成兑，故『朋來无咎』矣。」〔一〕

曹氏元弼曰：「復，陽復也。陰氣剥陽，陽潛孕坤中，反出于震而來復。彖曰『剛反』是也。」「亨者，乾元通坤也。」「天行極而還復，陽氣始動地中，剛反交于坤初而息，故亨。」「六十四卦消息，皆乾坤交通，而復則乾元亨坤之始，故特言亨。」「不言元者，復即元，初『不遠復，元吉』是也。」〔二〕

愚按：出入者，出坤入震，《繫辭傳》「其出入以度」是也〔三〕。无疾，先儒以爲不見坎象。惟《易》例如貞疾〔四〕、无妄之疾〔五〕、有疾厲〔六〕、介疾有喜〔七〕，皆無坎象，似不必

〔一〕李鼎祚《周易集解》卷六引。
〔二〕曹元弼《周易集解補釋》卷六。
〔三〕《繫辭下傳》第八章。
〔四〕豫六五爻辭：「貞疾，恒不死。」
〔五〕无妄九五爻辭：「无妄之疾，勿藥有喜。」
〔六〕遯九三爻辭：「係遯，有疾厲，畜臣妾，吉。」
〔七〕兑九四爻辭：「商兑未寧，介疾有喜。」

牽引坎象爲説。竊謂疾，憂也。以人心言，出入無時，操而存之，一陽來復，可無憂也。朋，類，先儒皆以陽與陽爲朋。按《易》例言朋者，彖辭二，爻辭七，皆取陰畫耦爲象。曰得朋、曰喪朋〔一〕、曰朋亡〔二〕、曰朋從〔三〕，俱據陰言之。曰朋盍〔四〕、曰朋來〔五〕、曰朋至〔六〕，又據陽言之。陰之喪亡其朋也，爲從陽也。於陽曰盍、曰來、曰至，正見陰之能喪亡其朋耳。本心能定，雖朋從爾思〔七〕，而陽氣足以克之，是以无咎。故復卦彖言天行，爻言人事，學者體之，實皆心學也。

反復其道，七日來復。

鄭氏康成曰：「建戌之月，以陽氣既〔八〕進。建亥之月，純陰用事。至建子之月，

〔一〕坤彖辭：「坤，元亨，利牝馬之貞。君子有攸往，先迷後得，主利。西南得朋，東北喪朋。安貞吉。」
〔二〕泰九二爻辭：「包荒，用馮河，不遐遺，朋亡。得尚于中行。」
〔三〕咸九四爻辭：「貞吉，悔亡，憧憧往來，朋從爾思。」
〔四〕豫九四爻辭：「由豫，大有得。勿疑，朋盍簪。」
〔五〕復彖辭、蹇九五爻辭：「大蹇朋來。」
〔六〕解九四爻辭：「解而拇，朋至斯孚。」
〔七〕咸九四爻辭：「貞吉，悔亡，憧憧往來，朋從爾思。」
〔八〕「既」，原誤作「始」，據鄭氏文改。

陽氣始生。隔此純陰一卦，卦主六日七分，舉其成數言之，而云『七日來復』。」〔一〕

陳氏世鎔曰：「『反復其道，七日來復』者，姤而復，復而姤，一往一反，相爲循環，皆歷六位，至七而復，乃天道自然之行，故傳曰『天行也』。七日，凡有三説：一謂卦氣起中孚，六日七分之後爲復，舉成數言爲七日。一謂自剥上至復，歷坤六位爲七日。一謂自五月姤一陰生，至十一月一陽生爲七日。朱子《本義》從後説。今按，大撓作甲子，地支十二，陰陽各界以六。」「故一歲十二月，一日十二時，寒暑晝夜，皆復于七。」「是七日來復，乃天道陰陽反復之常，特于復言之者，以復當剥極成坤之後，陽消已盡，至此忽見，乃造化之端倪，明示人窺尋者也。」〔二〕

愚按：乾三「終日乾乾，反復道」，息泰成大壯，本卦「反復其道」，出坤息震。「七日」之義，以鄭爲正。

利有攸往。

先師黄氏曰：「『利有攸往』，始推言。其復之浸長爲臨泰，爲壯、夬也。」〔三〕

〔一〕孔穎達《周易正義序》引鄭康成説。

〔二〕陳世鎔《周易廓》卷七。

〔三〕黄以周《周易詁訓訂》復卦《彖傳》疏。按，「始推言」之「始」原脱，據黄氏文補。

愚按：剥：「不利有攸往，小人長也。」〔一〕復：「利有攸往，剛長也。」〔二〕陽息成臨，「剛浸而長」〔三〕，成泰則「君子道長」矣〔四〕。國家興盛，必基于此，故用人者當慎之于始。

彖曰：「復亨」，剛反。動而以順行，是以「出入无疾」，「朋來无咎」。

曹氏元弼曰：「剛，乾元也。」「乾元本自坤息震，以至純乾，息極而消，窮剥入坤。復出于震，故曰反。動，謂〔五〕震。」「順，謂坤。」「乾陽出震，以坤而行，非剥上與初易位，故不言『剛自外來』。」「虞以『剛反動』三字連讀，諸家讀『剛反』絶句，大義同。」〔六〕

「反復其道，七日來復」，天行也。

先師黄氏曰：「天氣運行，无去不反，无往不復，陰剥已極，七日陽來，此自然運行之道也。震少陽之數七，故稱七日。震言七日得，亦取震數之七。既濟言七日得，

〔一〕剥卦《彖傳》。
〔二〕復卦《彖傳》。
〔三〕臨卦《彖傳》。
〔四〕泰卦《彖傳》。
〔五〕「謂」，原作「爲」，據曹氏文改。後「謂坤」之「謂」同。
〔六〕曹元弼《周易集解補釋》卷六。

則取坎數之七。凡七日者，皆謂其時之速，無待于三年、十年之久且遠也。行，道也，見《爾雅》。凡曰天行，猶天道也，謂氣化之流行不息也。乾《大象傳》、蠱剥《彖傳》同。」〔一〕

愚按：六十四卦，惟蠱、剥、復《彖傳》言「天行」，蓋皆取消息之義。

「利有攸往」，剛長也。

先師黄氏曰：「陰類知出，故无疾乎陽之入。陰朋知來，故咸順其陽往。『利有攸往』，剛長成臨，自臨而泰以至于乾。夬曰：『利有攸往，剛長乃終也。』謂至乾而終，此其來復之始焉耳。」〔二〕

復其見天地之心乎！

荀氏爽曰：「復者，冬至之卦。陽起初九，爲天地心。萬物所始，吉凶之先，故曰『見天地之心』矣。」〔三〕

〔一〕黄以周《周易詁訓訂》復卦《彖傳》疏。
〔二〕黄以周《周易詁訓訂》復卦《彖傳》疏。
〔三〕李鼎祚《周易集解》卷六引。

程子曰：「其道反復往來，迭消迭息。七日而來復者，天地之運行如是也。消長相因，天之理也。陽剛，君子之道長，故利有攸往。一陽復于下，乃天地生物之心也。先儒皆以靜爲『見天地之心』，蓋不知動之端乃天地之心也。非知道者，孰能識之？」〔一〕

楊氏萬里曰：「聖人極言復之亨矣，无咎矣，利矣，又一言斷之曰：『復其見天地之心乎！』然則孰爲『天地之心』？動而生物是天地之心，貴陽賤陰是天地之心，長君子、消小人是天地之心。天地之心不可見也，聖人觀于復而見之，又提之以示人。有天下者，可不求彼之心爲此之心乎？體之聖，失之愚；履之治，舍之亂。聖愚治亂，此心而已。」〔二〕

王氏夫之曰：「人之所以生者，非天地之心乎？見之而後可以知生，知生而後可以體天地之德，體德而後可以達化。知生者，知性者也。知性而後可以善用吾情；

〔一〕程頤《周易程氏傳》卷二。
〔二〕楊萬里《誠齋易傳》卷七。

知用吾情，而後可以動物。故聖功雖謹于下學，而必以『見天地之心』爲入德之門。」〔一〕

愚按：《孝經》曰：「天地之性，人爲貴。」〔二〕本經咸、大壯《彖傳》皆言「天地之情可見」〔三〕。《禮運》曰：「人者，天地之心也。」蓋性，體也；情，用也。心則統性情而兼體用者也。言其體則曰「天地之大德曰生」〔四〕，言其用則曰「天地感而萬物化生」〔五〕。然則「天地之心」，生生而已。人秉「天地之心」，故莫不好生而惡殺，所以體造物之仁也。一陽初息，善念始萌，惡念自消，擴而充之，其光明純粹爲何如！《繫辭傳》曰「聖人以此洗心」，「以神明其德」，此心學之要，而學聖之始基也。

象曰：雷在地中，復。先王以至日閉關，商旅不行。后不省方。

虞氏翻曰：「先王謂乾初。至日，冬至之日。坤闔爲閉關。巽爲商旅、爲近利市

〔一〕王夫之《周易内傳》卷二下。
〔二〕《孝經·聖德章》文。
〔三〕咸卦《彖傳》文：「天地感而萬物化生，聖人感人心而天下和平。觀其所感而天地萬物之情可見矣。」《易·大壯卦·彖傳》云：「『大壯利貞』，大者正也，正大而天地之情可見矣。」
〔四〕《繫辭下傳》第一章。
〔五〕咸卦《彖傳》。

三倍。姤、巽伏初，故商旅不行。姤《象》曰：『后以施命誥四方。』今隱復下，故后不省方。復爲陽始，姤則陰始，天地之始，陰陽之首。已言先王，又更言后，后，君也。六十四卦，唯此重耳。」〔一〕

程子曰：「雷者，陰陽相薄而成聲，當陽之微，未能發也。雷在地中，陽始復之時也。陽始生于下而甚微，安静而後能長。先王順天道，當至日陽之始生，安静以養之，故閉關使商旅不得行，人君不省視四方，觀復之象而順天道也。在一人之身亦然，當安静以養其陽也。」〔二〕

愚按：至日者，乾元初息也。孔子曰：「我欲仁，斯仁至矣。」先儒以仁至爲一陽至日之象，其心光明。故初學當以至日爲洗心之始，保善念而勿失，斯可矣。功夫再進，則每日之「明發不寐，有懷二人」〔三〕，猶至日也。復，與姤旁通，「后不省方」與「后以施命誥四方」〔四〕相對。

〔一〕李鼎祚《周易集解》卷六引。
〔二〕程頤《周易程氏傳》卷二。
〔三〕《詩・小雅・小宛》句。
〔四〕姤卦《象傳》。

初九：不遠復，无祇悔，元吉。

楊氏萬里曰此爻：「仲尼以顔子當之，謂其『有不善未嘗不知，知之未嘗復行』。幾者動之微，知者復之微。大哉知乎！故《大學》在致知。人心之知至〔一〕，即天地之陽生。陽一生，天地復；知一至，君子復。」〔二〕

張氏惠言曰：「《易》之言復也，有三道焉：先乎幾而復者，无乎不始也，乾之九三『終日乾乾，反復道也』；時乎幾而復者，終則又始也，泰之九三『无往不復』也；後乎幾而復者，更始也，小畜之初九『復自道』也。皆不遠也，故上者无悔也，其次悔矣，『无祇』也。无祇猶无悔也，皆元吉。」〔三〕

愚按：《繫辭傳》曰：「復以自知。」〔四〕此爻楊氏歸本于「知」，是矣。然不遠之復，有發于「良知」者，有本于「致知」者。良知，自然之知也；致知，學問之知也。君子于静時涵養其良知，以待其自然之知，張氏所謂「先乎幾而復」也。于動時則隨事精察，

〔一〕「至」字，原脱，據楊氏文補。
〔二〕楊萬里《誠齋易傳》卷七。
〔三〕張惠言《虞氏易言》卷一。
〔四〕《繫辭下傳》第七章。

用致知之功，于是有臨事之知，張氏所謂「時乎幾而復」也。《孟子》言「學問之道，求其放心」[一]，則「後乎幾而復」矣。學者當提撕警覺，豈可使此心之遠復哉？「祇」之讀爲疧，病也，即「出入无疾」之義。馬訓爲語助辭[二]，謂無偶爾之陷于悔，于義爲長。

象曰：不遠之復，以修身也。

程子曰：「不遠而復者，君子所以修其身之道也。學問之道無他也，惟其知不善則速改以從善而已。」[三]

王氏夫之曰：「身者，最其不遠者也。」「方一起念之初，毀譽吉凶，皆無所施其逆億，而但覺身之不修，無以自安，則言無過言，行無過行，卓然有以自立矣。以誠之幾，御官骸嗜欲而使之順，則所謂『爲仁由己』，『不下帶而道存』也。」[四]

六二：休復，吉。

程子曰：「二雖陰爻，處中正而切比于初，志從于陽，能下仁也，復之休美者也。

[一]《孟子·告子上》曰：「學問之道無他，求其放心而已矣。」
[二] 陸德明《經典釋文·周易音義》：「『無祇』，音支，辭也。馬同，音之是反。」
[三] 程頤《周易程氏傳》卷二。
[四] 王夫之《周易内傳》卷二下。

復者，復于禮也，復禮則爲仁。初陽復，復于仁也。二比而下之，所以美而吉也。」〔一〕愚按：「休復」先儒訓爲「休美」〔二〕，與「休否」義相合〔三〕，然亦有「優游爾休」〔四〕之義。蓋初善念始復，二則優游涵泳以保存之也。功夫漸進，故吉。

象曰：「休復」之「吉」，以下仁也。

程子曰：「爲復之休美而吉者，以其能下仁也。仁者，天下之公，善之本也。初復于仁，二能親而下之，是以吉也。」〔五〕

王氏夫之曰：「凡陰居陽上，類以乘剛爲咎，此獨言下而非乘者，一陽下動，以資始之德震動羣陰，非陰之敢乘，而五陰順序以聽其出入。無相雜以相亢，靜以待動，其德不悖也。《易》之不可以典要求也，類然。」〔六〕

〔一〕程頤《周易程氏傳》卷二。
〔二〕孔穎達《周易正義》復六二爻辭「休復吉」曰：「得位處中，最比于初，陽爲仁行，已在其上，附而順之，是降下于仁，是休美之復，故云『休復吉』也。」
〔三〕焦循《易通釋》卷一一云：「否九五『休否』，與休復同。」
〔四〕《詩·大雅·卷阿》句。
〔五〕程頤《周易程氏傳》卷二。
〔六〕王夫之《周易内傳》卷二下。

愚按：乾元體仁，復初爻一陽，即剥上碩果之仁。二與之相依，故曰下仁，謂下夫「三月不違仁」者也，亦可期「日月至焉」[一]矣。

六三：頻復，厲，无咎。

程子曰：「三以陰躁，處動之極，復之頻數而不能固者也。復貴安固，頻復頻失，不安於復也。復善而屢失，危之道也。聖人開遷善之道，與其復而危其屢失，故云厲无咎。」[二]

陳氏世鎔曰：「《詩·桑柔》『國步斯頻』，《毛傳》：『頻，急也。』孔《疏》：『事有頻頻而爲者，皆急速，故爲急也。』鄭康成作顰。虞翻、王弼皆訓頻蹙，則爲頻眉蹙額。程、朱作『屢復屢失』。今按，頻當從《詩·毛傳》訓急。求仁不可以迫操，在優游以俟其自熟。太急或失之助長，故危。然力行之勇，亦不得而訾之，故于義无咎。」[三]

[一]《論語·雍也》載：「子曰：『回也，其心三月不違仁，其餘則日月至焉而已矣。』」
[二] 程頤《周易程氏傳》卷二。
[三] 陳世鎔《周易廓》卷七。

愚按：思慮太多，悔過太迫，則本心煩擾而不寧。季文子三思後行，子曰：「再，斯可矣。」〔一〕三思正頻復之象。凡人能見其過而内自訟，復也。然自訟不已，則近於「憧憧往來」，故厲。心頻復則容顰蹙，故類、蹙二字可通。

象曰：「頻復」之厲，義无咎也。

程子曰：「頻復頻失，雖爲危厲，然復善之義，則无咎也。」〔二〕

愚按：本心雖危，以義決之，則可无咎。

六四：中行獨復。

鄭氏康成曰：「爻處五陰之中，度中而行，四獨應初。」〔三〕

陳氏世鎔曰：「初動而以順行，四入坤，乃首順從震者。上下各有二陰，而己居中，故曰中行。獨復，獨與初應也，初復四亦復，初復于道而四從之，故曰從道。乾道變化，元亦道也。無占者，初之復元吉，四不言可知。」〔四〕

〔一〕《論語·公冶長》文。
〔二〕程頤《周易程氏傳》卷二。
〔三〕張惠言訂正《周易鄭注》卷三。
〔四〕陳世鎔《周易廓》卷七。

曹氏元弼曰：「《易》言中有三例：一以二、五爲中，兩體之中也，《彖傳》《象傳》所謂剛中、柔中是也。一以復、姤之初爲中，天地之中也，《彖傳》云『復其見天地之心』是也。一以三、四爲中，全卦若互體之中也，《乾文言》云『中不在人』，《繫》言中爻以別初上，下兼舉二與四、三與五是也。泰之中行在二，據兩體之中也。復之中行在四，益之中行在三、四，以其爲全卦之中也。剥三、復四皆處五陰之中，剥曰失上下，復曰中行。經傳互證，義正相發。」[一]

象曰：「中行獨復」，以從道也。

程子曰：「稱其獨復者，以其從陽剛君子之善道也。」[二]

愚按：陽謂君子，程子謂從君子之道，極精。傳曰：「能自得師者王，謂人莫己若者亡。」[三]若處羣陰之中而不知從善道，則迷復而凶矣。

[一] 曹元弼《周易集解補釋》卷六。
[二] 程頤《周易程氏傳》卷二。
[三] 《尚書·仲虺之誥》文。

六五：敦復，无悔。

項氏安世曰：「臨以上六爲敦臨，艮以上九爲『敦艮』，皆取積厚之極。復于五即言敦復者，復之上爻，迷而不復，故復至五而極也。」〔一〕

胡氏炳文曰：「不遠復者，善心之萌。敦復者，善行之固。故初九『无祇悔』，敦復則可无悔也。」「不遠復，入德之事也；敦復其成德之事歟？」〔二〕

陳氏世鎔曰：「敦，加厚也，坤爲厚。自初至五，屢進未已，慮其始勤而終怠也，故策之以敦焉。蓋治心之事，止吾止，進吾往，非他人之所得知，自知之。敦復者，言以初自勵，初從剥喪之餘，一覺悟而頓還其原，得免于悔。我返觀内照，能人淨而保天理，亦如初之无悔否耶？故須以敦復自考，不使方長之陽見消于陰噎，已回之轍更入于歧途，乃无貽後悔耳。」〔三〕

〔一〕項安世《周易玩辭》卷五。
〔二〕胡炳文《周易本義通釋》卷一。
〔三〕陳世鎔《周易廓》卷七。

象曰：「敦復无悔」，中以自考也。

愚按：鄭君説：「考，成也。」〔一〕侯果訓「考省」〔二〕，向秀訓「考察」〔三〕。竊謂從侯、向兩家説爲是。蓋「中以自考」，所謂能見其過而内自省，所以爲敦厚也。《中庸》「敦厚以崇禮」，原於「尊德性」，其末章曰：「内省不疚，無惡於志。君子之所不可及者，其惟人之所不見乎？」内省者，「中以自考」也。「内省不疚」，是以无悔，《繫辭傳》曰：「復以自知。」惟自考乃能自知，此君子修德最要之功。本卦爻《象傳》四以字，皆用以反身修己之道，分四等：初爻謂大賢，二爻謂學者，四爻謂豪傑，五爻謂善人。

上六：迷復，凶，有災眚。用行師，終有大敗，以其國君凶。至于十年不克征。

先師黄氏曰：「上六迷復，迷暗已極也。行師、大敗，有疾也。十年不征，復非七日也。反君道，與陽悖也。陰柔居上，反初，不遠復之道，不特有凶于身，眚、災並至。若用此以行師，必有大敗，凶及其國，雖至十年之遠，終不克征矣。坤爲先迷，故曰迷

〔一〕張惠言訂正《周易鄭注》卷三。

〔二〕李鼎祚《周易集解》卷六引侯果曰：「坤爲厚載，故曰『敦復』。體柔居剛，无應失位，所以有悔，能自考省，動不失中，故曰『无悔』矣。」

〔三〕陸德明《經典釋文·周易音義·復卦·象傳》「自考也」下引向秀云：「察也。」

復。初爲復之主，故稱君。巽自内生曰眚，害物曰災。坤衆爲師。」「坤數十，故曰十年。」[一]

曹氏元弼曰：「剥消艮入坤，『小人剥廬』，與復初息坤出震正相反，復上即剥消入坤者。」「五爻皆言復，上獨言其剥而消者，蓋剥之所以能復者，以其道也。經云『反復其道』，得其道，則剥窮于上，復反于下，轉危爲安，易亡爲存；失其道，則剥在彼而復在此，聖人興而亂人廢矣。『迷復凶』，傳曰：『欲復其願而棄其本，復歸無所，是謂迷復。』當小人剥廬之時，國破家亡，曷嘗不願復？欲復而棄所以復之本，失道妄行，奚其適歸，是之謂迷。本，謂道也。歸，歸于道也。虞氏謂坤冥爲迷，高而无應故凶。迷復，剛不反也；無應，朋不來也。其所謂忠者不忠，而所謂賢者不賢，小人之使爲國家，菑害並至，故有烖眚。」[二]

愚按：陽息之卦，泰曰「勿用師」[三]，夬曰「不利即戎」[四]，本卦曰「用行師，終有

[一] 黄以周《周易詁訓訂》復卦上六《象傳》疏。
[二] 曹元弼《周易集解補釋》卷六。
[三] 泰上六爻辭。
[四] 夬卦彖辭。

大敗」。蓋國君窮兵黷武，違反君道，必至大敗，禍國殃民，可痛孰甚，故聖人垂爲大戒。何氏楷謂「行師以下，皆假象以喻一心不能馭衆動，徇象必至喪天君」[一]也。先儒因謂理欲迭乘曰天人交戰，爲復上六行師之象。竊謂復之取象，未必如此。惟學者借此説以警心，固無不可耳。全卦爻義，内外卦自爲始終，然初若失其「不遠之復」，則反于坤而爲迷復。初上亦相應，章法如此。

象曰：「迷復」之凶，反君道也。

程子曰：「復則合道，既迷于復，與道相反也，其凶可知。以其國君凶，謂其反君道也。人君居上而治衆，當從天下之善，乃迷于復，反君之道也。非止人君，凡人迷于復者，皆反道而凶也。」[二]

曹氏元弼曰：「上所以迷不能復，師敗君凶者，以反君道也，傳所謂棄其本也。然則得君道者，雖剥必復，無疑矣。此天地之心昭然可見者。」[三]

[一] 何楷《古周易訂詁》卷三。
[二] 程頤《周易程氏傳》卷二。
[三] 曹元弼《周易集解補釋》卷六。

復卦大義

【釋】唐先生于此「大義」言心學之要，克己復禮，遷善改過爲關鍵。

文治按：《繫辭傳》曰：「復，德之本也。」又曰：「復小而辨于物。」又曰：「復以自知。」按，「復小」謂陽微也；「辨于物」者，辨物之善惡，即格物之學也。物格而后〔一〕知至，自知者，有不善未嘗不知〔二〕，「中以自考」也。復卦爲天地之心，在人爲善惡之幾，洗心之奥旨。履謙行于外，至復則勘諸内，是君子修德之第三卦也。

夫所謂修德之基者，何也？曰心學也。蓋復卦，聖賢治心之學也。「出入无疾」，孔子所云「出入無時」〔三〕也。「朋來无咎」，《易》例陰爲朋，陰從於陽，息成臨、泰，故

〔一〕唐先生述《大學》義，故用《大學》「后」字。
〔二〕《易·繫辭》言知幾引孔子云：「顔氏之子，其殆庶幾乎？有不善未嘗不知，知之未嘗復行也。」
〔三〕《孟子·告子上》引孔子語。

无咎也。「七日來復」，自五月姤卦一陰始生，至此七爻而一陽來復，乾元之初息，天運之自然也。剥之「不利有攸往，小人長也」[一]，復之「利有攸往，剛長也」。復「剛始反」，至臨則「剛浸而長」[二]，成泰則「君子道長，小人道消」也[三]。君子出處之際，當由人心以驗天心也。

夫所謂「見天地之心」者，何也？曰天包乎地。人居地之上，故《禮記·禮運》篇曰：「人者，天地之心也。」是人心即天地之心也。而特于復卦見之，何也？蓋天地之心，生理也，而人之心實具生生之性。生生者，《易》之理，復之幾，其發也則爲善氣。復者，善氣之始息也。先儒謂《孟子》所謂「平旦之氣」，發前人所未發，而不知其實本于復卦。蓋復卦于時爲冬至，陽初生，四時之氣最善者也，此主一歲之消息而言。小之爲一日，于時爲子，平旦之氣最善者也，此主一晝夜之消息而言也。後人所謂朝氣，即生氣、善氣也。陽氣善，所以能生萬物，而人之善念，即萌于陽氣之動，與天地

[一] 剥卦《彖傳》。
[二] 臨卦《彖傳》。
[三] 泰卦《彖傳》。

之生機息息相通。故此卦「天地之心」，當與《孟子》所謂「日夜之所息」「平旦之氣」互相印證。息者，陽息也，好惡與人相近，其即「不遠復」乎？「梏之反復」，其即剥乎？人禽之辨，在此幾希之間，此君子所以兢兢于一心之消息，而無敢或懈也。《繫辭傳》曰：「剛柔者，晝夜之象。」〔一〕又曰：「通乎晝夜之道而知。」〔二〕孟子之學説，蓋本于《易》理。

夫程子所謂「安静以養微陽」〔三〕者，何也？曰：此所謂「儼若思」時也。昔李延平先生教人觀喜怒哀樂未發之「中」，朱子初年實得力于此。文治嘗體而行之，初無領會，惟覺旦晝所爲，若從容鎮定，正大光明，則于静時心中即有善氣、清明氣；若旦晝所爲，擾擾營營，物欲交蔽，則于静時心中即有惡氣、渾濁浮囂氣。然後知先儒所謂「沖漠無朕之中，渾然至善」者，要必于動時得力。若動時全未致意，則喜怒哀樂之未發，不過一團渾濁浮囂氣象，不得謂之「中」；其發也，亦決不能中節。故君子治心之

〔一〕《繫辭上傳》第二章。
〔二〕《繫辭上傳》第三章。
〔三〕程頤《周易程氏傳》卷二文云：「當安静以養其陽也。」朱子《周易本義·復卦大象》注曰：「安静以養微陽也。」

學，要必動静交相爲養。程子專以安静爲説，特就象義而言。然初學之士，于李先生所謂「静中觀喜怒哀樂未發氣象」〔一〕，要必隨時以心體之，而後能得涵養之法。其法維何？自「儼若思」始。

夫所謂「不遠復」者，何也？曰：程子所謂復者，復于禮也。孔子告顏子復禮之方，明示條目曰：「非禮勿視，非禮勿聽，非禮勿言，非禮勿動。」〔二〕蓋「天生烝民，有物有則」，禮者，天則也。吾之耳目，自有天則，何爲而有非禮之視、非禮之聽？吾之口自有天則，何爲而有非禮之言？吾之五官百體自有天則，何爲而有非禮之動？以是四者，時時省察，隨時可以養吾心，即隨時可以復于禮。先儒所謂「由乎中以達于外，制于外所以養其中」〔三〕，是四者修德之本也。程子《四箴》宜熟讀。

或問：「顏子四勿與曾子三省法並行，何如？」曰：可。然《論語・學而》一篇，大致皆爲初學而發。曾子每日非于三省之外別無餘事，不過舉其大端而言。先儒以

〔一〕朱子《延平答問》云：「先生極好静坐。某時未有知，退入室中，亦只静坐而已。先生令静中看喜怒哀樂未發之謂中，未發時作何氣象。此意不唯于進學有力，兼亦是養心之要。」
〔二〕《論語・顏淵》文。
〔三〕朱子《近思録・克己》卷五原文曰：「由乎中而應乎外，制于外所以養其中。」

「三者」當「頻復」，非也。「頻復」者，屢失屢復，非省察之謂。「三省」實與「敦復」相近。文治嘗教初學以最淺最易之法，據《湯之盤銘》曰：「苟日新，日日新，又日新。」〔一〕朱子謂：「人之洗濯其心以去惡，猶沐浴其身以去垢。」〔二〕凡人每日沐時，至少凡三：于此時而省察吾心之善否，力去其惡，以反于善；而復于「明發不寐」之時，體察此心，擴充善念，俾吾心澄然瑩然，無少垢滓；則當應物之時，良知自然發現，不遠之復，其庶幾矣！近世學程朱者，以良知近于禪宗，或諱言之，非也。人心之能知善惡，發于良知爲多。本良知以施之于事物，何空虛之足患？

文治嘗反復于本卦六爻之復字，而深有味焉。不遠之復，善念之發，陽氣之動也。休復，則有休和虛受之意，存養之功也。惟虛中以養陽，故能成臨。頻復，則微有迫促不寧之意。中行獨復，則有天資高邁，獨行其是之意。此「中行」，即孔子所謂「中行之士」。敦復，則有孳孳加勉之意。迷復，則有夫君迷闇，莫知其鄉之意。六爻復字，固由所處之位而異，亦因其性情材質而異。先儒但言每卦各有性情材質，不知每爻亦各有性情材質也。

〔一〕《禮記·大學》引。
〔二〕朱子《大學章句》。

反復詳玩，味之无窮。孔子學《易》，所以至于韋編三絶，其在斯乎？心學淵源，學者熟讀而謹守之可也。李氏光地《周易通論·復卦心學》[一]一篇，專就人心、道心而言，文治竊以爲未然。

臨䷒ 兑下坤上

按：臨由坎變，十二辟卦由復進，與遯旁通。坤宮二世卦。《釋文》云：「臨，如字，《序卦》云：大也。」[二]

臨：元亨利貞。至于八月有凶。

鄭氏康成曰：「臨，大也。陽氣自此浸而長大。陽浸長矣，而有四德，齊功于乾，盛之極也。人之情，盛則奢淫，奢淫將亡，故戒以凶也。臨卦斗建丑而用事，殷之正月也。當文王之時，紂爲無道，故于是卦爲殷家著興衰之戒，以見周改殷正之數云。

[一] 李光地《周易通論·論復心學》卷二。
[二] 陸德明《經典釋文·周易音義》。

臨自周二月用事，訖其七月，至八月而遯卦受之。此終而復始，王命然矣。」[一]

王氏應麟曰：「臨所謂八月，其説有三：一云自丑至申爲否，一云自子至未爲遯，一云自寅至酉爲觀。《本義》兼取遯觀二説。」[二]

曹氏元弼曰：「元亨利貞，陽之盛息也。天地盈虚，與時消息。天下之生，一治一亂，陽方息而消之機已伏。象曰：『至于八月有凶，消不久也。』言盛不可恃，禍至甚速，天命靡常，有國者不可以不慎也。」「此文指説消息大要，以垂萬世深戒，故鄭、虞皆以臨消于遯言。」[三]

愚按：臨彖辭「八月」，有謂取遯卦爲象者，是主十二辟卦之説，以一卦當一月也。有謂取觀卦爲象者，是主反對卦之説，以臨卦四陰合之觀卦四陰爲八月，以一爻當一月也。先儒多主遯卦之説，愚意二説皆非，未敢附會，説詳《大義》。

彖曰：臨，剛浸而長，説而順，剛中而應。大亨以正，天之道也。

程子曰：「浸，漸也。二陽長于下而漸進也。下兑上坤，和説而順也。剛得中道

[一] 張惠言訂正《周易鄭注》卷二。
[二] 王應麟《困學紀聞》卷一《易》。
[三] 曹元弼《周易集解補釋》卷五。

而有應助，是以能大亨而得正，合天之道。剛正而和順，天之道也。化育之功所以不息者，剛正和順而已。以此臨人、臨事、臨天下，莫不大亨而得正也。」〔一〕

楊氏萬里曰：「『浸而長，説而順』，君子之亨也。『剛中而應』，君子之正也。剛以驟而長，長必易消；剛以狠而進，進之不順；剛以過而忤，忤必不應。浸而長則莫之忌，説而進則莫之拒，中而和則莫之違，能此三者，則大亨矣。然必正而後可。」「剛中謂九二，應謂六五。」〔二〕

曹氏元弼曰：「《孝經》説以孝弟禮樂教民之義曰：『敬其父則子説，敬其兄則弟説，敬其君則臣説。』又曰：『非至德，其孰能順民如此其大？』此説而順之義。惠氏曰：『二升五，三動〔三〕成既濟，乾元用九，乃見天則，故曰天之道。』『天以中和育萬物，《易》以中和贊化育，天之道猶天之則。』『凡卦具四德者，皆以既濟言之。』」〔四〕

「至於八月有凶」，消不久也。

〔一〕程頤《周易程氏傳》卷二。
〔二〕楊萬里《誠齋易傳》卷六。
〔三〕「三動」二字，原在「二升五」前，據惠氏文乙。
〔四〕曹元弼《周易集解補釋》卷五。所引惠氏文見惠棟《周易述・彖上傳》卷九，原次序不同。

程子曰：「臨，二陽生，陽方漸盛之時，故聖人爲之戒。」「在陰陽之氣言之，則消長如循環，不可易也。以人事言之，則陽爲君子，陰爲小人。方君子道長之時，聖人爲之誡，使知極則有凶之理，而虞備之，常不至於滿極，則无凶也。」[一]

王氏夫之曰：「除惡務盡，則消而不復長。六三猶在内卦之上，二陽説其甘而爲體，陰慝乍消，而勢盛猶足以相拒，或乘間而復起，或旁激而變生。苻堅雖敗，慕容、拓拔復據中國；吕惠卿乍黜，章惇、蔡京復爭紹述。必待其根株永拔，而後成乎泰，非一旦一夕之效也。」[二]

象曰：澤上有地，臨。君子以教思无窮，容保民无疆。

虞氏翻曰：「震爲言。兑口講習，『學以聚之，問以辨之。』坤爲思，剛浸長，故『以教思无窮』。容，寬也。二『寬以居之，仁以行之』。坤爲容、爲民，故『保民无疆』矣。」[三]

[一] 程頤《周易程氏傳》卷二。
[二] 王夫之《周易内傳》卷二上。
[三] 李鼎祚《周易集解》卷五引。

楊氏萬里曰：「『澤上有地』，以地臨水，以上臨下之象也。澤之潤萬物，有與而无竭，君子以之教人而不倦。地之容萬物，有受而不隔，君子以之保民而无外。」〔一〕

先師黄氏曰：「九州藪澤在于地中，其澤之流也不竭，其地之容也無限，此臨大之象也。君子用之以臨民，『教思』之澤『无窮』，取兑口之講習也；容保之德『无疆』，取坤腹之含宏也。」〔二〕

愚按：「教思无窮」，文王之「成人有德，小子有造」〔三〕也。「容保民无疆」，文王之「懷保小民，惠鮮鰥寡」〔四〕也。必如文王之大德，而後可以臨民。

初九：咸臨，貞吉。

李氏舜臣曰：「『山澤通氣』，故山上有澤，其卦爲咸。而『澤上有地』，初、二爻亦謂之咸者，陰陽之氣相感也。」〔五〕

〔一〕楊萬里《誠齋易傳》卷六。

〔二〕黄以周《周易詁訓訂·臨卦大象傳》疏。

〔三〕《詩·大雅·思齊》句。

〔四〕《尚書·無逸》句。

〔五〕李光地《御纂周易折中》卷三引。

李氏光地曰：「咸有周遍之義，又有感通之義。蓋無心之感，無不周遍，故二義一也。初剛而正，是能以德感物而爲臨者，得臨之正矣，故臨人者如是則吉。」〔一〕

曹氏元弼曰：「『聖人感人心而天下和平』，以陽亨陰，感而臨之，浸長而大，故『咸臨』。乾元正初，故『貞吉』。感以正，既濟之本也。」〔二〕

愚按：山澤通氣爲咸，而地澤之氣相通亦爲咸。咸，感也，二氣感應以相與。本卦初與四應，二與五應，故皆曰「咸臨」。

象曰：「咸臨，貞吉」，志行正也。

程子曰：「所謂貞吉，九之志在于行正也。以九居陽，又應四之正，其志正也。」〔三〕

姚氏配中曰：「志在應四，動不失正，故『志行正』，屯初同義。臨者大也，陽息故感。」〔四〕

〔一〕李光地《周易觀象》卷四。
〔二〕曹元弼《周易集解補釋》卷五。
〔三〕程頤《周易程氏傳》卷二。
〔四〕姚配中《周易姚氏學》卷七臨卦按語。

九二：咸臨，吉，无不利。

曹氏元弼曰：「乾息至二，以陽臨陰，所感者大，宜升五爲大君，故『咸臨吉』而『无不利』。象曰：『未順命。』聖人惟行中和，積教思以感天下，雖有君德成既濟，而無幸天命、恃天命之心，故『无不利』。」〔一〕

象曰：「咸臨，吉，无不利」，未順命也。

李氏光地曰：「臨之盛大，天之命也。君子但知『大亨以正』之爲天道，不知『浸長』之爲天命也。順乎道，則有无窮无疆之業，順乎命而消不久矣，是故君子未順命也。」〔二〕

陳氏世鎔曰：「《孟子》言：『莫非命也，順受其正。』盈虛消長，天之命也。臨與遯旁通，當二之長，即知有遯之消，命無可逃。然居臨指遯，而諉之于命，則以權盡予氣數，而人事無庸，非《易》道扶陽抑陰立教之意也。故九二『咸臨』，既與初同吉，又以『无不利』策其後。蓋命不于常，未可付諸委順。當長慮消，其進更欲及時，故傳曰

〔一〕曹元弼《周易集解補釋》卷五。
〔二〕李光地《周易觀象》卷四。

『未順命』，猶泰之九三『勿恤其孚』、否之九四『有命无咎』，皆所以策君子之盡人事，以爭氣數也。」[一]

愚按：「未順命」之説不一，當以陳氏、曹氏説爲正。

六三：甘臨，无攸利。既憂之，无咎。

程子曰：「三居下之上，臨人者也。陰柔而説體，又處不中正，以甘説臨人者也。在上而以甘説臨下，失德之甚，无所利也。兑性既説，又乘二陽之上，陽方長而上進，故不安而益甘。既知危懼而憂之，若能持謙守正，至誠以自處，則无咎也。」[二]

項氏安世曰：「九二剛長而得中，故无不利。六三陰消而不中，故无攸利。二以心感人，三以口説人，此君子、小人之所以分也。」[三]

姚氏配中曰：「臨，大也。失位而以爲甘，故无所利。憂之則不甘，化之正矣，故

[一] 陳世鎔《周易廓》卷六，葉六。
[二] 程頤《周易程氏傳》卷二。
[三] 項安世《周易玩辭·臨》卷四。

无咎。管仲曰：『夫厚于味者薄於德，沈於樂者反于憂。壯而怠，則失時，老而懈；則無名。』」〔一〕

愚按：甘臨有二義：一謂甘居勢位，據之不去；一謂甘言求媚，取說于人。二者皆小人也。兑爲口舌，後説尤爲近之，故察言觀色爲要。傳曰：「甘言，誘我也。」〔二〕不爲人誘乃昌。「既憂之」者，甘則死于安樂，憂則生于憂患。息泰反觀，惟在一心之轉移耳。

象曰：「甘臨」，位不當也。「既憂之」，咎不長也。

程子曰：「陰柔之人，處不中正，而居下之上，復乘二陽，是處不當位也。既能知懼而憂之，則必强勉自改，故其過咎不長也。」〔三〕

王氏夫之曰：「未免有咎，而可望其改，則不終于咎矣。觀卦陽居上而欲消，陰宜依之以相留，故以近陽爲利，而遠者不吉。」「亦扶陽抑陰之微權也。」〔四〕

〔一〕姚配中《周易姚氏學》卷七臨卦按語。按，「壯而怠」原作「壯而急」，據姚氏文改。
〔二〕《左傳·僖公十年》載：「郤芮曰：『幣重而言甘，誘我也。』」
〔三〕程頤《周易程氏傳》卷二。
〔四〕王夫之《周易内傳》卷二上。按，「遠者不吉」之「吉」，原作「利」，據王氏文改。

六四：至臨，无咎。

王氏夫之曰：「至猶來也。陰，待治於陽者也，若自亢以拒陽，則陽亦不施治焉。是臣不聽治于君，婦不聽治于夫，小人不聽治于君子也。六四以柔居柔，陰過，宜有咎者，乃當位以與初相應，則初自來臨，所謂『四海之内，輕千里而來告以善』也，陰无咎矣。」〔一〕

先師黄氏曰：「『至臨，无咎』，下來應初也。『至，鳥飛從高下至地也』，至有下來之義。六四能順陽之大，下來應初，當位有實，故无咎。」〔二〕

象曰：「至臨无咎」，位當也。

程子曰：「居近君之位，爲得其任；以陰處四，爲得其正；與初相應，爲下賢。所以无咎，蓋由位之當也。」〔三〕

王氏夫之曰：「爻于當位、不當位分得失。其有當位而或凶咎，不當位而或吉

〔一〕王夫之《周易内傳》卷二上。
〔二〕黄以周《周易詁訓訂》臨卦六四《象傳》疏。
〔三〕程頤《周易程氏傳》卷二。

利，則又因卦之大小險易。若此卦，剛初長而陰消未久，則柔居柔而當位爲美，以陽方臨陰，陰不宜越位而相亢也。凡《象傳》無他釋，但以位分得失言者，準此通之。」〔二〕

曹氏元弼曰：「朱氏睦㮮本此傳及荀注皆作『當位實』，音雖不協，義無異也。」〔二〕

六五：知臨，大君之宜，吉。

程子曰：「五以柔中順體，居尊位，而下應于二剛中之臣，是能倚任于二，不勞而治，以知臨下者也。夫以一人之身，臨乎天下之廣，若區區自任，豈能周于萬事？故自任其知者，適足爲不知。惟能取天下之善，任天下之聰明，則无所不周。是不自任其知，則其知大矣。五順應于九二剛中之賢，任之以臨下，乃己以明知臨天下，大君之所宜也，其吉可知。」〔三〕

楊氏萬里曰：「六五以柔中之君，臨九二剛中之臣，未嘗自任其聰明睿知也，是宜爲君者也。而曰『知臨』，何也？惟不自任其知而兼衆智，是以大其智，故曰『知

〔一〕王夫之《周易内傳》卷二上。
〔二〕曹元弼《周易集解補釋》卷五。
〔三〕程頤《周易程氏傳》卷二。按，「其吉可知」之「吉」，原誤作「言」，據程氏文正。

臨』。又曰大君，二帝三王之聖，一也。舜曰大舜，禹曰大禹，好問拜昌言而已。」〔一〕

愚按：知，陸氏《釋文》：「音智，又如字。」〔二〕竊意當讀爲智。《繫辭傳》曰：「知周乎萬物，而道濟天下。」知臨是也；「安土敦乎仁」，敦臨是也。坤方以知，以乾通坤，知崇禮卑，故位居五；聖人窮理盡性，先知覺後知，先覺覺後覺，文王官人是也。大君，或以爲宗廟之主，或以爲正位之君。師上六、履六三皆言大君，與本卦不同。

象曰：「大君之宜」，行中之謂也。

王氏夫之曰：「君建中以立極，而所謂『中』者，得剛柔之宜也。知受治于剛，以輔己之柔，則所行無不中矣。」〔三〕

愚按：「行而宜之之謂義」，故曰大君之宜。蓋人君之道，要在虛己下賢，合天下之耳目以爲耳目，合天下之心思以爲心思，方可謂之知。而體仁以長人，《中庸》贊舜

〔一〕楊萬里《誠齋易傳》卷六。
〔二〕陸德明《經典釋文·周易音義》。
〔三〕王夫之《周易内傳》卷二上。

「大知」，要在「執其兩端，用其中于民」〔一〕，「行中」之謂也。

上六：敦臨，吉，无咎。

程子曰：「上六，坤之極，順之至也，而居臨之終，敦厚于臨也。與初、二雖非正應，然大率陰求於陽，又其至順，故志在從乎二陽，尊而應卑，高而從下，尊賢取善，敦厚之至也。故曰敦臨，所以吉而无咎。」〔二〕

先師黄氏曰：「敦臨，厚乎陽也。卦名臨，取長大義。爻之言臨者，初二有剛德之大以長人，四五順其剛長而能得其大，上雖遠陽失實，而其志惟在内，又從四五而附益之，亦能有其大者也，故曰敦臨。」〔三〕

愚按：坤，土敦厚之象。敦臨、敦復皆取地道之廣厚，「敦艮」取山道之厚重，其義一也。本卦六爻之義：初、二相比，故皆稱「咸臨」。三以柔乘剛，猶泰之失實〔四〕，

〔一〕《禮記·中庸》云：「子曰：『舜其大知也與？舜好問而好察邇言，隱惡而揚善，執其兩端，用其中於民，其斯以爲舜乎！』」

〔二〕程頤《周易程氏傳》卷二。

〔三〕黄以周《周易詁訓訂》臨上六《象傳》疏。

〔四〕《易》泰六四《象傳》曰：「六四：翩翩，不富以其鄰，不戒以孚。象曰：『翩翩不富』，皆失實也。『不戒以孚』，中心願也。」

故无攸利，于本卦爲有凶象。外卦三爻相比，而四以應初爲義，上則兼四五兩爻而加厚之，故既有五之吉，復兼四之无咎，章法如此。

象曰：「敦臨」之吉，志在内也。

《九家易》曰：「志在升二也。陰以陽爲主，故志在内也。」〔一〕

項氏安世曰：「上與二无交，若從當位之例〔二〕，无咎可也，而又得吉，何哉？蓋臨之上二，有相交之理，非他卦比也。臨與頤互相易，頤之上二相交而成臨，臨之上二亦相交而成頤。以交二而言，則可以得五之吉；以當位而言，則可以得四之无咎，是以爲吉无咎也。雖然，其无咎易見，其吉難知，故夫子獨解吉字曰：『敦臨之吉，志在内也。』内即九二，敦即頤之上艮也，明與二合志，則上化爲艮，遂成『由頤』之主，此其所以兼四五之德而有之也。」〔三〕

愚按：先儒或以初二爲内，或以二爻爲内，兩說可並存，而項氏說尤精覈。

〔一〕李鼎祚《周易集解》卷五引。
〔二〕「當位」前，原有「四爻」二字，據項氏文删。
〔三〕項安世《周易玩辭·臨》卷四。

臨卦大義

【釋】此「大義」言憂患自持，修己治人，保教開智，樂仁除貪，所期者義，不苟目前。

文治按：復、臨、泰、大壯、夬，皆陽長之卦，惟臨之卦辭有四德，且有戒辭者，何也？蓋凡陰陽消長，初生則微，正中則滿，過中則衰，惟二陽之卦爲方盛，故有「大亨以正」之象。然當方盛之時，苟無戒懼之意，則易至于消沮，其長也將無所成，此卦辭所以繫以「有凶」，爻辭所以繫以「既憂之」。蓋方盛而即知憂懼，君子之處事當如此，治心亦當如此也。是故臨未至于泰也，而所以至于泰者，臨爲之也，由其能憂懼也。遯未至于否也，而所以至于否者，遯爲之也，由其不知憂懼也。作《易》者其有憂患乎？

「至于八月」之義，吾不取旁通之遯，而有取于反對之觀者，蓋以十二辟卦消息論之，臨爲十二月卦，觀爲八月卦，此爲夏正無疑，不可泥建子、建丑之説。臨之與觀相距僅八月，而卦次觀即在臨下，故曰消不久。陰陽之數，陰極于六，而少陽生于七。陽之義配日，故復言七日，不待老陽之盛而始息，喜其復之不遠也。陽極于九，而少陰生于八。陰之義配月，故臨言八月，不待老陰之盛而始消，戒其消之不久也。復之息也，「迷復」而災眚，極于十年〔一〕。臨之息也，「甘臨」而陰消，不過八月。觀之反對，觸目驚心，消息之微，可不畏哉！

抑又考《易》理，彖辭有相對爲義者：如泰之「小往大來」，否之「大往小來」是也。有爻辭開後卦之先者：如需上爻「不速之客三人來」，將受之以訟也；中孚上爻「翰音登于天」，將受之以小過也。然則臨八月之義與觀聯屬，更無疑矣。

《大象傳》「君子以教思无窮，容保民无疆」，教必曰思，非思無以爲教也；保必曰容，非容無以爲保也。无窮者兑澤之深也，无疆者坤德之廣也。惟「教思无窮」，而後能「容保民无疆」。君子之所以教民者，要在開民之知。惟能開民知，而後能「容保民无疆」；亦惟能開民知，而後謂之大知，其保民也亦愈大，故五曰「知臨」。《序卦傳》曰「臨者大也」，若自怙其知，即不得謂大矣。是故君子先知先覺，先天下而任教養之責。

〔一〕《易》復上六爻辭云：「迷復，凶，有災眚。用行師，終有大敗。以其國君凶，至于十年不克征。」

二爻之《象傳》曰：「咸臨，吉，無不利，未順命也。」其文王之盛德邪？蓋泰「包荒」之大度也〔一〕，《詩》曰：「文王受命，有此武功，既伐于崇，作邑于豐。」〔二〕當此時也，「天監在下，有命既集」〔三〕矣。然而文王恐恐然三分天下有其二，以服事殷，厥德不回，爲何如哉？《孟子》曰：「義之於君臣也，禮之於賓主也，智之於賢者也，聖人之於天道也，命也，有性焉，君子不謂命也。」〔四〕不謂命者，即未順命也，此臨之所以有四德也。「小人不知天命而不畏」〔五〕，于是「甘臨」者出矣。按《易》例，凡貪利者皆无攸利：蒙之「見金夫，不有躬，无攸利」〔六〕，貪財者也；无妄之「行有眚，无攸利」，貪得者也；頤之「十年勿用，无攸利」，亦貪得者也；恒之「浚恒貞凶，无攸利」〔七〕，貪進者

〔一〕《易》泰九二《象傳》云：「『包荒得尚于中行』，以光大也。」
〔二〕《詩·大雅·文王有聲》句。
〔三〕《詩·大雅·大明》句。
〔四〕《孟子·盡心下》文。
〔五〕《論語·季氏》載孔子語。
〔六〕《易》蒙六三爻辭。
〔七〕《易》无妄上九爻辭。

也；大壯之「羝羊觸藩，不能退，不能遂，无攸利」〔一〕，亦貪進者也；臨之「甘臨，无攸利」，貪名貪位者也。夫貪名貪位之徒，焉得而有利哉？《老子》曰：「金玉滿堂，莫之能守。富貴而驕，自遺其咎。」〔二〕夫貪富貴者，謂其享之可以長久也，然而「八月有凶」，則享之不過數月耳，至于有凶，豈不殆哉！聖人之《彖傳》曰：「消不久。」見熏心利欲者，享之必不能久也。《象傳》曰：「既憂之，咎不長。」以「咎不長」與「消不久」相對，見安心淡漠者轉可以久長也，故大壯之《象傳》亦曰：「艱則吉，咎不長也。」曰憂曰艱，後世之妄進而甘臨者，可以怵然悟矣。

李氏光地曰：「臨如以氣臨人、以勢臨人之臨，且爲居上者，必其氣燄勢分足以臨人。」〔三〕此説蓋沿《本義》之誤而加甚焉。聖人但以至誠臨人，決不以意氣臨人。《中庸》曰：「聰明睿知，足以有臨。」〔四〕豈「臨逼」之謂哉？細玩爻辭自可見矣。初二

〔一〕《易》大壯九三爻辭。
〔二〕《老子道德經》第九章。
〔三〕李光地《周易觀象大旨》云：「臨如所謂以氣臨人、以勢臨人之臨。凡陰陽消長，初生則微，正中則滿，過中則衰。故惟二陽之卦爲方盛。臨逼于人，卦所以取名之義；至大象則取臨位之義。六爻居上位者，亦以臨位爲義；蓋居上者，必以其氣勢分，足以臨人，其義一也。」
〔四〕《禮記·中庸》文曰：「唯天下至聖，爲能聰明叡知，足以有臨也。」

曰咸臨，咸之《彖傳》曰：「咸，感。」二陽方盛，爲積誠之始，故皆曰咸臨，言以誠德感人也。六四至臨，與初相應；至者自上而下，亦以至誠相與者也。「知臨」爲睿知之義，「敦臨」爲敦厚之義，皆取至誠，何有意氣？惟六三位不當，而以臨人爲甘，以勢爲樂，是貪利者也，故聖人戒之曰无攸利。是故文治玩臨卦六爻之辭，而知陽之臨陰，惟以至誠相感，不當取臨逼爲義。

泰䷊

乾下坤上

按：乾交坤成泰，十二辟卦由臨進，與否旁通。坤宫三世卦。《釋文》云：「泰，如字。大通也。鄭云：『通也。』馬云：『大也。』」〔一〕

泰：小往大來，吉亨。

程子曰：「小謂陰，大謂陽。往，往之于外也。來，來居于内也。」「陽爲君子，陰爲小人，君子來處于内，小人往處于外，是君子得位，小人在下，天下之泰也。泰之

〔一〕陸德明《經典釋文·周易音義》。

道,吉而且亨也。不云元吉、元亨者,時有污隆,治有小大,雖泰,豈一概哉?言吉亨則可包矣。」〔一〕

項氏安世曰:「否則有所不利,泰則无不通。」「歷觀史傳,凡小人得志,必害君子;君子得志,未嘗使小人失所。故泰于吉之下,又加一亨字,明泰之福所及者公,物无不遂也。若但言『小往大來吉』,則疑于大者獨吉,而福不及小人矣。」〔二〕

楊氏萬里曰:「泰其上古之極治與?」「乾坤,開闢之世;屯蒙,鴻荒之世;需養,結繩之世;訟師,阪泉、涿鹿之世;畜履,書契大法之世;泰,通堯舜雍熙之世。過是而後泰而否,否而泰,一治一亂,治少亂多,泰豈可復哉?故曰:泰其上古之極治與?小往,陰往而外;大來,陽來而内。否泰吉凶之道无他,陰陽邪正、外内消長而已。」〔三〕

愚按:三陰三陽之卦凡二十,而言卦變者十有二:泰、否、隨、蠱、噬嗑、賁、咸、

〔一〕程頤《周易程氏傳》卷一。
〔二〕項安世《周易玩辭》卷三。
〔三〕楊萬里《誠齋易傳》卷四。

恒、損、益、涣、節是也。聖人特于泰否言往來者，發卦變之例也。泰、否自乾、坤而來。大謂陽，小謂陰。小者自内而往，大者自外而來。陰陽之氣往來相交，陽息，盛陰不能消陽而順于陽，故「吉亨」。發明《易》例，無過於此彖之明顯，僅四字而包无窮之精藴。聖人之言，可貴如此！

彖曰：「泰，小往大來，吉亨」，則是天地交而萬物通也，上下交而其志同也。内陽而外陰，内健而外順，内君子而外小人。君子道長，小人道消也。

《九家易》曰：「謂陽息而升，陰消而降也。陽稱息者，長也，起復成巽，萬物盛長也。陰言消者，起姤終乾，萬物成熟，成熟則給用，給用則分散，故陰特言消也。」〔一〕

王氏夫之曰：「此傳合而言之，惟陰陽邪正各得其所，故上欲下交，而無撓沮之者；下欲上交，而無抑遏之者。安于吉而後可亨，故彖先言吉而後言亨也。《彖傳》於泰、否二卦，暢言天地萬物消長通塞之機，在往來之際，所以示古今治亂道術邪正之大經，而戒人主之親賢遠奸……至爲深切。學《易》者當于此而審得失存亡之幾，

〔一〕李鼎祚《周易集解》卷四引。

不可或忽也。」[一]

曹氏元弼曰：「陰陽本各有消長，陽長則陰消，陽消則陰長。《易》主陽，故陽長謂之息，陰長謂之消。陽息起復終巽者，十一月一陽息復，至四月六陽盡息爲乾，于八卦用事之位當巽東南也。陰消起姤終乾者，五月一陰消陽成姤，至十月六陽盡消純陰爲坤，于八卦用事之位當乾西北也。陰消陽，實佐陽成物。虞氏謂陽息爲吉，陰消爲凶，據其消陽而言。《九家》以消爲給用分散，據其成物而言也。」[二]

愚按：陰陽以爻言，健順以卦德言。陽爲君子來内，健于行事。陰爲小人往外，順以聽命。陰能順陽之健，小人之道化爲君子。君子之道日長，小人之道日消，此言小人順從于君子，非謂無小人也。

象曰：天地交泰。后以財成天地之道，輔相天地之宜，以左右民。

程子曰：「天地交而陰陽和，則萬物茂遂，所以泰也。」人君「財成，謂體天地交泰

[一] 王夫之《周易内傳》卷一下。

[二] 曹元弼《周易集解補釋》卷四。

之道，而財制成其施爲之方也。『輔相天地之宜』，天地通泰，則萬物茂遂，人君體之而爲法制，使民用天時，因地利，輔助化育之功，成其豐美之利也」。〔一〕

楊氏萬里曰：「天下之理，大和生于通，大戾生于隔。天本乎上，而其氣下降，地本乎下，而其氣上騰，天地交通，所以爲泰也。聖人所以輔天地，助民人，不過裁成天地之道，還以補其不及，合其自然而已。」「天地之道何道也？一言而盡曰：交而已。君民之情交，故鰥寡達乎旒纊；君臣之志交，故幽側發乎夢卜；天人之心交，故言行感乎日星。大哉，交之爲道乎！」〔二〕

王氏夫之曰：「裁成地者，天也；輔相天者，地也。天道下濟，以用地之實，而成之以道。地氣上升，以效用于天，而輔其所宜。后則兼言裁、輔者，于天亦有所裁，而酌其陰陽之和；于地亦有所輔，而善其柔剛之用。教養斯民，佐其德而佑之以利，參而贊之，函三于一，所以立人極也。」〔三〕

〔一〕程頤《周易程氏傳》卷一。
〔二〕楊萬里《誠齋易傳》卷四。
〔三〕王夫之《周易内傳》卷一下。

愚按：稱「后」者，或謂繼體之君，或謂兼諸侯言，後説近之。或以爲女主，未是。

初九：拔茅茹，以其彙，征吉。

項氏安世曰：「泰之初九，君子始以類進。君子難進，故聖人勉之以征，欲其以及人爲念，不以獨善爲樂，故曰志在外也。」[一]

先師黄氏曰：「拔茅茹，有應也。以其彙，與類行也。初在下爲本，故曰茹。茹，茅根也。拔之者，外之四。以，與也，及也。彙，類也。其彙謂二、三之陽類也。他草雜生，惟茅叢生不雜，有純卦之義。茅根牽連固結，拔其一而旁根皆牽引而出，有三陽聯進之象。凡言征者，謂速往也。四拔之，初可速往也。」[二]

愚按：泰、否初爻，象同而占異。泰「茅茹」指三陽言，否「茅茹」指三陰言。泰初應四，以陽通陰，是以征吉，《象傳》曰：「志在外。」否初應四，以陰從陽，是以「征吉亨」，《象傳》曰：「志在君。」

[一] 項安世《周易玩辭》卷三。

[二] 黄以周《周易詁訓訂》泰卦初九《象傳》疏。

象曰：「拔茅征吉」，志在外也。

程子曰：「時將泰，則羣賢皆欲上進。三陽之志欲進，同也，故取茅茹彙征之象。『志在外』，上進也。」〔一〕

曹氏元弼曰：「虞氏意泰自否反，否四體巽爲茅，初在下爲茅根，四又體艮爲手稱拔，否四拔去三陰，而以其類三陽反于内，否上先反初成益得正，然後三陽盡反成泰。」〔二〕

九二：包荒，用馮河，不遐遺，朋亡。得尚于中行。

程子曰：「二以陽剛得中，上應于五；五以柔順得中，下應于二。君臣同德，是以剛中之才，爲上所專任，故二雖居臣位，主治泰者也，所謂『上下交而其志同也』。『包荒』『四者處泰〔三〕之道也。人情安肆，則政舒緩而法度廢弛，庶事无節。治之之道，必有包含荒穢之量，則其施爲寬裕詳密，弊革事理而人安之。若无含弘之度，有

〔一〕程頤《周易程氏傳》卷一。
〔二〕曹元弼《周易集解補釋》卷四。
〔三〕「處泰」，原作「治泰」，據程氏文改。

忿疾之心，則无深遠之慮，有暴擾之患，深弊未去，而近患已生矣，故在包荒也。「用馮河」者，泰寧之世，人情習于久安，安于守常，惰于因循，憚于更變，非有馮河之勇，不能有爲于斯時也。馮河，謂其剛果足以濟深越險也。」「不遐遺，泰寧之時，人心狃于泰，則苟安逸而已，惡能復深思遠慮，及於遐遠之事哉？治夫泰者，當周及庶事，雖遐遠不可遺。若事之微隱，賢才之在僻陋，皆遐遠者也，時泰則固遺之矣。「朋亡」者，夫時之既泰，則人習于安，其情肆而失節。將約而正之，非絶〔一〕去其朋與之私，則不能也，故云朋亡。」「治泰之道，有此四者……故曰『得尚于中行』，言能配合中行之義。尚，配也。」〔二〕

愚按：泰卦以天地交爲義。九二爻辭，皆言二交于五也。包荒，猶蒙卦九二之包蒙。凡《易》中稱包者，皆謂陽包陰也。泰之九二，自内而包外，故曰包荒。荒，虚也，陰也。「用馮河」，二升五成坎，坎爲大川，故爲馮河之象，以著其遇事之勇爲。「不遐遺」，不遺五之遠也。朋亡，先儒皆以初爻、三爻爲朋，竊謂此朋當指陰朋而言，二、五交成既

〔一〕「絶」，原誤爲「約」，據程氏文改。
〔二〕程頤《周易程氏傳》卷一。

濟，則上之坤「朋亡」，猶言喪朋也。「得尚于中行」，據項氏安世説：「泰之所以成泰者，以九二、六五，上下相交，其志同歸于中行，所以泰也。九二之陽，上交于五，如舜之尚見于帝，故曰『得尚于中行』。九二之『中行』，即指六五之『中以行願』也。六五之陰，下交于二，如帝女之下嫁于諸侯，故曰『帝乙歸妹』。治泰之事，皆九二主之。」[一]其義甚精。二升五成既濟，上坎下離，其道大光，故《象傳》曰：「以光大也」。

象曰：「包荒」「得尚于中行」，以光大也。

程子曰：「象舉『包荒』一句，而通解四者之義。言如此，則能配合中行之德，而其道光明顯大也。」[二]

愚按：《象傳》通例，多係每句釋義。亦有用首句、末句以括全爻者，此傳是也。有單用首句以該全爻者，如下「無平不陂」是也。

九三：无平不陂，无往不復，艱貞无咎。勿恤其孚，于食有福。

虞氏翻曰：「陂，傾，謂否上也。平謂三，天地分，故平。」「往謂消外，復謂息内。

[一] 項安世《周易玩辭》卷三。
[二] 程頤《周易程氏傳》卷一。

從三至上，體復象，『終日乾乾，反復道』，故『无平不陂，无往不復』也。」〔一〕

程子曰：「三居泰之中，在諸陽之上，泰之盛也。物理如循環，在下者必升，居上者必降。泰久而必否，故於泰之盛與陽之將進，而爲之戒曰：无常安平而不險陂者，謂无常泰也；无常往而不返者，謂陰當復也。平者陂，往者復，則爲否矣。當知天理之必然，方泰之時，不敢安逸，常艱危其思慮，正固其施爲，如是則可以无咎。處泰之道，既能艱貞，則可常保其泰，不勞憂恤也。」「德善日積，則福禄日臻，德踰于禄，則雖盛而非滿。自古隆盛，未有不失道而喪敗者也。」〔二〕

陳氏世鎔曰：「『艱貞无咎』者，徐氏幾謂：小人所以勝君子者，非乘其怠則攻其隙，艱則无怠之可乘，貞則无隙之可攻也。『勿恤其孚』者，陽九百六，雖數有前定，以人事維之，則轉移在我，而數無權矣。」〔三〕

曹氏元弼曰：《繫傳》：「危者使平，易者使傾。」陂，陽息傾否也。復，陽息在内，危者使平也。「平陂往復，天運自然。聖人贊天地之化育，否必使爲泰，泰不使爲否。泰

〔一〕李鼎祚《周易集解》卷四引。
〔二〕程頤《周易程氏傳》卷一。
〔三〕陳世鎔《周易廓》卷四。

三陰陽相接，天地之際，君子危之。」「三在泰否之間，二動則體坎險，疑當恤。二升五，陽德孚于陰，以易濟險，三又體坎爲孚，君臣一德，君子道長，有孚于小人。」「故『勿恤其孚』。『食』如『食舊德』之食，謂禄食也。」「戩穀罄宜，『受天百禄』，故于食有福。」〔一〕

愚按：本經「孚」字之例，有取坎象者，如習坎「有孚」〔二〕，解「有孚于小人」〔三〕，未濟「有孚于飲酒」是也〔四〕；有取陰陽相孚爲義者，如本卦「勿恤其孚」「不戒以孚」，小畜「有孚攣如」〔五〕，大有「厥孚交如」〔六〕，隨「孚于嘉」之類是也〔七〕，不必泥坎象。

象曰：「无平不陂」〔八〕，天地際也。

王氏夫之曰：「此通釋全爻之辭；獨挈首句〔九〕者，略文。離乎地即天也。其際

〔一〕曹元弼《周易集解補釋》卷四。
〔二〕《易》習坎彖辭。
〔三〕《易》解六五爻辭。
〔四〕《易》未濟上九爻辭。
〔五〕《易》小畜九五爻辭。
〔六〕《易》大有六五爻辭。
〔七〕《易》隨九五爻辭。
〔八〕「无平不陂」，《易》泰卦九三《象傳》作「无往不復」。
〔九〕「首句」，王氏文作「一句」。

至密無間，而清濁殊絶，不相淆雜。」「保泰之道」，當「如天地之相融浹，而不損其清寧。故内卦三陽，皆以外應爲吉。君子體小人之嗜欲而以道裕之，乃上下合同，而終不至于否」。〔一〕

愚按：李氏《集解》本作「无平不陂」〔二〕，《釋文》云：「一本作『无往不復』。」〔三〕按《史記》：「大瀛海」環中國，爲「天地之際」〔四〕。説者以此爻爲中外界限；「无平不陂」三句，謂無讎不報；「艱貞」謂臥薪嘗膽；「其孚」謂無詐無虞，其説新而鑿。惟自古國家衰弱，其幾必伏于極盛之時。周孔示兆，吾人讀之，至爲痛心矣！

六四：翩翩，不富以其鄰，不戒以孚。

王氏夫之曰：「翩翩，飛而欲去之象。陽大陰小，小者不富也。六四一陰初興而當位，未至於貧，惟與五上爲鄰，故成乎『不富』。四處退爻，與陽密邇，翩翩非其本

〔一〕王夫之《周易内傳》卷一下。
〔二〕李鼎祚《周易集解》卷四。
〔三〕陸德明《經典釋文·周易音義》。
〔四〕司馬遷《史記·孟子荀卿列傳》卷七四，文曰：「乃有大瀛海環其外，天地之際焉。」

志，其下應初九，不待戒而自孚。言『孚』者，三陰皆下應，無異志也。」〔一〕

姚氏配中曰：「四在震爲樂，故翩翩自得之貌。處泰之時，當恐懼修省。」「不自惕而自喜，則泰反否矣。」〔二〕

象曰：「翩翩不富」，皆失實也。「不戒以孚」，中心願也。

王氏夫之曰：「皆者，統三陰而言之。陽實陰虛，失實故不當。『中心願』者，雖往而非其志，志在從陽。」〔三〕

愚按：此爻謂以其鄰求實也。居中心願，不必戒也。諸陰在外失實，四不待告戒而孚于陽，以居中者之心，亦願得陽也。「翩翩」，有飛揚自得之意。凡人處泰極之時，易自得而失實，故《象傳》戒之曰「皆失實也」。失實而國家轉爲否，可危之至矣。幸四與五比，不戒而孚於陽。中指五言，「中心願」與五傳「中以行願」同。

六五：帝乙歸妹，以祉元吉。

程子曰：「史謂湯爲天乙，厥後有帝祖乙，亦賢王也；後又有帝乙。《多士》曰：

〔一〕王夫之《周易内傳》卷一下。
〔二〕姚配中《周易姚氏學》卷五泰卦按語。
〔三〕王夫之《周易内傳》卷一下。

『自成湯至于帝乙，罔不明德恤祀。』稱帝乙者，未知誰是？以爻義觀之，帝乙，制王姬下嫁之禮法者也。自古帝女，雖皆下嫁，至帝乙然後制爲禮法，使降其尊貴，以順從其夫也。六五以陰柔居君位，下應於九二剛明之賢。五能倚任其賢臣而順從之，如帝乙之歸妹然，降其尊而順從于陽，則以之受祉，且『元吉』也。元吉，大吉而盡善者也。」〔一〕

先師黄氏曰：「『帝乙歸妹』，以應二也。『以祉元吉』，中心得也。四歸于陽，則有得實之祉，五亦以四之祉而得乾元之吉，其所願也。四互兑，爲少女，故爲妹；下應於二，故曰歸。四與三易位成歸妹。四爻兩互爲震、兑，亦成歸妹。四『中心願』，五『中以行願』，言陰有得陽之願，所以成泰也。」二《象傳》曰「尚中行」，「即五之『中以行』」。四《象傳》曰「心願」，「即五之『行願』也」。〔二〕

愚按：「漢匡衡曰：『妃匹之際，生民之始，萬福之原。』婚姻之禮正，然後品物遂

〔一〕程頤《周易程氏傳》卷一。
〔二〕黄以周《周易詁訓訂・泰六四象傳》疏。

而天命全。」〔一〕陰從于陽，婦從于夫，男女正天地之大義，嘉會合禮，是以元吉。

象曰：「以祉元吉」，中以行願也。

王氏夫之曰：「二、五皆得中，故可行其願，而不憂失正。君求士，士不求君，然道合則士就君而非屈，亦此義也。」〔二〕

上六：城復于隍，勿用師，自邑告命，貞吝。

程子曰：「掘隍土積累以成城，如治道積累以成泰。及泰之終，將反于否，如城土頹圮，復反于隍也。上，泰之終，六以小人處之，行將否矣。『勿〔三〕用師』，君之所以能用其衆者，上下之情通而心從也；今泰之將終，失泰之道，上下之情不通矣，民心離散，不從其上，豈可用也？用之則亂。衆既不可用，方自其親近而告命之，雖使所告命者得其正，亦可羞吝。邑，所居，謂親近。」「凡『貞凶』『貞吝』有二義：有貞固守此則凶吝者，有雖得正亦凶吝者。此不云『貞凶』而云『貞吝』者，將否而方告命，爲可

〔一〕班固《漢書·匡張孔馬傳》卷八十一。
〔二〕王夫之《周易内傳》卷二下。
〔三〕「勿」，原誤作「而」，據程氏文改。

羞吝也。」〔一〕

項氏安世曰：「泰之上六，東周平、桓之爻也。雅降爲風，王降爲國，『城復于隍』也。『彼其之子，不與我戍申』，『勿用師』也，告命不出于王畿，『自邑告命』也。當是時也，天命已亂，閔默自守而已，故曰『貞吝』。若桓王帥諸侯以伐鄭，則耻于貞吝而用師者也。无德以造命，而欲用力以勝之，命其可得勝乎？」〔二〕

楊氏萬里曰：「泰至于上六，則陰盛而陽微，君子消而小人長，泰往而否來，如城之頹而爲隍。于是治化而亂，存化而亡，國化而家，辟化而庶，不忍言矣。《詩》曰『高岸爲谷，深谷爲陵』是也。天命靡常，至此極亂矣。雖欲用師，孰爲之用？雖欲告邑，孰爲之聽？雖出于正，孰免于吝？其懷愍、劉石之世乎？嗚呼！聖人之戒，亦不緩〔三〕矣！而猶有不懼者，何也？」〔四〕

曹氏元弼曰：「泰極則反否，否終則傾。」「坤虚稱『隍』。《釋言》曰：『隍，壑

〔一〕程頤《周易程氏傳》卷一。
〔二〕項安世《周易玩辭·泰否·泰上六》卷三。
〔三〕「緩」，原作「遠」，據楊氏文改。
〔四〕楊萬里《誠齋易傳》卷四。

也。』郭云：『城池空者爲壑。』乾本從坤息，今消而爲坤。國本以民安，今民去而國危。猶城本以土積，今土崩而下反于壑。『天下之生，一治一亂』，『殷鑑不遠，在夏后之世』。今之否而傾者，即向之泰者也。」「『勿用師』者，武王觀兵還師，以三仁在朝，猶望紂之能悛，用師非聖人意也。迨玄黄簞壺以近我后，則師亦不待用矣。」〔一〕

愚按：本卦六爻之義，内外卦自爲始終，而歸於一貫。「初」進用人才；二應於五，爲治世之主；「三」則憂危盛明矣；「四」一變而爲空虚，猶子弟之篤實者變爲虚浮，深望其孚於陽；五應於二，虚心求賢，如黄裳之元吉；「上」則失實之極，城傾而反否，可痛矣夫！

象曰：「城復于隍」，其命亂也。

姚氏配中曰：「泰反成否，故命亂，言天命去之也。《吕覽》曰：『凡國之亡也，有道者必先去。地從于城，城從于民，民從于賢。故賢主得賢者而民得，民得而城得，

〔一〕曹元弼《周易集解補釋》卷四。

城得而地得。』是故『拔茅征吉』，得賢而泰成；『城復于隍』，失賢而泰反。」〔一〕

愚按：本經「邑」字之例，有「國邑」，有「城邑」，有「鄉邑」，皆取乾、坤爲象。「自邑告命」，國邑之命也。其命亂者，否之匪人也。

泰卦大義

【釋】居安思危，志尚遠大，心思寧泰，慎擇賢德，知人善任，皆在用心，唐先生三復其義。

文治讀泰卦而歎曰：先聖有言：「否、泰反其類也。」〔二〕豈不危且微哉？處否之時而泰之機已伏，處泰之時而否之機已伏，故彖辭同言「往來」〔三〕，爻辭同言「拔茅茹

〔一〕姚配中《周易姚氏學》卷五泰卦按語。

〔二〕《易·雜卦傳》。

〔三〕《易》泰彖辭曰：「小往大來，吉亨。」否卦彖辭曰：「否，之匪人，不利君子貞。大往小來。」

以其彙」〔一〕，《象傳》同言陰陽，與君子小人〔二〕，特内外之别爾。夫内外之别，在一轉移之間，乃消息之大本也。張氏惠言曰：「乾、坤消息往來于否、泰。自遘至否，坤成乾滅，則陽息而反泰；自復至泰，乾成坤滅，則陰消而反否。故否、泰反其類，乃見消息之用。」〔三〕斯言也，得聖人垂戒之意矣。三爻曰「無平不陂」，平者傾否也，至于陂，則傾泰矣。上爻曰「城復于隍」，「城」者乾盈之象，即泰象也，至「復于隍」，則傾泰矣。一反一復，如是其速。故聖人于乾三之《象傳》曰「『終日乾乾』，反復道也」，于泰三之《象傳》曰「『无平不陂』，天地際也」。君子握消息之機，可不兢兢惕厲乎！

文治再讀泰卦而歎曰：天下治亂之消息，其在于君子、小人之消長乎？先師王紫翔先生曰：「陽爲君子，陰爲小人，陽畫奇而陰畫偶，是以小人常多于君子。今觀泰卦，陽畫僅得其三，而陰畫則得其六，欲小人皆化爲君子，豈易言哉？」曹氏元弼

〔一〕《易》泰初九爻辭曰：「拔茅茹，以其彙，征吉。」否初九爻辭曰：「拔茅茹，以其彙，貞吉亨。」

〔二〕《易》泰卦《象傳》曰：「『泰，小往大來，吉亨』，則是天地交而萬物通也，上下交而其志同也。内陽而外陰，内健而外順，内君子而外小人。君子道長，小人道消也。」否卦《象傳》曰：「『否，之匪人，不利君子貞，大往小來』，則是天地不交而萬物不通也，上下不交而天下无邦也。内陰而外陽，内柔而外剛，内小人而外君子，小人道長，君子道消也。」

〔三〕張惠言《周易虞氏義》卷二。

曰：「泰成慮其反否。君子道長，則不反否而上息，由大壯、夬以至純乾，是泰成既濟之事，所謂『陽息而升』。陽升則陰伏藏，故曰『陰消而降』。陰陽本各有消長，陽長則陰消，陽消則陰長。《易》主陽，故陽長謂之『息』，陰長謂之『消』。」「思患預防，『辨之早辨』。由是言之，君子小人之進退，即國家消息存亡之樞紐也。人君無智愚賢不肖，莫不欲進君子而退小人。然而亡國破家相隨屬者，居泰之時，小人已窺伺于外，辨之不明，則相率而來矣。故自古以來，未有不知君子小人之分，而可以致泰平者也。」〔一〕

文治三讀泰卦而歎曰：嗟乎！泰、否之幾，尤在于人心之消息乎？孫氏奇逢〔二〕曰：「自乾、坤之後，始涉人道，經歷六坎，險阻備嘗，内有所畜，外有所履，然後致泰，而泰之後，否即繼之。」「以此知斯人之生，立之難而喪之易；國家之興，成之難而敗之易；天下之治，致之難而亂之易。」〔三〕其説精矣！

〔一〕曹元弼《周易集解補釋》卷四。
〔二〕「孫氏奇逢」，原誤作「馮氏奇之」。
〔三〕孫奇逢《讀易大旨》卷首。

嘗觀自古天下，否之時多，而泰之時少。然而天下无不泰之時，即人心亦无不泰之時，惟其久與不久耳。是故泰未必果吉，而否未必果凶。觀泰之象，不過初、二兩爻爲吉，三即有「无平不陂」之戒，四即有「翩翩不富」之戒。蓋天地之際，乃周子所謂「幾善惡」者[一]。由平而陂，由往而復，由實而虚，由治而亂，皆一心之善惡爲之，即一心之消息爲之也。而讀上爻之「城復于隍」，尤可痛焉。復非往復之謂，蓋覆敗也。隍者，城下无水之壑也，蓋有水則爲「二」之河，无水則爲「上」之隍。二升五成坎爲既濟，河水流通，交泰之時也。上城覆敗于隍，斷塞水道，泰極反否也。昔人以棄賢爲自壞長城，「城復于隍」，君子退也。天下之治亂，視乎用人之得失。泰本君子道長之時，不用君子，其命亂矣。《繫辭傳》曰：「往者屈也，來者信也。」[二]故欲小往而大來，當先謹一心之憧憧往來，庶幾無「朋從爾思」之害[三]，而善惡之途判矣。

[一] 周敦頤《通書·誠幾》。
[二]《易繫辭下》第五章。
[三]《易》咸卦九四爻辭曰：「貞吉，悔亡，憧憧往來，朋從爾思。」

大壯䷡　乾下震上

按：大壯由兑變，十二辟卦由泰進，與觀旁通。坤宫四世卦。《釋文》云：「壯，莊亮反，威盛强猛之名。鄭云：『氣力浸强之名。』王肅云：『壯，盛也。』《廣雅》云：『健也。』馬云：『傷也。』」〔一〕

大壯：利貞。

程子曰：「大壯之道，利于貞正也。大壯而不得其正，强猛之爲耳，非君子之道壯盛也。」〔二〕

王氏夫之曰：「大謂陽也。壯者，極其盛之辭。陽道充實而嚮于動，志盈氣盛而未得天位，則爲强壯有餘而未乘乎時之象，故僅言其壯，若有勉之惜之之辭焉。乾之

〔一〕陸德明《經典釋文·周易音義》。
〔二〕程頤《周易程氏傳》卷三。

四德，大壯所可有，不言『元亨』者，以未得天位，尚不足以統天，而達其雲行雨施之大用也。」〔一〕

愚按：虞氏訓壯爲傷，引兑毁折爲證〔二〕。鄭君訓「壯」爲强，據《序卦傳》云：「物不可以終遯，故受之以大壯。」既云「不可終遯」，又言受之以傷，實有未安，當從鄭義爲正，説並詳《大義》。

彖曰：「大壯」，大者壯也。剛以動，故壯。

程子曰：「所以名大壯者，謂大者壯也。陰爲小，陽爲大。陽長以盛，是大者壯也。下剛而上動，以乾之至剛而動，故爲大壯。」〔三〕

王氏夫之曰：「嫌于言壯之太甚，故釋明之。陽德剛健而動，爲天地之大用。乾德已成，因時震起，以感二陰而動之；陰雖據尊位，莫能禦也。直爲壯，曲爲老。積

〔一〕王夫之《周易内傳》卷三上。

〔二〕李鼎祚《周易集解》卷七引虞翻曰：「陽息泰也。壯，傷也。大，謂四。失位爲陰所乘，兑爲毁折傷，與五易位乃得正，故利貞也。」

〔三〕程頤《周易程氏傳》卷三。

剛以擯陰，理直而壯，非但陽盛之謂也。」〔一〕

「大壯利貞」，大者正也。正大而天地之情可見矣。

項氏安世曰：「『壯』有大小二義，以正者爲大。而『正』字亦有大小二義，有以事理得中爲正者，有以陰陽當位爲正者。剛以柔濟之，柔以剛濟之，使不失其正，此事理之正也。以剛處剛，以柔處柔，各當其位，此爻位之正也。大壯之時義，以事理爲大，其所謂『利貞』者，利守事理之正，故曰『大者正也』，明不以爻位言也。是故九二、九四、六五三爻不當位而皆利，初九、九三、上六三爻當位而皆不利；又于九二、九四爻辭明言『貞吉』，於初九、九三爻辭明言『征凶』『貞厲』。蓋二、四于事理爲正，故其正也利。初與三以爻位爲正，故其正也不利。由此觀之，則卦辭所利之貞，在大而不在小明矣。聖人猶恐其未明也，又以小象釋之，于九二之吉，則曰『九二貞吉，以中也』，明正吉以中而不以位也；於六五之『无悔』，則曰『位不當』也，亦明无悔在中不在位也。初九以剛居剛，其仗正力行爲可孚矣，而象則曰『其孚窮也』，言在他卦以孚

〔一〕王夫之《周易内傳》卷三上。

爲美，當大壯之時，則以孚爲凶，故孚至大壯而窮矣。《易》之時義屢遷如此。」[一]

王氏夫之曰：「此言人能正其大者，則可以見天地之情，而不爲陰陽之變所惑。」「人唯不先立乎其大者，以奮興而有爲，則玩生殺之機，以食色爲性，以一治一亂爲數之自然，則陰干陽，欲戕理，濁溷清，而天地之情晦蒙而不著。」[二]

愚按：《孝經》云：「天地之性，人爲貴。」[三]利貞者，性情也。性發而爲情，故人情無不正大，國情亦無不正大，溺其情則滅其性而國危矣。天地陽息而成春夏，人心陽息而成氣節。文文山先生《正氣歌》云：「天地有正氣，雜然賦流形。」可以見天地之情矣。

象曰：雷在天上，大壯。君子以非禮弗履。

程子曰：「雷震于天上，大而壯也。君子觀大壯之象，以行其壯。」「莫若克己復禮。古人云：『自勝之謂强。』《中庸》于和而不流、中立而不倚，皆曰强哉矯。赴湯火、蹈白刃，武夫之勇可能也。至于克己復禮，則非君子之大壯不可能也，故云：『君

[一] 項安世《周易玩辭》卷七。
[二] 王夫之《周易内傳》卷三上。
[三] 《孝經·聖德章》。

子以非禮弗履。』」[一]

王氏夫之曰：「欲嚴非禮之防，非壯不可。大壯，大者壯也。秉禮自彊，筋骸束，肌膚固，心志定，如乾健行，如震雷動，則雖有二陰，不能相誘以至于邪辟。君子進德，從容馴至而勿助長。惟克己之功，則可用壯。」「非若異端之亟絶倫物以爲勇猛也。」[二]

愚按：天秩有禮，乾爲禮，震爲行。是以君子觀大壯之象，「非禮弗履」，于此見氣節之成，必衷乎禮。乾《文言》曰：「嘉會足以合禮。」君子之處社會也，必慎其所履。

初九：壯于趾。征凶，有孚。

姚氏配中曰：「初應四，震爲足，在下，故壯于趾。『征』之四則失位，故凶。陽息之卦，四雖失位，不能即化應初，故其孚窮。四之正而後『有孚』也。」[三]

陳氏世鎔曰：「王弼謂在下而壯，故曰『壯于趾』。居下而用剛壯，以斯而進，窮

[一] 程頤《周易程氏傳》卷三。
[二] 王夫之《周易大象解·大壯》。
[三] 姚配中《周易姚氏學》卷九大壯卦按語。

凶可必也，故曰『征凶有孚』。按，履之初曰『素履往，无咎』，離之初曰『履錯然，敬之无咎』。君子慮善以動，一舉足而不敢苟。『壯于趾』，則貿然以前，無『視履考祥』之念，而有迷陽郤曲之憂，窮即信之于其征矣。」〔一〕

愚按：本經言「趾」者，如「賁其趾」〔二〕、「艮其趾」〔三〕，皆取艮象，而此爻則取震象，如无妄「行有眚」之例〔四〕。凡初陽爻多吉，而此獨言「征凶」，蓋天下事，往往有用正大之名義而妄從人者，必至于敗，其意氣盛而躁進也，躁進故「征凶」。

象曰：「壯于趾」，其孚窮也。

程子曰：「在最下而用壯以行，可必信其窮困而凶也。」〔五〕

愚按：此「有孚」與損「有孚惠心」〔六〕、益「有孚中行」不同〔七〕。彼以陰陽相孚言，

〔一〕陳世鎔《周易廓》卷九。
〔二〕《易》賁卦初九爻辭。
〔三〕《易》艮卦初六爻辭。
〔四〕《易》无妄卦上九爻辭。
〔五〕程頤《周易程氏傳》卷三。
〔六〕《易》損卦九五爻辭。
〔七〕《易》益卦六三爻辭。

此則初與四无應，雖信而不能近于義，故「其孚窮」。

九二：貞吉。

程子曰：「二雖以陽剛當大壯之時，然居柔而處中，是剛柔得中，不過于壯，得貞正而吉也。或曰：貞非以九居二爲戒乎？曰：《易》取所勝爲義。以陽剛健體當大壯之時，處得中道，无不正也。在四，則有不正之戒。人能識時義之輕重，則可以學《易》矣。」〔一〕

王氏夫之曰：「陽剛得中，爲乾之主。」「陽不當位，而不言『悔亡』『无咎』者，乾道渾成，凡位皆其位。故凡卦有乾體者，九二皆無悔咎之戒。」〔二〕

陳氏世鎔曰：「九二剛而能柔，當下卦之中，故以彖之貞歸之而著其吉。《本義》謂：『以陰居陽，不得其正，所處得中，猶可因以不失其正。戒占者因中求正，然後可以得吉。』殆泥于當位爲正，其實《易》之貞不盡主當位也。」〔三〕

〔一〕程頤《周易程氏傳》卷三。
〔二〕王夫之《周易内傳》卷三上。
〔三〕陳世鎔《周易廓》卷九。

象曰：「九二貞吉」，以中也。

王氏夫之曰：「中則正。所謂中者，對外而言。九二以庸德爲健行，內修之盡，非施健于外，以淩物爲壯也。」[一]

愚按：張氏惠言謂：「君子自正。正己者，正人者也。」[二]竊謂蒙以養正爲主，大壯以養中爲主。養中者，平其意氣也，意氣平則得正矣。

九三：小人用壯，君子用罔，貞厲。羝羊觸藩，羸其角。

程子曰：「小人尚力，故用其壯勇；君子志剛，故用罔。罔，无也，猶云蔑也。以其至剛，蔑視于事，而无所忌憚也。君子、小人以地言，如『君子有勇而无義爲亂』。剛柔得中，則不折不屈，施于天下而无不宜。苟剛之太過，則无和順之德，多傷莫與，貞固守此，則危道也。凡物莫不用其壯：齒者齧，角者觸，蹏者踶。羊壯于首，羝爲喜觸，故取爲象。羊喜觸藩籬，以藩籬當其前也。蓋所當必觸，喜用壯如此，必羸困其角矣。」「三壯甚如此，而不至凶，何也？曰：如三之爲，其往足以致凶，而方言其

[一] 王夫之《周易內傳》卷三上。
[二] 張惠言《虞氏易言》卷二。

危，故未及于凶也。凡可致凶而未至者，則曰厲也。」〔一〕

愚按：罔字有二解：虞氏謂二變離，離爲罔，謂罔羅小人。京、馬皆訓罔爲無，于義爲長。小人在上，怙勢用强，以陵君子。君子當守正惕厲，淵淵然斂之于無，不可與之争也。羝羊，牡羊。《廣雅》：「吴羊牡三歲曰羝。」〔二〕大壯由兑變，故爲羝羊之象。四震爲竹葦，故稱藩。羸，鄭、虞作纍〔三〕。孔疏以「拘纍纏繞」爲訓〔四〕。井「羸其瓶」，虞謂「瓶缺漏」〔五〕，此「羸其角」體兑，當是毁折之意。

象曰：「小人用壯」，君子罔也。

項氏安世曰：「『君子用罔』，説者不同。然觀爻辭之例，如『小人吉，大人否亨』『君子吉，小人否』『婦人吉，夫子凶』，皆是相反之辭，似難與小人同貶也。又象辭曰：『小人用壯，君子罔也』，全與『君子好遯，小人否也』句法相類。《詩》《書》中罔字

〔一〕程頤《周易程氏傳》卷三。
〔二〕《廣雅詁林・釋獸》卷十下。
〔三〕陸德明《經典釋文・周易音義》。
〔四〕孔穎達《周易正義》卷四疏。
〔五〕李鼎祚《周易集解》卷一〇引。

與弗字、勿字、毋字通用，皆禁止之義也。」〔一〕

愚按：此爻占辭在前，象在後，觸藩、羸角，皆「用壯」之害，惟君子有以化之。

九四：貞吉，悔亡，藩決不羸，壯于大輿之輹。

楊氏萬里曰：「九四居近君之位，得衆陽之助，而能以剛居柔，不用其壯，此其所以貞也，故吉而悔亡。九三觸藩而羸，九四不觸而決者，九三遇九四之藩，而九四之上皆陰爻也。豈惟藩之決，亦无羸角之憂；豈惟角不羸，亦有往進之喜。輿之大，可往而進也，輹之壯，尤可往而進也。三十輻俱壯，輹與輻同。而輿可往，四陽俱協，而時可往。此陸賈調和平、勃，以安劉滅呂之事邪。」〔二〕

愚按：「大壯利貞」，故二、四皆言「貞吉」。必守正賢豪之士，而後能決藩不羸。輹或訓爲車箱，或訓爲輪輻，按「尚往」之義，當以輪輻爲是。小畜大畜皆言「輿説輹」，而此言壯者，震助乾陽息也。

〔一〕項安世《周易玩辭·大壯·君子罔也》卷七。

〔二〕楊萬里《誠齋易傳》卷九。

象曰：「藩決不羸」，尚往也。

程子曰：「剛陽之長，必至于極。四雖已盛，然其往未止也。以至盛之陽，用壯而進，故莫有當之。藩決開而不羸困，其力也。『尚往』，其進不已也。」[一]

項氏安世曰：「大壯至四，猶曰『尚往』。夬已至五，猶曰『利有攸往』。蓋剛不盡長，柔不盡消，則其事不竟，故曰『剛長乃終』，此除惡務本之法。自治與治國，皆當如此，不可以小惡爲无傷而弗去也。」[二]

愚按：虞氏解此爻，以坤爲輿，據大畜之「輿説輹」[三]、大有之「大車以載」皆有乾象[四]。如本卦「大輿」，亦當指乾象。蓋以震重乾，故其勢利于尚往也。夬爲決，藩決尚往則成夬。可見十二辟卦，聖傳已有明文。

[一] 程頤《周易程氏傳》卷三。
[二] 項安世《周易玩辭》卷七。
[三] 《易》大畜九二爻辭。按：「大畜」，原誤作「小畜」。
[四] 《易》大有九二爻辭。

六五：喪羊于易，无悔。

鄭氏康成曰：「易，謂佼易也。」〔一〕

曹氏元弼曰：「乾爲易，五本互兑爲羊，降之四，兑屬乾，故『喪羊于易』。小人喪其很戾凶德，在君子之變易之。鄭訓『佼易』者，以易簡之德，化小人之陰賊險很也。但訓『佼易』不當音亦，或佼當爲交，鄭、虞義同。陸作埸者，埸之言易，此疆彼界，交易之處，亦陰陽相易之意也。」〔二〕

愚按：交易、變易，爲《易》中大旨。大壯自兑變，兑爲羊，兑體毁折，故爲「喪羊」，因交易而喪羊也。旅上卦爲離，離爲牛，上變爲小過，離體毁折故爲「喪牛」，因變易而喪牛也。大壯六五，陽往上息，故雖喪羊而无悔。旅上九以陽變陰，「先笑後號咷」，故喪牛而凶也。

象曰：「喪羊于易」，位不當也。

程子曰：「所以必用柔和者，以陰柔居尊位故也。若以陽剛中正得尊位，則下无

〔一〕張惠言訂正《周易鄭注》卷四。按：佼，《説文》云交也。
〔二〕曹元弼《周易集解補釋》卷七。

壯矣。以六五位不當也，故設『喪羊于易』之義。然大率治壯不可用剛。夫君臣上下之勢，不相侔也。苟君之權足以制乎下，則雖有强壯跋扈之人，不足謂之壯也。必人君之勢有所不足，然後謂之治壯。故治壯之道，不可以剛也。」〔一〕

上六：羝羊觸藩。不能退，不能遂。无攸利，艱則吉。

陳氏世鎔曰：「上六處震之終，與三應，三始觸四，觸之未及于上。震爲決躁，上不決，猶不足以見其壯。上六之『羝羊觸藩』，乃所以終三之象也。蓋三之『羸角』，困則困矣，然以此而進，健行不息，前途無阻；以此而退，持盈保泰，後地甚寬。決至于上，則下臨無地，將安歸乎？『不能退』也。上歷六爻，又安往乎？『不能遂』也。不曰『不能進』，而曰『不能遂』者，不能遂其壯往之志，上無可進，故不言進也。上之羊猶是三之羊，上之觸猶是三之觸，而不能退遂，較之羸角之時，困爲尤甚，利何有焉？」〔二〕

愚按：本卦六爻變例，具詳《大義》。初爻「征凶」，與上爻「无攸利」相應。終之

〔一〕程頤《周易程氏傳》卷三。
〔二〕陳世鎔《周易廓》卷九。

曰「艱則吉」，見諸爻皆宜守操心慮患之道，勿躁進以致凶也。

象曰：「不能退，不能遂」，不詳也。「艱則吉」，咎不長也。

項氏安世曰：「上六居動之極，質本陰暗，而又好動，不能詳審者也，是以進退失據。凡人處事，以爲易則不詳，以爲難則詳矣。上六既以不詳而致咎，則當務詳以免于咎，故曰：『艱則吉，咎不長也。』此雖教戒之辭，然上六亦自備此二義：居動之極，故有不詳之象；動極則止，故又有克艱之象。聖人亦因其才之所可至而教之爾。」[一]又曰：「臨之六三，『无攸利』，象曰『既憂之，咎不長也』；大壯之上六亦『无攸利』，象曰『艱則吉，咎不長也』。二爻皆居卦之窮，可以變通。臨六三變則爲泰，大壯上六變則爲大有，故皆曰『咎不長也』。」[二]

陳氏世鎔曰：「由其貿然一往，不詳審而熟計，故至斯耳。『艱則吉』者，艱對詳而言。凡人之鹵莽以前，皆其易視事幾者也，因退遂之不能，而懲而毖後，易慮改圖，

[一] 項安世《周易玩辭》卷七。
[二] 項安世《周易玩辭》卷七。

則壯終于此，咎亦止于此。亡羊補牢，尚未爲晚，何不可轉咎爲吉哉？」[一]

大壯大義

【釋】大壯言其志，專意恢復禮教，端正人心，任用君子，一心一德，堅持節義，時刻警惕意氣用事，避免傾軋之弊。

文治按：十二辟卦，泰進爲大壯，陽道方盛，可謂吉矣。否進爲觀，陰道方盛，可謂凶矣。然而大壯之辭未必皆吉，觀之辭未必皆凶。蓋聖人扶陽抑陰，觀羣陰用事，冀有君子在上以正之，故觀不爲凶；大壯羣陽方息，惟恐有小人憑藉勢力，意氣過盛以敗之，故大壯不爲吉。《孟子》論浩然之氣曰「至大至剛，以直養而無害」[二]，直其正也，養其正大之氣也。大壯以貞爲利，即以貞爲主，惟貞而後能保其大，故曰「『大壯

[一] 陳世鎔《周易廓》卷九。
[二] 《孟子·公孫丑上》。

利貞』，大者正也」。九二以中而吉，即以貞而吉也。三、上之觸藩，皆用壯之過也。君子持盈，泰且當保，而況大壯之時乎？故曰「非禮弗履」。《雜卦傳》所謂「大壯則止」，止於禮而已。聖賢處世，欲正陽剛，盤根錯節，無非先民禮教而已。禮教明則文化盛，大壯所以進而爲夬也。

又按：「壯」字有二義：一曰傷也，虞氏主之；一曰强也，鄭君主之。文治竊謂鄭義爲長。蓋明夷係陰卦，故明者傷。大壯係陽卦，則大者强，無受傷之理。且本卦初爻言「壯于趾」，夬卦初爻言「壯于前趾」，三爻言「壯于頄」，若作受傷解，豈夬之決陰亦受傷乎？「小人用壯，君子用罔」，明言小人强盛，君子當以至誠無爲感之，故《象傳》曰「『小人用壯』，君子罔也」，非謂小人用傷也。三爻、上爻之「羝羊觸藩」，爲三爻互應之象。「羸其角」者，君子足以制小人也。若夫「不能退，不能遂」，則小人之計窮矣。《易》例：陰變陽爲進，陽反陰爲退。上不能息陽，故《象傳》曰「不詳」也。楊氏萬里謂：「君子之進也，揖必以三；其退也，辭止于一，惟其思之詳，是以進之難也。進之易，則退必難矣。上六之『不能遂』，非病也，『不能退』乃病也。以陰柔之人，超六位之上，眷眷焉而不能退，上不過爲張華，其下商鞅、李斯矣。」「好進而上人者，可

不懼乎？」〔一〕

又按：本卦六爻，皆爲養正之義。初爻「征凶」與二爻「貞吉」相反，三爻「觸藩」與四爻「藩決」相反，五爻「喪羊」與上爻「觸藩」相反，皆戒躁進也。惟更有微義焉。象辭言「利貞」，既濟《彖傳》曰「利貞，剛柔正而位當也」，故當位而吉，不當位而凶，其恒也。然有不當位而吉，當位而不吉者，如本卦初爻當位言「征凶」，二爻失位言「貞吉」，三爻當位言「貞厲」，四爻失位言「貞吉」，五爻失位言「无悔」，上爻當位言「无攸利」，是失位皆吉，當位皆凶咎。可見六爻以時義言，不必拘位。凡他卦之當位而凶咎，不當位而吉者，皆可以此例推之。故《繫辭傳》曰：「不可爲典要，惟變所適。」〔二〕

文治反覆于大壯一卦，益歎吾人成就氣節之難，而有才者易爲意氣所誤也。蓋氣節配道義而出者，鮮有不成；乘意氣而發者，鮮有不敗。此消息之幾也。《繫辭傳》曰：「知者觀其象辭，則思過半矣。」〔三〕大壯象辭曰「利貞」，傳曰「正大而天地之

〔一〕楊萬里《誠齋易傳》卷九。
〔二〕《易繫辭下》第八章。
〔三〕《易繫辭下》第八章。

情可見」，不言性而言情者，性其情也。曷謂性其情？人受天地之中以生，當自養其中，以養天下人之不中，使之皆歸于正大，是謂性其情，而見天地之情。曠觀當世賢豪之士，有才氣者，一往直前，不能詳思審慮，觸藩羸角，犧牲其身，駸駸乎凌迫其上，轉爲小人所乘，一敗塗地。自宋元明以來，民氣日益盛，國勢日益衰。如明季諸賢，矯矯亢亢，面折廷爭，其品詣非不正大也，其言行非不正大也，卒至一蹶不振，而國運隨之，陽剛之太過也。天爲剛德，猶不干時，況于人乎？《左氏傳》之言，豈特爲陽處父戒哉！

是故氣節之本乎道義者，上之爲皋、伊，次之爲諸葛武侯、魏鄭公，若霍光者已危矣。至氣節之雜于意氣者，則爲漢、明末世之黨乎？豈不悲哉！王安石之行新法也，盛氣力爭，程明道先生從容謂之曰：「此公家事，何用如此？」安石爲之漸沮〔一〕。蓋安石，小人之用壯也；明道，君子之用罔也。所以能用罔者，能養未發之中也。大壯二爻「貞吉」，養中者也，中則無不正矣。張氏惠言謂：「君子之于小人也，正之而已。

〔一〕金蘭生輯録《格言聯璧·持躬》「不與盛氣人爭是非」注云：「程明道與王安石論新法不合，安石勃然發怒，明道霽色語之曰：『天下事，非一人之私議，願公平心以聽之。』安石爲之屈。此與盛氣人爭是非之法也。」

與小人角而不勝，遂爭之，爭之而不顧其正之失也。用罔又甚焉。不能退不能遂，以其禍爲不止于羸角也。夫觸小人易，正己難；正己易，正小人難。君子行其難，不苟其易，戒『觸藩』也。」〔一〕可謂知言。嗚呼！「不能退，不能遂，无攸利，艱則吉。」吾願後世氣節之士，深味大壯「貞吉」之辭，漸摩于道義，而毋涉乎意氣之囂張也。

夬䷪　乾下兑上

按：乾五陽息坤爲夬，十二辟卦由大壯進，與剥旁通。坤宫五世卦。《釋文》云：「夬，古快反，決也。」〔二〕

夬：揚于王庭，孚號有厲。

王氏夫之曰：「夬之爲卦，陽盛已極。」「一陰尚留，而處之于外。陽已席乎安富

〔一〕張惠言《虞氏易言》卷二。

〔二〕陸德明《經典釋文·周易音義》。

尊榮，而絶陰于无實之地，以是爲剛斷之〔一〕至矣。乃陰終乘其上而睥睨之，陰固不能忘情乎陽，陽亦豈能泰然處之而不憂？故爻辭多憂，而彖辭亦危。」「是以知夬者，憂危之府也。」「揚者，栩栩自安之貌。宮中曰庭。王庭，王之後宮也。陰居五之上而當位，雖擯絶之，猶安其所，而乘其後以俯窺也。如是，則羣陽相與交孚，以號呼不寧，而見其危矣。」〔二〕

陳氏世鎔曰：「乾爲王。揚，宣布也。長國家者，莫患乎君子、小人不分。故宣布王庭，明其柔乘五剛，小人而居君子之上，正名以發其姦，猶之武侯指目曹操爲漢賊矣。『孚號有厲』者，五剛合志呼號其侣，決此一陰，而決之不易，握蛇騎虎，時懷戒心，故厲。」〔三〕

愚按：鄭君釋此爻謂小人乘君子，罪惡上聞于聖人之朝〔四〕，爲陳氏説所本，似不

〔一〕「之」字，王氏原作「已」。

〔二〕王夫之《周易内傳》卷三下。

〔三〕陳世鎔《周易廓》卷一一。

〔四〕鄭玄注曰：「揚，越也。五互體乾，乾爲君，又居尊位，王庭之象也。陰爻越其上，小人乘君子罪惡，上聞于聖人之朝，故曰夬揚于王庭也。」見張惠言訂正《周易鄭注》卷五。

若許君《説文叙》「宣教明化」之説爲正[一]。説詳《大義》。王氏以「王庭」爲王之後宮，衹可作别解。

告自邑，不利即戎。利有攸往。

程子曰：「君子之治小人，以其不善也，必以己之善道勝革之，故聖人誅亂，必先修己。舜之敷文德是也。邑，私邑。『告自邑』，先自治也。以衆陽之盛，決于一陰，力固有餘，然不可極其剛至于太過，太過乃如蒙上九之『爲寇』也。戎兵者，强武之事。『不利即戎』，謂不宜尚壯武也。即，從也。從戎，尚武也。『利有攸往』，陽雖盛，未極乎上；陰雖微，猶有未去；是小人尚有存者，君子之道有未至也，故宜進而往也。」[二]

愚按：乾爲邑，「告自邑」者，發號施令，大戒于國，耀德不觀兵也。陽息之卦，一世爲復，五世爲夬，皆言「利有攸往」，利陽之息也。

彖曰：夬，決也，剛決柔也。健而説，決而和。

王氏夫之曰：「健故決，説故和。決之不盡，陰得以相説而遂與之和。」[三]

[一] 許慎《説文解字叙》文。
[二] 程頤《周易程氏傳》卷三。
[三] 王夫之《周易内傳》卷三下。

愚按：剛決柔，與剥柔變剛相反。内健而外説，内決而外和，是君子有孚于小人之道。

「揚于王庭」，柔乘五剛也。

愚按：五剛以柔飾之，謂文化之象。

「孚號有厲」，其危乃光也。

干氏寶曰：「夬九五『飛龍在天』之爻也。應天順民，以發號令，故曰『孚號』。以剛決柔，以臣伐君，君子危之，故曰『有厲』。德大即心小，功高而意下，故曰『其危乃光也』。」〔一〕

「告自邑，不利即戎」，所尚乃窮也。

程子曰：「當先自治，不宜專尚剛武。即戎，則所尚乃至窮極矣。」〔二〕

愚按：治國之道，首尚文德。若壹意尚武，則必至于窮矣。此武王所以遵養時晦也。然兵可百年而不用，不可一日而無備，故二爻曰「有戎勿恤」。

〔一〕李鼎祚《周易集解》卷九引。
〔二〕程頤《周易程氏傳》卷三。

「利有攸往」，剛長乃終也。

程子曰：「陽剛雖盛，長猶未終，尚有一陰，更當決去，則君子之道純一而无害之者矣，乃剛長之終也。」[一]

愚按：終者，陽息成乾也。

象曰：澤上於天，夬。君子以施禄及下，居德則忌。

楊氏萬里曰：「澤卑則鍾而聚，高則潰而決。『澤上於天』，高矣，安得而不決？君子觀其決而及物之象，故不專利于己，而必施之以『及下』。觀其高而必潰之象，故不敢居其聖，而必戒之以爲忌。」[二]

王氏夫之曰：「澤者天之澤，禄者天之禄。非君子以市恩而可居之爲德者也。有居德之心則驕士，而士且不以爲德，故忌而戒之。」[三]

愚按：陳氏世鎔謂：「《大象傳》有與彖爻全不相涉者，若小畜之『懿文德』，隨之

[一] 程頤《周易程氏傳》卷三。
[二] 楊萬里《誠齋易傳》卷一二。
[三] 王夫之《周易内傳》卷三下。

『嚮晦宴息』，損之『懲忿窒欲』，益之『遷善改過』，夬之『施禄及下』，皆别爲一義，可以見孔子之觀象玩辭，初無成例，而後儒執其一隅之識，徒爲『固哉高叟』而已。」〔一〕云云。竊謂小畜、隨卦《大象傳》，或取卦意，而不取卦象。如本卦「施禄及下」明指兑言，「居德則忌」明指乾言；兑爲禄澤，乾爲敬忌也。「忌」者，敬畏之義。《書》曰：「惟文王之敬忌。」〔二〕又曰：「敬忌，而罔有擇言在躬。」〔三〕

初九：壯于前趾，往不勝爲咎。

陳氏世鎔曰：「大壯初曰壯于趾，夬特加前者，由大壯前進爲夬也。上六所居最上，初九所居最下，以最下欲決最上，豈能勝哉？雖懷忠義之志，徒爲國家速禍，而身亦與之俱靡。往而召咎，何取于往矣！此戒君子欲去小人，必自度能勝，然後圖之。如力有不逮，則且觀變俟時，無爲以淺躁貽咎也。」〔四〕

〔一〕陳世鎔《周易廓》卷一一。
〔二〕《尚書·康誥》句。
〔三〕《禮記正義·表記》載：「子曰：『君子不失足於人，不失色於人，不失口於人。是故君子貌足畏也，色足憚也，言足信也。《甫刑》曰：敬忌，而罔有擇言在躬。』」
〔四〕陳世鎔《周易廓》卷一一。

愚按：此爻爲十二辟卦夬由大壯進之明證。或疑辟卦、世卦爲無稽，蓋觀象玩辭未能詳審也。

象曰：不勝而往，咎也。

程子曰：「人之行，必度其事可爲，然後決之，則无過矣。理不能勝，而且往，其咎可知。」〔一〕

張氏惠言曰：「四人同德，而一人異之，敗矣。異之者非異心也，謀不協也。知其謀之不足以決也，而過而從之，欲以集事，必咎之勢也。是故君子自正，不枉己以倖功。」〔二〕

九二：惕號，莫夜有戎，勿恤。

張氏惠言曰：「惕者，警于中也；號者，有應于上也。自莫夜而然矣，非一朝夕也。『即戎』，亂也；『有戎』，備也。『有厲』，戒也；『勿恤』，明也。君子有戎而不即

〔一〕程頤《周易程氏傳》卷三。
〔二〕張惠言《虞氏易言》卷二。

也，有厲而勿恤也，故曰『決而和』。」〔一〕

陳氏世鎔曰：「乾在兑下，日西入天暝，故象莫夜。『惕號』，警惕而申嚴號令也。寇戎竊發，常于莫夜，乘其不備。惕號則慮周防密，無間可攻矣。乾健行不息，君子法之，在夕猶惕。象之『孚號有厲』，即乾三之『夕惕危厲』。九二得中，故體象焉。『有戎勿恤』，有備無患也。」〔二〕

象曰：「有戎勿恤」，得中道也。

程子曰：「莫夜有兵戎，可懼之甚也，然可勿恤者，以自處之善也。既得中道，又知惕懼，且有戒備，何事之足恤也？」〔三〕

九三：壯于頄，有凶。君子夬夬，獨行遇雨，若濡有慍，无咎。

陳氏世鎔曰：「頄，鄭氏作頯，云夾面，翟元謂『面顴頰間骨也』。按《洪範》以貌配雨，頄在面爲貌。兑之潤澤，見于面貌，故象頄。革上曰『小人革面』，亦取兑也。夬三兑伏于乾，健掩其説，故『壯于頄』。《本義》謂『欲決小人，而剛壯見于面目』是

〔一〕張惠言《虞氏易言》卷二。
〔二〕陳世鎔《周易廓》卷一一。
〔三〕程頤《周易程氏傳》卷三。

也。凡去小人，在善藏其用，慮定而計周，則不動聲色，去之猶反手。若『壯于頄事』，未舉而形先見，徒以堅小人仇敵之謀而已，故有凶。『君子夬夬』者，夬而又夬。乾三曰『君子乾乾』。夬三[一]即乾三之君子，故夬夬也。『獨行遇雨』者，兑澤在上象雨。《程傳》謂：『羣陽共決一陰，三與上六，獨爲正應，若獨行而遇雨也。』雨則濡，濡則愠。若濡，實非濡也；无咎，可無愠矣。」[二]

曹氏元弼曰：「一爻獨上與陰相應，非與小人有私也，視其罪狀以爲決之之方耳。『遇雨』，小人欲以私恩結人也。『若濡』，覺其浼己也。『有愠』，不爲利疚，不爲情累，有定識、定力也，故无咎。」[三]

愚按：本經「獨」字之義，指有應、無應言。如蒙四「獨遠實」，以諸爻皆有應，而四爻獨無應也。復四之「獨復」、夬三之「獨行」，以諸爻皆無應，而本爻獨有應也。

[一]「夬三」，原作「夬夬」，據陳氏文改。
[二] 陳世鎔《周易廓》卷一一。
[三] 曹元弼《周易集解補釋》卷九。

象曰：「君子夬夬」，終无咎也。

程子曰：「牽梏于私好，由无決也。君子義之與比，決于當決，故終不至于有咎也。」〔一〕

九四：臀无膚，其行次且。牽羊悔亡，聞言不信。

楊氏萬里曰：「兑爲羊，九四，兑之初也。臀，下體。九四，兑之下也。羊者，性之狠。陽者，德之剛。九四以狠濟剛，宜與羣陽並進，以決去一陰。今乃不然。九則陽之質，四則陰之位，以陽處陰，以剛居柔，于是百煉爲繞指，夬決爲不斷矣。」是以有「臀无膚」諸象，「劉牢之既從朝廷，復背朝廷；既從靈寶，復背靈寶。從順，順者不納；從逆，逆者疑之。既不得爲君子，又不得爲小人，哀哉！」〔二〕

陳氏世鎔曰：「夬、姤、困皆言臀。」「李鼎祚曰：『臀當陰柔，今反剛陽，故曰臀无膚。』夬又與剥旁通，剥四亦曰『剥牀以膚』也。」「『聞言不信』，言即『孚號』之言，聲罪致討，天下莫不聞知。四次且首鼠兩端，是不信小人之當決。」「尚爲有耳能聽者乎？

〔一〕程頤《周易程氏傳》卷三。
〔二〕楊萬里《誠齋易傳》卷一二。

故曰聽不明。」[一]

愚按：《易》反對卦象有相同者，如損之六五，即益之六二，故皆言「或益之，十朋之龜，弗克違」；夬之九四，即姤之九三，故皆言「臀无膚，其行次且」；既濟之九三，即未濟之九四，故皆言「伐鬼方」。此觀象玩辭之例。而此爻之躊躇不進，宜其坐失事幾矣。

象曰：「其行次且」，位不當也。「聞言不信」，聽不明也。

程子曰：「九處陰位，不當也。以陽居柔，失其剛決，故不能强進，其行次且。剛然後能明，處柔則遷失其正性，豈復有明也？」[二]

九五：莧陸夬夬，中行无咎。

程子曰：「五雖剛陽中正，居尊位，然切近于上六，上六説體，而卦獨一陰，陽之所比也。五爲決陰之主，而反比之，其咎大矣。故必決其決，如莧陸然，則于其中行之德，爲无咎也。中行，中道也。莧陸，今所謂馬齒莧是也，曝之難乾，感陰

[一] 陳世鎔《周易廓》卷一一。
[二] 程頤《周易程氏傳》卷三。

氣之多者也，而脆易折。五若如莧陸，雖感于陰，而決斷之易，則于中行无過咎矣。」[一]

曹氏元弼曰：「五主決陰，而三與同功，故皆言『夬夬』。自五視上陰近，若莧根淺；自三視上陰遠，若陸根深，其實皆言陰在上六也。莧陸葉柔根堅，象柔乘剛，感陰氣之多者，故以目上，柔脆易折，故夬夬，言決陰當如去草然。」[二]

愚按：「莧陸」解不一。孟氏謂「莧，山羊細角」之名，則其字當作羬[三]。虞氏訓莧爲説，讀如「莞爾而笑」之莞[四]。陳氏世鎔謂：「五體變震，爲萑葦；萑苻之澤，盜賊所聚，去之宜決。」[五]皆持之成理，究不若《程傳》説爲妥。

[一] 程頤《周易程氏傳》卷三。

[二] 曹元弼《周易集解補釋》卷九。

[三] 「羬」，原作「莧」，當爲誤刻，據《廣韻》《集韻》改。按：許慎《説文解字·莧部》曰：「莧，山羊細角者。」按：許慎《説文解字叙》：「其偁《易》孟氏、《書》孔氏、《詩》毛氏、《禮》、《周官》、《春秋》左氏、《論語》、《孝經》，皆古文也。」又：孟喜《周易孟氏章句》卷上云：「莧，胡練反。莧陸，獸名。夬有兑，兑爲羊也。」載《玉函山房輯佚書》經編「《易》類」第一帙，卷二。

[四] 李鼎祚《周易集解》卷九引虞翻曰：「莧，説也。莧，讀『夫子莞爾而笑』之『莞』。」

[五] 陳世鎔《周易廓》卷一一云：「五動體震，震爲萑葦。莞陸，猶左氏云『萑苻之澤』也。萑葦叢生，盜賊之藪，故當決。」

象曰：「中行无咎」，中未光也。

程子曰：「卦辭言夬夬，則于中行爲无咎矣。象復盡其義云：『中未光也。』夫人心正意誠，乃能極中正之道，而充實光輝。五心有所比，以義之不可而決之，雖行於外，不失中正之義，可以无咎，然于中道，未得爲光大也。蓋人心一有所欲，則離道矣，夫子于此，示人之意深矣。」〔一〕

王氏夫之曰：「與上比而共爲兑體，心繫于悦，僅以免咎而已。夬之九五與剥之六五同，故剥五承寵而利，夬五夬夬而未光。」〔二〕

上六：无號，終有凶。

曹氏元弼曰：「虞云巽爲號令，引申爲號呼。若以號令言，則上六乘陽。无號者，在君爲號令反常，在臣爲放棄君命。桀紂之君，共驩之臣，自取決滅而已。」〔三〕

愚按：夬上「无號」，與泰上「命亂」相應，然泰猶有命也，夬上則無號令矣，所謂

〔一〕程頤《周易程氏傳》卷三。
〔二〕王夫之《周易内傳》卷三下。
〔三〕曹元弼《周易集解補釋》卷九。

「小人道憂」也〔一〕。先儒謂「《易》不爲小人謀」〔二〕，吾謂《易》正爲小人戒。本卦初爻欲往上決陰而不勝；二爻與彖辭相應；三爻獨與上應，以志在決陰而不屑與之應；四爻失位，躊躇不決之象；五爻「中未光」，與坎五「中未大」意同，坎險欲其平，夬決欲其和，故皆无咎而不言；吉上爻一陰，終爲五陽所決而成乾。六爻各自爲義，取義特奇，章法亦異。

象曰：「无號」之「凶」，終不可長也。

程子曰：「陽剛君子之道，進而益盛，小人之道，既已窮極，自然消亡，豈復能長久乎？」〔三〕

夬卦大義

【釋】尚文治，興教化，必用君子，用志至公，本心至平，盡除陰私，方免朝令夕改，百姓無

〔一〕《易雜卦傳》文。
〔二〕張載《正蒙・大易篇》云：「《易》爲君子謀，不爲小人謀。」
〔三〕程頤《周易程氏傳》卷三。

所措手足之弊。

文治讀《雜卦傳》終篇曰：「夬，決也，剛決柔也。君子道長，小人道憂也」，而歎聖人欲以文化治天下，其旨遠矣。《繫辭下傳》「庖犧氏王天下」章曰：「上古結繩而治，後世聖人易之以書契，百官以治，萬民以察，蓋取諸夬。」〔一〕以庖犧作八卦始，以黄帝作書契應之，綴于章末，聖人之重文化，以爲治平之本，尤兢兢焉。是以許叔重《説文解字叙》言：「黄帝之史倉頡，見鳥獸蹏迒之跡，知分理之可相别異也，初造書契。」即引本經「夬，揚于王庭」，而申言之曰：「言文者，宣教明化于王者朝廷，君子所以施禄及下，居德則忌也。」然則文化之爲功，豈不大哉？伊古以來，未有文化興而天下不治者也，未有文化滅而天下不亂者也。自黄帝、庖犧以後，聖聖相承，不知竭幾許心思，而中國文明始燦爛于世界。及殷紂之時，崇尚武力，賊仁爲賊，賊義爲殘，視民命如草芥。是以文王戒之曰「告自邑，不利即戎」，孔子釋之曰「所尚乃窮也」。蓋惟文人可以統武事，尚文而治者其本也，未有尚武而治者也。戎者陰象也，「不利即戎」，

〔一〕《易繫辭下》第二章。

尚武之道乃窮也。周公于復之上爻曰「用行師，終有大敗」，于泰之上爻曰「勿用師，自邑告命」，于夬之二爻曰「有戎勿恤」；周公之心，即文王之心也，欲以衆陽決一陰，而用文化治天下也。而孔子則言「君子道長，小人道憂」者，何也？蓋文化之興必自君子，文化之滅必自小人。凡仁義禮樂，法度紀綱，君子之所提倡而經營者，小人必欲去之以爲快者也。故欲興文化，必先用君子而去小人。雖然，去小人豈易言哉？

楊氏萬里解此卦曰：「夬以五陽而決去一陰，以五君子而決去一小人，此舜舉十六相去四凶，周公與十夫去三監之時也。宜其甚易而无難矣。而聖人于此有懼心焉，謂勿專倚乾之健，必濟以兑之説，然後小人可以決去，而天下國家可以和平而无傷也。古者孰有不以存小人而傷君子，不以去小人而傷國哉？」〔一〕

文治按：楊氏之言，深得聖人憂患之意。《大象傳》曰「居德則忌」，忌者，敬畏之謂也。五陽方盛，一陰猶存，去之不決，則夬反而爲遘，其可不敬畏乎？是以周公于初爻有「不勝」之懼；二爻有「惕號」之戒；三爻「壯于頄，有凶」，恐爲小人之甘言悦

〔一〕楊萬里《誠齋易傳》卷一二。

色所惑也；四爻「其行次且，牽羊悔亡」，恐爲小人之柔道所牽也。復之「中行獨復」〔一〕，泰之「得尚于中行」〔二〕，皆吉象也，而夬五之「中行」，僅得无咎，《象傳》則曰「中未光也」，敬忌之至也。昔嘗疑復、臨、泰三卦皆言「亨」，而大壯與夬皆不言「亨」。蓋小人在上，則去之愈難，而陽之息陰，尤易于沮滯，亦敬忌之心也。《書》曰：「任賢勿貳，去邪勿疑。」〔三〕嗚呼！去小人于衆陽方息之時，可以決而不可以裂也，豈易言哉！

若夫上爻之「无號終有凶」，一陰之凶也，宜爲衆陽慶矣。而楊氏萬里謂：「聖人之仁心如天之大。」「不惟慶君子，所以弔小人。曷爲弔小人？小人亦受中於天，與我同類者也，特不能克其利心，以復其良心爾。上六以一陰而乘五陽之上，自以爲得矣，不知五陽長而己必消，及其消亡而後號咷也。聖人曰：汝至于此，其勿號咷乎？其終有凶，而不可久長也乎？庶其未至于此者，猶可有改乎？《詩》曰：『啜其泣矣，

〔一〕《易》復六四爻辭。
〔二〕《易》泰九二爻辭。
〔三〕《尚書·大禹謨》文。

何嗟及矣。』其夬之上六乎？」〔一〕

文治謂，楊氏之説，洵足警小人矣，而其釋「無號」之義則不然。先儒之釋「無號」，固有解作「號呼」者，然當以號令文告爲正。蓋彖辭之「孚號」，號令之出于誠信者也；二爻之「惕號」，號令之出于戒慎者也；上爻之「无號」，小人之不達文化者也。文理不通，何號之有？本卦「號」字皆與涣卦之「大號」同。〔二〕况文化者，真性情之所流露也。陰居衆陽之上，高而无民，且无愛民恤民之誠，更何號之有？

或曰：「傳言國將亡必多制，小人之世，文告未嘗不煩也。」不知彼所謂號者，陋冗瑣碎，詐僞隔閡，朝令夕更；在君爲號令無常，在臣爲放棄君命，終取決滅而已，實不得謂之有號。吾嘗晉以賁之《彖傳》曰：「觀乎人文，以化成天下。」又晉以革之《彖傳》曰：「文明以説，大亨以正〔三〕。革而當，其悔乃亡。」

〔一〕楊萬里《誠齋易傳》卷一二。
〔二〕《易》涣九五爻辭。
〔三〕「大亨以正」句原脱，據《易傳》補。

卷三

【釋】本卷爲姤、遯、否、觀、剥五卦大義，此五卦爲陰消之卦，乃從乾宫開出之五世卦。皆言居安思危，知人善任，戒絶苟且，守先待後也。

姤䷫ 巽下乾上

按：坤一陰消乾爲姤，十二辟卦由乾進，與復旁通。乾宫一世卦。《釋文》云：「姤，古豆反。薛云：『古文作遘。』鄭同。《序卦》及彖皆云遇也。」〔一〕

〔一〕陸德明《經典釋文·周易音義》。

姤：女壯，勿用取女。

楊氏萬里曰：「陰陽之相爲消長，如循環然。剥者陽之消，然剥極爲復，不旋踵而一陽生。夬者陰之消，然夬極爲姤，不旋踵而一陰生。當一陽之生也，聖人未敢爲君子喜，必曰『朋來无咎』，言一陽未易勝五陰也。當一陰之生也，聖人已爲君子憂，遽曰女壯，言一陰已有敵五陽之志也。既曰女壯，又曰勿用取女，申戒五陽以勿輕一陰之微而親暱之也。」〔一〕

愚按：姤之一陰，即坤初爻「履霜堅冰至」。弑父弑君，非一朝夕之故，故已稱壯。「勿用取女」，特取巽女象，以喻勿用小人。剥上爻傳曰：「小人剥廬，終不可用。」言當慎之于始，勿致害羣。凡陰消卦皆有小人之象。

象曰：姤，遇也，柔遇剛也。「勿用取女」，不可與長也。天地相遇，品物咸章也。剛遇中正，天下大行也。姤之時義大矣哉！

楊氏萬里曰：「此言五剛不幸而與一柔相遇也。一陰方壯，而五陽遇之，其勢豈可久長哉？壯而不已，必至于剥也。姤遇之時，若是其大，可不戒哉！然則相遇之道

〔一〕楊萬里《誠齋易傳》卷一二。

遂可廢乎？曰：柔與剛，不可長也。若天地相遇，剛且中正，何可廢也？天地不相遇，則物不生；君臣不相遇，則道不行。五陽，乾也；一陰，坤也。故曰天地。二、五皆剛且中正，故曰剛、曰中正。遇之義若是其大，其可廢哉？不以一柔五剛之相遇而不戒，不以一柔五剛相遇之可戒，而廢天地、君臣之相遇，此《易》之貴于變也。」〔一〕

王氏夫之曰：「《本義》謂『幾微之際，聖人所謹』。當其時，制其義，非聖人不能。然亦豈有他道哉？以義制利，以禮制欲，以敬制怠，則無不可遇之陰矣。」〔二〕

愚按：「不可與長」有二解：一謂勿取巽長女；一謂不可長久。當以前説爲是。不可長言遇之不善，「天地相遇」以下，則極言遇之善，何也？《繫辭傳》曰：「書不盡言，言不盡意。」〔三〕此蓋孔子補文王言外之意。按蒙之「勿用取女」，以其行不順，姤之「勿用取女」，以陰之不可長，惟其時義焉爾。若夫咸恒之義配乾坤，夫婦之倫配天地，則其所遇正而大矣。如概以勿取拒之，則陰道廢絶，庸有是理乎？故曰：惟其時

〔一〕楊萬里《誠齋易傳》卷一二。按：「剛且中正」之「且」，原誤作「遇」，據楊氏文改。
〔二〕王夫之《周易内傳》卷三下。
〔三〕《易繫辭上》第十二章。

義焉爾。《易・彖傳》言「時」、言「時義」、言「時用」，義各有當。姤之時義與隨、遯之時義皆不同，故學《易》當知變化之道。

象曰：天下有風，姤。后以施命誥四方。

程子曰：「風行天下，无所不周，爲君后者，觀其周徧之象，以施其命令，周誥四方也。『風行地上』與『天下有風』，皆爲周徧庶物之象。而行于地上，徧觸萬物，則爲觀，經歷觀省之象也；行于天下，周徧四方，則爲姤，施發命令之象也。諸象或稱先王，或稱后，或稱君子、大人。稱先王者，先王所以立法制建國，作樂省方，敕法閉關，育物享帝皆是也。稱后者，后王之所爲也，財成天地之道，施命誥四方是也。君子則上下之通稱，大人者王公之通稱。」〔一〕

王氏夫之曰：「天之所以資始萬物者，非但風也。而下施于物，則暄風至而物皆生，涼風生而物皆成，物乃得以遇天之施矣。王者之積德以爲天下父母，而民或不喻其志，則假誥命以詔之，而天下喻焉，取象于此。顧其發爲王言，必深切出于至誠，以

〔一〕程頤《周易程氏傳》卷三。按：「无所不周」之「周」，原作「同」，據程氏文改。

巽入于人之隱微，非飾辭而人遂動也。」〔一〕

曹氏元弼曰：「惠氏曰：『復，「閉關不省方」，所以助微陽之息；遘，「施命誥四方」，所以布盛陽之德。』按：誥，鄭作詰，訓止者。蓋施教令以曉告四方，詰止姦慝，懼陰惡之干盛陽，即卦辭戒女壯之義。」〔二〕

初六：繫于金柅，貞吉。有攸往，見凶。羸豕孚蹢躅。

程子曰：「姤，陰始生而將長之卦。一陰生，則長而漸盛，陰長則陽消，小人之道長也，制之當于其微而未盛之時。柅，止車之物，金爲之，堅强之至也。止之以金柅，而又繫之，止之固也。固止使不得進，則陽剛貞正之道吉也。使之進往，則漸盛而害于陽，是見凶也。『羸豕孚蹢躅』，聖人重爲之戒，言陰雖甚微，不可忽也。豕，陰躁之物，故以爲況。羸弱之豕，雖未能强猛，然其中心在乎蹢躅。蹢躅，跳躑也。陰微而在下，可謂羸矣，然其中心常在乎消陽也。君子、小人異道，小人雖微弱之時，未嘗无害君子之心，防于微則无能爲矣。」〔三〕

〔一〕王夫之《周易内傳》卷三下。
〔二〕曹元弼《周易集解補釋》卷九。
〔三〕程頤《周易程氏傳》卷三。

陳氏世鎔曰：「金柅，絡絲之物，女子所用。『繫于金柅』，繫，絲也，絲至柔，柅牽之，故傳曰『柔道牽』。」「陰之性在消陽，縱其所往而不爲禁制，則乾失其剛，奄然不振，成爲羸豕，豈能有一息之安哉？其蹢躅也，不待否剥之時，于姤已預知矣。孚，信之先至也。」〔一〕

愚按：程子以「金柅」爲止車之物，説本馬融〔二〕。陳氏以「金柅」爲婦人所用，説本王肅而小異〔三〕，當以馬説爲長。

象曰：「繫于金柅」，柔道牽也。

程子曰：「牽者，引而進也。陰始生而漸進，柔道方牽也。繫之于金柅，所以止其進也。不使進，則不能消正道，乃貞吉也。」〔四〕

〔一〕陳世鎔《周易廓》卷一一。
〔二〕孔穎達《周易正義》疏曰：「柅之爲物，衆説不同。王肅之徒皆爲織績之器，婦人所用。惟馬云：『柅者，在車之下，所以止輪令不動者也。』」
〔三〕陸德明《經典釋文·周易音義》：「王肅作抳，從手。」
〔四〕程頤《周易程氏傳》卷三。

曹氏元弼曰：「柔道當繫制于剛。牽，猶制也。」[一]

九二：包有魚，无咎，不利賓。

陳氏世鎔曰：「巽爲魚，謂初也。二下包之，故爲『包有魚』。魚，陰物善敗，剥之『貫魚』，即姤之魚積漸所致。二包之『无咎』者，此剛柔相遇之始，未嘗以權授陰，明其爲陰，特以覆幬之量包之云爾。」「又曰『不利賓』者」，「賓者主之對。卦以初六爲主，賓謂上乾五陽。」「陰長即陽消主之利，非賓之利，故『不利賓』。」[二]

曹氏元弼曰：「《易》以陽爲主，陽而稱賓，或取尊賢之義，或以陽將消，主反爲賓。虞云乾尊稱賓，蓋小人進則君子消，故二包初，使不得起而間四，懼其不利賓也。」「《參同契》説陰爲主，陽爲賓，遘時初陰爲成卦之主，内小人、外君子之勢已成，故包以防之，義不可使及賓也。」[三]

象曰：「包有魚」，義不及賓也。

王氏夫之曰：「陰之遇陽，卒然而起，介然而合，本無擇于應之正與不正，得所附

[一] 曹元弼《周易集解補釋》卷九。
[二] 陳世鎔《周易廓》卷一一。
[三] 曹元弼《周易集解補釋》卷九。

而有道以止之，則其害猶可止息。二不幸而正與之遇，則慨然以身任撫馭之責，二之義也。」〔一〕

陳氏世鎔曰：「千古禦小人之法，莫良于不使之相及，不相及自無由相侵。姤初之『不及賓』者，以二爲之遏也。至遯浸長矣，故直以『不惡而嚴』遠之，遠之亦不使相及也。」〔二〕

愚按：「義不及賓」者，言陽之包陰，當如遯之「畜臣妾」〔三〕，剥之「以宫人寵」〔四〕，方合于義而无咎。若以賓禮待之，則小人將驕恣狎侮，不可制矣，豈得爲義之和哉？

九三：臀无膚，其行次且，厲，无大咎。

張氏惠言曰：「小人之用也，其始必有君子者過而援之。小人之不退也，亦必有君子者過而存之。『臀无膚，其行且次』，君子之過也，故厲；自正也，故无大咎。豕

〔一〕王夫之《周易内傳》卷三下。
〔二〕陳世鎔《周易廓》卷一一。
〔三〕《易》遯九三爻辭。
〔四〕《易》剥六五爻辭。

孚之凶乎，非知幾孰能见之？」[一]

陳氏世鎔曰：「李鼎祚謂巽爲股，三居上，臀也。爻非柔，故『无膚』。乾爲行，下體化巽，三下體之終，因化巽而剛變柔，故『其行次且』，有危心焉。乾之三『厲无咎』，此純乾已失，陰柔内伏，其行次且，是即咎也。然但曰次且，固非牽制不行，怵惕維厲，進此依然純乾，故无大咎。」[二]

象曰：「其行次且」，行未牽也。

曹氏元弼曰：「不爲陰所牽。陰陽爭，陽未失正，故无大咎。君子之過，見爲行不遂而已，其心无他，非小人所得牽率而從于邪也。夬『其行次且』，所以未息成乾也。遘『其行次且』，猶未消而爲否也。」[三]

九四：包无魚，起凶。

程子曰：「包者，所裹畜也。魚，所美也。四與初爲正應，當相遇者也，而初已遇于二矣，失其所遇，猶包之无魚，亡其所有也。四當姤遇之時，居上位而失其下，下之

[一] 張惠言《虞氏易言》卷二。
[二] 陳世鎔《周易廓》卷一一。
[三] 曹元弼《周易集解補釋》卷九。

離，由己之失德也。四之失者，不中正也。以不中正而失其民，所以凶也。」「起者，將生之謂，民心既離，難將作矣。」〔一〕

曹氏元弼曰：「姚氏曰四不得初應，故『包无魚』，莫之與也。四本失位，自遠其民，民爲邦本，遠民，凶所由起，莫之與，則傷之者至矣，言陰不應而消陽也。按：姚說與傳義密合。張氏以爲四新進之士，不任去邪之責，故包无魚。二不包初，則初起而代四，以小人代君子，舉錯不即民心，故凶。亦一義。」〔二〕

象曰：「无魚」之凶，遠民也。

楊氏萬里曰：「无德以得民，无位以臨民，而又遠民，宜吾民之歸九二而去我也。」〔三〕

陳氏世鎔曰：「四離巽入乾，天無不覆，初在下爲應，猶民之望君也。君以胞與爲量，如以魚爲不當包，是謂君不當有民而遠之也。君遠民，則民亦遠君，凶從此起矣。」〔四〕

〔一〕程頤《周易程氏傳》卷三。按：「遇于二」之「于」，原作「乎」，據程氏文改。
〔二〕曹元弼《周易集解補釋》卷九。
〔三〕楊萬里《誠齋易傳》卷一二。
〔四〕陳世鎔《周易廓》卷一一。

愚按：《大學》言親民，《孟子》言仁民，惟親民而後能仁民，乃千古治平之本。遠民者，好惡拂人之性也，菑必逮夫身矣。

九五：以杞包瓜，含章，有隕自天。

程子曰：「杞，高木而葉大。處高體大，而可以包物者，杞也。美實之在下者，瓜也。美而居下者，側微之賢之象也。」「『有隕自天』，猶云自天而降，言必得之也。自古人君至誠降屈，以中正之道，求天下之賢，未有不遇者也。高宗感于夢寐。文王遇于漁釣，皆由是道也。」〔一〕

愚按：此爻先儒皆以九五遇賢爲説，楊氏〔二〕、王氏〔三〕與程子同，愚竊謂不然。蓋巽爲木，杞，巽象，瓜亦巽象，杞剛而瓜柔。瓜初六，杞則九五，陽包陰，杞包瓜也。包

〔一〕程頤《周易程氏傳》卷三。

〔二〕楊萬里《誠齋易傳》卷一二姤卦九五傳曰：「此九五、九二之君臣剛遇中正之盛也。九五以剛明之德，乃舍其耀而不矜，以下逮九二中正之臣，如杞葉之高而俯包瓜實之美。九二以剛正之德，亦奉君命而不舍，以上承九五中正之君，如命從天降而決起盍歸之志。君臣相遇之盛如此，一小人雖壯，何足慮也。」

〔三〕王夫之《周易内傳》卷三下，姤九五傳曰：「九五剛健中正，盡道自己，而不憂陰慝之作，以具曲成萬物之德，包妄起妄遇之陰，陰輯其潰亂而使化爲美，唯含容之道盛，則陰交陽以成品物之章，始於不正而終正矣。是豈陰之德足以致之哉？容蓄裁成之功，自天隕而得之意想之外。瓜之不潰，杞護之，固非瓜之能爾也。」

蓋以杞爲瓜之藩，使蔓其上。瓜遇杞爲柔遇剛，此爲文王與紂之事；杞喻文王，瓜喻紂，「有美含之以從王事」也〔一〕。「有隕自天」者，巽爲隕，《左傳》「風落山」〔二〕，又曰「風隕」〔三〕。瓜之爲物，不能經久，以杞包之，使瓜得長遂其生，杞則永垂其蔭，良所甚願。而無如不能也，曾幾何時，黄而隕矣。此文王之所痛心者也，故曰其辭危。〔四〕

象曰：九五「含章」，中正也。「有隕自天」，志不舍命也。

愚按：九五「含章」，懿文德也。莫之致而至者命也，非人所能爲也。乃君子之志，則固不肯諉之于命，于其隕也，一若爭之不得，不勝其哀矜焉，故曰「志不舍命」。《詩》「舍命不渝」，鄭箋：「舍，猶處也。」安止之意。「志不舍命」，謂瓜之隕雖其命，而

〔一〕《易·坤文言傳》曰：「陰雖有美含之，以從王事，弗敢成也。」

〔二〕《左傳·昭公元年》載：「趙孟曰：『何謂蠱？』對曰：『淫溺惑亂之所生也。於文，皿蟲爲蠱。穀之飛亦爲蠱。在《周易》，女惑男，風落山，謂之蠱。皆同物也。』」

〔三〕《左傳·襄公二十五年》載：「武子筮之，遇困之大過。史皆曰吉，示陳文子，文子曰：『夫從風，風隕，妻不可娶也。且其繇曰：『困于石，據于蒺藜，入于其宫，不見其妻，凶。』『困于石』，往不濟也。『據于蒺藜』，所恃傷也。『入于其宫，不見其妻，凶』，無所歸也。』」

〔四〕《易繫辭下》第十一章：「《易》之興也，其當殷之末世、周之盛德邪？當文王與紂之事邪？是故其辭危。危者使平，易者使傾。其道甚大，百物不廢。懼以終始，其要无咎。此之謂《易》之道也。」

包之者之志，正不忍其隕也。蓋杞與瓜相遇，即天地之相遇，不能包，何以爲相遇？不忍其隕，乃所以爲包。「三分天下有其二，以服事殷」〔一〕，包容之德至矣。「有命自天，命此文王」〔二〕，詩人贊美之詞，豈文王所敢居哉？

上九：姤其角，吝，无咎。

王氏夫之曰：「姤其角者，陰陽方遇，而上爲其角，既非其應，又與絶遠，則吝于遇矣。吝不足以章品物，而能自守不渝，則无咎。」〔三〕

陳氏世鎔曰：「初與上相爲始終。角居最上，『姤其角』，初遇上也。上所處最高，高則絶物，角善觸，遇之有觸而反爾，故吝，爲其不見包也。」〔四〕

愚按：本卦六爻：初主消陽，貞吉見凶，其象最可危懼。三爲下卦之中，初柔道牽，三幸未爲陰所牽，故无大咎。二、四、五皆有包陰之象，五爲卦主，故其包容者大。二與四適相反，二比陰而能包，四遠民而不能包矣。上爲遇之窮，故無所遇而吝，然

〔一〕《論語·泰伯》。
〔二〕《詩·大雅·大明》句。
〔三〕王夫之《周易内傳》卷三下。
〔四〕陳世鎔《周易廓》卷一一。

與五相比，故无咎。六爻錯綜見義，例又一變。

象曰：「姤其角」，上窮吝也。

王氏夫之曰：「上處於窮極之地，陽道將衰，不容不亢，則吝而非吝。」〔一〕

愚按：王氏弼以角爲邊隅窮盡之處〔二〕，蓋與「晉其角」同意〔三〕。夫求遇于邊隅之處，能无窮而吝乎？

姤卦大義

【釋】守志爲大，嚴于出處，遏止貪欲，尊賢樂仁，自明其德，推恩親民，轉危爲安之道也。

復爲一陽初生，姤爲一陰初生；姤與復，陰陽消息之始也。後人喜言「復其見天

〔一〕王夫之《周易内傳》卷三下。

〔二〕《周易正義》卷五載王弼注曰：「進之於極，无所復遇，遇角而已，故曰『姤其角』也。」

〔三〕晉上九爻辭，王弼注曰：「處進之極，過明之中，明將夷焉，已在乎角，而猶進之，非亢如何？」

地之心」〔一〕，而不知姤爲時義之大。僅發明之如左。

一曰遇之不可苟也。姤、夬爲反對卦：夬傳言「剛決柔」，姤傳言「柔遇剛」。「柔遇剛」者，非謂以剛遇柔，乃言以下遇上也。孔子曰：「惟女子與小人，爲難養也。」〔二〕姤彖辭言「女壯」，實兼女子與小人而言。「勿用取女」，即勿用小人也。孔子之于衛靈公也，不主彌子瑕〔三〕；孟子之見魯平公也，不因臧倉〔四〕；商鞅之見秦孝公，藉景監以進〔五〕；李斯之見用于秦始皇，與趙高爲比〔六〕。彼奸人者，誠不可與聖賢並論。然士人遇合，偶一不慎，國以不祀，而天下生民被其荼毒。故姤之「勿用取女」，猶師

〔一〕復卦《彖傳》。
〔二〕《論語・陽貨》文。
〔三〕《孟子・萬章上》載孟子曰：「彌子之妻，與子路之妻，兄弟也。彌子謂子路曰：『孔子主我，衛卿可得也。』子路以告。孔子曰：『有命。』孔子進以禮，退以義，得之不得曰『有命』。而主癰疽與侍人瘠環，是無義無命也。」
〔四〕《孟子・梁惠王下》載孟子曰：「行或使之，止或尼之。行止，非人所能也。吾之不遇魯侯，天也。臧氏之子，焉能使予不遇哉？」
〔五〕《史記・商君列傳》卷六八載：「公孫鞅聞秦孝公下令國中求賢者，將修繆公之業，東復侵地，乃遂西入秦，因孝公寵臣景監以求見孝公。」
〔六〕《史記・李斯列傳》。

之「小人勿用」也〔一〕，不可與長，以其必亂邦也。然《彖傳》又言「天地相遇，品物咸章」「剛遇中正，天下大行」者，何也？蓋遇之出于正者也。天地相遇，正莫大焉。舜之遇堯，八元八愷之遇舜，亂臣十人之遇武王，中正又莫大焉，故曰：「姤之時義大矣哉！」曹氏元弼謂：「消長治亂之機，視遇之正不正。陰陽爭，死生分，在此時也，故其義大。」〔二〕文治謂：如曹氏之説，始得消息之理。復、姤之界，即死生之分，而其幾在于遇之正不正。

一曰命之宜坊欲也。「撓萬物者，莫疾乎風。」〔三〕天下有風，無微不至。惠氏謂：「復閉關不省方，所以助微陽之息也；姤施命誥四方，所以布盛陽之德。」〔四〕文治謂：姤之「施命」與巽之「申命」同〔五〕。巽者，德之制也。《禮記·坊記》篇曰「命以坊欲」，先儒或指天命而言。蓋姤卦當陰陽相爭之時，君子必體天命之性，致慎獨之功，制人

〔一〕《易》師上六爻辭。
〔二〕曹元弼《周易集解補釋》卷九。
〔三〕《易説卦傳》文。
〔四〕惠棟《周易述·象下傳》卷一三。
〔五〕巽卦《彖傳》《大象傳》。

欲于將萌，不使其潛滋暗長，而後其「申命」與「施命」，有以遏天下私欲之横流，而不致貪墨以敗。然又必剛遇中正，若五之「含章」時發，始能如夬之「孚號」「惕號」，而不至于「无號」〔一〕。此其文明之德蘊蓄于中，陰有美以含之，故五之《象傳》曰「志不舍命」，「不舍命」者，言其上體天命而坊人欲也。人君之發號施令，關于四方之觀聽，其可輕忽乎哉？

一曰民之不可遠也。陽爲君，陰爲民。二與初近，近民者也，故曰：「包有魚，无咎。」魚者，民象也，《詩》曰「旐維旟矣，室家溱溱」〔二〕是也。陽爲主，陰爲賓，陰不可長，故曰「不利賓」。初爻失正，四爻亦失正，四與五應，不以正遠民者也，故曰起凶，見其凶象已起也。傳曰：「民可近，不可下。民惟邦本，本固邦寧。」〔三〕《大學》三綱領，明〔四〕德與親民並重，蓋惟親民而後所欲與聚，所惡勿施。若不能親民而遠之，則必好人所惡，惡人所好，拂人之性，國其殆矣！《禮記·緇衣》篇曰：「君以民存，亦以

〔一〕夬卦彖辭、九二爻辭、上六爻辭。
〔二〕《詩·小雅·無羊》。按：「旐維旟矣」，原作「兆維魚矣」，據《詩經》改。
〔三〕《尚書·五子之歌》。
〔四〕「明」字，原作「民」，據《大學》爲正。

民亡。」《易》例：以君象天，以民象地。地包天中，民爲特重，故師言「容民」〔一〕，泰言「左右民」〔二〕，臨言「保民」〔三〕，觀言「觀民」〔四〕，頤言「養民」〔五〕，兑言「先民」〔六〕。惟姤則一陰生，小人用，乃至「包无魚」而遠民。嗚呼！遠民者，非民之遠我也，專制驕亢之極，而吾乃自遠于民。德之不建，民之無援。哀哉！

遯 ䷠　艮下乾上

按：遯由離變，十二辟卦由姤進，與臨旁通。乾宫二世卦。《釋文》云：「遯，徒巽反。字又作遂，又作遁，同。隱退也，匿迹避時奉身退隱之謂也。鄭云：逃去之

〔一〕師卦《大象傳》云：「地中有水，師。君子以容民畜衆。」
〔二〕泰卦《大象傳》云：「天地交泰，后以財成天地之道，輔相天地之宜，以左右民。」
〔三〕臨卦《大象傳》云：「澤上有地，臨。君子以教思无窮，容保民无疆。」
〔四〕觀卦《大象傳》云：「風行地上，觀。先王以省方觀民設教。」
〔五〕頤卦《彖傳》云：「天地養萬物，聖人養賢，以及萬民，頤之時大矣哉！」
〔六〕兑卦《彖傳》云：「説以先民，民忘其勞；説以犯難，民忘其死。説之大，民勸矣哉！」

名。《序卦》云：『遂者，退也。』」[一]

遯：亨，小利貞。

鄭氏康成曰：「遯，逃去之名也。艮爲門闕，乾有健德。互體有巽，巽爲進退。君子出門，行有進退，逃去之象。」[二]

程子曰：「遯者，陰長陽消，君子遯藏之時也。君子退藏以伸其道，道不屈則爲亨，故遯所以有亨也。」「陰柔方長，而未至于甚盛，君子尚有遲遲致力之道，不可大貞，而尚利小貞也。」[三]

王氏夫之曰：「遯亨者，君子進則立功，退則明道，明哲保身，樂在疏水，于己無不亨。而息元黄之戰，以勿激亂，且立風教于天下」「亦亨矣。小，陰也。陰未失其居下之義，故利。陽遯而與相應，故貞。」[四]

[一] 陸德明《經典釋文·周易音義》。
[二] 張惠言訂正《周易鄭注》卷四。按：「互體」，原作「于體」，據鄭氏文改。
[三] 程頤《周易程氏傳》卷三。
[四] 王夫之《周易内傳》卷三上。

愚按：「小利貞」與賁之「小利有攸往」例同〔一〕，言祇能小利于居貞，懼陰之浸而長也。孔子仕魯爲之兆，兆不行而後去〔二〕，是遯之象。小字之義，虞主陰，鄭主陽，二陰得正，陽從而貞之，義可互通。

彖曰：「遯亨」，遯而亨也。

程子曰：「小人道長之時，君子遯退，乃其道之亨也。君子遯藏，所以伸道也。此言處遯之道，自『剛當位而應』以下，則論時與卦才，尚有可爲之理也。」〔三〕

剛當位而應，與時行也。

程子曰：「雖遯之時，君子處之，未有必遯之義。五以剛陽之德，處中正之位，又下與六二以中正相應，雖陰長之時，如卦之才，尚當隨時消息，苟可以致其力，无不至誠自盡以扶持其道，未必于遯藏而不爲，故曰『與時行』也。」〔四〕

〔一〕賁卦彖辭。

〔二〕《孟子·萬章下》載：「（孟子）曰：『孔子先簿正祭器，不以四方之食供簿正。』曰：『奚不去也？』曰：『爲之兆也。兆足以行矣，而不行，而後去，是以未嘗有所終三年淹也。』」

〔三〕程頤《周易程氏傳》卷三。

〔四〕程頤《周易程氏傳》卷三。

王氏夫之曰：「當位謂九五。剛當位，則道無所屈。應，二應五也。陰無拒之之情，而有挽留之志，禮義未衰，從容以去，遯之美莫尚焉，故曰好曰嘉。」[一]

「小利貞」，浸而長也。遯之時義大矣哉！

程子曰：「當陰長之時，不可大貞，而尚小利貞者，蓋陰長必以浸漸，未能遽盛，君子尚可小貞其道，所謂『小利貞』，扶持使未遂亡也。遯者陰之始長，君子知微，故當深戒，而聖人之意未便遽已也，故有『與時行，小利貞』之教。聖賢之于天下，雖知道之將廢，豈肯坐視其亂而不救？必區區致力于未極之間，强此之衰，艱彼之進，圖其暫安，苟得爲之，孔、孟之所不屑爲也，王允、謝安之于漢、晉是也。若有可變之道，可亨之理，更不假言也，此處遯時之道也。故聖人贊其時義『大矣哉』，或久或速，其義皆大也。」[二]

項氏安世曰：「小者，元字之反對也；元爲大，故此爲小。小字自爲一德，卦義以亨爲主，故移在亨字之下。遯而亨者，聖賢隨時之本義也。小利貞者，聖賢救世之

[一] 王夫之《周易内傳》卷三上。
[二] 程頤《周易程氏傳》卷三。

微機也。陰方浸長，世道未至盡亡，尚有可小小扶持之處，天若未喪，亦有興利反正之理，此郭林宗周旋郡國誘掖人才之意也。孔子之答陽貨，即遯而亨也；仕于季氏，即小利貞也，故曰『遯之時義大矣哉』。自遯而上，更進一陰，則不利君子貞，无復小利貞之望矣。」〔一〕

曹氏元弼曰：「陰利居正，陽利正陰。小人浸長，撥亂反正，當以漸圖之，不可操之太蹙，以速禍亂，此亨遯之本。」〔二〕

象曰：天下有山，遯。君子以遠小人，不惡而嚴。

楊氏萬里曰：「卦之名，有以象，有以義。『地中有山，謙』，象也；『天下有山，遯』，義也。何謂義？取二陰長于内，四陽將消于外，三變則爲否也。其義爲陽避陰。君子避小人，故曰遯。」「孔子答陽貨曰：『吾將仕矣。』孟子與王驩朝暮見，何疾惡之有？見貨亦瞯亡，見驩未嘗與言行事，何不嚴之有？惟不惡故不害，惟嚴故不汙。」〔三〕

〔一〕 項安世《周易玩辭》卷七「遯小利貞」。
〔二〕 曹元弼《周易集解補釋》卷七。
〔三〕 楊萬里《誠齋易傳》卷九。按：「取二陰」之「取」，原脱，據楊氏文補；「亦瞯」原作「時其」，據楊氏文改。

愚按：天之與山，相望而不相即，君子之于小人也，使之可望而不可即，此其所以爲遠也。陰消諸卦，遯曰「遠小人」，否曰「小人道長」[一]，觀曰「小人道」[二]，剥曰「小人長」[三]，小人可畏矣哉！故曰：不可與作緣，亦不可與作怨。

初六：遯尾，厲，勿用有攸往。

陸氏績曰：「陰氣已至于二，而初在其後，故曰遯尾也。避難當在前，而在後，故厲。往則與災難會，故勿用有攸往。」[四]

楊氏萬里曰：「進處後，則遠利明，退處先，則遠害蚤。處遯之世，上九剛而知幾，則最先；遯九五剛也，則又遯；九四剛也，則又遯。故上爲肥遯，五爲嘉遯，四爲好遯，皆喜其蚤也。初六柔而不能決，止而不能行，又居遯之最後，故爲遯尾，故危厲而災。」[五]

[一] 否卦《象傳》。
[二] 觀初六《象傳》。
[三] 剥卦《象傳》。
[四] 李鼎祚《周易集解》卷七引。
[五] 楊萬里《誠齋易傳》卷九。

愚按：《易》「尾」字之義，「履虎尾」指下卦，本卦「遯尾」與既、未濟之「濡其尾」，皆指初爻，言其後也。朱子劾韓侂胄，筮得此爻，焚疏而罷。

象曰：「遯尾」之厲，不往何災也。

陳氏世鎔曰：「自内而外曰往。初之往，安極乎？極于上矣。上降初成離，離爲災，往則災來。」故阻其往。〔一〕

愚按：楊氏萬里謂：初「往之不蚤，今往无及」。義恐未然。經例凡言「勿用有攸往」，皆阻陰進也。

六二：執之用黄牛之革，莫之勝説。

陳氏世鎔曰：「初、上易成革，離爲黄牛，故曰黄牛之革。艮爲手，故稱執。二，遯之主，方進未已，執不令説，欲其不更進，艮以止之也。」〔二〕

愚按：本經言牛，多取離象。先儒解此爻以爲二應五，蓋執守而不消陽，則與剛應矣。

〔一〕陳世鎔《周易廓》卷九。
〔二〕陳世鎔《周易廓》卷九。

象曰：「執用黃牛」，固志也。

侯氏果曰：「六二離爻，離爲黃牛。體艮履正，上應貴主，志在輔時，不隨物遯。獨守中直，堅如革束，執此之志，莫之勝説，則殷之父師，當此爻矣。」〔一〕

陳氏世鎔曰：「陰之志在消陽，執使不進，所以貞固其志，不令潰決至于否也。」〔二〕

愚按：遯由離變，故二爻曰「執之用黃牛之革」，《象傳》曰「固志」。傳例：凡言志者，或指本卦言，或指爻位言。侯説別備一義。

九三：係遯，有疾厲，畜臣妾，吉。

程子曰：「陽志説陰，三與二切比，係乎二者也。遯貴速而遠，有所係累，則安能速且遠也？害于遯矣，故爲有疾也。遯而不速，是以危也。臣妾，小人、女子，懷恩而不知義，親愛之則忠其上，係戀之私恩，懷小人、女子之道也，故以畜養臣妾，則得其

〔一〕李鼎祚《周易集解》卷七引。
〔二〕陳世鎔《周易廓》卷九。

心爲吉也。」〔一〕

陳氏世鎔曰：「艮爲係。係者，留戀之情，亦羈縻之意。二陰浸長，三以陽剛居内卦之上，時不可爲，即當超然遠引，而係遯者牽於昵比之私也。去就不決，則心多隱忍，疾在心；身被拘攣，疾在身，危殆不安，憊斯甚矣。臣妾，二陰之象，三在二陰之上，畜臣妾之象。君子之於臣妾，本以闒冗相畜，其進退無足重輕，羈縻勿絶而已，故係遯不失爲吉。若擔當大事，何可徘徊而濡忍也？」〔二〕

曹氏元弼曰：「陰係於陽，君子爲人心所係，諸侯爲社稷民人所係。欲遯而有係，則不能遯。『有疾厲』，言濟遯之難。『畜臣妾吉』。」「君子之于小人，亦不可遽求大正，以臣妾畜之可也。」〔三〕

象曰：「係遯」之厲，有疾憊也。「畜臣妾吉」，不可大事也。

曹氏元弼曰：「陽稱大，坤爲事。遯時而作大事，適以速禍，消入否耳，故

〔一〕程頤《周易程氏傳》卷三。
〔二〕陳世鎔《周易廓》卷九。
〔三〕曹元弼《周易集解補釋》卷七。

不可。」〔一〕

愚按：「係遯」正與「飛遯」相反。飛遯者，去之速；係遯者，虛拘而不去，故不勝其憊。臣妾謂下二陰，此與剥之「以宫人寵」義同，特取其象而已。「不可大事」，與小過彖辭義同。繹其意，即《論語》所謂「不可大受而可小知」也〔二〕。蓋小人亦有一長可取，用之貴得其當。

九四：好遯，君子吉，小人否。

程子曰：「四與初爲正應，是所好愛者也。君子雖有所好愛，義苟當遯，則去而不疑，所謂克己復禮，以道制慾，是以吉也。小人則不能以義處，暱於所好，牽於所私，至於陷辱其身而不能已，故在小人則否也。否，不善也。」〔三〕

楊氏萬里曰：「遯而誠，爲『好遯』；隱而僞，爲『素隱』。好遯者，『如好好色』。素隱者，『鄉愿德之賊』。隱而僞，不若不隱而誠也。九四以乾之初，當遯之世，知遯之早，味遯之腴，宜其好遯之篤也。故聖人許其爲君子，贊其爲吉，又嘆其非小人之

〔一〕曹元弼《周易集解補釋》卷七。
〔二〕《論語·衛靈公》。
〔三〕程頤《周易程氏傳》卷三。

所能爲也。微陋巷之顔、汶上之閔、舞雩之曾，其誰實當之？」〔一〕

象曰：君子「好遯」，「小人否」也。

馬氏融曰：「『好遯，君子吉』，言身雖外，乃心在王室，此之謂也。小人則不然，身外，心必怨也。」〔二〕

侯氏果曰：「不處其位，而遯于外，好遯者也。然有應在初，情未能棄。君子剛斷，故能舍之；小人係戀，必不能矣。故『君子吉，小人否』矣。」〔三〕

愚按：否，鄭、王讀備鄙反，塞也〔四〕。古文作不〔五〕。或云：言君子有好遯之心，而小人則否也〔六〕，與否卦之「大人否」句例不同〔七〕。宜從鄭、王讀爲是。

〔一〕楊萬里《誠齋易傳》卷九。

〔二〕孫星衍《孫氏周易集解》卷五

〔三〕李鼎祚《周易集解》卷七引。

〔四〕陸德明《經典釋文·周易音義》，於遯卦「小人否」釋曰：「鄭、王肅備鄙反，云：塞也。」

〔五〕吕祖謙《古易音訓》，遯卦「否」字訓曰：「晁氏曰：『徐疾讀爲然否。』按：古文作不字。」

〔六〕孔穎達《周易正義》卷四，遯九四爻辭引王弼注：「處於外而有應於内，君子好遯，故能舍之。小人繫戀，是以否也。」

〔七〕孔穎達《周易正義》卷二，否六二爻辭引王弼注：「居否之世，而得其位，用其至順，包承於上，小人路通，内柔外剛，大人否之，其道乃亨。」

九五：嘉遯，貞吉。

程子曰：「九五中正，遯之嘉美者也。處得中正之道，時止時行，乃所謂嘉美也，故爲貞正而吉。」「在彖則概言遯時，故云『與時行，小利貞』，尚有濟遯之意；於爻至五，遯將極矣，故唯以中正處遯言之。」〔一〕

陳氏世鎔曰：「五剛當位而應，嘉會合禮。嘉者，二致禮于五也。二嘉五而五遯，五之志以貞自守，不使二近，不惡而嚴也。執用黃牛以固志，二之志似亦正矣，而五遯者，遯之成；二爲之，其去否之『不利君子貞』一間耳。」〔二〕

象曰：「嘉遯貞吉」，以正志也。

程子曰：「志正則動必由正，所以爲遯之嘉也。居中得正，而應中正，是其志正也，所以爲吉。人之遯也，止也，唯在正其志而已矣。」〔三〕

曹氏元弼曰：「侯氏以正志爲正羣小之志，使陰應陽而不上消，蓋所以嘉會禮通

〔一〕程頤《周易程氏傳》卷三。
〔二〕陳世鎔《周易廓》卷九。
〔三〕程頤《周易程氏傳》卷三。

而濟。」

愚按：「亨者，嘉之會也。」[一]「嘉遯，貞吉」，所以「遯而亨」也。五與二爲正應，故曰正志。

上九：肥遯，无不利。

程子曰：「肥者，充大寬裕之意。遯者，唯飄然遠逝，无所係滯之爲善。上九乾體剛斷，在卦之外矣，又下无所係，是遯之遠而无累，所謂寬綽有餘裕也。遯者窮困之時也，善處則爲肥矣。其遯如此，何所不利？」[二]

陳氏世鎔曰：「肥當從《文選》作飛。飛者係之對，所謂『鴻飛冥冥，弋人何篡』者也。飛之高傅于天，故上九取象；三之係，遲疑害之，无所疑乃能飛。遯之時，天下尚未大壞，小人亦未遂與君子爲難，而懷清守素者，早遯之若浼。蓋惟其宅躬于至正，識微于無形，以至明審幾，以大勇決計，故能浮游塵埃之外……而无不利也。」[三]

[一]《乾·文言傳》句。

[二] 程頤《周易程氏傳》卷三。

[三] 陳世鎔《周易廓》卷九。

愚按：本卦六爻，内卦取艮之止義，外卦取乾健剛決之義。初「勿用有攸往」，止也。二爻執，三爻係，皆止也，懼陰之上消也。四「好遯」，五「嘉遯」，遯之志已決。上「飛遯」而不疑其所行，則更決矣。章法與他卦亦稍異。

象曰：「肥遯无不利」，无所疑也。

項氏安世曰：「坤六二『无不利』，《文言》曰：『則不疑其所行也。』遯上九『无不利』，象曰：『无所疑也。』小畜上九『君子征凶』，象曰：『有所疑也。』疑則凶於行，不疑則利於行，然則疑者行之禍也。是以君子超然，不以其身處于嫌疑之地，故无入而不自得焉。」〔一〕

愚按：飛遯者，知幾也。「君子上交不諂」〔二〕，「介于石，不終日」〔三〕，何疑之有？飛遯之士，即否上傾否之人。惟飛遯者，舍藏而用行，日後乃能傾否。

〔一〕項安世《周易玩辭》卷七，釋遯「无所疑」也。
〔二〕《繫辭下傳》第五章。
〔三〕豫六二爻辭。

遯卦大義

【釋】志唯仁義，不牽於名利私欲。故聖人君子，可進可退。進止以時，知其所止，所以爲通，孔子其典範，以戒熱中。

楊氏萬里曰：「吾讀《易》至遯而嘆曰：遯，其見聖人之心乎！聖心焉在？曰：在天下而不在一身。故曰遯亨，遯而亨也。遯而亨者，窮於進而通於退。雖然，聖人之退，聖人之通天下之窮也，聖人豈悻悻然決於退哉？五以剛陽當君位，而與二爲應，其時猶可與有行者乎？二陰雖長於内，然漸而未驟，四陽猶盛於外，其勢猶可以小有所正，而未至於大壞也乎？孔子去魯而行之遲，孟子三宿出晝而猶曰速，聖人之心在天下如此，故曰『遯之時義大矣哉』，言其進退之時，去就之義甚大，而未可躁也。故小人之於一身，儌幸於萬一；聖人之於天下，亦儌幸於萬一。」〔一〕

〔一〕楊萬里《誠齋易傳》卷九。

文治按：楊氏之説，真得聖人之心矣。「知其不可而爲之」，豈非徼幸於萬一乎？「遯而亨」者，聖道之大，不因遯而窮也。困窮而通，而況遯之時乎？剛當位而應，「與時行」也，其時猶可有爲也。「可以仕則仕，可以止則止」〔一〕，惟孔子足以當遯之時矣。

孫氏奇逢曰：「學不明於遯之義，何足以言學？《論語》首章揭『人不知而不愠』，即遯世无悶之旨，故終日行而終日遯，終日遯而終日行，不遯也，乃所以爲善遯也。卦二陰浸長，四陽退氣。以其退氣之時，故曰遯；以其能與時行，故曰遯亨。」〔二〕

來氏因曰：「九五與二相應，其陽漸消之意，皆人之所未見而忽畧者，是以苟且留連而不能決去也。當此之時，使不審時度勢，則不知遯；若眷戀禄位，又不能遯。惟有明哲保身之智，又有介石見幾之勇，方能鴻冥鳳舉，所以嘆其時義之大。」「《易》中『大矣哉』有二：有贊美其所係之大者，豫、革之類是也；有稱嘆其所處之難者，大

〔一〕《孟子·公孫丑上》云：「可以仕則仕，可以止則止，可以久則久，可以速則速，孔子也。」
〔二〕孫奇逢《讀易大旨》卷二。按，兩「退氣」原作「氣退」，據孫氏文乙。

過、遯之類是也。」〔一〕

文治按：二説與楊氏稍異而各有當。姤之時義大，見遇之當正也；遯之時義大，見退之宜速也，《禮記》所謂「難進而易退」也〔二〕。遯之象「天下有山」，説者謂山林乃隱者之所〔三〕，又謂「大隱隱朝市，小隱隱山中」〔四〕，皆非也。蓋天之與山，相望而不相即，猶君子之遠小人也。然山雖峻極于天，而未嘗不可躋。伊尹耕于有莘，經湯三聘而始就；漢先主三顧隆中，武侯未嘗不出，聖賢之志可見矣。二爻「執之用黄牛之革，莫之勝説」，牛者，離象也，遯由離變也。《易》言牛者，皆取離象，无妄「或繫之牛」〔五〕，三爻

〔一〕來知德《周易集注》卷七。

〔二〕《禮記·表記》載：「子曰：『事君難進而易退，則位有序。易進而難退，則亂也。故君子三揖而進，一辭而退，以遠亂也。』」又《禮記·儒行》載：「儒有衣冠中，動作慎，其大讓如慢，小讓如僞；大則如威，小則如愧；其難進而易退也，粥粥若無能也。其容貌有如此者。」

〔三〕李士鉁《周易注》卷下注遯卦曰：「遯，隱避也。山高有限，天大无邊，山在天下，隱伏不見，遯之象。艮當止而乾當行，遯之義。又艮爲門，乾行於外，君子出門而去之也。乾亦爲野，艮爲止，互巽爲遜，遜於野而止於下，皆遯象也。艮止則无欲，乾健則能決，非无欲者不能遯，非能決者不果遯，此易之微意也。」

〔四〕李士鉁《周易注》卷下，注遯初六曰：「賢者逢亂世，或潛身於下吏，而才望隱動當途，或溷迹於市廛，而姓字傳於婦孺。藏身不密，不爲朝廷所物色，即爲權貴所羈縻，危甚矣。」注九三曰：「三雖不能藏於野，亦不可進於朝，雖不能若隱逸之無事，亦不可任國家之大事，但可居家畜養臣妾，則吉矣。」

〔五〕无妄六三爻辭。

變離也；睽「其牛掣」〔一〕，旅「喪牛于易」〔二〕，本卦皆有離象也。遯由離變，言「執用黃牛」，猶大壯由兑變，言「喪羊于易」。士君子具文明之德，「黃離元吉」，有文在中，則必隱居以求其志，而不輕于小試其才。其上者如顔子之簞瓢，閔子之汶上，曾皙之舞雩；其次如接輿、沮溺文人之類，一往而不可返，故彖辭曰「小利貞」。貧賤不移，威武不屈，在一人爲小利貞也，然而陰道浸長矣。先儒謂遯諸爻皆言遯，二爻獨不言遯，疑無可遯之理，不知此特望陰之止而不進耳。小人之志，未可知也。

又按：十二辟卦，遯由姤進，柔浸而長矣，將進而爲否矣。故聖人于九三曰「係遯有疾厲」，厲者，危也。曷危乎爾？危其係遯不去，將變而爲否也。是故係爲厲，好爲吉，嘉謂貞吉，飛謂无不利，而嘉與飛爲尤善。嘉者，志之正；飛者，去之決也。李氏光地謂：「遯之下體，居内而未遂其遯者也，故曰尾、曰執、曰繫。及乎上體，則在外之象，遯之時也。然四、五在事之中，有應於内，則事猶有所難處，而志未平。上居外無應，故坦然无所疑而无不利也。」〔三〕此説分析極精。《乾·文言傳》之「遯世无

〔一〕睽六三爻辭。
〔二〕旅上九爻辭。
〔三〕李光地《周易觀象》卷六。

悶」，龍德而隱者也；大過《象傳》之「遯世无悶」，避棟撓之凶者也。《中庸》曰：「遯世不見知而不悔，惟聖者能之。」蓋遯固各有其道矣。

否䷋ 坤下乾上

按：坤交乾成否，十二辟卦由遯進，與泰旁通。乾宫三世卦。《釋文》云：「否，備鄙反，卦内同。閉也，塞也。」〔一〕

否，之匪人。

程子曰：「天地交而萬物生于中，然後三才備，人爲最靈，故爲萬物之首。」「天地不交，則不生萬物，是无人道，故曰匪人，謂非人道也。消長闔闢，相因而不息。泰極則復，否極則傾。无常而不變之理，人道豈能无也？既否則泰矣。」〔二〕

愚按：「人之所以異于禽獸者幾希。」匪人，違于人道者，「好人之所惡，惡人之所

〔一〕陸德明《經典釋文·周易音義》。
〔二〕程頤《周易程氏傳》卷一。

好」，妒賢忌能，拂人之性，則其違禽獸不遠，故曰匪人。

不利君子貞。大往小來。

楊氏萬里曰：「泰之卦辭約，曰『泰，小往大來，吉亨』而已，喜君子進而天下治也。否之卦辭詳，曰『否之匪人』，又曰『不利』，又曰『君子貞』，又曰『大往小來』，痛小人進而天下亂也。元亨利貞，卦之四德，泰得其一，曰亨，而又曰吉亨，亨之至也。否得其二，不曰利而必曰不利。曷爲不利也？用匪其人，小人之利，天下之不利也。不曰貞而必曰君子貞。曷爲君子獨貞也？君子之獨貞，天下之不貞也。」「君子非不欲正天下也，時不可也，故曰君子貞，言貞固自守而已。」〔一〕

王氏夫之曰：「否，塞也。『否之匪人』者，天高地下，分位本定，而邪人據地之利，尸人之功，以絶于天，小人内而後君子外，非君子之亢而不可與親，否之者乃匪人也。君子秉剛居外，本無不正，抑何不利？小人否之，則其不利必矣。不利於君子貞，非利於小人之不貞，亦非君子可不正而利。陰居要津，君子無所往而得利；貞且不利，況可不貞乎？然君子雖不利，而固保其貞也。此言利者，與害相對之辭。『大

〔一〕楊萬里《誠齋易傳》卷四。

往小來』，各歸其位，所以否也。」〔一〕

象曰：「否，之匪人，不利君子貞，大往小來」，則是天地不交而萬物不通也，上下不交而天下无邦也。內陰而外陽，內柔而外剛，內小人而外君子，小人道長，君子道消也。

程子曰：「天地之氣不交，則萬物无生成之理；上下之義不交，則天下无邦國之道。建邦國所以爲治也。上施政以治民，民戴君而從命，上下相交，所以治安也。今上下不交，是天下无邦國之道也。陰柔在內，陽剛在外，君子往居于外，小人來處于內，小人道長、君子道消之時也。」〔二〕

楊氏萬里曰：「《易》中極亂之辭，未有痛于否之象者。匪人一用，何遽至于『天地不交而萬物不通』『上下不交而天下无邦』乎？萬物不通，則舉天下而爲墟；天下无邦，則舉國家而爲墟。小人之禍，何若是烈也？蓋秦亡于李斯上書之日，漢替於張禹談經之時，咸陽之煨燼，始皇王莽年號。之塗炭，何必見而後悟哉！」〔三〕

曹氏元弼曰：「坤爲邦，乾爲人。坤虛无人，原野厭人之肉，川谷流人之血，城邑

〔一〕王夫之《周易內傳》卷一下。
〔二〕程頤《周易程氏傳》卷一。
〔三〕楊萬里《誠齋易傳》卷四。

爲虚，生民糜爛，故天下无邦。聖人豫見萬世之禍，故其言沈痛如此。上下不交，匪人用事，君子道消，君德不下施，民隱不上達，其禍至此，有國者可不愼乎！陰陽以氣言，柔剛以質言。内陰外陽，殺氣已乘，生氣僅存；内柔外剛，枝葉未害，根本已弱。色厲内荏，小人之道。親小人，遠賢臣，世之所以否。小人盤結于内，君子孤危于外，故不利。陰日長，陽日消，由觀而剥而坤，成未濟之世，則乾坤或幾乎息矣。君子撥亂世反諸正，故否爻皆言反泰之道。」〔一〕

愚按：千古治亂之機，莫顯於泰否二卦之《彖傳》。天道消息，人事象之。天道不能無陰，人事不能無小人，小人從於君子則爲泰。至「不利君子貞」，由否入坤，君子之消必盡，則天地正氣無復存者，小人可使爲國家哉？

象曰：天地不交，否。君子以儉德辟難，不可榮以禄。

宋氏衷曰：「『天地不交』，猶君臣不接。天氣上升，而不下降，地氣沈下，又不上升。二氣特隔，故云否也。」〔二〕

〔一〕曹元弼《周易集解補釋》卷四。按，「故不利」，曹氏文作「所以不可貞」。

〔二〕李鼎祚《周易集解》卷四引。

程子曰：「否塞之時，君子道消，當觀否塞之象，而以儉損其德，避免禍難，不可榮居禄位也。否者，小人得志之時，君子居顯榮之地，禍患必及其身，故宜晦處窮約也。」〔一〕

楊氏萬里曰：「君子儉德辟難，辟難可也，何必儉德？非能忍天下不可忍之窮，不能辟天下不可辟之難。窮之不忍，而難之是辟；辟之未幾，而誘之者至；誘之所投，禍之所隨也。惟『不可榮以禄』，庶乎免矣。」〔二〕

陳氏世鎔曰：「虞氏謂辟難遠遯入山，故『不可榮以禄』。此但求自全者優爲之。若思旋乾轉坤，反泰爲否，相率而去，則天下誰屬哉？辟難衹是以剛居柔，危行言孫，可則進，不可則奉身而退，無希榮固寵之念，不使小人得伺其隙，自無從中傷，不必定以遠遯入山爲辟也。」〔三〕

曹氏元弼曰：「儉德，儉約之德也。泰則『后以財成天地之道』，否則君子窮約以

〔一〕程頤《周易程氏傳》卷一。
〔二〕楊萬里《誠齋易傳》卷四。
〔三〕陳世鎔《周易廓》卷四。

辟難。處亂世，惟儉乃可免于難。『邦無道，富且貴焉，耻也』，況篡亂之世，其能以盜蹠餘財辱君子乎！」〔一〕

愚按：《左氏傳》曰：「儉，德之共也。」〔二〕惟守儉德，乃能養廉耻。末世人士，專務豪奢，不得不營求厚禄，縱欲敗度，寡廉鮮耻，心術暗塞，非獨不能免難，世界乃日益否，哀哉！《禮記·儒行》篇曰「一畝之宫，環堵之室」「易衣而出，並日而食」「上不臣天子，下不事諸侯」，處否之道也。

初六：拔茅茹，以其彙，貞吉亨。

程子曰：「泰與否皆取茅爲象者，以羣陽羣陰同在下，有牽連之象也。」〔三〕

楊氏萬里曰：「一君子進，小人未必退。一小人進，君子必退。非畏一小人也，知羣小必以類至也。是故泰之初九，一君子進，而有拔茅之象，此其所拔者蘭也。否之初六，以一小人進，而亦有拔茅之象，此其所拔者莠也。拔蘭者其根不盈掬，拔莠

〔一〕曹元弼《周易集解補釋》卷四。
〔二〕《春秋左傳·莊公二十四年》。
〔三〕程頤《周易程氏傳》卷一。

者其根可束。小人之類進，甚于君子之類進也。」〔一〕

愚按：此爻先儒多有以君子處下爲言者，然《雜卦傳》明言「否泰反其類」也，則否初之「以其彙」爲小人之類可知矣。先師黄氏謂：「爻辭言貞吉，《象傳》言志在君，小人皆勖其不苟進也。君子易退而難進，故泰初告之以征，幸其征，惟恐其不征也；小人易進而爲邪，故否初誡之以貞，勖其貞，難乎其爲貞也。貞者何？志在君也。當小人道長之時，天下无邦，不知有君，初能知九五君在上，不容引類逼陽，則陰有正固之吉，而陽亦與之亨通也。」〔二〕周公之繫此辭，深望小人之中亦有守正者也。

象曰：拔茅貞吉，志在君也。

愚按：姚氏配中謂：「君謂五，初欲之四承五，故『志在君』。」〔三〕竊謂初爻志在于君，若能守正，則不僅以事是君，爲容悦矣。楊氏謂：「彼拔茅彙進，而君子貞吉之志，未嘗不在君也，畎畝不忘之義也。」〔四〕別備一説。

〔一〕楊萬里《誠齋易傳》卷四。
〔二〕黄以周《周易詁訓訂》否初六《象傳》疏。
〔三〕姚配中《周易姚氏學》卷五否卦按語。
〔四〕楊萬里《誠齋易傳》卷四。

六二：包承，小人吉，大人否，亨。

程子曰：「六二，其質則陰柔，其居則中正。以陰柔小人而言，則方否于下，志所包畜者，在承順乎上以求濟，其否爲身之利，小人之吉也。大人當否，則以道自處，豈肯枉己屈道，承順于上，惟自守其否而已。身之否，乃其道之亨也。」[一]

項氏安世曰：「否之六二，君子自上而包下，小人在下承之，故曰包承；承者，下載上之名也。泰之君子，固爲光大，否之小人，亦足致吉者，以其得中不爲已甚之事也。然而君子當否之時，欲包小人而受其承，非有大人之道者，不能于否中致亨也。」「涅而不緇，磨而不磷，惟大人能之，故曰『大人否亨，不亂羣也』。乃若君子之常道，則爲儉德辟難而已。」[二]

王氏夫之曰：「包承，與九五相應而承之也。大人非必如乾之大人，對小人而言，剛正之君子也。」「否下三陰與上不交，而皆以應言之，蓋聖人贊《易》扶陽抑陰之

[一] 程頤《周易程氏傳》卷一。
[二] 項安世《周易玩辭》卷三。

義，而不欲陰之怙惡以自絶，其旨深矣。」〔一〕

先師黄氏曰：「九五乾天上覆，爲包之象，六二體坤互艮，柔順而止，爲承之象。陰爲小人，陽爲大人。六二，小人中之得正者，故有吉象。大人即九五休否之大人也。」〔二〕

愚按：吉凶者，得失之象，非以禍福言。「小人吉」，以其承順于陽而不消陽也。先儒或謂阿諛而得吉，則是爲小人謀矣。

象曰：「大人否亨」，不亂羣也。

程子曰：「大人于否之時，守其正節，不雜亂于小人之羣類，身雖否而道之亨也，故曰否亨。」〔三〕

姚氏配中曰：「三陰皆欲上承五，五得位不降，二得位不升，故不亂羣。」〔四〕

曹氏元弼曰：「正否之道，小人當承陽，大人則當于包含遍覆之中，慎之以禮，防

〔一〕王夫之《周易内傳》卷一下。
〔二〕黄以周《周易詁訓訂》否六二《象傳》疏。
〔三〕程頤《周易程氏傳》卷一。
〔四〕姚配中《周易姚氏學》卷五否卦按語。

下陵上替之漸，閉塞羣邪，遏絶亂源，乃所以爲亨。象曰『不亂羣也』，否惟二、五得正，動則成未濟。五居正，不亂于羣陰之中，否所以不成未濟而可反泰也。」〔二〕

愚按：大人處否之時，當轉移風氣，而不爲風氣所轉移。苟失足而亂羣，將後悔而無及。是故君子合羣，決不亂于小人之羣。

六三：包羞。

楊氏萬里曰：「小人鋭于初，壯于二，窮于三。羣小用事，三斯盈，盈斯窮矣。九四一陽在外者，將復進矣，六三之勢，安得而不窮？雖然，君子見幾于未窮之先，小人樂禍于已窮之後，包羞忍耻，以苟安富貴而不忍去，不知其位之不當，而身之將危也。思上蔡之犬，悔華亭之鶴而後已。」〔三〕

先師黄氏曰：「包羞，包其知羞也。六三自遯進而爲成卦之主，小人中之渠魁者，按：此即彖之所謂「匪人」。初與二特其脅從之衆耳。初志君，二承君，三見衆之叛已，始含羞而求容。三陽或愛其才而包之。以其爲亂世之奸雄，故可羞；以其爲治世之

〔二〕曹元弼《周易集解補釋》卷四。
〔三〕楊萬里《誠齋易傳》卷四。

能臣，故可包。」[一]

愚按：三居下卦之上，小人而居上位，不勝其任，不當其位也，其形渥矣。

象曰：「包羞」，位不當也。

項氏安世曰：「泰之九三，君子之極盛也，無所復勉，憂之而已。否之六三，小人之極盛也，無所復戒，羞之而已。小人在內，德不當位，反使君子在外而包之，名位愈高，羞辱愈大，故曰『包羞，位不當也』。當否之盛時，小人以爲榮，聖人獨指其本心之辱者以示之，使知榮辱之實，在此而不在彼也。」[二]

九四：有命无咎。疇離祉。

程子曰：「四以陽剛健體，居近君之位，是有濟否之才，而得高位者也，足以輔上濟否。然當君道方否之時，處逼近之地，所惡在居功取忌而已。若能使動必出于君命，威柄一歸于上，則无咎，而其志行矣。能使事皆出于君命，則可以濟時之否，其疇類皆附離其福祉。離，麗也。君子道行，則與其類同進，以濟天下之否，疇離

[一] 黄以周《周易詁訓訂》否六二《象傳》疏。

[二] 項安世《周易玩辭》卷三。

祉也。」[一]

陳氏世鎔曰：「九四乃儉德辟難之君子也。三陰相逼而來，而四首與爲異，中心若稍無主，鮮有不爲小人所餌脅者，故特曉之以命。蓋四已入乾，乾爲命。孔子曰：『公伯寮其如命何？』小人之能禍君子，亦君子命當受禍，命不受禍[二]，小人固無如君子何也。當此羣陰蓊蔚，而四一陽先反，正天命之轉移造化，使否反爲泰也，夫何咎哉！曰『有命无咎』者，所以堅君子之志，亦以折小人之謀也。」「疇、儔通，類也。四之類五、上，四能以命自堅，不但一身俯仰寬閒，陰邪莫害，凡其類之有志匡時者，亦皆倚以爲重，而受其祉矣。」[三]

愚按：此爻先儒皆以應初濟否爲言，惟陳説與「不利君子貞」合、《儒行》篇合。義同而進，不同而退，乃所謂離祉，論得失不論禍福也。

象曰：「有命无咎」，志行也。

愚按：先師黄氏謂：「初稱彙，陰類也；四稱疇，陽類也。遏止陰類，不使上逼，

[一] 程頤《周易程氏傳》卷一。
[二] 「命不受禍」四字原脱，據陳氏文補。
[三] 陳世鎔《周易廓》卷四。

而陽類皆附麗，而蒙其福矣。聖人云否泰反其類，故泰初稱以其彙，否初亦稱以其彙；泰四稱鄰，否四稱疇，泰否之四，爲陰陽消長之機，泰四升陽而能息，否四抑陰而不消。」〔一〕惟在不撓其氣節而已。《孟子》曰：「窮不失義，達不離道。」乃其志也。

九五：休否，大人吉。其亡其亡，繫于苞桑。

荀氏爽曰：「陰欲消陽，由四及五，故曰『其亡其亡』。」「桑者，上元下黄，以象乾坤也。乾職在上，坤體在下，雖欲消乾，繫其本體，不能亡也。」〔二〕

王氏夫之曰：「休，安處也。木叢生曰苞。桑根入土深固，叢生則愈固矣。九五陽剛中正，道隆位定，安處不撓，而又得四上二陽以夾輔之，故時雖否而安處自如，大人鎮靜以消世運之險阻，吉道也。三陰據内以相迫，雖居尊位，權勢不歸，危疑交起，有『其亡其亡』之象焉；而正已擇交，不改其常度。周公居東，止流言之禍而靖國家，用此道也。朱子爲韓侂胄所錮，禍將不測，而靜處講學，終免于禍患。大人雖否，而

〔一〕黄以周《周易詁訓訂》否九四《象傳》疏。
〔二〕李鼎祚《周易集解》卷四引。

亦何不吉之有？」[一]

姚氏配中曰：「陰消由四及五，故曰其亡。其之言彼之所以亡也。『不可不監于有夏，不可不監于有殷』，『其亡其亡』，監其所以亡，而因以自惕也。大人以亡自惕，故存不忘亡，身安而國家可保，是以休否而成既濟也。『繫于苞桑』，言恩澤之在民者固也。否泰之初，皆以拔茅喻者，由此始也。若至否象已成，泰不可保，雖有善者，亦无如之何，此泰上所以『城復于隍』，雖貞亦吝也。聖人于此，有慄慄危懼者焉。《孟子》曰：『生于憂患，死于安樂。』故否卦六爻，較泰爲吉。」[二]

先師黄氏曰：「休否，善絶小人也。其亡其亡，不忘危亂也。國家之安危，視乎用人之得失。九五，不忘危亂，任用九四之賢，同心拒陰，是以治安也。《潛夫論》引此經而釋之云『先亂任賢，身常安而國脈永』是也。苞桑，桑根也。『繫于苞桑』，喻用賢也。《詩》曰：『徹彼桑土，綢繆牖户。』」[三]

愚按：「休否」，先儒多訓爲休美，程子解作休息，謂止否，義可相通。國家繫于

[一] 王夫之《周易内傳》卷一下。
[二] 姚配中《周易姚氏學》卷五否卦按語。按，「故否卦六爻」之「故」，原脱，據姚氏文補。
[三] 黄以周《周易詁訓訂》否九五《象傳》疏。

桑本，猶是漂摇不定之時，未必遂固，戒懼之至也，故曰：「其辭危，危者使平。」〔一〕

象曰：大人之吉，位正當也。

程子曰：「有大人之德，而得至尊之正位，故能休天下之否，是以吉也。无其位，則雖有其道，將何爲乎？故聖人之位，謂之大寶。」〔二〕

曹氏元弼曰：「乾在上，五中正，體乾五大人，德正當其位，故能休否而吉。」〔三〕

上九：傾否，先否後喜。

程子曰：「上九，否之終也。物理極而必反，故泰極則否，否極則泰。上九否既極矣，故否道傾覆而變也。先極，否也；後傾，喜也。否傾則泰矣，後喜也。」〔四〕

陳氏世鎔曰：「傾，覆也。否覆則爲泰，否之終，泰之始也。否本但爲閉塞，未至于傾，而極小人之能，不傾不已，傾則否亦終矣。終則有始，而承其後者，乃得以撥亂

〔一〕《繫辭下傳》第十一章。
〔二〕程頤《周易程氏傳》卷一。
〔三〕曹元弼《周易集解補釋》卷四。
〔四〕程頤《周易程氏傳》卷一。

反治，顯其德業，故曰先否後喜。」[一]

先師黃氏曰：「傾否，傾所否也。先否後喜，否道亨也。爻言傾否，有傾之之義，人力勝也；傳言否終，則傾有自傾之義，夫運轉也。周公以反否之功勖君子，孔子以否終之數戒小人，此聖人扶陽抑陰之道也。『何可長』即釋先後之義。」[二]

愚按：本卦六爻，初與四應，彙、疇皆類也；二與三比，故曰包承、曰包羞；五與上比，故曰休否、曰傾否，章法如此。

象曰：否終則傾，何可長也。

姚氏配中曰：「能自惕則轉否爲泰，不能自惕，則傾在此，而泰在彼。《孟子》曰：『天下之生久矣，一治一亂。』」[三]

陳氏世鎔曰：「『何可長』，所以深警小人也。當其黨惡朋邪，意謂陰柔可以長恃，不知天運循環，无往不復，至于災害並至，善者無如之何，則大命將傾，已亦身受其禍，而富貴寵榮，無一爲其所有。」「警之以『何可長』，乃示小人宜早洗心革面，勿至

[一] 陳世鎔《周易廓》卷四。
[二] 黃以周《周易詁訓訂》否上九《象傳》疏。
[三] 姚配中《周易姚氏學》卷五否卦按語。

身與俱傾，始嘆天命之不佑也。」[一]

愚按：否極之時，小人樂其危而利其災，無所不至，則他人得以傾之，而決不能長久矣。《中庸》曰：「傾者覆之。」

否卦大義

【釋】憂患警惕，志在安仁，則上下相親相和，民心悦服而天下安，此用君子之效。

自古之治亂，視乎上下之志通與不通而已。通則泰，而福祉被於无窮；不通則否，而禍害及於天下，是故否之義由於不交。楊氏萬里曰：「不交者，湮而不流，隔而不達之謂。不交之病，豈一端而已？天不下濟，地不上行，此一不交也。雖然，此天地不交之幽者也。至于澤不下流，情不上通，此一不交也。是已近矣，豈遠乎哉？雖然，此上下不交之外者也。至有一身之中，上炕而陰不泝，下冰而陽不注，此一不交

〔一〕陳世鎔《周易廓》卷四。

也。是已内矣，豈外乎哉？雖然，此一身不交之隱者也。至有耳不交乎目，目不交乎耳者。唐德宗云：『人言盧杞姦邪，朕殊不覺。』耳不達乎目也。秦二世笑趙高以鹿爲馬之誤，而信其言以關東之盜无能爲，目不達乎耳也。一身之中，耳目不交，是愈顯矣，豈隱乎哉？是一身之否也。非一身之否也，一心之否也。一心之天地已否矣，而欲上下之情通，天地之氣交，可乎？否至于此，不可爲矣，此扁鵲望見桓侯而走之時矣。」〔一〕至哉言乎！明萬曆時，天子十九年不見宰相，世界否塞，奄寺橫行，至于子孫殉國，夫婦雉經，上下不通之害如此，吁！可慘矣夫！雖然，治亂之機，根于消息，而消息之機，天與人相應者也。

曹氏元弼曰：「否者，閉塞也。」「以生爻言，坤消乾，由遘而遯而否，陰氣上侵。坤信于內，乾詘于外，故辭稱大往小來。陰消至否，下乾成坤，乾上坤下，二體分絶，是天地不交。陰陽上侵，正天地不交所致。否，七月卦。方正月泰時，天氣下降，地氣上躋，天地同和，陽氣日息，至四月而純乾。迨五月陰始動地中，與陽相遇，所謂履霜最先，井底寒泉。六月陰漸長而陽始退，然下體猶有陽。至七月陰出地上，天陽去

〔一〕楊萬里《誠齋易傳》卷四。

地日遠，地上陽氣，亦漸消入中宮，陰氣用事，凝戾肅殺，涼風至，白露降，草木日以萎落，是大往小來之象。」「天道人事，其理一貫。大往小來，陽詘外，陰信內，其極至消觀窮剥入坤，此否成未濟之事，剥所謂蔑貞凶也。」〔一〕嗚呼！君子觀於此，可以知天人消息之微矣。

文治俯仰世變而嘆曰：嗚呼！君子小人之辨，其可忽乎哉？觀否卦文王之彖，周公之爻，孔子之傳，于君子小人之界，可謂嚴矣。文王曰「不利君子貞」，惟其不利而君子乃愈貞也，所以勉君子者至矣。孔子曰：「小人道長，君子道消。」又曰：「君子以儉德辟難。」夫辟難必以儉德者，何也？蓋惟能忍天下不可忍之窮，乃能辟天下不可辟之難也。然而周公之爻辭若較遯之爻辭爲吉者，何也？所以扶陽抑陰，進君子而斥小人也。初爻曰：「拔茅茹，以其彙，貞吉。」泰之拔茅〔二〕，拔而進也；否之拔茅，拔而退也。見幾而作，儉德辟難，所謂貞也。身在江湖，心存魏闕，志在君也。二爻曰：「包承，小人吉，大人否，亨。」非爲小人謀也，陽包陰而陰承於陽則吉，猶遯之

〔一〕曹元弼《周易集解補釋》卷四。
〔二〕泰初九爻辭云：「拔茅茹，以其彙，征吉。」

畜臣妾吉也〔一〕。《孟子》曰：「有大人之事。」〔二〕世道否塞，齊物之説興，尊卑無別，上下無等，亂羣之時也。「大人否亨」而不亂羣，庶幾撥亂世而反諸正乎？夫否之所以消乾者，三爻爲之也。包羞者，或曰以陽包陰，或曰以陰包陽。由前之説，猶畜臣妾之義也；由後之説，小人竊附于士林也。按：比卦曰「比之匪人」〔三〕，不亦傷乎？

歐陽氏修有鑑于五代之亂，曰：「與其食人之禄，俛首而包羞，孰若無愧于心，放身而自得？」〔四〕則包羞爲寡廉鮮耻、夤緣朋比可知。此其所以成消陽之禍，而君子被其毒矣。四爻之「有命无咎，疇離祉」，猶泰四之「翩翩，不富以其鄰」也〔五〕。泰四失實而爲虚，否四轉危而爲安。疇者，類也。君子窮通出處，無時不與其類共之；盛衰治亂，無時不以其類占之。《禮記·儒行》篇所謂「合志同方，營道同術」，同而進，不同而退。其諸「反其類」而轉否爲泰之機乎？

〔一〕遯九三爻辭云：「係遯，有疾厲，畜臣妾，吉。」
〔二〕《孟子·滕文公上》。
〔三〕比六三爻辭。
〔四〕歐陽修《新五代史·一行傳》。
〔五〕泰六四爻辭。

李氏光地曰：「否之五即泰之二也。泰之二，制治于未亂，保邦于未危者也。否之五，安而不忘危，治而不忘亂者也。大抵治生于天，亂生于人。生于天而以人承之，故可以迎之先而保之長；生于人而以人制之，故可以遏之豫而返之速。」〔一〕

「繫于苞桑」，喻民心之堅固，在上者有以維繫之，《禮記》所謂「君以民存，亦以民亡」〔二〕，《孟子》所謂「桀紂之失其民，失其心也」〔三〕。傾否承休否而言。休者，息止之謂。傾者，傾覆之謂。惟休之而後能傾之，所以「先否後喜」，此大人撥亂反正之道，否之所以不能長也。綜觀六爻之義，皆指用人而言，文、周、孔之意，豈非一以貫之哉？夫人之生，性相近而習相遠，雖下愚亦不過凡人而已。其過也則流而爲小人，其

〔一〕李光地《周易觀彖》卷三原文云：「蓋泰之三，所謂制治未亂，保邦未危也，當其未形而知其必至也。否之五，所謂安不忘危，治不忘亂也。去之未遠而慮其踵至也。然泰至上而猶告命，否至五而遂休，何也？曰：此聖人之情所以見乎辭也。治則欲其常存，亂則欲其亟返。雖然，苟無此理，聖人亦安能以意爲之哉！大抵治生于天，亂生于人，生于天而以人承之，故可以迎之先而保之長，生于人而以人制之，故可以過之豫而返之速。」

〔二〕《禮記·緇衣》。

〔三〕《孟子·離婁上》云：「桀紂之失天下也，失其民也；失其民者，失其心也。」

惡也更流而爲匪人。匪人，内柔而外剛者也，孔子曰：「色厲而内荏，猶穿窬之盜。」〔一〕「鄙夫可與事君也與哉！」〔二〕患得患失，無所不至。鄙夫者，由小人而爲匪人者也。偶一親之，則安其危而利其災，樂其所以亡者。李斯、趙高、王倫、秦檜、孫近之徒，不過包羞患失而已，可不懼哉？諸葛武侯曰：「親賢臣，遠小人，此先漢所以興隆也；親小人，遠賢臣，此後漢所以傾頹也。」〔三〕自古國家存亡，皆係于君子、小人之消長。用君子則國未有不治者，用小人則國未有不亡者。

觀䷓ 坤下巽上

按：觀由坎變，十二辟卦由否進，與大壯旁通。乾宫四世卦。《釋文》云：「觀，官喚反，示也。」〔四〕

〔一〕《論語·陽貨》載孔子曰：「色厲而内荏，譬諸小人，其猶穿窬之盜也與？」
〔二〕《論語·陽貨》。
〔三〕陳壽《三國志·蜀書五·諸葛亮傳》。
〔四〕陸德明《經典釋文·周易音義》。

觀：盥而不薦，有孚顒若。

鄭氏康成曰：「諸侯貢士于天子，卿大夫貢士于其君，必以禮賓之。惟主人盥而獻賓，賓盥而酢主人。設薦俎，則弟子也。」〔一〕

先師黄氏曰：「盥與灌、祼通用，謂沃酒也。薦，進也，謂進俎也。有孚謂五，四爲賓，五爲主人。主人盥酒獻賓，不親薦俎，誠意足以相孚。而在下之賓，觀感而化，不敢進剥也。」「鄭君本《儀禮·鄉飲酒禮》以解此經，讀者可以無疑矣。後儒以《論語》『禘自既灌而往，吾不欲觀』之説釋之，謬甚。」〔二〕

曹氏元弼曰：「盥，所以爲觀于下也。不薦，不親薦，下觀而爲之也。孚，信，陽在五稱孚。五坎爻，上之三，五又體坎爲孚。五德孚於下，所以化也。顒顒，君德齋莊敬順，著于威儀，下所觀也。若，辭也。廟中者，境内之象，人君盥以灌鬯，盥以匕牲，齋莊中正之德，誠中形外，不必事事親爲。而卿大夫以下觀感興起，各揚其職，駿

〔一〕張惠言訂正《周易鄭注》卷四。

〔二〕黄以周《周易詁訓訂》觀卦《彖傳》疏。

奔走，薦牲體，咸孚于其德容之誠敬。象曰『下觀而化』，孚故化也。」〔一〕

愚按：觀如字讀者，《禮記》所謂「吾觀于鄉，而知王道之易易」〔二〕也；音官喚反者，《禮記》「仲尼與于蜡賓，出遊于觀之上」是也〔三〕。據卦爻辭與《彖》《象傳》義，皆當如字讀。按：四爻「利用賓于王」，象曰：「尚賓也。」觀之彖辭，當爲諸侯臣賓于天子之象，是以《象傳》曰：「下觀而化。」蓋文王欲以孝治天下，即使天下之人齋明盛服，以承祭祀，《禮記》所謂「祀乎明堂，而民知孝」也〔四〕。不薦，以曹氏說爲善。《論語》「禘既灌而往」〔五〕，原指魯禘而言，後儒謂盥則誠意方專，薦則誠意已散，豈古人祭祀，皆係如此〔六〕？其說實不可通。乃王肅本並作「觀盥而不觀薦」〔七〕，詭增經文，

〔一〕曹元弼《周易集解補釋》卷五。

〔二〕《禮記·鄉飲酒義》。

〔三〕《禮記·禮運》。

〔四〕《禮記·樂記》。

〔五〕《論語·八佾》載：「子曰：『禘自既灌而往者，吾不欲觀之矣。』」

〔六〕項安世《周易玩辭》卷四釋觀盥而不薦云：「先儒謂盥則誠意方專，薦則誠意已散，盥而不薦，謂專而不散，非也。仁人孝子之奉祀也，豈皆至薦則誠散乎？此但以盥而不薦象恭己而无爲爾，非重盥而輕薦也。」

〔七〕陸德明《經典釋文·周易音義》引王肅本作「而觀薦」。

尤謬。

象曰：大觀在上，順而巽，中正以觀天下。

陳氏世鎔曰：「王者首出庶物，山龍藻火，采齊肆夏，本天下所仰觀，故曰『大觀在上』。卦體内順外巽，九五居中履正，不顯篤恭，天下則而象之，故曰：『中正以觀天下。』」[一]

曹氏元弼曰：「禮者，天下之中正。觀莫大于禮，禮莫重于祭。聖人專致其精明之德，以報本反始，而天下之人惻然，自動其仁孝忠敬之心，此大中至正之道，觀民設教之本。」[二]

愚按：此以武王之事釋文王之彖辭也。五居中正，受命稱王，故特稱曰大觀。觀天下，即觀民也。

觀。「盥而不薦，有孚顒若」，下觀而化也。

虞氏翻曰：「巽爲進退，容止可觀，進退可度，則下觀其德而順其化。上之三，五

[一] 陳世鎔《周易廓》卷六。按，「以觀天下」，「觀」後原衍「於」字，據陳氏文删。

[二] 曹元弼《周易集解補釋》卷五。

在坎中，故『有孚顒若，下觀而化』。《詩》曰『顒顒卬卬，如珪如璋』，君德之義也。」〔一〕

陳氏世鎔曰：「王道可觀，尤莫如祭。『盥而不薦，有孚顒若』，謂王者合萬國之歡心，以事其先王，不待薦腥薦孰，始達馨香。當祼初鬱人沃盥，而誠意積中，德容形外，已儼若先王之陟降在庭，而臣庶仰觀，亦真若天子穆穆，與先王對越也，故曰『下觀而化』。」〔二〕

觀天之神道，而四時不忒。聖人以神道設教，而天下服矣。

項氏安世曰：「神道者，形容觀字也。凡有言者，有事者，皆以迹治，未可以爲神也。觀則不言不動，相觀而自化，此以爲神也。不察者以爲别有神道，是不達觀義也。天不言而四時自不忒，此天之神道也；聖人恭己無爲，而天下服其至教，此聖人之神道也。記曰：『天道至教，聖人至德。』味此二言，可以知觀道之神矣。」〔三〕

曹氏元弼曰：「鬼神無形，然日月運行而四時成，則有目所共見。觀天之神道，而鬼神祇之理可知矣。故聖人因之以教民報本反始，追養繼孝，故曰『仰以觀于天

〔一〕李鼎祚《周易集解》卷五引。
〔二〕陳世鎔《周易廓》卷六。
〔三〕項安世《周易玩辭》卷四觀神道。

文』『知幽明之故』，又曰『夫微之顯，誠不可揜』，此理之至實，夫人而可知者也。」「萬物本乎天，人本乎祖。聖人因天垂象以設教，而人皆知反本復始，興孝興仁，無敢逆天道，悖人倫，故天下服，此觀所以取象于祭也。」〔一〕

愚按：《禮記·孔子閒居》篇曰：「天有四時，春秋冬夏，風雨霜露，無非教也。地載神氣，神氣風霆，風霆流形，庶物露生，無非教也。」天道至教，在于無形。聖人法天，立天下之大本，以孝治天下。《詩》曰「惠于宗公，神罔時怨，神罔時恫」〔二〕，神道設教也；又曰「自西自東，自南自北，無思不服」〔三〕，天下服也。

象曰：風行地上，觀。先王以省方觀民設教。

王氏夫之曰：「居上察下曰省。坤爲地；方者，地之方所。陽君，陰民。觀民設教者，觀五方之風氣而調治之，使率彝倫之教也。風行天上，君以建中和之極，而開風化之原；風行地上，君以因風俗之偏，而設在寬之教。」〔四〕

〔一〕曹元弼《周易集解補釋》卷五。
〔二〕《詩·大雅·思齊》。按，「時怨」「時恫」之「時」，原作「是」，據《詩》改。
〔三〕《詩·大雅·文王有聲》。
〔四〕王夫之《周易内傳》卷一下。

先師黄氏曰：「風自天降，而地上之物莫不順之而化，觀感之象也。先王用之，巡省四方，觀民俗，設教化。民，坤之衆象；教，巽之風象。觀，自上觀下也；設，使下觀上也。」〔一〕

愚按：文王之教，江漢汝墳，皆被其化，故稱先王。《禮記》：「大師陳詩，以觀民風。」〔二〕蓋《國風》之詩所自始也。

初六：童觀。小人无咎，君子吝。

王氏夫之曰：「仰而視之曰觀。觀之爲卦，與大壯相錯，蓋陰長消陽之卦。《易》於遯否，已爲陽憂之。至於觀而謂四陰之仰觀者，以天位未去，幸羣陰之猶有所推戴，而獎之以瞻仰乎陽，聖人之情也。以仰觀推戴爲義，故近陽者得，遠陽者失，許其相親，而不惡其相迫。童觀者，所見者小也。初六柔弱，安於卑疏，大觀在上，而不能近之。此小人怙其便安之習，守其鄙瑣之識也。」「夫小人終身於咎過之塗，可吉可

〔一〕黄以周《周易詁訓訂》觀卦《象傳》疏。
〔二〕《禮記・王制》。按，「禮記」，原誤作「周禮」。

利，而無所往而非咎，故言无咎者，其自謂然也。《易》不爲小人謀。」〔一〕

愚按：童觀者，以小人之腹，度君子之心也。自以爲无咎，又將誰咎？而君子則蒙其讒詬矣，所謂「或害之，悔且吝」〔二〕是也。此爲崇侯讒文王之象。

象曰：「初六童觀」，小人道也。

王氏夫之曰：「古之戒冠者曰：『棄爾幼志。』欲爲君子，莫如棄幼志之爲切也。而天下之能棄幼志以從遠大之觀者，鮮矣！」〔三〕

愚按：《左傳》載魯昭公十九年「猶有童心」〔四〕，至於失國。亂世之事，皆屬兒戲，商紂所以亡國，哀哉！

六二：闚觀，利女貞。

愚按：闚觀、女貞，以順爲正也。女不踰閾，婦無公事不干外政，其貞也。二居陰位，觀内卦爲坤，故爲女象。有覬覦之心，消害之意，闚而失貞，觀將受其剥矣。此

〔一〕王夫之《周易内傳》卷二上。
〔二〕《易·繫辭下傳》第十二章。
〔三〕王夫之《周易内傳》卷二上。
〔四〕《左傳·襄公三十一年》云：「于是昭公十九年矣，猶有童心，君子是以知其不能終也。」

文王囚羑里，妲己從而媒孽之也。

象曰：「闚觀女貞」，亦可醜也。

愚按：《左傳》載晉郤克聘于齊，婦人笑于房，郤克怒而伐齊，齊師大敗，請和，郤克欲以蕭同叔子爲質。闚觀之禍，於斯爲極，其爲國醜大矣。〔一〕

六三：觀我生，進退。

愚按：「觀我生」，觀民也。巽「爲進退，爲不果」〔二〕，我謂五，卦主稱我，五下觀三也。生，民也，重言之曰生民、民生，單言之曰民、曰生。此武王觀兵孟津之象，不期而會八百諸侯，猶以爲未可，蓋觀民心之向背，尚不果於進也。

象曰：「觀我生進退」，未失道也。

愚按：紂去武丁未久，故家遺俗，流風善政，猶有存者。三仁尚未去殷，紂惡未

〔一〕《左傳・宣公十七年》載：「十七年，春，晉侯使郤克徵會于齊，齊頃公帷婦人使觀之。郤子登，婦人笑于房。獻子怒，出而誓曰：『所不此報，無能涉河。』」又《左傳・成公二年》：「晉師從齊師，入自丘，輿擊馬陘，齊侯使賓媚人，賂以紀甗，玉磬，與地。不可，則聽客之所爲。賓媚人致賂，晉人不可，曰：『必以蕭同叔子爲質，而使齊之封內，盡東其畝。』」

〔二〕《說卦傳》。

稔，猶冀其悔悟，是以武王進退不果，因殷之未失道也。

六四：觀國之光，利用賓于王。

先師黄氏曰：「觀國之光，觀君德也。賓于王，感而化也。觀之立極在九五，而轉機在六四。四爲衆陰之倡，近逼乎五，幸而國有孚光，觀感而化，雖有叛主不臣之心，轉而爲賓于王，而衆陰亦不敢遽進而退矣。坤爲國，互艮有光象。乾爲賓，尚其用賓，望其復爲乾也。五立主極，四其有轉而賓王之機乎？此所以復前日之否道、而止後日之剥運也。」〔一〕

曹氏元弼曰：「《孝經》説『周公郊祀后稷以配天，宗祀文王於明堂以配上帝』。大孝尊親，光於四海，是觀光之最大者。四海之内各以其職來祭，是『利用賓于王』。王謂五。傳稱『庭實旅百，奉之以玉帛，天地之美具焉』者是也。」「《易》以陽爲主，陰爲客。陽以主而爲賓，則消象不利；陰以臣而爲賓，則承陽而利。」〔二〕

〔一〕黄以周《周易詁訓訂》觀卦《象傳》疏。
〔二〕曹元弼《周易集解補釋》卷五。

愚按：此《文王》詩所謂「殷士膚敏，裸將于京」〔一〕、《有客》詩「微子來見祖廟」之象〔二〕，《載見》詩所謂「休有烈光」〔三〕，即「國之光」也。以先朝之遺民而爲賓於王，殷士之利也；以開國之王而敬禮先朝之賓，周室之利也。而此爻則以陰承陽爲主。

象曰：「觀國之光」，尚賓也。

曹氏元弼曰：「古尚、上字通，言上賓於王庭，親承九五，近天子之光。陰承陽之義，莫大於是。」〔四〕

九五：觀我生，君子无咎。

象曰：「觀我生」，觀民也。

項氏安世曰：「九五觀我生，以爲休咎之決。民向之，則我爲君子；民背之，則我非君子也。故曰『觀我生，觀民也』，民即在下之衆陰也。」「凡論全卦之義，皆以主爻爲我。蒙以九二爲主，故彖辭稱我者九二也；小畜以六四爲主，故彖辭稱我者六

〔一〕《詩·大雅·文王》。
〔二〕《詩·周頌·有客》。
〔三〕《詩·周頌·載見》。
〔四〕曹元弼《周易集解補釋》卷五。

四也；觀以九五爲主，六三所稱之我即九五也；頤以上九爲主，初九所稱之我即上九也；小過以六五爲我；中孚以六二爲我；皆統言一卦之義者也。獨需三、解三、鼎二、旅四，自以本爻之吉凶而稱我，非一卦之事也。」〔一〕

愚按：五爻《象傳》之「觀民」，與大象傳之觀民不同。《大象》之觀民，謂觀民風；五爻《象傳》之觀民，謂觀民志之從違，此武王伐紂順天應人之象。陽爲君子，指武王也。《泰誓》曰：「天視自我民視，天聽自我民聽。」〔二〕所以觀民心也。《孟子》引武王曰：「毋畏，寧爾也，非敵百姓也。」〔三〕又曰：「綏厥士女，篚厥玄黃。」〔四〕救民于水火之中，是以无咎，言無慚德也。自古未有不順民心而得无咎者也。

上九：觀其生，君子无咎。

象曰：「觀其生」，志未平也。

愚按：此爲成王命周公東征之象。三五言「觀我生」，觀周民也。猶小畜卦言「自我

〔一〕項安世《周易玩辭·觀》卷四。

〔二〕《尚書·泰誓》。

〔三〕《孟子·盡心下》。

〔四〕《孟子·滕文公下》引《周書·武成》篇載武王之言。

西郊」。此言「觀其生」，觀殷民也。殷民當紂之時，倒戈相向，已而爲武庚、管、蔡所煽惑，則又叛周。《書·大誥》曰：「民不康，曰予復，反鄙我周邦。」〔一〕一反一覆，故曰「志未平」。成王命周公征之，罪人斯得，厥後經營洛邑，四方民大和會，可謂「君子无咎」矣。此君子當指成王言也。本卦六爻之義：初二兩爻相比，爲小人、女子之象；三居下卦之上，故其觀得正；四先承陽，故得利；五上兩爻相比，故皆稱君子。章法如此。《易》之爲道屢遷，不必泥消陽爲説。

觀卦大義

【釋】鑑往知來，志尚光大，通觀人己與時局，洞悉紛亂根源，開誠佈公，以和民情、順民心。

《朱子語類》：「問：『觀卦陰盛而不言凶咎，何也？』曰：『此卦取義不同。蓋陰

〔一〕《尚書·大誥》。

雖盛於下，而九五之君乃當正位，故祇取爲觀於下之義，而不取陰盛之象也。』」〔一〕文治謹按：朱子之説以爲此卦取義不同，深有所見。以十二卦消息次序言之，由姤而遯、而否、而觀、而剥、而坤，否消乾之三陽，觀消乾之四陽，觀凶於否而反不言凶咎者，《易》之爲書，變動不居，知以藏往，聖人蓋藏已往之事於其中，其旨遠，其辭微，其言曲而中，其事肆而隱。此卦本文王教孝之大原，而周公、孔子釋之，則知殷之所以亡，周之所以興，彰往而察來，可謂千古有國者之鑑，不必拘消息以論之也。

《繫辭傳》曰：「《易》之興也，其當殷之末世，周之盛德邪？當文王與紂之事邪？」〔二〕文治嘗即其義而求之：如坤之履霜、黄裳〔三〕，文王之事也。小畜之「自我西郊」〔四〕，西岐之事也。「履虎尾，不咥人」〔五〕，羑里之事也。蠱初爻「幹父之蠱」，武王之事也。上爻「不事王侯」，夷、齊之事也。明夷「利艱貞」〔六〕，箕子之事也。而觀卦之

〔一〕《朱子語類》卷七〇。按，「何也」二字原脱，據《朱子語類》補。
〔二〕《易繫辭下》第十一章。
〔三〕坤初六與六五爻辭。
〔四〕小畜彖辭。
〔五〕履卦彖辭。
〔六〕明夷卦彖辭。

義爲尤隱。「盥而不薦，有孚顒若」，事死如事生，事亡如事存，孝之至也，所以補寢門問安之缺憾也。《彖傳》曰「大觀在上，順而巽」，則有事君之小心矣；「中正以觀天下」，則有庇民之大德矣，非文、武其孰能當之？「下觀而化」，《詩》所謂「儀刑文王，萬邦作孚」也[一]；「四時不忒」，《詩》所謂「春秋匪解，亨祀不忒」也[二]；「聖人以神道設教而天下服」，《大象傳》亦曰「省方觀民設教」，教者何？教孝也。孝弟之至，通於神明，光於四海，無思不服，此之謂也。

初爻童觀，謂紂之童昏也；小人謂崇侯、飛廉、惡來之屬；君子謂文王也。小人得无咎，則君子吝矣。《詩·抑》之篇曰：「彼童而角，實虹小子。」《毛傳》：「童，羊之無角者也。而角，自用也。虹，潰也。」《箋》云：「童羊譬皇后也；而角者，喻與政事有所害也。」[三]此所謂童觀也。二爻「闚觀」，謂妲己也。睽卦之「遇主于巷」[四]，先儒亦謂指妲己言。小人、女子，竊觀國政，擾亂之禍，自此始矣。三爻「觀我生進退」，五

[一]《詩·大雅·文王》句。
[二]《詩·魯頌·閟宮》句。
[三]孔穎達《毛詩正義·大雅·抑》。
[四]《易》睽九二爻辭。

觀三也。「大觀在上」，視民心爲進退，或躍在淵，進退無恒，謂武王也。四爻「觀國之光」，謂微、箕也。武王訪政于箕子，而箕子陳《洪範》九疇，以近天子之光，尚賓也。微子抱祭器，行遯荒野，至三監武庚既平，始來見祖廟，《周頌・有客》之詩所由作也，「尚賓」也。推及于「商之孫子」，皆謂之賓。五爻「觀我生，君子无咎」，武王中正以觀天下也。生者，民也，殷人稱民爲生，《書・盤庚》篇所謂「往哉生生」「生生自庸」是也。《孟子》曰：「得天下有道，得其民，斯得天下矣。得其民有道，得其心，斯得民矣。」〔一〕觀民者，察民之心也。簞食壺漿，以迎王師，民心大可見矣。上爻「觀其生，君子无咎」，謂成王也。「觀其生」謂觀殷民。其時頑民未靖，蠢然羣動，故曰志未平也。先儒解此卦者，於「我生」「其生」，漫然無別，於「未失道」「志未平」之義亦不可通，而於「大觀在上」無事實可據，恐皆未然。或曰：「觀爲乾宮四世卦，如上所言，何以合於消息之旨乎？」曰：初、二兩爻，乃消陽之最甚者；三、四兩爻，皆與五相承，而五之大觀，則抑陰之進，而使之不爲剥者也。消息變化，亦豈有一定哉？吾於是徵之《尚書》學與《孝經》學。

〔一〕《孟子・離婁上》。

《孝經》曰：「昔者周公郊祀后稷以配天，宗祀文王於明堂以配上帝，是以四海之內，各以其職來祭。」〔一〕阮氏元曰：宗祀之宗，見于《召誥》《洛誥》《多士》三篇蓋周初滅紂之後，殷士未服者多，於是周公與召公謀，就洛營建新邑，洪大誥治，庶幾各諸侯及商子孫殷士皆來和會。乃伻告成王，成王命周公行宗禮。幸而四海諸侯殷士皆來爲臣助祭多遜。成王始來洛邑，冬祭文王、武王，又入明堂太室祼，王賓亦咸格，使人共見無疑。〔二〕云云。凡此皆周公行宗禮而殷士用賓于王之事也。

吾于是又徵之《詩經》學。《文王》之詩曰：「商之孫子，其麗不億。上帝既命，侯于周服。」「殷士膚敏，祼將于京。」〔三〕《載見》之詩曰：「載見辟王，曰求厥章。」〔四〕《振鷺》之詩曰：「振鷺于飛，于彼西雝。我客戾止，亦有斯容。」〔五〕或來助祭，或求制度文章，皆所謂「觀國之光，利用賓于王」也。

〔一〕《孝經·聖德章》。

〔二〕阮元《揅經室續集》卷一。

〔三〕《詩·大雅·文王》。

〔四〕《詩·周頌·載見》。

〔五〕《詩·周頌·振鷺》。

吾於是徵之《中庸》學與《孟子》學。《中庸》言祭祀之禮曰：「洋洋乎如在其上，如在其左右。」「夫微之顯，誠之不可揜如此夫！」又曰：「武王、周公，其達孝矣乎！」「明乎郊社之禮，禘嘗之義，治國其如示諸掌乎！」皆所謂「有孚顒若，下觀而化」也。《孟子》引《泰誓》曰：「天視自我民視，天聽自我民聽。」〔一〕「取之而民悦，則取之，古之人有行之者，武王是也。」〔二〕所謂「觀我生，觀民也」。

吾於是又徵之本經。既濟之五爻曰：「東鄰殺牛，不如西郊之禴祭，實受其福。」解者曰：東鄰，紂也；西鄰，武王也。「實受其福」，以神道設教而天下服也。既濟六爻當位，五爻爲主，取祭祀之象，蓋文王、武王以孝治天下，證諸觀卦、既濟卦而益信。

吾於是知觀卦本爲上下觀感之義，推而論之，則爲千古之殷鑑，所以觀興亡治亂之大原也。大畜四爻曰：「童牛之牿，元吉。」童牛加以牿者，馴其性也。「於乎小子，未知臧否」，「興迷亂于政，顛覆厥德」〔三〕，以民命爲兒戲，國焉有不亡者哉？「童觀」

〔一〕《孟子·離婁上》。

〔二〕《孟子·梁惠王下》云：「取之而燕民悦，則取之。古之人有行之者，武王是也。取之而燕民不悦，則勿取。古之人有行之者，文王是也。」

〔三〕《詩·大雅·抑》。

之禍也！「惟女子與小人爲難養也」〔一〕，女禍亟矣，「闕觀」之害也，豈惟妲己哉！夏之亡也以妹喜，周之滅也以褒姒，三代盛矣，而皆湛于女禍。漢幾傾於吕雉，卒覆於元后。唐幾滅於武曌，卒亂於楊妃。漢唐盛矣，而皆敗於女禍。嗚呼！殷鑑固不遠矣！

「觀我生進退」，非特武王；湯集民衆，詢夏桀之罪，觀民心之向背也；知民欲與桀偕亡，則不得已而進矣。「唯其言而莫予違」者〔二〕，「訑訑之聲音顔色」〔三〕，氣燄「不可嚮邇」〔四〕，庸詎知觀我生者已在其後乎？周以賓禮待殷士，而猶謙言「大邦殷」〔五〕，「小邦周」，見《尚書》〔六〕。可謂至德也已。然觀四爻之象，轉移無定。上而有道，則爲臣附；上而無道，則如齊桓公極盛之時。陳敬仲已占得此爻，其後陳氏得

〔一〕《論語・陽貨》。
〔二〕《論語・子路》。
〔三〕《孟子・告子下》。
〔四〕《尚書・盤庚上》。
〔五〕《尚書・召誥》《康王之誥》。
〔六〕《尚書・大誥》。

國，而齊失國，陽不能息，而陰消之也〔一〕。文王之觀民也如傷，是以不遑暇食，用和萬民。武王之觀民也，曰：「惟天陰騭下民，相協厥居，我不知其彝倫攸叙。」〔二〕周初開國承家，愛誠民如子，故能奠八百載之基業。自古聖王，未有不順民之好惡以爲好惡者也。

君以民存，亦以民亡。民心難得而易失，民情至愚而難欺，可畏哉〔三〕！周公夾輔成王，拮据卒瘏，作《鴟鴞》之詩曰：「今女下民，或敢侮予。」〔四〕下民者，其生也，志未平也。厥後助王宅天命，作新民，作《康誥》曰「用保乂民」，又曰「惟民其康乂」。蓋至是而民志之不平者平，其生皆我生，而天下太平，豈不休哉？吾故曰：觀卦爲千古之殷鑑，所以觀興亡治亂之大原也。

〔一〕《史記·陳杞世家》曰：「齊懿仲欲妻陳敬仲，卜之，占曰：『是謂鳳皇于飛，和鳴鏘鏘。有嬀之後，將育于姜。五世其昌，并于正卿。八世之後，莫之與京。』」
〔二〕《尚書·洪範》。
〔三〕此致慨於晚清之鼎革。
〔四〕《詩·豳風·鴟鴞》。

剥 ䷖ 坤下艮上

按：坤五陰消乾爲剥，十二辟卦由觀進，與夬旁通。乾宫五世卦。《釋文》云：「剥，邦角反。彖云：『剥，剥也。』馬云：『落也。』《説文》云：『裂也。』」〔一〕

剥：不利有攸往。

虞氏翻曰：「陰消乾也，與夬旁通。以柔變剛，小人道長。子弑其父，臣弑其君，故『不利有攸往』也。」〔二〕

程子曰：「剥者，羣陰長盛，消剥於陽之時。衆小人剥喪於君子，故君子不利有所往，惟當巽言晦迹，隨時消息，以免小人之害也。」〔三〕

曹氏元弼曰：「剥，」「陽爲君子，陰爲小人。陰消至五，小人方長，君子持危扶

〔一〕陸德明《經典釋文·周易音義》。
〔二〕李鼎祚《周易集解》卷六引。
〔三〕程頤《周易程氏傳》卷二。

顛，當靜以鎮之，若失位妄動，則禍至無日，爻變入陰矣。」「虞於陰消卦皆以弒父、弒君言者，蓋陽爲生，陰爲殺。『天地之大德曰生』，聖人所以生天下萬世之人，而止其相殺者在人倫。君臣父子，生人之大本。小人道長，惡積罪大，至於弒父與君，則生生之理絶，而人類相殺之禍不忍言矣。」「君子觀天行之剥復，以知世運之剥復，明政刑，正名分，厚德澤，遏絶天下之殺機而遂其生理，是以無亂不治，雖剥必復，所謂贊天地之化育也。」〔一〕

彖曰：剥，剥也，柔變剛也。「不利有攸往」，小人長也。

鄭氏康成曰：「陰氣侵陽，上至于五，萬物零落，故謂之剥也。五陰一陽，小人極盛，君子不可有所之，故『不利有攸往』也。」〔二〕

愚按：《易傳》有以疊韵字爲訓者，如乾健、坤順之類是；有以孳生之字訓本字者，如咸感、夬決、兑説之類是；有即以本字訓本字者，如「剥，剥也」是。

〔一〕曹元弼《周易集解補釋》卷五。
〔二〕張惠言訂正《周易鄭注》卷三。

順而止之，觀象也。君子尚消息盈虛，天行也。

虞氏翻曰：「坤順艮止。謂五消觀成剥，故觀象也。乾爲君子，乾息爲盈，坤消爲虛，故『君子尚消息盈虛』。天行也，則『出入無疾，反復其道』。《易》，虧巽消艮，出震息兑，盈乾虛坤，故於是見之耳。」〔一〕

楊氏萬里曰：「坤順艮止，止亂以順，止小人亦以順。」「順而止之，非逆而激之，此君子治剥之道也。然天亦豈忍天下之久剥乎？五陽消矣，消極必息；五陰盈矣，盈極必虛。故剥極而七日來復，是以君子尚之也，於是乎知有天道。」〔二〕

曹氏元弼曰：「剥時上不可往，惟順理勢而鎮之以静，以止小人之剥，使有所畏憚而不敢更肆其逆，則大厦尚有可支之勢，而天下亦未絶其望治之心，小人或因此悔禍，故五變可復成觀，是觀象也。」「尚，尊尚也。消息盈虛，乾陽之出入……君子時中，所以體天行也。能消者息，必專者敗。當剥之時，順而止之，以維國家之危，君子知勢之無可强也。碩果不食，以待天下之清，君子知理之不可易也。與時消息之義，

〔一〕 李鼎祚《周易集解》卷六引。
〔二〕 楊萬里《誠齋易傳》卷七。按，「知有天道」之「有」原脱，據楊氏文補。

莫大乎是。」〔一〕

象曰：山附于地，剥。上以厚下安宅。

程子曰：「山高起於地，而反附著於地，圮剥之象也。上，謂人君與居人上者，觀剥之象，而厚固其下，以安其居也。下者，上之本，未有基本固而能剥者也。故上之剥必自下，下剥則上危矣。爲人上者知理之如是，則安養人民以厚其本，乃所以安其居也。」〔二〕

姚氏配中曰：「附，《説文》曰：『附婁，小山也。』陰長剥陽，上餘碩果，一陽僅存。坤地至五，艮不足稱山也，故附於地，剥使之然。陽極於上，故特言上，六十四卦惟此耳。坤爲厚、爲安，艮爲宅，坤體在下，故厚下。上九剥廬，其宅不安，窮上反下，艮宅居坤位，故安宅。魏文侯曰：『下不安者，上不可居也。』」〔三〕

陳氏世鎔曰：「山與地相附，地圮則山亦崩，是剥即在于相附；山剥地，地亦剥山矣。上與下相依，下傾則上亦覆，是剥即在于相依；上剥下，下亦剥上矣。故觀于

〔一〕曹元弼《周易集解補釋》卷五。
〔二〕程頤《周易程氏傳》卷二。
〔三〕姚配中《周易姚氏學》卷七剥卦按語。

山附于地而爲剥，則知剥民之適以自剥。上而不思厚下也，獨不思自求其安哉？」[一]

愚按：剥之義與夬不同。剥者其勢漸，陰柔使然，小人之剥君子也。夬者其勢驟，陽剛使然，君子之決小人也。剥之爲義，皆由下起，故在上之人豐厚其下，而後宅不被剥。厚下坤象，安宅艮象。項氏安世謂：「卦有吉凶善惡，而大象無不善者，蓋天下所有之理，君子皆當象之。遇卦之凶者，既不可象之，以爲凶德，則必於凶之中，别取其吉以爲象焉，剥與明夷是也。」[二]

竊謂聖人非必欲於凶中取吉，惟處凶卦之象，必求所以補救之法耳。當剥之時，小民受剥削甚矣，救之之道，要在於行仁政。《孟子》曰：「仁，人之安宅也。」[三]上行仁則天下歸仁，而各安其宅。聖人以天下爲一家，即以天下爲安宅也。宅、廬、牀，皆取剥之象形。

初六：剥牀以足，蔑貞凶。

虞氏翻曰：「此卦坤變乾也。動初成巽，巽木爲牀，復震在下爲足，故剥牀以足。

[一] 陳世鎔《周易廓》卷七。
[二] 項安世《周易玩辭》卷五剥彖象。
[三] 《孟子·離婁上》及《公孫丑上》。

蔑，无。貞，正也。失位无應，故蔑貞凶。震在陰下，象曰：『以滅下也。』」〔一〕

楊氏萬里曰：「天下之勢若處屋，屋上庇，牀下承，人中處者也。害人者，先壞其牀之足；害國者，先壞其國之足。君子者，人主之股肱也，非國之足乎？小人之滅正道，消君子，剥牀之足者也。正道滅，而後凶于而國者隨之矣。」〔二〕

曹氏元弼曰：「坤消乾自遘始，由遘而遯而否而觀，以至於剥。」「自遘至觀皆體巽，巽爲牀，故諸爻皆取牀象。」「陰消陽稱剥，『剥牀以足』，言剥牀自足始。」「剥取象人身，而初足二辨，則以人體之名名牀體，去人猶遠，故蔑貞乃凶。至四剥膚。則由牀及人，其災切近，故直言凶也。」〔三〕

愚按：牀者，人所寢也。當剥之時，醉生夢死者，方酣寢其上，自以爲安寧，而不知牀足已剥，身將下墜矣。或解足爲身體之足，别爲一義。

象曰：「剥牀以足」，以滅下也。

先師黄氏曰：「『剥牀以足』，害及民也。『蔑貞凶』，正氣消也。陰自下長，消乾

〔一〕李鼎祚《周易集解》卷六引。
〔二〕楊萬里《誠齋易傳》卷七。
〔三〕曹元弼《周易集解補釋》卷五。

成剥。剥之初六，於時爲姤，姤巽爲牀。」「初爲足，以喻下民。牀之剥，害先及足；國之剥，害先及民，故曰滅下。滅釋蔑字，謂下民之正氣先滅也。」〔一〕

愚按：蔑有輕慢之意，輕慢下民之正理，則剥消而滅之矣。紂民之倒戈，皆剥足爲之先兆也。吁，可懼哉！

六二：剥牀以辨，蔑貞凶。

鄭氏康成曰：「足上稱辨，謂近膝之下。屈則相近，伸則相遠，故謂之辨。辨，分也。」〔二〕

愚按：馬氏融謂「辨，足上也」，與鄭氏説同〔三〕。程子與楊氏萬里則謂「辨，牀之幹也」〔四〕。竊謂程、楊説爲是。幹所以支牀，剥其幹則牀覆矣。二陰迭進，陵蔑正氣，併牀幹而去之，寢者愈危矣。《孟子》曰「安其危而利其菑，樂其所以亡者」〔五〕，「蔑

〔一〕黄以周《周易詁訓訂》剥初六《象傳》疏。
〔二〕張惠言訂正《周易鄭注》卷三。
〔三〕陸德明《經典釋文・周易音義》云：「辨，徐音『辨具』之辨，足上也，馬、鄭同。」
〔四〕程頤《周易程氏傳》卷二云：「辨，分隔上下者，牀之幹也。」楊萬里《誠齋易傳》卷七。
〔五〕《孟子・離婁上》文。

貞」之謂也。

象曰：「剥牀以辨」，未有與也。

程子曰：「陰之侵剥於陽，得以益盛，至於剥辨者，以陽未有應與故也。小人侵剥君子，若君子有與，則可以勝小人，不能爲害矣；唯其无與，所以被蔑而凶。」〔一〕「言未有與，剥之未盛，有與猶可勝也，示人之意深矣。」〔二〕

曹氏元弼曰：「二未有與則凶，言禍至而不知，小人爲亂方烈也。三有應則无咎，言亂中有一息之治機也。」〔三〕

愚按：孟子告戴不勝，謂：「王誰與爲善？誰與爲不善？」〔三〕蓋正氣消則無與之爲善者矣。《戰國策》郭隗曰：「王者與友處，亡國與役處。」〔四〕國家之存亡，視其所與耳。

〔一〕程頤《周易程氏傳》卷二。
〔二〕曹元弼《周易集解補釋》卷五。
〔三〕《孟子·滕文公下》云：「子謂薛居州，善士也。使之居於王所。在於王所者，長幼卑尊，皆薛居州也，王誰與爲不善？在王所者，長幼卑尊，皆非薛居州也，王誰與爲善？一薛居州，獨如宋王何？」
〔四〕《戰國策·燕一》「燕昭王收破燕後即位」云：「帝者與師處，王者與友處，霸者與臣處，亡國與役處。」

六三：剥之无咎。

荀氏爽曰：「衆皆剥陽，三獨應上，无剥害意，是以无咎，象曰『失上下也』。」〔一〕

先師黄氏曰：「『剥无咎』，有與也。『失上下』，志在陽也。」「應艮之止，身雖被剥，可以免咎。此《象傳》所謂『順以止之』，與上下衆陰相失而不相得者也。」〔二〕

曹氏元弼曰：「陰消陽成剥，小人極盛，上九孤陽僅存。惡直醜正，實繁有徒。然天理不容一日絶於人心，極亂中必有一綫治機，爲君子措手之地；小人中亦必有天良未滅，離其羣而爲君子之藉者，故因三、上相應而著其義。」〔三〕

愚按：陸德明《釋文》：「『六三剥无咎』，一本作『剥之无咎』，非。」〔四〕

象曰：「剥之无咎」，失上下也。

程子曰：「三居剥而无咎者，其所處與上下諸陰不同，是與其同類相失，於處剥

〔一〕李鼎祚《周易集解》卷六引。
〔二〕黄以周《周易詁訓訂》剥六三《象傳》疏。
〔三〕曹元弼《周易集解補釋》卷五。按：「天良」一詞，乃曹氏所極言者。
〔四〕陸德明《經典釋文·周易音義》。

之道爲无咎，如東漢之吕强是也。」〔一〕

王氏夫之曰：「上下各二陰，三不與之相得，志在上九。」〔二〕

六四：剥牀以膚，凶。

程子曰：「始剥於牀足，漸至於膚。膚，身之外也，將滅其身矣，其凶可知。陰長已盛，陽剥已甚，貞道已消，故更不言蔑貞，直言凶也。」〔三〕

王氏夫之曰：「四近陽而與艮爲體，非不知有貞，而茫昧以自沈溺者，爻值退位，下而與羣陰相比，以迫陽而剥之，此華歆、崔胤外交賊臣以喪國者，其志慘，其禍深矣。凶，謂上九受剥而凶也。」〔四〕

先師黄氏曰：「『剥牀以膚』，心腹之災也。」「剥牀及膚，剥及其心腹大臣也。膚，身之切近者；大臣，君之切近者。」〔五〕

〔一〕程頤《周易程氏傳》卷二。
〔二〕王夫之《周易内傳》卷二下。
〔三〕程頤《周易程氏傳》卷二。
〔四〕王夫之《周易内傳》卷二下。按，「崔胤」之「胤」，原誤作「允」。
〔五〕黄以周《周易詁訓訂》剥六四《象傳》疏。

愚按：聖人以中國爲一人[一]。民吾同胞，凡民之身體髮膚，無異吾之身體髮膚。「剥牀以膚」者，先剥民之膚，以至反剥其膚。「賊仁者謂之賊，賊義者謂之殘」[二]，殘賊之人，皆自剥其膚也，痛何如矣！曹氏謂：「小人敗國殄民，肆行惡逆，直逼君位，故凶。」「由四及五，實逼處此，消不可禦，更無望其正居其所，故直言凶也。」[三]

象曰：「剥牀以膚」，切近災也。

程子曰：「五爲君位，剥已及四，在人則剥其膚矣。剥及其膚，身垂於亡矣，切近於災禍也。」[四]

愚按：《論語》曰：「人無遠慮，必有近憂。」[五]惟初二玩蔑正道，絶無遠慮，至此乃禍生肘腋之間。聖人垂戒，讀之當怵目驚心矣。

[一]《禮記・禮運》。
[二]《孟子・梁惠王下》。
[三]曹元弼《周易集解補釋》卷五。
[四]程頤《周易程氏傳》卷二。
[五]《論語・衛靈公》。

六五：貫魚以宮人寵，无不利。

程子曰：「剥及君位，剥之極也，其凶可知，故更不言剥，而别設義以開小人遷善之門。五，羣陰之主也。魚，陰物，故以爲象。五能使羣陰順序，如貫魚然，反獲寵愛於在上之陽如宮人，則无所不利也。宮人，宮中之人，妻妾侍使也。」「以一陽在上，衆陰有順從之道，故發此義。」〔一〕

項氏安世曰：「『无不利』有二義，此无不利猶言无害，非无往不利也。天道豈能无小人？」「但處置得宜，則自无剥剛之禍矣。」〔二〕

曹氏元弼曰：「陰剥陽至五，禍亂已極，勢將棟折榱崩，同歸於盡。民心兇懼，思載其上，小人亦或悔禍而欲承君子，故因五位承上，開小人遷善之門，因禍爲福，易消爲息，所謂『順而止之，觀象也』。」「『无不利』者，宮人法貫魚之象以獲君之寵。小人法貫魚之象，如宮人之承事君子，安分知恩，以獲宮人畜遇之寵，承陽而不剥陽，則五

〔一〕程頤《周易程氏傳》卷二。

〔二〕項安世《周易玩辭》卷五剥。按，「剥剛之」三字原脱，據項氏文補。

陽復正成觀，上安而下亦全，故无有不利之尤。」〔一〕

愚按：五陰皆自姤長。姤巽爲魚；姤言「包有魚」〔二〕，故剥言「貫魚」。「以宫人寵，无不利」，猶遯三之「畜臣妾吉」。遯三冀其反成臨也，剥五冀其變成觀也。傳曰：「惟天生民有欲，無主乃亂。」〔三〕曰畜、曰寵，則固有主矣。遯三能化其下，故吉。剥五能貫羣陰，以載其上，故无不利。

象曰：「以宫人寵」，終无尤也。

程子曰：「羣陰消剥於陽，以至於極，六五若能長率羣陰，駢首順序，反獲寵愛於陽，則終无過尤也。於剥之將終，復發此義，聖人勸人遷善之意，深切之至也。」〔四〕

愚按：五能聯衆陰謹慎以承上，則可无過尤，故此「无不利」僅爲無尤，與陰陽彼此俱利者義稍異。經例，三上言「終」，而此五爻言終者，冀陰自此止，不往上消也。

〔一〕曹元弼《周易集解補釋》卷五。
〔二〕姤九二爻辭。
〔三〕《尚書·仲虺之誥》。按，「有欲」二字原脱，據《尚書》補。
〔四〕程頤《周易程氏傳》卷二。

上九：碩果不食，君子得輿，小人剥廬。

程子曰：「諸陽消剥已盡，獨有上九一爻尚存，如碩大之果不見食，將見復生之理。上九亦變，則純陰矣。然陽无可盡之理，變於上則生於下，无間可容息也。聖人發明此理，以見陽與君子之道，不可亡也。或曰：『剥盡則爲純坤，豈復有陽乎？』曰：以卦配月，則坤當十月。以氣消息言，則陽剥爲坤，陽來爲復；陽未嘗盡也，剥盡於上，則復生於下矣。故十月謂之陽月，恐疑其无陽也。陰亦然，聖人不言耳。陰道盛極之時，其亂可知。亂極則自當思治，故衆心願載於君子，君子得輿也。《詩·匪風》《下泉》所以居變風之終也。理既如是，在卦亦衆陰宗陽，爲共載之象。『小人剥廬』，若小人，則當剥之極，剥其廬矣，无所容其身也。」〔一〕

胡氏炳文曰：「乾爲木果，《説卦傳》：乾爲木果。衆陽皆變而上獨存，有碩果不食象。果中有仁，天地生生之心存焉。碩果專以象言，得輿、剥廬兼占而言。」「牀，上之藉下以安者也。廬，下之藉上以安者也。始而剥牀，欲上失所安；今而剥廬，自失所安

〔一〕 程頤《周易程氏傳》卷二。

矣。自古小人欲害君子，亦豈小人之利哉？」〔一〕

曹氏元弼曰：「碩果不食，言上不可變。姚氏謂：『碩，大也。』艮爲果，乾陽聚於上，故碩果。食讀爲『日有食之』之食，陰食陽也。『艮以止之』，故不食。」「按，剥上之時，消未及盡而息之機已伏。天下雖極亂，有君子以繫人心，則亂猶可及止，此碩果所以不食也。碩果不食則有復生之理，陽剥入坤即潛孕坤中，入坤出坤，陽未嘗盡。碩果之種，入地復生，終古不絶。陽與君子之道不可亡，乾坤所以不息也。」〔二〕

愚按：《天保》之詩曰：「如松柏之茂，無不爾或承。」碩果不食，松柏後彫之象〔三〕；松柏有心，果中之仁也。坤爲輿，艮爲廬。「君子得輿」，人心不息也。「小人剥廬」，天理昭彰也。亂世滑滑，君子終得福，小人終不免於禍，人亦何憚而不爲君子哉？本卦六爻，初與二比，皆蔑貞者，三獨與上應，乃小人之可與爲善者；四與三適相反，乃消陽之最凶者，四與五比，可无尤；上爻爲一卦之主，乃傳授道統、旋乾轉坤

〔一〕胡炳文《周易本義通釋》卷一。
〔二〕曹元弼《周易集解補釋》卷五。
〔三〕《論語・子罕》載孔子曰：「歲寒，然後知松柏之後彫也。」唐先生用李光地説，指喻守先待後之君子。詳先生《論語大義》。

者。以《彖傳》論之,「小人長」謂初、二、四爻,「順而止之」謂三、五爻,「君子尚天行之道」謂上爻也。

象曰:「君子得輿」,民所載也。「小人剥廬」,終不可用也。

程子曰:「消剥既極,則人復思治,故陽剛君子,爲民所承載也。若小人處剥之極,則小人之窮耳,終不可用也。非謂九爲小人,但言剥極之時,小人如是也。」〔一〕

楊氏萬里曰:「當剥極時,君子至孤矣,而猶曰得輿而民所載;小人極甚矣,而猶曰剥廬而終不可用。何也?陰極生陽,亂極思治。白公之亂,楚幾亡矣,而國人望子高之來,卒安楚者,子高也,此君子得人而民所載之效也。羣小剥正道以覆邦家,如牀剥焉,自足及幹,自幹及膚,猶不已,必剥其室廬,此大厦將顛之時也。有國者亦可以少悟矣。」〔二〕

曹氏元弼曰:「以坤載乾,陽安養坤中,所以復也。輿自下載上,『君子得輿,民所載』,夏之少康、漢之光武,皆得民而興也,人師垂世立教,以道得民,亦然。」「廬自

〔一〕程頤《周易程氏傳》卷二。

〔二〕楊萬里《誠齋易傳》卷七。按,「當剥極時」,楊氏文作「當是時」。

上覆下，小人貫魚承陽，則安宅庇蔭，或可用爲君子之藉，若傲很明德，以亂天常，消陽不已，君子被剥，而小人亦無所容其身，是自剥其廬而已。」〔一〕「位同而處之者不同，安危存亡，存乎其人。」〔二〕

愚按：師上爻曰：「開國承家，小人勿用。」傳曰：「小人勿用，必亂邦也。」師以二陽爲主，剥以上陽爲主；一則戒以「亂邦」，一則惕以「剥廬」。用人者，可不慎之又慎哉！

剥卦大義

【釋】善觀聖人處亂世之道，秉承道統精神，以待來日。

剥卦大旨，在消息盈虚。夫十二辟卦之義，其已發于孔子乎？《彖傳》曰：「順而

〔一〕曹元弼《周易鄭氏注箋釋》卷五。

〔二〕曹元弼《周易集解補釋》卷五。

止之，觀象也。」聖人悲天憫人，猶望陽之正位于上也，而扶陽抑陰之道在是矣。是故泰卦之象可謂吉矣，然而「城復于隍」〔一〕，未必其果吉也；否卦之象可謂凶矣，然而「疇離祉」以上皆吉象也〔二〕。觀象已極危，剥由觀進，柔皆變剛，其凶甚矣。聖人懼羣陰之剥，而將止之以觀，此剥卦之本義。初、二兩爻皆曰「蔑貞凶」，若正道不滅，猶可爲也。三本多凶，然以應上即得「无咎」。五爲衆陰之主，乃曰「以宮人寵」。以者，用也。天下不能無小人，若以宮人之道用之，則得其所而終无尤。君子讀此爻，而得用人之消息焉。上將受剥，而生生之機已伏，天理民彝，不可泯滅。羣陰爲民，民心思戴君子，故曰：「君子得輿，民所載也。」以消息盈虛之理參之，乃知天下雖當至危極凶之時，終無不可爲之事，道在得民心而已矣。

《大象傳》曰「上以厚下安宅」，何也？仁之至也。坤爲厚、爲安。艮爲宅。「仁者，人之安宅也」〔三〕，聖人以本心之安宅，推而厚天下人之安宅，其道惟何？化小人爲

〔一〕泰上六爻辭。

〔二〕否九四爻辭。

〔三〕《孟子·離婁上》及《孟子·公孫丑上》。

君子而已。竊嘗以陰消諸卦推之：姤二曰「包有魚」，即陽容陰之道；遯三曰「畜臣妾，吉」，否二曰「包承，小人吉」，觀初曰「童觀，小人无咎」，而剥五曰「貫魚，以宮人寵，无不利」，皆言君子之容小人，而感化乎小人也。夫小人豈盡無良心哉？君子以仁存心，自反而仁矣，自反而有禮矣，自反而忠矣，其間小人之被感化者，不知凡幾也。是故處剥之時，嫉惡不可以過嚴，而守位則必以仁，夫然後能止而爲觀，故曰：「天地之道，貞觀者也。」[一]「天下之動，貞夫一者也」[二]，一者何也？曰仁也。蔑貞者，賊仁也。是故天下之剥也，由于人之先剥其本心。

上爻曰：「碩果不食」，碩果者，仁也。曹氏元弼謂：「碩果不食，則有復生之理，陽剥入坤，即潛孕坤中，入坤出坤，陽未嘗盡，碩果之種，入地復生，終古不絶，陽與君子之道不可亡，乾坤所以不息也。」[三]竊謂以斯意推之：「天地之大德曰生」[四]，仁者，生生之理也。故凡天地間如桃杏松柏之屬，其果皆稱仁，雖踰年下種而句萌畢

[一]《易·繫辭下傳》第一章。
[二]《易·繫辭下傳》第一章。
[三]曹元弼《周易集解補釋》卷五。
[四]《易·繫辭下傳》第一章。

達，其仁之生理不絶也。故萬物作新之機，皆本乎仁，未有不仁而能開物成務者也。居心之本在此，作事之本亦在此；爲政之本在此，講學之本亦在此。孔子曰：「歲寒，然後知松柏之後彫。」〔一〕《禮記・禮器》篇曰：「如松柏之有心。」松柏之心，仁也，故《詩》曰：「如松柏之茂，無不爾或承。」〔二〕無不承者，不食也。

「君子得輿」，文王也。「小人剥廬」，蜚廉、惡來之屬〔三〕，安危利菑，不亡其國不止，終不可用者也。文王體人長人，其當憂患也，首用履、謙二卦以處之。履者，姤之一陰進于三者也；謙者，剥之一陽降于三者也。「履和而至，謙尊而光」〔四〕，然後能反剥而爲復，此文王善用消息之幾也，故曰「君子尚消息盈虚」也。

〔一〕《論語・子罕》。
〔二〕《詩・小雅・天保》句。
〔三〕秦先祖蜚廉、惡來父子，與周文王同時。《史記・秦本紀》載：「蜚廉生惡來。惡來有力，蜚廉善走，父子俱以材力事殷紂。周武王之伐紂，并殺惡來。」
〔四〕《繫辭下傳》第七章。

學易反身録

自序〔一〕

有學《易》之道，有占《易》之法〔二〕。「君子觀其象而玩其辭」〔三〕，學《易》之道也。「動則觀其變而玩其占」〔四〕，占《易》之法也。《論語》〔五〕「五十以學《易》，可以無大過」，學《易》之道也。「不恒其德，或承之羞，子曰：『不占而已矣。』」占《易》之法也。然惟學《易》者而後能占，而占《易》者必本於學，二者相需。

要必反諸身心而後歸於實用。蹇之《大象傳》曰：「君子以反身修德。」蓋古聖人

〔一〕原無「自序」題目，唯此部分乃唐先生交代作意，姑補之。

〔二〕此兩句在《演講録》作：「《周易》一書，世儒或病其高深，不知見淺見深，各視其學識所至。茲爲諸生淺言之，有學《易》之方，有占《易》之法。」謹按：「學《易》之方」，於《演講録》稱「學《易》之道」，以「道」易「方」，《演講録》此篇全文如此，下不贅注。

〔三〕《演講録》於句前有「《易・繫辭傳》曰」五字。

〔四〕《易・繫辭上傳》第二章云：「是故君子居則觀其象而玩其辭，動則觀其變而玩其占。」

〔五〕《演講録》作：「《論語》説《易》不過二條」，然後具指「一曰」云云。

經歷世變，既竭心思，知以藏往，示人以吉凶悔吝、進退存亡得失之道，莫非修身之標準。而後世治《易》者，或穿鑿象數，或張皇幽渺，是豈聖門之家法哉？〔一〕

文治讀《易》數十年於兹，嘗作《易微言》，刊入《讀易提綱》。兹復取讀《繫辭傳》心得之處，摘録爲一編，雖無當於聖道之萬一，而於修身正心、應世接物、講學爲政諸大端，舉不外是。蓋首列三章，性理學之權輿也；次列釋卦爻十九節，與末九卦所陳，則處世之要道也。將以作爲家訓、校訓，並作爲國訓焉。〔二〕研究章次，務讀全經。

〔一〕此段綜述「聖門家法」，《演講録》重寫爲：「然更有進焉。人生天地間，無論爲長爲少、爲貴爲賤、爲智爲愚、爲賢爲不肖，且無論爲政治、爲學術、爲事業，爲晝夜迴圜、幼老遞變，無時不在吉凶悔吝之中，即無時不在六十四卦三百八十四爻之中，聖人慎焉。『以此洗心，退藏於密。』文王於坎卦曰『維心亨』，周公於艮卦曰『不拯其隨，其心不快』，又曰『厲薰心』。故《易》，心學也，蓋古聖人經歷世故，既竭心思知以藏往，示人以陽息陰消、進退得失之道，而世變人情、國家安危、存亡治亂，畢具於斯。天道恢恢，豈不大哉！」

〔二〕此段《演講録》云：「余讀《易》數十年，嘗作《易微言》，刊入《讀易提綱》；又著《周易消息大義》，印行於世。兹略舉讀《繫辭傳》心得數條，以勖諸生。」

繫辭上傳

天尊地卑，乾坤定矣。卑高以陳，貴賤位矣。動静有常，剛柔斷矣。方以類聚，物以羣分，吉凶生矣。在天成象，在地成形，變化見矣。

天地之間，秩序而已矣。《書》曰：「天序有典，天秩有禮。」〔一〕秩序者，禮之所由起，而尊卑貴賤所由定也。人生莫不有其分，即莫不有其位。觀天地之位，而人事之尊卑貴賤可知。人不安其位，則秩序紊而天下亂。孔子論衛輒之事曰：「名不正則言不順，言不順則事不成。」推及於「禮樂不興，刑罰不中，民無所措手足」〔二〕，即教人定秩序之法也。然人不可自挾其尊且貴也，故《孟子》曰「民爲貴」〔三〕。「動静」二句，

〔一〕《尚書·皋陶謨》云：「天叙有典，勑我五典五惇哉，天秩有禮，自我五禮有庸哉，同寅協恭，和衷哉。」

〔二〕《論語·子路》載孔子語：「名不正，則言不順；言不順，則事不成；事不成，則禮樂不興；禮樂不興，則刑罰不中；刑罰不中，則民無所措手足。」

〔三〕《孟子·盡心下》。

以變合言；「類聚」二句，以卦位言；「成象」二句，以效法言。

是故剛柔相摩，八卦相盪。鼓之以雷霆，潤之以風雨。日月運行，一寒一暑。

此節當與《說卦傳》「天地定位」一節參看，言天道也〔一〕。《禮記》曰：「天道至教。」〔二〕又曰：「風霆流形，庶物露生，無非教也。」〔三〕《樂記》精義，亦本於此。震爲雷霆，巽爲風，坎爲雨，離爲日，坎爲月，陰消爲寒，陽息爲暑。

乾道成男，坤道成女。乾知大始，坤作成物。

此言人道之始也。「大哉乾元，萬物資始」〔四〕，「至哉乾元，萬物資生」〔五〕，乾元坤元之善，流行不息，人物生其間，而秩序出焉。

乾以易知，坤以簡能。

此《孟子》「良知」「良能」之說所本也。天以善氣養人，人得之以爲「知」；地以善

〔一〕《說卦傳》云：「天地定位，山澤通氣，雷風相薄，水火不相射，八卦相錯，數往者順，知來者逆，是故易，逆數也。」

〔二〕《禮記·禮器》。

〔三〕《禮記·孔子閒居》。

〔四〕《易》乾卦《彖傳》。

〔五〕《易》坤卦《彖傳》。

質養人，人得之以爲「能」。惟其善良，是以易簡。「良知」足以配天，故一心之靈，周浹於宙合。「良能」足以配地，故一身之則，表率乎羣倫。「良知」「良能」，具於身心，所以動天地也。乾坤之藴，學《易》之方，不外乎此矣。

易則易知，簡則易從。易知則有親，易從則有功。有親則可久，有功則可大。可久則賢人之德，可大則賢人之業。

夫婦之愚，可以與知焉，是以易知而有親。夫婦之不肖，可以能行焉，是以易從而有功。《禮記》曰：「爲上易事，爲下易知。」〔一〕蓋人之「良知」「良能」無不同，故達之天下，至爲易簡也。若紛雜繁冗，民心迷惑，皆以堂高簾懸，動多隔膜，不能有親，豈能有功？賢人之德可久，其學識傳之千百世而无窮也；賢人之業可大，其功績利賴於億萬里十百世而亦無窮也。彼德業之卑近者，譬若無源之水，其涸也可立而待。

易簡而天下之理得矣。天下之理得，而成位乎其中矣。

此宋代理學之權輿也。近戴氏震詆毁宋學，謂匹夫匹婦皆欲言理以折服人，實

〔一〕《禮記·緇衣》載：「子言之，曰：『爲上易事也，爲下易知也，則刑不煩矣』。」

宋儒爲之作俑〔一〕。不知匹夫匹婦所以能言理者，正因其具「良知」「良能」，故是非之心不昧也。若掃除「理」字，則是非滅而人心亡矣。易簡之理，秉自乾坤，豈外鑠我哉！得其理以爲政治，漢高之約法三章，所以能王關中也。位者，人之所以立。人位乎其中，人人安其位而天下平，故曰：「不在其位，不謀其政。」又曰：「君子思不出其位。」〔二〕性分所固有，即「良知」「良能」也。

自「天尊地卑」起至此爲一章，言以人法天之學。

一陰一陽之謂道，繼之者善也，成之者性也。

《說卦傳》曰：「立天之道，曰陰與陽。」陰陽，天道也。繼，猶繼志之繼；「繼之者」，人之所以繼天立極，皆乾元之善也。而其所以能成繼天之業者，由性之至善也。人受天地之中以生，當爲天地立心，布善氣于一國，而後可以善國性，下文之仁智是

〔一〕戴震《與某書》云：「君子或出或處，可以不見用；用必措天下于治安。宋以來，儒者以己之見硬坐爲古賢聖立言之意，而語言文字實未之知，其於天下之事也，以己所謂理强斷行之，而事情源委隱曲實未能得，是以大道失而行事乖。」

〔二〕《論語·憲問》。

也。後儒以道爲形而上，陰陽爲形而下，已與聖傳不合。且謂「繼善」係屬先天，「成性」係屬後天，「繼之者善」在人物未生以前，則更空虛杳渺矣。或曰：「一陰一陽」，言乾道之變化。「元者善之長」，「繼善」，所謂「乾元者，始而亨者也」；「成性」，所謂「利貞者，性情也」。説亦切實。

仁者見之謂之仁，知者見之謂之知，百姓日用而不知，故君子之道鮮矣。

「見之」云者，見《易》之精義也。五常之性，專言仁知，何也？仁者静，知者動，一静一動，即一陰一陽之道也。《易》之道廣矣大矣，而歸宿于仁知，蓋學《易》者見仁見知，乃可以善其性而善人之性、善國之性。《孟子》曰：「不仁不知，人役也。」〔一〕人役則滅國性矣。又曰：「終身由之而不知其道者，衆也。」〔二〕即謂「日用而不知」者也。生人最可憫之事，莫如不知道，故聖人之教人學《易》也，將使先知覺後知，先覺覺後覺，陶淑國性，俾日用之間皆善氣也。奈何後世之士，舍《易》不學，迷其性善之全體，陰陽之大用，與百姓同其茫昧也。惜哉

〔一〕《孟子·公孫丑上》文曰：「不仁不智，無禮無義，人役也。」
〔二〕《孟子·盡心上》。

惜哉！

顯諸仁，藏諸用，鼓萬物而不與聖人同憂，盛德大業，至矣哉！

此節舊解以爲指天地而言[一]，竊恐未然。蓋言聖人繼天立極，成己之性，以成物之性也。「顯諸仁」者，顯諸《易》理，無非仁道；「藏諸用」者，藏諸《易》事，無非實用。「鼓萬物而不與聖人同憂」者，聖人先萬物而憂，萬物鼓舞於聖化之中，樂其樂而利其利，故不與聖人同憂，而聖人之憂至矣。聖人之所憂者何？憂國性之不善，將盡己之性，以盡人物之性，俾之止於至善也。成己，仁也；成物，知也；性之德也，故曰盛德，曰大業。若不知憂民之憂，而惟自樂其樂，則民欲與之偕亡，遑言德業乎哉？

王氏夫之謂：「聖人，盡性者也。性盡，則《易》之理該焉，而何爲其尚有憂邪？」「蓋天運有治亂，人情有貞邪，不可遽施轉移，以胥協於至善，則有憂，而惡能無憂乎？」[二]語極精至。

[一] 李鼎祚《周易集解》卷一三引荀爽曰：「盛德者天，大業者地也。」
[二] 王夫之《周易内傳》卷五上。

富有之謂大業，日新之謂盛德。生生之謂易，成象之謂乾，效法之謂坤，極數知來之謂占，通變之謂事，陰陽不測之謂神。

「富有」，非積財之謂，道之富有也。「崇高莫大乎富貴」，至富貴者，莫如天地。崇效天而卑法地，能彌天地之缺憾，斯謂之富有。後人誤解富字，以爲積財，則私其所有矣。《大學》言明德，繼以日新之功。《湯之盤銘》「日日新，又日新」〔一〕，《詩》所謂「聖敬日躋」也〔二〕。惟自新，然後能新民。人生世界之内，民不可一日而不新，即國不可一日而不新，故曰「作新民」〔三〕。「窮神知化，德之盛也」〔四〕，神化者，自新新民之至也。一日不新，則腐化矣。「生生之謂易」，陰陽之道也。天道皆生氣、生機，人心皆生氣、生機，《易》理皆生氣、生機。學《易》，則宇宙間之殺氣、殺機可以消滅矣。成象謂「繼善」，效法謂「成性」，極數知來謂「仁者見仁，知者見知」，通變謂「顯仁藏用」，陰陽不測謂「盛德大業」。聖人所過者化，所存者神，法陰陽之道也。

〔一〕《禮記·大學》引《湯之盤銘》言。
〔二〕《詩·商頌·長發》。
〔三〕《尚書·康誥》。
〔四〕《易繫辭下》第五章。

自「一陰一陽之謂道」起至此爲一章，言聖人繼天成性之學，本於仁知，發見於德業。

子曰：「《易》其至矣乎！夫《易》，聖人所以崇德而廣業也。知崇禮卑，崇效天，卑法地。

學《易》之實功，蘊之爲德行，發之爲事業。階級有三：其始也，進德而修業；其繼也，崇德而廣業；其終也，則成盛德大業矣。「乾以易知」，人之良知也；極其上達之功，則曰「知崇」。「坤以簡能」，人之良能也；極其踐履之實，則曰「禮卑」。是以吾人學《易》，必當知天地之化育，輔相天地之宜，效之法之，而後不愧立於天地之間，此儒者性分内事也。朱子謂：「《易》言『知崇禮卑』，禮以極卑爲事，故自飲食、居處、灑掃、欬唾之間，皆有儀節，行之若瑣碎而不綱。然唯愈卑故愈約，與所謂極崇之智，殆未可以差殊觀也。夫如是，故成性存存，而道義出矣。」〔一〕謹按：此説最得謙卦「卑以

〔一〕朱子《講禮記序説》，載《朱文公文集》卷七四。

自牧」〔一〕之意。

天地設位，而易行乎其中矣。成性存存，道義之門。」

自天地開闢以來，乾元、坤元之善，即流行於其中，而人得之以爲性者也。聖人窮理盡性，故能成性。「存存」云者，以功夫言之，存而又存，日積月累而不息也；以德行言之，以仁存心，以禮存心，五常之德，交存于中也。道濟天下屬於知，禮由義起本乎義，惟君子能出入是門也。得其門者或寡矣，惟學《易》以善吾性而已矣。

自「子曰『《易》其至矣乎』」起至此爲一章，言效天法地之德業，必出入於道義之門。

「鳴鶴在陰，其子和之；我有好爵，吾與爾靡之。」子曰：「君子居其室出其言善，則千里之外應之，況其邇者乎；居其室出其言不善，則千里之外違之，況其邇者乎。言出乎身，加乎民；行發乎邇，見乎遠。言行，君子之樞機。樞機之發，榮辱之主也。言

〔一〕《易》謙初六《象傳》。

行，君子之所以動天地也，可不慎乎？」

此釋中孚九二爻義〔一〕，當與《論語》「干禄」章參看〔二〕。《孝經》曰：「言滿天下無口過，行滿天下無怨惡。」〔三〕則「千里之外應之」矣。吾人言配天氣，行符地質，然後能感動天地之間，是即致中和之道也，而國性可善矣。

「同人，先號咷而後笑。」子曰：「君子之道，或出或處，或默或語，二人同心，其利斷金。同心之言，其臭如蘭。」

此釋同人九五爻義〔四〕，言君子出處語默，必依於善也。朋友者，吾之性情氣質所視爲轉移者也。習於善則善，習於惡則惡，感受其氣也。曾子曰：「與善人居，苾乎如入芝蘭之室，久而不聞，則與之化矣。與惡人居，貸乎如入鮑魚之肆，久而不聞，則

〔一〕《易》中孚九二爻辭云：「鳴鶴在陰，其子和之。我有好爵，吾與爾靡之。」謹按：唐先生《演講録》於此句下補充「爲修身言行之標準」一句。

〔二〕《論語·爲政》載：「子張學干禄。子曰：『多聞闕疑，慎言其餘則寡尤；多見闕殆，慎行其餘則寡悔。言寡尤，行寡悔，禄在其中矣。』」

〔三〕《孝經·卿大夫章》。

〔四〕《易》同人九五爻辭：「同人，先號咷而後笑，大師克相遇。」

與之化矣。是故君子慎其所去就。」〔一〕

「初六，藉用白茅，无咎。」子曰：「苟錯諸地而可矣，藉之用茅，何咎之有？慎之至也。夫茅之爲物薄，而用可重也。慎斯術也以往，其无所失矣。」

此釋大過初六爻義，崇儉德也。大過，棟橈之時也。君子獨立不懼，遯世無悶，惟尚乎儉。白者取其潔，茅者取其薄。慎斯術者，慎儉德也，有儉德乃可避難。庸愚之人，處亂世而務奢侈，非特寡廉鮮耻，實取禍之道。《禮記》曰：「國奢則示之以儉。」〔二〕

「勞謙，君子有終，吉。」子曰：「勞而不伐，有功而不德，厚之至也。語以其功下人者也。德言盛，禮言恭。謙也者，致恭以存其位者也。」

此釋謙九三爻義〔三〕，當與《論語》「無伐善，無施勞」〔四〕參看。行天下之善，皆吾

〔一〕《大戴禮記·曾子疾病》：「與君子游，苾乎如入蘭芷之室，久而不聞，則與之化矣；與小人游，貸乎如入鮑魚之次，久而不聞，則與之化矣。是故君子慎其所去就。」

〔二〕《禮記·檀弓下》。

〔三〕唐先生《演講録》於此句下補充「爲處世謙和之標準」一句。

〔四〕《論語·公冶長》。

性分内之事，何伐與德之有？致恭非爲存位之地，然而人之處世，不知謙恭，則不能保其禄位而守其祭祀。「厚之至」，傳家傳國之寶也。謙《大象傳》曰「稱物平施」，我以驕傲待人，則人心不平而身危矣。「平施」者，平人心之不平也。壓力重，則身傾而骨〔一〕碎矣。

「亢龍有悔。」子曰：「貴而无位，高而无民，賢人在下位而无輔，是以動而有悔也。」

此釋乾上九爻義，並見《文言傳》。貴何以无位？無德而不能任事也。高何以无民？驕亢而不能近民也。賢人屈在下僚，人心怨望，龍戰將起。何以救之？急親賢而已。周子曰：「賢才輔則天下治。」〔二〕胡氏林翼曰：「國家之於才，猶魚之於水，鳥之於林，得之則生，不得則死。」〔三〕

「不出户庭，无咎。」子曰：「亂之所生也，則言語以爲階。君不密則失臣，臣不密則失身，幾事不密則害成。是以君子慎密而不出也。」

〔一〕「骨」字，唐先生《演講録》改作「國」字。

〔二〕周敦頤《通書·治》。

〔三〕郭嵩燾纂輯《胡文忠公行狀》引胡林翼所言，《胡林翼遺集》卷首。按，「於才」「於水」「於林」三「於」字，胡氏原作「需」字；「得之則生」前胡氏文有「人之需氣，草本之需土」兩句。

此釋節初九爻義〔一〕。古來歷史所載，以言語賈禍者多矣。頤《大象傳》曰：「君子以慎言語。」先儒云：「禍從口出。」〔二〕《書・洪範》五事之「言」，配五行之火〔三〕，蓋語言肇禍之烈，若火之燎於原，不可撲滅，失臣失身，豈不危哉〔四〕！夫言語何以不密？必由於心之粗率、氣之浮囂，是以君子守口如瓶，而防意如城。

子曰：「作《易》者，其知盜乎？《易》曰：『負且乘，致寇至。』負也者，小人之事也。乘也者，君子之器也。小人而乘君子之器，盜思奪之矣。上慢下暴，盜思伐之矣。慢藏誨盜，冶容誨淫，《易》曰：『負且乘，致寇至。』盜之招也。」

此釋解六三爻義〔五〕。人之生莫不有分，天命之也。不安分而穿窬害人，以求富貴，是爲盜也。「小人而乘君子之器」，必至於上慢下暴，盜奪之伐之，是以盜奪盜，以盜伐盜，乃天道人事之必然者也。《大學》曰：「貨，悖而入者亦悖而出。」吾謂：「位，

〔一〕《易》節初九爻辭云：「不出户庭，无咎。」謹按：此句下唐先生《演講録》添補「爲有國者釀禍之鑑」一句。

〔二〕孔穎達《周易正義》卷三頤《象傳》疏引。

〔三〕《尚書・洪範》載「五行」爲：「一曰水，二曰火，三曰木，四曰金，五曰土。」「五事」爲：「一曰貌，二曰言，三曰視，四曰聽，五曰思。」

〔四〕唐先生《演講録》説此節，至此爲止。

〔五〕唐先生《演講録》於此句下補添「定君子小人之分，即爲有國有家者之鑑」二句。

悖而升者亦悖而傾。」嗚呼！其禍慘矣！

《易》曰：「自天祐之，吉无不利。」子曰：「祐者，助也。天之所助者順也，人之所助者信也。履信思乎順，又以尚賢也。是以自天祐之，吉无不利也。」

此釋大有上九爻義〔一〕。凡人莫不希天之祐，不知《詩》言「保佑命之，自天申之」〔二〕，必本於令德。令德者，順也，信也，尚賢也。《穀梁傳》曰：「不若於道者，天絶之也。」〔三〕天絶之者，不順也。又曰：「不若於言者，人絶之也。」〔四〕人絶之者，不信也。不順不信，己則不賢，不能求賢，轉而媢賢，不祥之實，蔽賢者當之。

以上八節摘録，俱言修身處世之道。

〔一〕《易》大有上九爻辭：「自天祐之，吉无不利。」

〔二〕《詩·大雅·假樂》。又《禮記·中庸》引作「保知命之」。按，「佑」，《詩》作「右」。

〔三〕《春秋穀梁傳·莊公元年》。

〔四〕《春秋穀梁傳·莊公元年》。

繫辭下傳

《易》曰：「憧憧往來，朋從爾思。」子曰：「天下何思何慮？天下同歸而殊塗，一致而百慮。天下何思何慮？日往則月來，月往則日來，日月相推而明生焉。寒往則暑來，暑往則寒來，寒暑相推而歲成焉。往者屈也，來者信也，屈信相感而利生焉。尺蠖之屈，以求信也。龍蛇之蟄，以存身也。精義入神，以致用也。利用安身，以崇德也。過此以往，未之或知也。窮神知化，德之盛也。」

此釋咸九四爻義[一]。因「往來」而言「屈伸」，因「屈伸」而言「神化」。先之以「何思何慮」，似道家言，然道家之旨在「無爲」，吾儒之學在「精義」。精義先集義，集義先辨義，其功豈一蹴可幾哉？「利用安身」，蓋利用天道之屈伸往來消息，安其心以安其

[一]《易》咸九四爻辭：「貞吉，悔亡，憧憧往來，朋從爾思。」

身，非若愚人之所謂利用也。程子闢異端之學曰：「自謂之窮神知化，而不足以開物成務。」〔一〕可見聖學神化，必以開物成務爲主。

《易》曰：「困于石，據于蒺藜，入于其宮，不見其妻，凶。」子曰：「非所困而困焉，名必辱。非所據而據焉，身必危。既辱且危，死期將至，妻其可得見邪？」

此釋困六三爻義〔二〕。聖人之言鮮有若斯之嚴厲者，誠痛乎非所據而據、非所困而困者之卑鄙齷齪也。彼以爲金錢之可貪也，而不知其爲石也；彼以爲要地之可據也，而不知其爲蒺藜也。冰山一倒，興盡悲來，富貴豈可久享乎！齊崔杼占是爻〔三〕，至於無家可歸而自縊〔四〕，可爲殷鑑矣。秦李斯身被五刑，欲求牽黃犬過西門而不可得〔五〕。嗚呼！焚書坑儒之禍，天道豈遠乎哉！

〔一〕程頤《明道先生行狀》。

〔二〕《易》困六三爻辭：「困于石，據于蒺藜，入于其宮，不見其妻，凶。」

〔三〕《左傳·襄公二十五年》載：「齊棠公之妻，東郭偃之姊也。東郭偃臣崔武子。棠公死，偃御武子以弔焉。見棠姜而美之，使偃取之。偃曰：『男女辨姓，今君出自丁，臣出自桓，不可。』武子筮之，遇困之大過。」

〔四〕《史記·齊太公世家》載：「崔杼仇盧蒲嫳攻崔氏，殺成、彊，盡滅崔氏，崔杼婦自殺。崔杼毋歸，亦自殺。」

〔五〕《史記·李斯列傳》卷八七載：「二世二年七月，具斯五刑，論腰斬咸陽市。斯出獄，與其中子俱執，顧謂其中子曰：『吾欲與若復牽黃犬俱出上蔡東門逐狡兔，豈可得乎！』」

《易》曰：「公用射隼于高墉之上，獲之无不利。」子曰：「隼者，禽也。弓矢者，器也。射之者，人也。君子藏器于身，待時而動，何不利之有。動而不括，是以出而有獲，語成器而動者也。」

此釋解上六爻義〔一〕，勉士人成大器也。鄭子皮使尹何爲邑，子産止之〔二〕；子路使子羔爲費宰，子曰：「賊夫人之子。」〔三〕以其未成器也。後世子弟，學業無成，常詭遇而思獲禽，民之受其害者多矣。君子進德修業，所以成大器也。《禮記·冠義篇》曰：「孝弟忠順之行立，而後可以爲人；可以爲人，而後可以治人也。」謂其「成器而動」也。

〔一〕《易》解卦「上六」爻辭：「公用射隼于高墉之上，獲之无不利。」

〔二〕《春秋左傳·襄公三十一年》載：「子皮欲使尹何爲邑。子産曰：『少，未知可否？』子皮曰：『愿吾愛之，不吾叛也。使夫往而學焉，夫亦愈知治矣。』子産曰：『不可。人之愛人，求利之也。今吾子愛人則以政，猶未能操刀而使割也，其傷實多。子之愛人，傷之而已，其誰敢求愛於子？子於鄭國，棟也，棟折榱崩，僑將厭焉，敢不盡言？子有美錦，不使人學製焉。大官大邑，身之所庇也，而使學者製焉，其爲美錦，不亦多乎？僑聞學而後入政，未聞以政學者也。若果行此，必有所害。譬如田獵，射御貫則能獲禽，若未嘗登車射御，則敗績厭覆是懼，何暇思獲？』」

〔三〕《論語·先進》。

子曰：「小人不耻不仁，不畏不義，不見利不勸，不威不懲。小懲而大誡，此小人之福也。《易》曰：『履校滅趾，无咎。』此之謂也。」

此釋噬嗑初九爻義〔一〕。「不耻不仁」四句，小人之心思情狀畢露矣。雖然，小懲大誡，小人之福，此古之小人也。若後世小人，怙過不悛，小懲而不能大誡，「屨校」而必至何？「校滅〔二〕」矣。惟願天下小人，讀此爻而憬然覺悟也。

「善不積，不足以成名；惡不積，不足以滅身。小人以小善爲无益而弗爲也，以小惡爲无傷而弗去也。故惡積而不可掩，罪大而不可解。《易》曰：『何校滅耳，凶。』」

此釋噬嗑上九爻義〔三〕。《書》曰：「吉人爲善，惟日不足。凶人爲不善，亦惟日不足。」〔四〕《孟子》曰：「雞鳴而起，孳孳爲善者，舜之徒；雞鳴而起，孳孳爲利者，蹠之

〔一〕《易》噬嗑初九爻辭：「屨校滅趾，无咎。」唐先生《演講録》於此句下添補「爲小人猛省之地」一句。
〔二〕「滅」字脱，據《演講録》補入。
〔三〕《易》噬嗑上九爻辭：「何校滅耳，凶。」唐先生《講義録》於此句下補添「見積善積惡，爲君子之界限」句。
〔四〕《尚書・泰誓中》。「書曰」，唐先生《演講録》作「傳曰」。

徒。」〔一〕皆在其所積也，而國性以之。孟子道性善，告滕文公「彊爲善」〔二〕，曰：「猶可以爲善國。」〔三〕善國性也。小人以小善爲無益而弗爲，以小惡爲無傷而弗去，並欲阻遏天下之善機，惡愈積而罪愈大，國性亦因之暗塞矣。《象傳》曰：「何校滅耳，聰不明也。」〔四〕一國之人不聰明，國其殆哉！小人其可用耶？

子曰：「危者，安其位者也。亡者，保其存者也。亂者，有其治者也。是故君子安而不忘危，存而不忘亡，治而不忘亂，是以身安而國家可保也。《易》曰：『其亡其亡，繫于苞桑。』」

此釋否九五爻義〔五〕。凡國家之安危、存亡、治亂，視乎人君之一心。「君子安而不忘危，存而不忘亡，治而不忘亂」，不忘者，心不忘也。反是則危而以爲安，亡而以爲存，亂而以爲治，則心亡矣。心亡則身亡。國性亡，而國亦隨之以亡。

子曰：「德薄而位尊，知小而謀大，力小而任重，鮮不及矣。《易》曰：『鼎折足，覆

〔一〕《孟子・盡心上》。
〔二〕《孟子・梁惠王下》。
〔三〕《孟子・滕文公上》。
〔四〕《易》噬嗑上九《象傳》。謹按：《象傳》以下，唐先生《演講録》略去。
〔五〕《易》否九五爻辭云：「休否，大人吉。其亡其亡，繫于苞桑。」唐先生《演講録》此句下添補「爲萬世憂國家者座右銘」句。

公餗，其形渥，凶。』言不勝其任也。」

此釋鼎九四爻義〔一〕。世之盛也，賢者在位，能者在職，未有不勝其任者。迨其衰也，正位〔二〕皆以德薄者居之，大謀皆以知小者計之，重任皆以力小者當之，自及於禍，而國家亦及於禍，可哀也矣。鼎折覆餗，顔如渥丹，面出慚汗，良心尚有存焉者乎？《禮記》曰：「君子量而後入，不入而後量。」〔三〕量也者，量其德與知與力也。

子曰：「知幾其神乎？君子上交不諂，下交不瀆，其知幾乎？幾者，動之微，吉之先見者也。君子見幾而作，不俟終日。《易》曰：『介于石，不終日，貞吉。』介如石焉，寧用終日？斷可識矣。君子知微知彰，知柔知剛，萬夫之望。」

此釋豫六二爻義〔四〕。幾學始自虞廷，繼自周公，闡明於孔子，說詳拙著《周子通書論》〔五〕。曰：「夫《易》，聖人所以極深而研幾也。」愛惡相攻而吉凶生，情僞相感而利害

〔一〕唐先生《演講録》於句下添補「見君子之處世，必量而後入」兩句。

〔二〕「正位」，《演講録》改作「尊位」。

〔三〕《禮記·少儀》云：「事君者，量而后入，不入而后量。」謹按：《禮記》以下至段終，見《演講録》删。

〔四〕《易》豫六二爻辭：「介于石，不終日，貞吉。」唐先生《演講録》此句下添補「爲幾學之根本」句。

〔五〕唐先生《周子通書論》見録於《性理救世書》卷二。

生，皆幾也。審心幾乃可以應事幾，若闇于心幾，則昧于事幾，出處去就皆失其宜矣。《大學》引《詩》云：「綿蠻黃鳥，止于丘隅。」子曰：「於止知其所止，可以人而不如鳥乎？」知止者，知幾也。求富貴利達，入人之網羅，自殺而不自覺，不知幾之尤者，痛乎！悲乎！

子曰：「顔氏之子，其殆庶幾乎？有不善未嘗不知，知之未嘗復行也。《易》曰：『不遠復，无祇悔，元吉。』」

此釋復初九爻義[一]。先儒以乾卦擬孔子，以復卦擬顔子。乾者健而無息，復者一間未達。「有不善」者，一間也。「未嘗不知」，有發于良知者，有本于致知者。「知之未嘗復行」，知行合一之功也。當與程伊川先生《顔子所好何學論》參看。吾輩學顔子之所學，惟有自考其不善而已，純乎心學也。

「天地絪緼，萬物化醇，男女構精，萬物化生。《易》曰：『三人行，則損一人。一人行，則得其友。』言致一也。」

[一]《易》復初九爻辭：「不遠復，无祇悔，元吉。」

此釋損六三爻義〔一〕。友字解如《詩》「琴瑟友之」〔二〕之友，周公制昏禮之本原也。人倫之道，如父子、君臣、兄弟、朋友，皆當致一，而夫婦之倫爲尤重。《禮運》言：「飲食男女，人之大欲，欲一以定之，非禮無由。」〔三〕苟徇情縱欲，則人道將淪于禽獸。孔子于家人《彖傳》曰：「男女正，天地之大義也。」于此爻傳曰：「言致一也。」所以正一夫一婦之禮也。末世風俗日偷，「士也罔極，二三其德」〔四〕，藉自由之名，廣置妾媵，夫婦之道苦，自殺者日益衆，失人權之保障，亂家庭之血統，哀哉！哀哉！漢匡衡曰：「配匹之際，生民之始，萬福之原。」〔五〕昏姻之禮正，然後品物遂而天命全。致一之道，一夫一婦之大義，自古以來，懔乎不容稍紊者也。

子曰：「君子安其身而後動，易其心而後語，定其交而後求。君子修此三者，故全也。危以動，則民不與也。懼以語，則民不應也。无交而求，則民不與也。莫之與，則傷

〔一〕《易》損六三爻辭：「三人行，則損一人，一人行，則得其友。」

〔二〕《詩·周南·關雎》。

〔三〕《禮記·禮運》：「飲食男女，人之大欲存焉。死亡貧苦，人之大惡存焉。故欲惡者，心之大端也。人藏其心，不可測度也。美惡皆在其心，不見其色也。欲一以窮之，舍禮何以哉！」

〔四〕《詩·衛風·氓》。

〔五〕《漢書·匡衡傳》：「妃匹之際，生民之始，萬福之原。」

之者至矣。《易》曰：『莫益之，或擊之，立心勿恒，凶。』」

此釋益上九爻義。「安其身」「易其心」，乃修身正心之事。「定其交」，乃與國人交之事。而聖人以政治爲主，欲後世爲政者有以自全也〔一〕。「危以動」，若齊宣王之佞人滿前，而猶欲辟土地、朝秦楚也。「懼以語」，非己心有所戒懼也，乃威懼其民而壓迫之也。「無交而求」，以一人肆於民上，惟務搜括民財也。「君之視民如土芥，則民視君如寇讎」，如是豈有與之者乎？「莫益之」而「或擊之」，則身家性命與之俱糜矣！桀紂秦政，不旋踵而滅亡，安能享之久長哉？「立心勿恒」者，朝令夕更，機械變詐，欺罔其民，則凶於而國矣。是故欲全其身，必愛民之生，惜民之命，民之性命即己之性命也。

以上十一節摘録，俱言修身立國之道。

《易》之興也，其於中古乎？作《易》者，其有憂患乎？

〔一〕 自「安其身」至此七句，《演講録》概括爲「爲修身養心與國人交之標準」一句。

《孟子》曰：「生於憂患，死於安樂。」〔一〕聖人無日不在憂患之中，所謂「吉凶與民同患」也〔二〕，文、周、孔則苦心尤摯爾。若處憂患而圖安樂，且自處於安樂，而處民於憂患，則危亡立至矣。故曰「聖人以此洗心」〔三〕，憂患之道也。

是故履，德之基也。謙，德之柄也。復，德之本也。恒，德之固也。損，德之修也。益，德之裕也。困，德之辨也。井，德之地也。巽，德之制也。

履初爻曰：「素履，往无咎。」二爻曰：「履道坦坦，幽人貞吉。」謙三爻曰：「勞謙，君子有終，吉。」處憂患之道，盡於是矣，非文王，其孰能當之？

復卦爲「天地之心」〔四〕，在人爲善惡之幾。「洗心」之旨，「有不善未嘗不知，知之未嘗復行」〔五〕，顏子足以當之。

〔一〕《孟子·告子下》。
〔二〕《易繫辭上》第十一章。
〔三〕《易繫辭上》第十一章。
〔四〕《易》復卦《彖傳》。
〔五〕《易繫辭下》第五章。

恒《大象傳》曰：「立不易方。」其功進于至誠無息。然而凡人之德業，往往不固者，孔子曰：「亡而爲有，虚而爲盈，約而爲泰，難乎有恒矣。」〔一〕戒之哉！

損《大象傳》曰：「君子以懲忿窒慾。」説者謂「懲忿」當如摧山，「窒慾」當如填澤，故爲德之修。益《大象傳》曰：「君子以見善則遷，有過則改。」説者謂「遷善」當如風之疾，「改過」當如雷之迅，故爲德之裕。《雜卦傳》曰：「損益，盛衰之始也。」蓋一心一身之盛衰，一家一國之盛衰，皆係之，損益之爲用大矣！可不謹哉？

困爲「德之辨」，經歷事變，辨其得喪存亡，《孟子》所謂「動心忍性，曾益其所不能」〔二〕也。

井爲「德之地」，「地」者，底也；井深，象德之底止，《大學》所謂「止於至善」「知止而后有定」也。

巽爲「德之制」，君子以制數度，作禮樂，當取風行之象。「重巽以申命」〔三〕，聖人

〔一〕《論語・述而》。
〔二〕《孟子・告子下》。
〔三〕《易》巽卦《彖傳》。

之情見乎辭矣。

履和而至，謙尊而光，復小而辨於物，恒雜而不厭，損先難而後易，益長裕而不設，困窮而通，井居其所而遷，巽稱而隱。

此節與《虞書》「九德」〔一〕相類。惟「九德」皆以相反而相成，而此節之履、謙、巽三卦則無相反之義。

「復小」謂陽微，「辨於物」，格物之學也，合内外之道也。

「恒雜而不厭」者，當萬事紛紜於吾前，久之未有不厭者，聖人能爲之不厭，道在自强不息而已。

「益長裕而不設」，鄭君云：「設，大也。」〔二〕益雖長裕，而作事不自張大，蓋德業愈益，而心愈内斂也。

「困窮而通」，凡所以阻吾道而不行者，皆窮也。然「君子固窮」〔三〕，故遯之時

〔一〕《尚書·虞書·皋陶謨》載「九德」爲「寬而栗，柔而立，愿而恭，亂而敬，擾而毅，直而温，簡而廉，剛而塞，彊而義」。

〔二〕張惠言訂正《周易鄭注》卷八。

〔三〕《論語·衛靈公》。

「亨」，否之時亦「亨」。「困而不失其所亨，其唯君子乎？」〔一〕

「居其所而遷」，井者，安土也，「安土敦乎仁」〔二〕，故澤之所及者溥，《禮記》所謂「安安而能遷」也〔三〕。

「巽稱而隱」者，稱物平施，平萬物之不平，斯内心不疚矣。君子之所不可及者，其惟人之所不見乎？故曰「隱」。

履以和行，謙以制禮，復以自知，恒以一德，損以遠害，益以興利，困以寡怨，井以辨義，巽以行權。

《論語》曰：「禮之用，和爲貴。」〔四〕履與謙，相須而後行者也。履謙行於外，而復則勘諸内。復五爻《象傳》曰：「『敦復无悔』，中以自考。」惟自考故能自知，人苦不自知其善惡是非爾。

〔一〕《易》困卦《象傳》。
〔二〕《易繫辭上》第四章。
〔三〕《禮記·曲禮上》。
〔四〕《論語·學而》。

「恒以一德」，不「二三其德」也〔一〕。德惟一，動罔不吉。德二三，動罔不凶矣。《淮南子·人間訓》曰：「孔子讀《易》至損益，未嘗不憤然歎曰：『益損者，其王者之事與！』事或欲以利之，適足以害之；或欲害之，乃反以利之。利害之反，禍福之門户，不可不察也。」〔二〕明於利害之反，禍福之門户者，其惟聖人乎！君子治心爲政，當損益之時，所以兢兢業業也。困之象，伯夷、叔齊似之。「求仁得仁，又何怨乎？」〔三〕志士法之，「不忘在溝壑」也〔四〕。

本經言「存義」，言「精義」，然惟「辨義」而後能「存義」，惟「存義」而後能「精義」。本章三言「辨」，「辨物」亦所以「辨義」也。

聖人不輕言權。「行權」本於守經，君子反經而已矣〔五〕，經正則庶民興，未有行權

〔一〕《詩·衛風·氓》句。
〔二〕《淮南子·人間訓》。
〔三〕《史記·伯夷列傳》。
〔四〕《孟子·滕文公下》。
〔五〕《孟子·盡心下》引孔子語。

而外於常道者也。

王氏夫之謂：「聖人當憂患之世，以此九卦之德，修己處人，故上以凝天命，下以順人情。文王以之而成其至德，周公以之而永保沖人，進以成大業，而退不傷於道之正，故九卦時雖危，而可因之以爲德。蓋陰陽之化，雖消長純雜之不一，而深體之則道皆存焉。」〔一〕

愚按：孔子言「君子所居而安者，《易》之序也」〔二〕，曷謂「《易》之序」？考上經自乾至履九卦，下經自恒至損益亦九卦；上經履至謙五卦，下經益至困井亦五卦；上經謙至復又九卦，下經井至巽又九卦；上經自復而後八卦，而爲下經之恒，下經自巽而未濟亦八卦，是爲「《易》之序」，君子處憂患之世所居而安者也。至於他卦，皆有處憂患之道，吾人沈潛反覆而體之於身，則所以善其性而善國性者，豈有外於《易》道者哉？

自「《易》之興也」起至此爲一章，言聖人用九卦以處憂患，先儒謂之「三陳九德」，外達物情之變，內養心性之原，推之則國治而天下平。

〔一〕王夫之《周易内傳》卷六上。
〔二〕《易繫辭上》第二章。

附録：《周易》洗心寡過大旨 兼世變人情、國家治亂〔一〕

【釋】唐先生此篇乃一九三八年底至一九四〇年間，在上海交通大學之講辭，其内容出自《學易反身録》第四、第五，其中出入已經注明於《學易反身録》相關釋文之下。此講義集中在洗心寡過之大義，具有提綱挈領之意義，而先生因時立教，以之誨人，故其中緊扣時事，詞多慷慨。此先生治經心事，故存附録，以見大體。

《周易》一書，世儒或病其高深，不知見淺見深，各視其學識所至。兹爲諸生淺言之，有「學《易》之方」，有「占《易》之法」。

《易・繫辭傳》曰：「君子居則觀其象而玩其辭。」學《易》之方也。又曰：「動則觀其變而玩其占。」占之法也。《論語》説《易》不過二條，一曰：「五十以學《易》，可以無大過。」言學《易》也；一曰：「不恒其德，或承之羞。不占而已矣。」言占《易》也。惟學《易》而後能占，而占《易》必本於學，二者相需而不可相離者也。

〔一〕載《交通大學演講録》第一集上卷「經學心學類」第十二期講義。

然更有進焉。人生天地間，無論爲長爲少、爲貴爲賤、爲智爲愚、爲賢爲不肖，且無論爲政治、爲學術、爲事業、爲晝夜迴圜、幼老遞變，無時不在吉凶悔吝之中，即無時不在六十四卦三百八十四爻之中。聖人慎焉，「以此洗心，退藏於密。」

文王於坎卦曰：「維心亨。」周公於艮卦曰：「不拯其隨，其心不快。」又曰：「厲薰心。」故《易》，心學也，蓋古聖人經歷世故，既竭心思知以藏往，示人以陽息陰消進退得失之道，而世變人情、國家安危、存亡治亂，畢具於斯。天道恢恢，豈不大哉！余讀《易》數十年，嘗作《易微言》，刊入《讀易提綱》；又著《周易消息大義》，印行於世。兹略舉讀《繫辭傳》心得數條，以勗諸生。

一、《繫辭上傳》四爻

「鳴鶴在陰，其子和之。我有好爵，吾與爾靡之。」子曰：「君子居其室，出其言，善則千里之外應之，況其邇者乎？居其室，出其言不善，則千里之外違之，況其邇者乎？言出乎身，加乎民；行發乎邇，見乎遠。言行，君子之樞機。樞機之發，榮辱之主也。言行，君子之所以動天地也，可不慎乎？」

此釋中孚九二爻義，爲修身言行之標準，當與《論語・干禄章》〔一〕參看。《孝經》曰：「言滿天下無口過，行滿天下無怨惡。」則千里之外應之矣，吾人言配天氣，行符地質，然後能感動天地之間，是

〔一〕《論語・爲政》子張學干禄。子曰：「多聞闕疑，慎言其餘，則寡尤；多見闕殆，慎行其餘，則寡悔。言寡尤，行寡悔，禄在其中矣。」

即致中和之道也，而國性可善矣〔一〕。

「勞謙君子，有終吉。」子曰：「勞而不伐，有功而不德，厚之至也，語以其功下人者也。德言盛，禮言恭〔二〕，謙也者，致恭以存其位者也。」

此釋謙九三爻義，爲處世謙和之標準，當與《論語》「無伐善，無施勞」參看。行天下之善，皆吾性分内之事，何伐與德之有？致恭，非爲存位之地。然而人之處世，不知謙恭，則不能保其禄位而守其祭祀，厚之至傳家傳國之寶也。《謙大象傳》曰：「稱物平施。」我以驕傲待人，則人心不平而身危矣。平施者，平人心之不平也。壓力重，則身傾而國碎矣〔三〕。

「不出户庭，无咎。」子曰：「亂之所生也，則言語以爲階。君不密則失臣，臣不密則失身，幾事不密則害成，是以君子慎密而不出也。」

此釋節初九爻義，爲有國者釀禍之鑑，古來歷史所載，以言語賈禍者多矣。《頤大象傳》曰：「君子以慎言語。」先儒云：「禍從口出。」《書·洪範》五事之言，配五行之火，蓋言語肇禍之烈，若火之

〔一〕此條出《學易反身録》之四：「《繫辭上傳》第八章」。
〔二〕原刻作「功」。
〔三〕此條出《學易反身録》之四：「《繫辭上傳》第八章」。

燎於原，不可撲滅。失臣失身，淪胥以敗，豈不危哉〔一〕？

子曰：「作易者其知盜乎？《易》曰：『負且乘，致寇至。』負也者，小人之事也。乘也者，君子之器也。小人而乘君子之器，盜思奪之矣！上慢下暴，盜思伐之矣！慢藏誨盜，冶容誨淫，《易》曰：『負且乘，致寇至。』盜之招也。」

此釋解六三爻義，定君子小人之分，即爲有國有家者之鑑。人之生莫不有分，天命之也。不安分而穿窬害人，以求富貴，是爲盜也。「小人而乘君子之器」，必至於「上慢下暴」，盜奪之伐之，是以盜奪盜，以盜伐盜，乃天道人事之必然者也。《大學》曰：「貨，悖而入者亦悖而出。」吾謂：「位，悖而升者亦悖而傾。」嗚呼！其禍慘矣〔二〕。

二、《繫傳下傳》六爻

子曰：「小人不耻不仁，不畏不義，不見利不勸，不威不懲，小懲而大誡，此小人之福也。《易》曰：『履校滅趾，无咎。』此之謂也。」

此釋噬嗑初九爻義，爲小人猛省之地。「不耻不仁」四句，小人之心思情狀畢露矣。雖然，小懲大誡，小人之福，此古之小人也。若後世人人怙過不悛，小懲而大誡，履校必至「何校滅」矣。惟願天

〔一〕此條出《學易反身録》之四：「《繫辭上傳》第八章」。

〔二〕此條出《學易反身録》之四：「《繫辭上傳》第八章」。

下小人，讀此爻而憬然覺悟也〔一〕。

「善不積，不足以成名；惡不積，不足以滅身。小人以小善爲无益而弗爲也，以小惡爲无傷而弗去也，故惡積而不可掩，罪大而不可解。《易》曰：『何校滅耳，凶』。」

此釋噬嗑上九爻義，見積善積惡，爲君子之界限。傳曰：「吉人爲善，惟日不足。凶人爲不善，亦惟日不足。」《孟子》曰：「雞鳴而起，孳孳爲善者，舜之徒；孳孳爲利者，蹠之徒。」皆在其所積也，而國性以之。《孟子》道性善，告滕文公「彊爲善」曰：「猶可以爲善國。」善國性也。小人以小善爲無益而弗爲，以小惡爲無傷而弗去，並欲阻遏天下之善機。惡愈積而惡愈大，國性亦因之暗塞矣〔二〕。

子曰：「危者安其位者也，亡者保其存者也，亂者有其治者也，是故君子安而不忘危，存而不忘亡，治而不忘亂，是以身安而國家可保也。《易》曰：『其亡其亡，繫于苞桑。』」

此釋否九五爻義，爲萬世憂國家者座右銘。凡國家之安危、存亡、治亂，視乎人君之一心。「君子安而不忘危，存而不忘亡，治而不忘亂」，不忘者，心不忘也。反是，則危而以爲安，亡而以爲存，亂而以爲治，則心亡矣。心亡則身亡、國性亡，而國亦隨之以亡〔三〕。

〔一〕此條出《學易反身録》之五：「《繫辭下傳》第五章」。

〔二〕此條出《學易反身録》之五：「《繫辭下傳》第五章」。

〔三〕此條出《學易反身録》之五：「《繫辭下傳》第五章」。

子曰：「德薄而位尊，知小而謀大，力小而任重，鮮不及矣。《易》曰：『鼎折足，覆公餗，其形渥，凶。』言不勝其任也。」

此釋鼎九四爻義，見君子之處世，必量而後入。世之盛也，賢者在位，能者在職，未有不勝其任者。迨其衰也，尊位皆以德薄者居之，大謀皆以知小者計之，重任皆以力小者當之，自及於禍，而國家亦及於禍，可哀也已！鼎折覆餗，顔如渥丹，面出慚汗，良心尚有存焉者乎〔一〕？

子曰：「知幾其神乎？君子上交不諂，下交不瀆，其知幾乎？幾者動之微，吉之先見者也。君子見幾而作，不俟終日。《易》曰：『介于石，不終日，貞吉。』介如石焉，寧用終日，斷可識矣。君子知微知彰，知柔知剛，萬夫之望。」

此釋豫六二爻義〔二〕，爲「幾學」之根本。幾學始自虞廷，繼自周公，闡明於孔子（説詳余所著《周子通書論》）曰：「夫《易》，聖人所以極深而研幾也」，愛惡相攻而吉凶生，情僞相感而利害生，皆幾也。審心幾乃可以應事幾，若闇于心幾，則昧于事幾，出處去就皆失其宜矣。《大學》引《詩》云：「綿蠻黄鳥，止于丘隅。」子曰：「於止知其所止，可以人而不如鳥乎？」知止者，知幾也。求富貴利達，入

〔一〕此條出《學易反身録》之五：「《繫辭下傳》第五章」。

〔二〕《易》豫卦六二爻辭：「介于石，不終日，貞吉。」

人之網〔一〕羅，自殺而不自覺，不知幾之尤者，痛乎！悲乎〔二〕！

子曰：「君子安其身而後動，易其心而後語，定其交而後求。君子脩此三者，故全也。危以動則民不與也，懼以語則民不應也，无交而求則民不與也，莫之與則傷之者至矣。《易》曰：『莫益之，或擊之，立心勿恒，凶。』」

此釋益上九爻義，爲修身養心與國人交之標準。「危以動」，若齊宣王之佞人滿前，而猶欲辟土地、朝秦楚也。「懼以語」，非己心有所戒懼也，乃威懼其民而壓迫之也。「無交而求」，以一人肆於民上，惟務搜刮民財也。「君之視民如土芥，則民視君如寇讎」，如是豈有與之者乎？「莫益之」而「或擊之」，則身家性命與之俱糜矣！桀紂秦政，不旋踵而滅亡，安能享之久長哉？「立心勿恒」者，朝令夕更，機械變詐，欺罔其民，則凶於而國矣。是故欲全其身，必愛民之生，惜民之命，民之性命即己之性命也。

此外尚有乾坤兩卦《文言傳》與《繫辭下傳·作易憂患章》，諸生均宜熟讀。至學《易》參考書極夥，詳拙著《周易消息大義》。

〔一〕「網」字原誤刻作「綱」，與《易學反身録》相同。

〔二〕此條出《學易反身録》之五：「《繫辭下傳》第五章」。

周易憂患九卦大義

履䷉ 兌下乾上

愚按：履卦爲憂患第一卦。履者，踐也。凡學者道德學問，必須躬行實踐，方有實際，明王陽明先生所謂「知行合一」是也。而本卦初、二兩爻，尤宜玩習而常誦之。

履虎尾，不咥人，亨。

虞氏翻曰：「謂變訟初爲兑也，與謙旁通。以坤履乾，以柔履剛。謙坤爲虎，艮爲尾，乾爲人，乾兑乘謙，震足蹈艮，故『履虎尾』。兑悦而應虎口，與上絶，故『不咥人』。剛當位故通。俗儒皆以兑爲虎，乾履兑，非也。兑剛鹵，非柔也。」〔一〕

愚按：「履虎尾」，謂紂囚文王於羑里，其機至危，然而終釋之，不受其害，故曰「不咥人亨」。

又按：諸卦彖辭多以卦名絶句，如乾、坤、屯、蒙等是也，有以卦名屬下讀者，如否及同人與本卦等是也。

〔一〕李鼎祚《周易集解》卷三引。按，「故履虎尾」之「故」，原脱，據虞氏文補。

彖曰：履，柔履剛也。

虞氏翻曰：「坤柔乾剛，謙坤藉乾，故柔履剛。」〔一〕

愚按：柔履剛，先儒多謂剛承藉乎柔，柔不應履剛〔二〕。竊謂《説卦傳》：「立地之道，曰柔與剛。」柔在剛之先，經文明言柔履剛，何必言剛承藉乎柔〔三〕？扶陽抑陰，雖聖經宗旨，然亦不必曲爲之説。

説而應乎乾，是以「履虎尾，不咥人，亨」。

《程傳》：「履，人所履之道也。天在上而澤處下，以柔履藉於剛，上下各得其義，事之至順，理之至當也。人之履行如此，雖履至危之地，亦无所害，故履虎尾而不見咥噬，所以能亨也。」〔四〕

〔一〕李鼎祚《周易集解》卷三引。

〔二〕《周易程氏傳》卷一：「履，踐也，藉也。履物爲踐，履於物爲藉。以柔藉剛，故爲履也。不曰剛履柔，而曰柔履剛者，剛乘柔，常理不足道。故《易》中唯言柔乘剛，不言剛乘柔也。言履藉於剛，乃見卑順説應之義。」

〔三〕《周易程氏傳》卷一：「兑以陰柔履藉乾之陽剛，柔履剛也。兑以説順應乎乾剛而履藉之，下順乎上，陰承乎陽，天下之正理也。所履如此，至順至當，雖履虎尾，亦不見傷害。以此履行，其亨可知。」

〔四〕《周易程氏傳》卷一。

胡氏炳文曰：「《大傳》云：『易之興也，其當文王與紂之事邪？是故其辭危。』危莫危於履虎尾之辭矣，故九卦處憂患，以履爲首。」〔一〕

剛中正，履帝位而不疚，光明也。

《程傳》：「疚謂疵病，『夬履』是也。光明，德盛而輝光也。」〔二〕

愚按：《中庸》云：「君子内省不疚，无惡於志。」凡履上位者有疚心，即仰愧而俯怍矣，不獨履帝位爲然。

象曰：上天下澤，履。君子以辯上下、定民志。

《程傳》：「上下之分明，然後民志有定。民志定，然後可以言治，民志不定，天下不可得而治也。」〔三〕

愚按：「辯上下」二句，非專制也，蓋履者禮也。《尚書》言「天敘有典，天秩有

〔一〕李光地《御纂周易折中》卷二。
〔二〕《周易程氏傳》卷一。
〔三〕《周易程氏傳》卷一。

禮」〔一〕，《孟子》言「無禮義則上下亂」〔二〕，是故上下無等，則國事棼，民志不定，則國本危。

初九：素履往无咎。

《程傳》：「安履其素而往者，非苟利也，獨行其志願耳。獨，專也。若欲貴之心與行道之心，交戰于中，豈能安履其素也？」〔三〕

李氏心傳曰：「素履往，即《中庸》所謂素位而行者也；獨行願，即《中庸》所謂不願乎其外者也。」〔四〕

愚按：《中庸》準易而作，李說極精。惟素位而行，故能無入而不自得，君子隨時躬行，即隨時學習。

象曰：素履之往，獨行願也。

〔一〕《尚書·皋陶謨》。
〔二〕《孟子·盡心下》。
〔三〕《周易程氏傳》卷一。
〔四〕李光地《御纂周易折中》卷一一《象上傳》引。《中庸》文作：「君子素其位而行，不願乎其外。素富貴行乎富貴，素貧賤行乎貧賤，素夷狄行乎夷狄，素患難行乎患難。君子無入而不自得焉。」

荀氏爽曰：「素履者，謂布衣之士，未得居位，獨行禮義，不失其正，故无咎。」〔一〕

愚按：獨行願，如復卦之中行，獨復有浩浩落落之意，惟心術廉正者能之。

九二：履道坦坦，幽人貞吉。

虞氏翻曰：「二失位，變成震，爲道，爲大塗。」

《程傳》：「雖所履得坦易之道，亦必幽靜安恬之人處之，則能貞固而吉也。九二陽志上進，故有幽人之戒。」〔二〕

愚按：《論語》「君子坦蕩蕩」〔三〕即本此義。讀以上兩爻，覺清潔之心自生，鄙吝念自消，《周易》所以爲洗心之學也。

象曰：「幽人貞吉」，中不自亂也。

《程傳》：「履道在於安靜。其中恬正，則所履安裕。中若躁動，豈能安其所履？故必幽人，則能堅固而吉。蓋其中心安靜，不以利欲自亂也。」〔四〕

〔一〕李鼎祚《周易集解》卷三引。
〔二〕《周易程氏傳》卷一。按，「雖所履」，原作「所履雖」，據程氏文乙。
〔三〕《論語·述而》。
〔四〕《周易程氏傳》卷一。按，「則能堅固」之「能」原脱，據程氏文補。

愚按：幽人，即《考槃》詩所謂「碩人」〔一〕；白駒，《蒹葭》詩所謂「伊人」〔二〕，皆是廉潔而高尚者也。《楚辭》云：「彼堯舜之耿介兮，既遵道而得路，何桀紂之猖披兮，夫惟捷徑以窘步。」不自亂者，不好名而求利，故能遵道得路，若爲邪行，趨捷徑，則營營擾擾，如行荆棘中矣。故素履者，先自正己，不求人始。

六三：眇能視，跛能履。履虎尾，咥人凶。武人爲于大君。

虞氏翻曰：「離目不正，故眇而視。」〔三〕愚按：兑卦二四互離，故云「離目不正」。

《本義》：「六三不中不正，柔而志剛，以此履乾，必見傷害，故其象如此，而占者凶，又爲剛武之人得志而肆暴之象，如秦政項籍，豈能久也。」〔四〕

愚按：一陰在初，爲姤女主之象；一陰進二，爲同人於宗，爲宗室干政之象；一陰進三，爲武人專政，欲行帝制之象；至於咥人之凶，居位不當則天下亂，而生民受

〔一〕《詩·衛風·考槃》：「考槃在澗，碩人之寬。獨寐寤言，永矢弗諼。」
〔二〕《詩·秦風·蒹葭》：「蒹葭蒼蒼，白露爲霜。所謂伊人，在水一方。遡洄從之，道阻且長。遡游從之，宛在水中央。」
〔三〕李鼎祚《周易集解》卷三引。原作：「離目不正，兑爲小，故眇而視。」
〔四〕朱子《周易本義》。

害矣，豈不痛哉！

象曰：「眇能視」，不足以有明也。「跛能履」，不足以與行也。咥人之凶，位不當也。「武人爲于大君」，志剛也。

侯氏果曰：「六三，兑也。卦有離巽，離爲目，巽爲股，體俱非正，雖能視，眇目者也；雖能履，跛足者也。」故曰不足以有明與行，是其義也。〔一〕

《程傳》：「以武人爲喻者，以其處陽，才弱而志剛也。志剛則妄動，所履不由其道，如武人而爲大君也。」〔二〕

愚按：志剛者，以木爻爲陽位也。志剛躁動，柔不能濟之，武人爲大君，危機迫矣，史書所載，比比然也。

九四：履虎尾，愬愬終吉。

《釋文》：「愬愬，馬本作『虩虩』。」〔三〕《説文》引亦作「虩虩」。〔四〕

〔一〕李鼎祚《周易集解》卷三引。按，「侯氏」原誤作「候氏」。

〔二〕《周易程氏傳》卷一。按，「不由其道」，原作「不由正道」，據程氏文改。

〔三〕陸德明《經典釋文·周易音義》。

〔四〕《説文解字》卷五「虎部」：「虩，《易》『履虎尾虩虩』，恐懼。一曰蠅虎也。」

虞氏翻曰：「體與下絶，四多懼，故愬愬。變體坎，得位，承五應初，故終吉。象曰：『志行也。』」〔一〕

胡氏炳文曰：「《本義》於三之『履虎尾』曰：不中不正以履乾，是以乾爲虎，而三在其後也。於四之『履虎尾』，則曰：亦以不中不正履九五之剛，是以九五爲虎，而四在其後也。三四皆不中正，而占有不同者，『三多凶』，以柔居剛，其凶也宜。『四多懼』，以剛居柔，所以終吉。」〔二〕

愚按：此爻亦謂文王因羑里之象，終吉者，終得脱險，三分有二以服事殷是也。虎象，或以艮爲虎，或以兑爲虎，實則易卦取象變動不居，未可拘泥也。《繫辭傳》云「四多懼」，居上卦之下，下卦之上，惟兢業乃能自保其位，故終吉。卿大夫以驕恣取禍者多矣，史書所載，可履按也。

象曰：「愬愬終吉」，志行也。

愚按：愬愬，與乾三爻「乾乾」同，皆文王之德。

〔一〕李鼎祚《周易集解》卷三引。
〔二〕李光地《御纂周易折中》卷二引。按，「其凶也宜」之「宜」，原作「直」，據胡氏文改。

九五：夬履，貞厲。

《程傳》：「古之聖人，居天下之尊，明足以照，剛足以決，勢足以專，然而未嘗不盡天下之議，雖芻蕘之微必取，乃其所以爲聖也，履帝位而光明者也。若自任剛明，決行不顧，雖使得正，亦危道也，可固守乎？有剛明之才，苟專自任，猶爲危道，況剛明不足者乎？《易》中云『貞厲』，義各不同，隨卦可見。」[一]

愚按：易例，有世卦例，有旁通例，有之正例，又有上下兩卦相易之例。履與夬上下兩卦相易，故曰夬履。夬揚於王庭，宣教布化，故居五得正，然孚號有厲，故曰貞厲，勉居高位者之守貞也。

象曰：「夬履貞厲」，位正當也。

干氏寶曰：「夬，決也，居中履正，爲履貴主，萬方所履，一決於前，恐夬失正，恒懼危厲，故曰『夬履貞厲』，位正當也。」[二]

上九：視履考祥，其旋元吉。

[一]《周易程氏傳》卷一。

[二] 李鼎祚《周易集解》卷三引。

《釋文》：「祥，本亦作『詳』。」〔一〕

《程傳》：「上處履之終，於其終視其所履行，以考其善惡禍福，若其旋，則善且吉也。旋謂周旋完備，无不至也。人之所履，考視其終，若終始周完无疚，善之至也，是以元吉。人之吉凶，係其所履善惡之多寡，吉凶之小大也。」〔二〕

愚按：祥，以《釋文》作「詳」爲是。考祥者，復五爻之中以自考，詳晰周至，内省不疚，故爲元吉。

象曰：「元吉」在上，大有慶也。

盧氏植曰：「王者履禮於上，則萬方有慶於下。」〔三〕

《程傳》：「上，履之終也。人之所履，善而吉至，其終周旋无虧，乃大有福慶之人也。人之行，貴乎有終。」〔四〕

愚按：此爻係承五爻而言，能守正而消厲，則上得元吉矣。元者善之長，其自省

〔一〕陸德明《經典釋文·周易音義》。
〔二〕《周易程氏傳》卷一。
〔三〕李鼎祚《周易集解》卷三引。
〔四〕《周易程氏傳》卷一。

與復初爻同，故占亦曰元吉。《繫辭傳》曰：「顯道神德行，是故可與酬酢。」[一]可與應世，則周旋元吉矣。

謙䷎ 艮下坤上

愚按：謙卦爲憂患第二卦。六十四卦中，惟謙卦六爻皆吉，處人情世故，必以謙恭爲主，聖人教後學之心，於此可見。

謙亨。君子有終。

虞氏翻曰：「乾上九來之坤，與履旁通，天道下濟，故亨。」[二]彭城蔡景君説：「剥上來之三。」[三]又曰：「君子謂三，艮終萬物，故君子有終。」[四]

愚按：周文作《易》彖辭，專提倡「君子教育」，於坤卦發其例。謙德爲君子之本，

[一]《繫辭上傳》第九章。
[二] 李鼎祚《周易集解》卷四引。
[三] 李鼎祚《周易集解》卷四引。
[四] 李鼎祚《周易集解》卷四引。按，「謂三」原作「爲三」，據虞氏文改。

始終惟一之旨，故曰君子有終。

彖曰：謙亨，天道下濟而光明，地道卑而上行。

荀氏爽曰：「乾來之坤，故下濟，陰去爲離，陽來成坎。日月之象，故光明也。」〔一〕

侯氏果曰：「此本剥卦，乾之上九，來居坤三，是天道下濟而光明也。坤之六三，上升乾位，是地道卑而上行也。」〔二〕

蔡氏淵曰：「『下濟而光明』，艮也。艮有光明之象，故艮之象曰『其道光明』，謂艮陽止乎上，陰不得而掩之也。」〔三〕

天道虧盈而益謙，地道變盈而流謙，鬼神害盈而福謙，人道惡盈而好謙。謙尊而光，卑而不可踰，君子之終也。

《程傳》：「以天行而言，盈者則虧，謙者則益，日月陰陽是也。以地勢而言，盈滿者傾變而反陷，卑下者流注而益增也。鬼神，謂造化之跡，盈滿者禍害之，謙損者福

〔一〕李鼎祚《周易集解》卷四引。
〔二〕李鼎祚《周易集解》卷四引。
〔三〕李光地《御纂周易折中》卷九《彖上傳》引。

佑之，凡過而損，不足而益者，皆是也。人情疾惡於盈滿而好與於謙巽也。謙者人之至德，故聖人詳言，所以戒盈而勸謙也。謙爲卑巽也，而其道尊大而光顯，自處雖卑屈，而其德實高不可加尚。」〔一〕

愚按：天道虧益，晦朔之象也。凡裕謙德之至者，必涵天地江海之量，變形流謙者，流水之爲物，雖千條萬派，苟沿而不止，必達於江海而後已，人可自隘其量乎哉！「鬼神害盈」二句，史書所載，指不勝屈，實即本經所謂「積善必有餘慶，積不善必有餘殃」也〔二〕。人心一念之起，鬼神隨之，可畏哉！

象曰：地中有山，謙。君子以裒多益寡，稱物平施。

虞氏翻曰：「裒，取也。艮爲多。坤爲寡。乾爲物，爲施。坎爲平。謙乾盈，益謙，故以裒多益寡，稱物平施。」〔三〕

侯氏果曰：「裒，聚也。象云天道謙益。則謙之大者，天益之以大福；謙之小

〔一〕《周易程氏傳》卷二。按，「謙者人之至德」之「者」原脱，據程氏文補。
〔二〕《易・坤卦・文言》曰：「積善之家，必有餘慶。積不善之家，必有餘殃。」
〔三〕李鼎祚《周易集解》卷四引。

者，謙益之以小福，故君子則之。以大益施大德，以小益施小德，是稱物平施也。」〔一〕

《程傳》：「君子觀謙之象，山而在地下，是高者下之，卑者上之，見抑高舉下、損過益不及之義。」〔二〕

愚按：裒多，謂積累之義。稱物，謂窮理之方。《大學》言平天下，所以平人心之不平而後臻於太平，是故博施之道，尤貴平施，而實則綜於在上者之一心，心平則所施各得其平。王陽明先生訓格物云：「正其不正以歸於正。」〔三〕吾謂稱物者當平其不平以達於平。

初六：謙謙君子，用涉大川，吉。

荀氏爽曰：「初最在下爲謙，二陰承陽，亦爲謙，故曰謙謙。」〔四〕

《程傳》：「初六以柔順處謙，又居一卦之下，爲自處卑下之至，謙而又謙也。」「自

〔一〕李鼎祚《周易集解》卷四引。

〔二〕《周易程氏傳》卷二。

〔三〕王守仁《大學問》：「物者，事也，凡意之所發必有其事，意所在之事謂之物。格者，正也，正其不正以歸於正之謂也。」

〔四〕李鼎祚《周易集解》卷四引。

處至謙，衆所共與，雖用涉險難，亦无患害，況居平易？何所不吉也？」[一]

愚按：《禮記·曲禮》篇云：「禮者自卑而尊人。」君子處世，内文明而外柔順，人皆樂附之，則履險如夷矣。讀此爻與讀履卦初爻，胸中皆有浩浩落落氣象，此周公師文王，提倡「君子教育」也。

又按《易》例，凡卦名重疊者，皆有極至之義，如乾卦之「乾乾」、坎卦之「坎坎」、謙卦之「謙謙」、蹇卦之「蹇蹇」、夬卦之「夬夬」、井卦之「井井」等皆是也。

象曰：「謙謙君子」，卑以自牧也。

《九家易》曰：「承陽卑謙，以陽自牧養也。」[二]

王氏宗傳曰：「謙，卑德也。初，卑位也。養德之地，未有不基於至卑之所，所養也至，則愈卑而愈不卑矣。」[三]

六二：鳴謙，貞吉。

《程傳》：「二以柔順居中，是爲謙德積於中。謙德充積於中，故發於外，見於聲

[一]《周易程氏傳》卷二。
[二]李鼎祚《周易集解》卷四引。
[三]李光地《御纂周易折中》卷一一《象上傳》引。

音顏色，故曰鳴謙。居中得正，有中正之德也，故云貞吉。凡貞吉，有爲貞且吉者，有爲得貞則吉者，六二之貞吉，所自有也。」〔一〕

象曰：「鳴謙，貞吉」，中心得也。

虞氏翻曰：「中正，謂二，坎爲心也。」〔二〕

胡氏瑗曰：「中心得者，言君子所作所爲皆得諸心，然後發之於外，故此謙謙，皆由中心得之，以至於聲聞流傳也。」〔三〕

愚按：胡説極是。「中心得」，非得意忘言之謂，言隨時隨處皆謙恭自抑，而行無不慊於心也。

九三：勞謙君子，有終吉。

愚按：此一卦之主，即六爻之主，故其辭與彖辭相合。《易》例，凡一陽統五陰者，即爲卦主，如復初、師二等皆是。《繫辭傳》引此爻而釋之曰：「勞而不伐，有功而

〔一〕《周易程氏傳》卷二。
〔二〕李鼎祚《周易集解》卷四引。
〔三〕李光地《御纂周易折中》卷一一《象上傳》引。

不德，厚之至也。語以其功，下人者也。」〔一〕按：此爻惟文王、周公足以當之。文王自朝至于日中昃，不遑暇日，諴和萬民；周公仰而思之，夜以繼日，吐哺握髮，皆可謂至勞矣。宋歐陽子曰：「憂勞可以興國。」〔二〕斯其爲興國之象乎？

象曰：「勞謙君子」，萬民服也。

俞氏琰曰：「爻辭本以『勞謙』句點，爻傳又以『君子』二字屬之，言勞而能謙，乃君子之德也。」〔三〕

愚按：《孟子》曰：「以德服人者，中心説而誠服也。」〔四〕又曰：「得其民有道，得其心，斯得民矣。」〔五〕民心服則民自然歸嚮，坤爲民，衆陰服於一陽，故萬民服。

六四：无不利，撝謙。

〔一〕《易·繫辭上傳》第八章。
〔二〕《新五代史·伶官傳》。
〔三〕李光地《御纂周易折中》卷一一《象上傳》引。
〔四〕《孟子·公孫丑上》。
〔五〕《孟子·離婁上》。

馬氏融曰：「撝，猶離也。」鄭君曰：「撝讀爲宣。」〔一〕愚按：離、宣，皆散布之義。

《程傳》：「四居上體，切近君位，六五之君，又以謙柔自處，九三又有大功德，爲上所任、衆所宗，而己居其上，當恭畏以奉謙德之君，卑巽以讓勞謙之臣，動作施爲，无所不利於撝謙也。」〔二〕

象曰：「无不利，撝謙」，不違則也。

《程傳》：「四以處近君之地，據勞臣之上，故凡所動作，靡不利於施謙，如是然後中於法則，故曰『不違則』也。」〔三〕

《周易折中》云：「『无不利撝謙』，《本義》作兩句，《程傳》作一句，觀夫子《象傳》，程説近是。」〔四〕

愚按：《易》无不利句，周公於坤卦發其例，言隨時隨地彼此皆利也。惟爻例有

〔一〕引自陸德明《經典釋文·周易音義》：「撝，毁皮反，指撝也，義與『麾』同，《書》云『右秉白旄以麾』是也。馬云『撝，猶離也』，鄭讀爲『宣』。」

〔二〕《周易程氏傳》卷二。

〔三〕《周易程氏傳》卷二。

〔四〕李光地《御纂周易折中》卷三。按，「折中」原作「折衷」，今統改作「折中」，後同。

數、有象、有占，此占在先而象在下，亦變例耳。

六五：不富以其鄰，利用侵伐，无不利。

荀氏爽曰：「鄰，謂四與上也，自四以上乘陽，乘陽失實，故皆不富。五居中有體，故總言之。」〔一〕

《程傳》：「富者衆之所歸，惟財爲能聚人。五以君位之尊，而執謙順以接於下，衆所歸也，故不富而能有其鄰也。然君道不可專尚謙柔，必須威武相濟，然後能懷服天下，故利用行侵伐也。威德並著，然後盡君道之宜，而無不利。」〔二〕

象曰：「利用侵伐」，征不服也。

荀氏爽曰：「不服，謂五也。」〔三〕

李氏鼎祚曰：「六五離爻，離爲戈兵，侵伐之象也。」〔四〕

〔一〕李鼎祚《周易集解》卷四引。
〔二〕《周易程氏傳》卷二。
〔三〕李鼎祚《周易集解》卷四引。
〔四〕此爲李鼎祚《周易集解》卷四的按語。原刻作「孫氏星衍曰」，今是正。

何氏楷曰：「侵伐非黷武，以其不服，不得已而征之，正以釋征伐用謙之義。」〔一〕

愚按：五爲君位，荀氏謂「不服」謂五，謂不服五耳。

上六：鳴謙。利用行師征邑國。

虞氏翻曰：「應在震，故曰鳴謙。體師象，震爲行，坤爲邑國，利五之正，已得從征。」〔二〕

《程傳》：「六以柔處柔，順之極，又處謙之極，極乎謙者也。以極謙而反居高，未得遂其謙之志，故至發於聲音，又柔處謙之極，亦必見於聲色，故曰鳴謙。」〔三〕

象曰：「鳴謙」，志未得也。可用行師，「征邑國」也。

《周易折中》云：「《象傳》意言上六之鳴謙，由其中心之志，欲然不自滿足故也，是以雖可『用行師』，而但征其邑國，蓋始終自治之意，亦猶同人之上，其志未得者，乃未能遂其大同之心也。」〔四〕

〔一〕李光地《御纂周易折中》卷一一《象上傳》引。
〔二〕李鼎祚《周易集解》卷四引。
〔三〕《周易程氏傳》卷二。按，「柔處謙之極」，原作「柔處柔之極」，據程氏文改。
〔四〕李光地《御纂周易折中》卷一一《象上傳》引。

愚按：《折中》説極是。古人用師，專以自治，倘好戰擾民，則成迷復之凶矣。

復䷗ 震下坤上

愚按：復卦爲憂患第三卦。《周易》爲心學之書，而復卦尤爲修養心學之始。天地之心，實寓於人，欲修其身者，先正其心，故初學於本卦，尤宜熟讀而心體之。

復亨。出入无疾，朋來无咎。

虞氏翻曰：「謂出震成乾，入巽成坤，坎爲疾，十二消息，不見坎象，故出入无疾；兑爲朋，在内稱來五，陰從初，初陽正息而成兑，故朋來无咎矣。」[一]

愚按：出入无疾，孔子所云「出入无時」也[二]，朋來无咎，《易》例陰爲朋，陰從於陽，息臨成泰，故无咎也。

[一] 李鼎祚《周易集解》卷六引。
[二] 《孟子·告子上》載云：「孔子曰：『操則存，舍則亡。出入無時，莫知其鄉。』惟心之謂與？」

反復其道，七日來復。

鄭氏康成曰：「建戌之月，以陽氣既盡，建亥之月，純陰用事，至建子之月，陽氣始生，隔此純陰一卦，卦主六日七分，舉其成數言之，故云『七日來復』。」[一]

愚按：七日來復，自五月姤卦一陰始生，至此七爻而一陽來復，乾元之初息，天運之自然也。乾之終日乾乾，反復道，息泰成大壯，本卦反復其道，出坤息震，七日之義，以鄭爲正。

利有攸往。

虞氏翻曰：「陽息臨成乾，小人道消，君子道長，故利有攸往矣。」[二]

愚按：剥之不利有攸往，小人長也。復之利有攸往，剛長也。復剛始反，至臨則剛浸而長，成泰則君子道長，小人道消也。後世用人，不知君子小人之分，辨之不早辨，陰消而國危，哀哉！

[一] 孔穎達《周易正義・序》引。按，「既盡」原作「始盡」，據鄭氏文改。

[二] 李鼎祚《周易集解》卷六引。

象曰：「復亨」，剛反。動而以順行，是以「出入无疾」，「朋來无咎」。

侯氏果曰：「陽上出，君子道長也；陰下入，小人道消也。動而以行，故出入无疾，朋來无咎矣。」[一]

「反復其道，七日來復」，天行也。

侯氏果曰：「天地運往，陰陽升復，凡歷七月，故曰七日來復，此天之運行也。《豳詩》曰：『一之日觱發，二之日栗烈。』一之日，周之正月也，二之日，周之二月也，則古人呼月爲日明矣。」[二]

愚按：六十四卦惟蠱、剥、復《彖傳》言天行，蓋皆取消息之義。

「利有攸往」，剛長也。

荀氏爽曰：「利往居五，剛道浸長也。」[三]

復其見天地之心乎。

[一] 李鼎祚《周易集解》卷六引。

[二] 李鼎祚《周易集解》卷六引。按，「凡歷七月」原作「凡歷七日」，據侯氏文改。

[三] 李鼎祚《周易集解》卷六引。

荀氏爽曰：「復者冬至之卦，陽氣初九，爲天地心，萬物所始，吉凶之先，故曰見天地之心矣。」〔一〕

愚按：所謂見天地之心者何也？曰：天包乎地，人居地之上，故《禮記・禮運》篇曰：「人者，天地之心也。」是人心即天地之心也，而特於復卦見之，何也？蓋天地之心，生理也；而人之心，實具生生之性。生生者，《易》之理，復之幾，其發也則爲善氣。復者，善氣之始息也。《繫辭傳》曰：「天地之大德曰生。」〔二〕凡人雖至愚極惡，亦必有良知之發現，此即天地之大德，即天地之心也。清初大儒湯潛庵先生謂：「凡人能以『《孟子》今人乍見孺子將入於井』二句常存於心，即可上達天德。」〔三〕天德者何？生生之理也。而後世多有以嗜殺爲心者，何也？清夜自思，其亦有良心之復乎？

象曰：雷在地中，復。先王以至日閉關，商旅不行，后不省方。

〔一〕李鼎祚《周易集解》卷六引。

〔二〕《易・繫辭下傳》第一章。

〔三〕《湯潛庵語録》云：「先生臨殁，漏下二鼓，猶戒子溥等曰：『《孟子》言乍見孺子入井，皆有怵惕惻隱之心。汝等當養此真心，真心時時發見，則可上與天通，若但依成規，襲外貌，終爲鄉愿，無益也。』文下注：許多事業，都從這點真心推暨出來，先生得力在此，宜其臨終猶諄諄也。」載《五種遺規・訓俗遺規》卷三。

《程傳》：「雷者，陰陽相薄而成聲，當陽之微，未能發也。雷在地中，陽始復之時也。陽始生於下而甚微，安靜而後能長。先王順天道，當至日陽之始生，安靜以養之，故閉關，使商旅不得行，人君不省視四方，觀復之象而順天道也。」〔一〕

愚按：《論語》曰：「我欲仁，斯仁至矣。」〔二〕先儒以爲即本心呈露，一陽來復之象，冬至時也〔三〕。愚謂即此可知十一月爲復，十二月爲臨，正月爲泰，二月爲大壯，三月爲夬，四月入乾，五月爲姤，六月爲屯，七月爲否，八月爲觀，九月爲剥，十月則入坤，於聖傳已有明文矣。故初學當以「至日」爲洗心之始，保善念而勿失功夫。再進則每日之「明發不寐，有懷二人」，猶至日也。復與姤旁通。「后不省方」與「后以施命

〔一〕《周易程氏傳》卷二。
〔二〕《論語·述而》。
〔三〕黄宗羲《明儒學案》卷三七《甘泉學案一》《答陽明論格物》云：「先生曰：『冬至一陽初動，所爲來復時也。天地之心，何時不在？特於動物時見耳。人心一念萌動，即是初心，無有不善，如孟子乍見孺子將入於井，便有怵惕惻隱之心，乍見處亦是初心復時也。人之良心，何嘗不在？特於初動時見耳。若到納交要譽，惡其聲時，便不是本來初心了。故孟子欲人就於初動處擴充涵養，以保四海。若識得此一點初心真心，便是天理。由此平平坦坦，持養將去，可也。若夫不消言復一語，恐未是初學者事，雖顔子亦未知此道。顔子猶不遠復，毋高論，要力行實地有益耳。』」

誥四方」相對。

初九：不遠復，无祇悔，元吉。

《程傳》：「復者，陽反來復也。陽，君子之道，故復爲反善之義，初剛陽來復，處卦之初，復之最先者也，是不遠而復也。失而後有復，不失則何復之有？惟失之不遠而復，則不至於悔，大善而吉也。」[一]

愚按：不遠之復，有因「良知乍露」者，有因「致良知而得之」者，如顏子「有不善未嘗不知，知之未嘗復行」，是先行致知功夫，故能造於精密之域。學者於此，最當隨時體念。周公深勉人心之「不遠復」，故繫之曰「元吉」。元者，善之長也。

象曰：「不遠」之復，以修身也。

《程傳》：「不遠而復者，君子所以修其身之道也。學問之道无他也，唯其知不善則速改以從善而已。」[二]

六二：休復，吉。

[一]《周易程氏傳》卷二。

[二]《周易程氏傳》卷二。

《程傳》：「二雖陰爻，處中正而切比於初。志從於陽，能下仁也，復之休美者也。復者，復於禮也。復禮則爲仁，初陽復，復於仁也。二比而下之，所以美而吉也。」〔一〕

象曰：「休復」之吉，以下仁也。

《程傳》：「爲復之休美而吉者，以其能下仁也。仁者，天下之公，善之本也。初復於仁，二能親而下之，是以吉也。」〔二〕

愚按：休復，則有休和虛受之意，「存養」之功也。召康公《卷阿》之詩：「泮奂爾游矣，優游爾休矣。」〔三〕學者能優游爾休，俾此心湛然清明，休養於義理之域，自然漸進於仁矣。《孟子》曰：「仁，人心也。」又曰：「學問之道無他，求其放心而已矣。」〔四〕求放心，即復於仁也。

六三：頻復，厲，无咎。

〔一〕《周易程氏傳》卷二。
〔二〕《周易程氏傳》卷二。按，「爲復」，原作「謂復」，據程氏文改。
〔三〕《詩·大雅·卷阿》。
〔四〕《孟子·告子上》載孟子曰：「仁，人心也；義，人路也。舍其路而弗由，放其心而不知求，哀哉！人有雞犬放，則知求之；有放心，而不知求。學問之道無他，求其放心而已矣。」

《程傳》：「三以陰躁，處動之極，復之頻數而不能固者也。復貴安固，頻復頻失，不安於復也，復善而屢失，危之道也。聖人開遷善之道，與其復而危其屢失，故云『厲无咎』。」〔一〕

愚按：思慮太多，悔過太迫，則本心煩擾而不寧。「季文子三思後行，子曰：再，斯可矣。」〔二〕三思，正頻復之象，故雖厲而无咎。「頻」一作「顰」，二字通。

象曰：「頻復」之厲，義无咎也。

《程傳》：「頻復頻失，雖爲危厲，然復善之義則无咎也。」〔三〕

侯氏果曰：「處震之極，以陰居陽，懼其將危，頻蹙而復，履危反道，義亦无咎也。」〔四〕

六四：中行獨復。

愚按：不復則微有迫促不寧之意，本心雖危，以義決之，則可无咎。

〔一〕《周易程氏傳》卷二。
〔二〕《論語・公冶長》。
〔三〕《周易程氏傳》卷二。
〔四〕李鼎祚《周易集解》卷六引。

鄭氏康成曰：「爻處五陰之中，度中而行，四獨應初。」〔一〕

《程傳》：「此爻之義，最宜詳玩。四行羣陰之中，而獨能復，自處於正，下應於陽剛，其志可謂善矣。不言吉凶者，蓋四以柔居羣陰之間，初方甚微，不足以相援，无可濟之理，故聖人但稱其能獨復耳。」〔二〕

象曰：「中行獨復」，以從道也。

虞氏翻曰：「中謂初，震爲行，初一陽爻，故稱獨。四得正應初，故曰『中行獨復，以從道也』。」〔三〕

《程傳》：「稱其獨復者，以其從陽剛君子之善道也。」〔四〕

愚按：中行獨復，則有天資高邁，獨行其是之意。陽謂君子，程子謂「從君子之道」，極精。傳曰：「能自得師者王，謂人莫己若者亡。」〔五〕若處羣陰之中而不知從善

〔一〕李道平《周易集解纂疏》卷四引。
〔二〕《周易程氏傳》卷二。按，「最宜」原誤作「最宣」；「初方」原作「初陽」：據程氏文改。
〔三〕李鼎祚《周易集解》卷六引。
〔四〕《周易程氏傳》卷二。
〔五〕《書·仲虺之誥》。

道，則迷復而凶矣。《繫辭傳》曰：「一陰一陽之謂道。」〔一〕從道者，陰從於陽也。

六五：敦復，无悔。

《程傳》：「六五以中順之德，處君位，能敦篤於復善者也，故无悔。」「陽復方微之時，以柔居尊，下復无助，未能致亨吉也，能无悔而已。」〔二〕

胡氏炳文曰：「不遠復者，善心之萌。敦復者，善行之固。故初九无祇悔，敦復則可无悔也。不遠復，入德之事也。敦復，其成德之事歟？」〔三〕

愚按：敦字最宜詳味，始而敦厚，大之則敦化矣。故本經中如敦臨、敦艮等，皆吉也。「无悔」與初爻「无祇悔」相應。无祇悔者，無適然之悔；無悔者，始終無所悔，功夫更進矣。

象曰：「敦復，无悔」，中以自考也。

《程傳》：「以中道自成也，五以陰居尊，處中而體順，能敦篤其志，以中道自成，

〔一〕《易·繫辭上傳》第五章。
〔二〕《周易程氏傳》卷二。
〔三〕李光地《御纂周易折中》卷四引。

則可以无悔也。自成謂成其中順之德。」〔一〕

愚按：敦復則有孳孳加勉之意。中以自考者，始則提撕警覺，終則居敬無間。《繫辭傳》曰：「復以自知。」〔二〕惟自考所以能自知。曾子「日三省其身」，子夏「日知所亡，月無忘所能」〔三〕，即自考之法。學者之所以不能成德者，皆由自考之法疏也。

上六：迷復，凶，有災眚。用行師，終有大敗。以其國君凶，至于十年不克征。

虞氏翻曰：「坤冥爲迷，高而无應，故凶。五變正時，坎爲災眚，故有災眚也。」〔四〕

《程傳》：「以陰柔居復之終，終迷不復者也。迷而不復，其凶可知。『有災眚』，災，天災，自外來；眚，己過，由自作。既迷不復善，在己則動，皆過失，災禍亦自外而至，蓋己所招也。迷道不復，用以行師，則終有大敗。以之爲國，則君之凶也。十年者，數之終。至於十年不克征，謂終不能行，既迷於道，何時而可行也？」〔五〕

〔一〕《周易程氏傳》卷二。

〔二〕《易・繫辭下傳》第七章。

〔三〕《論語・學而》載曾子曰：「吾日三省吾身：爲人謀而不忠乎？與朋友交而不信乎？傳不習乎？」《子張》載子夏曰：「日知其所亡，月無忘其所能，可謂好學也已矣。」

〔四〕李鼎祚《周易集解》卷六引。

〔五〕《周易程氏傳》卷二。按，「蓋己所招也」，程氏文無「己」字；「迷道不復」後，程氏文有「无施而可」句。

象曰：「迷復」之凶，反君道也。

虞氏翻曰：「姤乾爲君，坤陰滅之，以國君凶，故曰反君道也。」〔一〕

《程傳》：「復則合道，既迷於復，與道相反也。其凶可知，以其國君凶，謂其『反君道』也。人君居上而治衆，當從天下之善，乃迷於復，反君之道也。非止人君，凡人迷於復者，皆反道而凶。」〔二〕

愚按：此所謂喪失其本心者也。本心既迷而不復，則天君昏昧矣，如是而用以行師，焉得不滅亡，此千古君道之炯戒。

恒䷟ㅤ巽下震上

愚按：恒卦爲憂患第四卦。夫婦之道，恒久而不已，故男動於外，女順於內，人

〔一〕李鼎祚《周易集解》卷六引。
〔二〕《周易程氏傳》卷二。

心尤貴有恒。孔子曰：「得見有恒者，斯可矣。」〔一〕

恒亨无咎，利貞，利有攸往。

鄭氏康成曰：「恒，久也。巽爲風，震爲雷，雷風相須而養物」，「久長之道也」。「夫婦以嘉會禮通，故无咎；其能和順幹事，所行善矣。」〔二〕

虞氏翻曰：「恒，久也，與益旁通，乾初之坤四，剛柔皆應，故通无咎利貞。初利往之四，終變成益，則初、四、二、五皆得其正，終則有始，故利有攸往也。」〔三〕

《程傳》：「恒所以能亨，由貞正也，故云利貞。夫所謂恒，謂可恒久之道，非守一隅而不知變也。故利於有往，惟其有往，故能恒也，一定則不能常矣。又常久之道，何往不利。」〔四〕

愚按：利物足以和義，凡人能存心利物，和順於道德而理於義，自然攸往咸宜，故既言利貞，又言利有攸往。

〔一〕《論語·述而》。
〔二〕李鼎祚《周易集解》卷七引。
〔三〕李鼎祚《周易集解》卷七引。
〔四〕《周易程氏傳》卷三。

彖曰：恒，久也。剛上而柔下，雷風相與，巽而動，剛柔皆應，恒。

蜀才曰：「此本泰卦。按：六四降初，初九升四，是剛上而柔下也，分乾與坤，雷也；分坤與乾，風也，是『雷風相與，巽而動』也。」〔一〕

鄭氏汝諧曰：「咸與恒皆剛柔相應，咸不著其義，恒則曰『剛柔皆應』。咸無心，恒有位也。有位而剛柔相應，其理也；無心而剛柔相應，其私也。能識時義之變易，斯可言《易》矣。」〔二〕

愚按：鄭氏説分析極精，惟宜會通其意，若誤以有爲而爲之，則涉於私矣。

「恒亨无咎，利貞」，久於其道也。天地之道，恒久而不已也。

虞氏翻曰：「泰，乾坤爲天地，謂終則復始，有親則可久也。」〔三〕

愚按：天地之道，惟其易知簡能，故能貞久。《繫辭傳》曰：「易簡而天下之理得矣。」〔四〕天下事不合於正理者，皆不能久存者也。

〔一〕李鼎祚《周易集解》卷七引。
〔二〕李光地《御纂周易折中》卷一〇《彖下傳》引。
〔三〕李鼎祚《周易集解》卷七引。
〔四〕《易·繫辭上傳》第一章。

「利有攸往」，終則有始也。

荀氏爽曰：「謂乾氣下終，始復升上，居四也。坤氣上終，始復降下，居初者也。」〔一〕

《程傳》：「天下之理，未有不動而能恒者，動則終而復始，所以恒而不窮。」〔二〕

愚按：《繫辭傳》云：「《易》，窮則變，變則通，通則久。」〔三〕惟其變通，是以貞久；否則滯而固，無論天道人事物理，皆不能久存矣。

日月得天而能久照，四時變化而能久成，聖人久於其道而天下化成。觀其所恒，而天地萬物之情可見矣。

虞氏翻曰：「動初成乾爲天，至二離爲日，至三坎爲月，故日月得天而能久照也。春夏爲變，秋冬爲化，變至二離夏，至三兑秋，至四震春，至五坎冬至，故四時變化而能久成，謂乾坤成物也。」〔四〕

龔氏煥曰：「『利貞久於其道』，體常也。『利有攸往，終則有始』，盡變也，體常而

〔一〕李鼎祚《周易集解》卷七引。
〔二〕《周易程氏傳》卷三。
〔三〕《易·繫辭下傳》第二章。
〔四〕李鼎祚《周易集解》卷七引。按，「成物」原作「化成萬物」，據虞氏文改。

後能盡變，盡變亦所以體常，天地萬物所以常久者，以其能盡變也。」〔一〕

愚按：天地日月、四時鬼神，聖人於乾卦《文言傳》詳言之，而於本卦復言之者，蓋天地間之恒久者，無過於是也，故曰天地萬物之情可見。《繫辭傳》曰：「天下之動，貞夫一者也。」〔二〕

象曰：雷風恒，君子以立不易方。

虞氏翻曰：「君子，謂乾三也。乾爲易，爲立；坤爲方。乾初之坤四，三正不動，故立不易方。」〔三〕

宋氏衷曰：「雷以動之，風以散之，二者常相薄，而爲萬物用，故君子象之，以立身守節而不易其道也。」〔四〕

愚按：方者，所也。君子所以自立於天地間者，道德而已矣。雷風爲至速之象，而君子取之以鎮定其心。洊雷者，天地震動之氣。恐懼修省者，君子震動之心。惟

〔一〕李光地《御纂周易折中》卷一〇《彖下傳》引。
〔二〕《易·繫辭下傳》第一章。
〔三〕李鼎祚《周易集解》卷七引。
〔四〕李鼎祚《周易集解》卷七引。

立不易方，然後臨時不更其所守也。愚嘗有言，世界無論如何摇動，脚跟必須立定，即此卦《大象傳》意義。

又按：宋司馬温公入朝時，每日所歷階磚，旁人窺之，不差尺寸。在温公出於無心，亦可見賢者心志之定静矣。

初六：浚恒，貞凶，无攸利。

侯氏果曰：「浚，深。」「始求深厚之位者也。位既非正，求乃涉邪，以此爲正，凶之道也。」〔一〕

胡氏瑗曰：「天下之事，必皆有漸，在乎積日累久，而後能成其功。是故爲學既久則道業可成，爲治既久則教化可行，皆未可驟而幾也，反是則欲速不達矣。」〔二〕

〔一〕李鼎祚《周易集解》卷七引。

〔二〕李光地《御纂周易折中》卷五引胡氏云：「天下之事，必皆有漸，在乎積日累久，而後能成其功。是故爲學既久，則道業可成，聖賢可到；爲治既久，則教化可行，堯舜可至。若是之類，莫不由積日累久而後至，固非驟而及也。初六居下卦之初，爲事之始，責其長久之道，永遠之效。是猶爲學之始，欲亟至於周孔；爲治之始，欲化及於堯舜。不能積久其事，而求常道之深，故於貞正之道見其凶也。『无攸利』者，以此而往，必無所利，孔子曰：『欲速則不達。』是也。」

愚按：《易》例，凡貪利者皆无攸利，如臨三爻之「甘臨」，大壯上爻之「不能退，不能遂」[一]，皆貪進者也，故皆无攸利，此爻亦同。

象曰：「浚恒」之凶，始求深也。

朱氏震曰：「初居巽下，以深入爲恒，上居震極，以震動爲恒，在始而求深，在上而好動，皆凶之道也。」[二]

愚按：聖賢痛惡一「求」字，子思子曰：「正己而不求於人，則無怨。」[三]《孟子》曰：「求之有道，得之有命，是求無益於得也。」[四]此爻爲始得位而即求久居之象，聖人力戒，其旨嚴矣。余嘗撰有《戒求篇》，可參考。

九二：悔亡。

虞氏翻曰：「失位，悔也。動而得正，處中多譽，故悔亡。」[五]

[一] 此大壯上六爻辭：「羝羊觸藩，不能退，不能遂。」按：原刻誤作《明夷》，今依經爲正。
[二] 李光地《御纂周易折中》卷一二《象下傳》引。
[三] 《禮記·中庸》。
[四] 《孟子·盡心上》載孟子曰：「求則得之，舍則失之，是求有益於得也，求在我者也。求之有道，得之有命，是求無益於得也，求在外者也。」
[五] 李鼎祚《周易集解》卷七引。

《程傳》：「九，陽爻，居陰位，非常理。處非其常，本當有悔，而九二以中德而應於五，五復居中，以中而應中，其處與動，皆得中也。」「能恒久於中，則不失正矣。中重於正，中則正矣，正不必中也。九二以剛中之德而應於中，德之勝也，足以亡其悔矣。」〔一〕

象曰：「九二悔亡」，能久中也。

荀氏爽曰：「乾爲久也，能久行中和，以陽據陰，故曰能久中。」〔二〕

愚按：《周易》「悔」字有二例：一則卦爻之變，一則心理之悔。如困卦之動悔有悔。動悔，卦爻之變。有悔，心理之悔。此爻所以悔亡者，以其能久中而應正，若誤以貪戀禄位而失其正道，則爲浚恒之凶矣。

九三：不恒其德，或承之羞，貞吝。

《周易折中》云：「《易》所最重者中，故卦德之不善者，過乎中則愈甚，睽、歸妹之類是也。卦德之善者，過乎中則不能守矣，復、中孚之類是也。況恒者，庸也，常也。

〔一〕《周易程氏傳》卷三。
〔二〕李鼎祚《周易集解》卷七引。

惟中故庸，未有失其中而能常者也。三上之爲不恒、振恒者，以此。」〔一〕

愚按：不恒之弊，在《論語》「南人」章〔二〕及「聖人吾不得見」章〔三〕最爲深切，宜參考。學者未有不恒其德而能成德者也。

象曰：「不恒其德」，无所容也。

愚按：「無所容」有二解：一謂無容人之量，一謂無所容置其身，二義可相通。二以失位而悔亡，三以得位而貞吝，猶大壯卦失位者皆吉，得位者轉凶。足徵《易》道之變動不居，不可爲典要，惟視凡人心幾爲轉移，可不慎耶？或以《象傳》「无所容」與離四相似〔四〕，實不合。

九四：田无禽。

虞氏翻曰：「田謂二也，地位稱田。无禽，謂五也。九四失位，利二上之五，已變

〔一〕李光地《御纂周易折中》卷五。

〔二〕《論語·子路》：「子曰：『南人有言曰：「人而無恒，不可以作巫醫。」善夫！』『不恒其德，或承之羞。』子曰：『不占而已矣。』」

〔三〕《論語·述而》：「子曰：『聖人，吾不得而見之矣；得見君子者，斯可矣。』子曰：『善人，吾不得而見之矣；得見有恒者，斯可矣。亡而爲有，虚而爲盈，約而爲泰，難乎有恒矣。』」

〔四〕李光地《御纂周易折中》之説如此。

成之，故曰田无禽。言二五，皆非其位也。」〔一〕

《周易折中》云：「浚恒者，如爲學太鋭而不以序，求治太速而不以漸也。田无禽者，如學不衷於聖而失其方，治不準於王而乖其術也。如此則雖久何益哉？」〔二〕

愚按：師卦五爻「田有禽」正與此相反。師能以中正，此則久非其位也。屯卦之「即鹿從禽，惟入于林中」〔三〕，與此相近。虞説似迂曲，《折中》説較正大。

象曰：久非其位，安得禽也？

愚按：久非其位者，戀利禄也。按，《繫辭傳》曰：「非所困而困焉，名必辱；非所據而據焉，身必危。」士夫一旦身名俱喪，何獲之有？雖悔無及矣。

六五：恒其德，貞。婦人吉，夫子凶。

《程傳》：「五應於二，以陰柔而應陽剛，居中而所應又中，陰柔之正也。故恒久其德，則爲貞。夫以順從爲恒者，婦人之道，在婦人則爲貞，故吉。若丈夫而以順從

〔一〕李鼎祚《周易集解》卷七引。按，「利二上之五」之「二」原脱，據虞氏文補。
〔二〕李光地《御纂周易折中》卷五。按，「如學」原作「爲學」，據《周易折中》改。
〔三〕屯卦六三：「即鹿无虞，惟入于林中。君子幾，不如舍，往吝。」象曰：「『即鹿无虞』，以從禽也。君子舍之，『往吝』窮也。」

於人爲恒，則失其剛陽之正，乃凶也。」〔一〕

象曰：婦人貞吉，從一而終也。夫子制義，從婦凶也。

《程傳》：「五之從二，在婦人則爲正而吉。婦人以從爲正，以順爲德，當終守於從一。夫子則以義制者也，從婦人之道則爲凶也。」〔二〕

愚按：節卦之「甘節吉，往有尚」，即從一而終之義。

上六：振恒凶。

《程傳》：「六居恒之極，在震之終。恒極則不常，震終則動極，以陰居上，非其安處；又陰柔不能堅固其守，皆不常之義也。」〔三〕

王氏申子曰：「振者，運動而無常也。居恒之終，處震之極，恒終則變而不能恒，震極則動而不能止，故有振恒之象。」〔四〕

象曰：「振恒」在上，大无功也。

〔一〕《周易程氏傳》卷三。
〔二〕《周易程氏傳》卷三。
〔三〕《周易程氏傳》卷三。
〔四〕李光地《御纂周易折中》卷五引。

《程傳》：「居上之道，必有恒德，乃能有功，若躁動不常，豈能有所成乎？」[一]

王氏申子曰：「此所謂天下本無事，庸人自擾之，其好功生事之過乎？故聖人折之曰『大无功』，言振擾於守恒之時，決無所成也。」[二]

損䷨ 兑下艮上

愚按：損卦爲憂患第五卦。本經多以損益兩卦連稱，如本卦爻辭云「弗損益之」，《雜卦傳》云：「損益，盛衰之始也。」

有孚，元吉，无咎，可貞，利有攸往。

愚按：此彖辭與恒卦相類，惟增「元吉」二字，蓋損者元善之道。以居心立品言之，則如老子《道德經》所謂「爲學日益，爲道日損」是也。以制度文爲言之，則如《論語》所謂：「殷因於夏禮，所損益可知也；周因於殷禮，所損益可知也。」[三]

[一]《周易程氏傳》卷三。

[二] 李光地《御纂周易折中》卷一二《象下傳》引。按，「折之曰」原作「戒之曰」，據王氏文改。

[三]《論語·爲政》。

然則損卦之義，乃人心風俗之大關鍵也。古聖人常損上以益下，是以國家常治久安，而後人則損下以益上，是以卦名爲損，乃國家有損失阽危之象。卦由否變，一陽往上，故云「損下益上」。

曷之用？二簋可用享。

《程傳》：「損過而就中，損浮末而就本實也。聖人以『寧儉』爲禮之本，故於損發明其義。以享祀言之，享祀之禮，其文最繁，然以誠敬爲本，多儀備物，所以將飾其誠敬之心。飾過其誠則爲僞矣，損飾所以存誠也。」〔一〕

愚按：此儉德也。祭祀賓客，與庖厨自享，均用二簋，儉之至矣。坎卦六四「樽酒簋，貳用缶，納約自牖」，亦尚儉約之義。否卦《大象傳》曰：「君子以儉德辟難。」

彖曰：損，損下益上，其道上行。

《程傳》：「損之所以爲損者，以損於下而益於上也。取下以益上，故云『其道上行』。夫損上而益下則爲益，損下而益上則爲損，損基本以爲高者，豈可謂之

〔一〕《周易程氏傳》卷三。

益乎？」[一]

愚按：其道上行，可見本卦由泰卦變。「損上益下則爲益，損下益上則爲損」二語，千古名言。後世但知損下益上，取於民無制，在上者囊金櫝帛，笑與秩終，而吾民憔悴虐政，無所控訴，此國家所由危亡也。

損而有孚，元吉，无咎，可貞，利有攸往。「曷之用？二簋可用享」，二簋應有時，損剛益柔有時。損益盈虛，與時偕行。

虞氏翻曰：「時謂春秋也。損二之五，震二月，益正月，春也。損七月，兑八月，秋也。謂春秋祭祀，以時思之。艮爲時，震爲應，故應有時也。」「損剛益柔」句下：「謂冬夏也，二五已易成益，坤爲柔，謂損上之剛、益三之柔成既濟。坎冬離夏，故損剛益柔有時。乾爲盈，坤爲虛，損剛益柔，故損益盈虛。謂泰初之上，損二之五，益上之三，變通趨時，故與時偕行。」[二]

《程傳》：「謂損而以至誠，則有此元吉以下四者，損道之盡善也。夫子特釋『曷

[一]《周易程氏傳》卷三。

[二] 李鼎祚《周易集解》卷八引。按，「易成益」之「易」，原脱，據虞氏文補。

之用？二簋可用享』，卦辭簡直，謂當損去浮飾。曰何所用哉？二簋可以享也。厚本損末之謂也。」〔一〕

愚按：虞氏説與《孝經》末章及《禮記・祭義》篇首章意義相合，頗足感動人之孝思。春秋享祀，後世竟有以爲迷信而廢之者，可謂忘本謬論，試問身從何來乎？西人行紀念式則尊而信之，吾國行祭祀禮則非而斥之，此之謂失其本心。

又按：本經最重時中。《中庸》亦云「君子而時中」，此《象傳》三言「時」字，見損之貴得其中，尤宜得其時也。

象曰：山下有澤，損。君子以懲忿窒欲。

虞氏翻曰：「君子泰乾，乾陽剛武爲忿，坤陰吝嗇爲欲。損乾之初成兑説，故懲忿。初上據坤，艮爲止，故窒欲。」〔二〕

楊氏時曰：「損，德之修也。所當修者，惟忿欲而已，故『九思』始於『視聽貌言』，

〔一〕《周易程氏傳》卷三。按，「謂損而以至誠」之「以」前，原有「出」字，據程氏文删。

〔二〕李鼎祚《周易集解》卷八引。

終於『忿思難，見得思義』。」[一]

愚按：程子《定性書》云：「凡人之情，易發而難制者，惟怒爲甚。能於怒時遽忘其怒，而觀理之是非，亦可見外誘之不足惡，而於道亦思過半矣。」[二]此説極精。又《大象傳》「以」字例，多以内外二卦相配。此言懲忿，當如山之摧平窒欲，當如澤之填塞，學者務宜以心體之，實自修之初基也。

初九：已事遄往，无咎，酌損之。

《程傳》：「損之義，損剛益柔，損下益上也。初以陽剛應於四，四以陰柔居上位，賴初之益也。下之益上，當損己而不自以爲功。所益於上者，事既已，則速去之，不居其功，乃无咎也。若享其成功之美，非損己益上也，於爲下之道爲有咎矣。」[三]

愚按：凡人處事，不外已往、現在、未來三端。智者於未來之事，不必先行測度；於已往之事，行之而无咎者，只宜酌損之，損即所以爲益也。可見萬事宜變通損益，不可安常習故。先儒仍以祭祀爲言，以應「二簋用享」之義，失之泥矣。

[一] 方聞一編《大易粹言》卷四一引。
[二] 朱子《答胡伯逢》引明道先生之言，載《朱子文集》卷四六。
[三] 《周易程氏傳》卷三。

象曰：「已事遄往」，尚合志也。

《周易折中》云：「《易》例，初九與六四雖正應，却無往從之之義，在下位不援上也，惟損初爻言『遄往』，而傳謂『上合志』，蓋當損下益上之時故也。」〔一〕

愚按：合志者，合變卦之志，損由泰變，與上合志，不免貞吝，故宜酌損。

九二：利貞，征凶〔二〕。弗損，益之。

《程傳》：「貞，正也；征，行也。離乎中，則失其貞正而凶矣，守其中乃貞也。弗損益之，不自損其剛貞，則能益其上，乃益之也。」〔三〕

愚按：「弗損」二字，讀；「益之」，句。因下文「或益之」「莫益之」而知之也。或作一句讀，以爲不加損益，别備一義。

象曰：「九二，利貞」，中以爲志也。

《程傳》：「九居二，非正也。處説，非剛也。而得中爲善，若守其中德，何有不

〔一〕李光地《御纂周易折中》卷一二《象下傳》引。
〔二〕「征凶」原誤爲「有凶」，據《易》經文改。
〔三〕《周易程氏傳》卷三。

善？豈有中而不正者？」〔一〕

愚按：老子《道德經》曰：「多言數窮，不如守中。」此道家言，别有意義。此經所謂「中以爲志」，蓋如《中庸》及《孔子閒居》篇所謂致中〔二〕。其道維何？不偏不倚，不越乎禮而已。

六三：三人行，則損一人，一人行，則得其友。

虞氏翻曰：「泰乾三爻爲三人，震爲行，故三人行。損初之上，故則損一人。」〔三〕又曰：「一人，謂泰初之上。」「據坤應兑，故則得其友，言致一也。」〔四〕

《程傳》：「損者，損有餘；益者，益不足。三人，謂下三陽，上三陰。三陽同行，則損九三以益上；三陰同行，則損上六以爲三，三人行則損一人也。」〔五〕

〔一〕《周易程氏傳》卷三。
〔二〕《禮記·中庸》云：「中也者，天下之大本也。和也者，天下之達道也。致中和，天地位焉，萬物育焉。」按：《禮記·孔子閒居》未有「致中」一詞。
〔三〕李鼎祚《周易集解》卷八引。
〔四〕李鼎祚《周易集解》卷八引。
〔五〕《周易程氏傳》卷三。

愚按：《論語·述而》篇「三人行」章[一]與此經義相近，蓋擇其善者而從之，即所謂「得其友」；其不善者而改之，即所謂「損一人」也。取友所以輔仁成德，擇之可不慎耶？

象曰：「一人行」，三則疑也。

荀氏爽曰：「一陽在上則教令行，三陽在下則民衆疑也。」[二]

愚按：疑忌固非，疑而不決亦非。凡人學問事業之所以無成者，皆起於疑，故豫卦九四爻辭曰「勿疑」，孟子戒梁惠王曰「王請勿疑」，疑則不信矣。

六四：損其疾，使遄有喜，无咎。

《程傳》：「四以陰柔居上，與初之剛陽相應。在損時而應剛，能自損以從剛陽也，損不善以從善也。」「疾謂疾病，不善也。損不善，惟使之遄速，則有喜而无咎矣。」[三]

愚按：《易》例，凡善治疾者，必歸於有喜，所以見洗心寡過之爲要。本卦外，如

[一]《論語·述而》載孔子曰：「三人行，必有我師焉。擇其善者而從之，其不善者而改之。」
[二]李鼎祚《周易集解》卷八引。
[三]《周易程氏傳》卷三。

无妄卦「无妄之疾，勿藥有喜」、兑卦之「商兑未寧，介疾有喜」是也。蓋凡人治身疾易，治心疾難。心疾者，貪利也。《老子》曰：「多藏厚亡。」自古國家之危亡，皆始於在上者之貪黷，本經曰「損其疾」，損其好利之疾也。「使遄有喜」，孰使之？本心之良知使之也。速去其好利之私，本心光明正直，自然有喜矣。非獨一人之喜，一家一國之喜也。

象曰：「損其疾」，亦可喜也。

《周易折中》云：「《易》多言『有喜』，傳云『亦可喜也』，則此喜不主己身，乃主於使遄來而益我者有喜，故變文曰『可喜』者，他人之辭也。」

愚按：此「亦」字與《孟子》首章「亦有仁義」之「亦」字同〔一〕，言反省本心也。

六五：或益之，十朋之龜，弗克違，元吉。

崔氏憬曰：「或之者，疑之也，故用元龜，價值二十大貝，龜之最神貴者以決之。

〔一〕《孟子·梁惠王上》載：「孟子見梁惠王。王曰：『叟不遠千里而來，亦將有以利吾國乎？』孟子對曰：『王，何必曰利？亦有仁義而已矣。』」

不能違其益之義，故獲元吉。雙貝曰朋。」〔一〕

郭氏雍曰：「益之至，豈獨人事而已？雖元龜之靈弗能違，此其所以『元吉』也。《洪範》曰：『汝則從，龜從，筮從，卿士從，庶民從，是之謂大同。』六五之『元吉』，猶《洪範》之『大同』也。」〔二〕

愚按：益卦二爻亦云「或益之，十朋之龜，弗克違。」蓋損之五爻，反對即益之二爻。猶既濟卦三爻「高宗伐鬼方，三年克之」，而未濟卦四爻則言「震用伐鬼方，三年有賞於大國」。蓋未濟之四爻，反對即既濟之三爻，此《易》例也。學者推類以盡其餘，自可旁通而會悟矣。

象曰：六五「元吉」，自上祐也。

侯氏果曰：「六五處尊，損己奉上，人謀允協，龜墨不違，故能延上九之祐，而來十朋之益，所以大吉也。」〔三〕

《周易折中》云：「益二言朋龜不違，下又云『享于帝，吉』，則帝者，又百神之主

〔一〕李鼎祚《周易集解》卷八引。按，「元龜」原作「之龜」，據崔氏文改。

〔二〕李光地《御纂周易折中》卷六引。

〔三〕李鼎祚《周易集解》卷八引。

也。故此『上祐』，亦是言天心克享，人神不能違也。」〔一〕

愚按：「自上祐」，即「自天祐」。《繫辭傳》曰：「祐者，助也。天之所助者順也，人之所助者信也。」〔二〕故《論語》曰：「民無信不立。」〔三〕

上九：弗損益之，无咎，貞吉，利有攸往。得臣无家。

虞氏翻曰：「損上益三也。上失正，之三得位，故『弗損益之』。『无咎貞吉』，動成既濟，故大得志。三往之上，故『利有攸往』。二五已動成益，坤爲臣，三變據坤成家人，故曰『得臣』。動而應三成既濟，則家人壞，故曰『无家』。」〔四〕

《程傳》：「凡損之義有三：損己從人也，自損以益於人也，行損道以損於人也。」「上九取不行其損爲義，九居損之終，損極而當變者也。」「若不行其損，變而以剛陽之道益於下，則无咎而得正且吉。如是，則宜有所往，往則有益矣。」「天下孰不服從？服從之衆，无有内外，故曰得臣无家。得臣，謂得人心歸服；无家，謂无有遠近内外

〔一〕李光地《御纂周易折中》卷一二《象下傳》引。
〔二〕《易・繫辭上傳》第十二章。
〔三〕《論語・顔淵》。
〔四〕李鼎祚《周易集解》卷八引。

之限也。」[一]

象曰：「弗損益之」，大得志也。

虞氏翻曰：「謂二五已變，上下益三，成既濟定，離坎體正，故大得志。」[二]

愚按：山天爲大畜，其上九《象傳》曰「何天之衢」，道大行也。本卦山澤爲損，上爻《象傳》曰：「弗損益之，大得志也。」大得志，即道大行，皆取山高在上之義。高山仰止，景行行止，學者深會其意，得損益之方，庶可行道而得志矣。

益䷩ 震下巽上

愚按：益卦爲憂患第六卦。損上益下，然後民説，後世行搜括政策者，其鑑於兹。

益：利有攸往，利涉大川。

[一]《周易程氏傳》卷三。按，「剛陽之道」原作「陽剛之道」，據程氏文改。

[二] 李鼎祚《周易集解》卷八引。

虞氏翻曰：「否上之初也，損上益下，其道大光。二利往坎應五，故利有攸往，中正有慶也。」〔一〕

鄭氏康成曰：「人君之道，以益下爲德，故謂之益震爲雷，巽爲風，雷動風行，二者相成。猶人君出教令，臣奉行之，故利有攸往。坎爲大川，故利涉大川。」〔二〕

象曰：益，損上益下，民説无疆。自上下下，其道大光。

虞氏翻曰：「上之初，坤爲无疆，震爲喜笑，以貴下賤，大得民，故説无疆。乾爲大明，以乾照坤，故其道大光。或以上之三，離爲大光。」〔三〕

《程傳》：「以卦義與卦才言也。卦之爲益，以其損上而益下也。損於上而益下，則民説之无疆，謂无窮極也。自上而降己以下下，其道之大光顯也。」〔四〕

益動而巽，日進无疆。天施地生，其益无方。凡益之道，與時偕行。

〔一〕李鼎祚《周易集解》卷八引。
〔二〕李鼎祚《周易集解》卷八引。
〔三〕李鼎祚《周易集解》卷八引。
〔四〕《周易程氏傳》卷三。

虞氏翻曰：「震三動爲離。離爲日，巽爲進，坤爲疆，日與巽俱進，故曰『進无疆』。」[一]

《周易折中》云：「動巽取卦德，施生取卦象。風者天施也，故姤有施命之象；雷者地生也，故解有甲坼之象。損之『與時偕行』者，時當損而損也；益之『與時偕行』者，時當益而益也。」[二]

愚按：天地以施生爲主，故《易·繫辭傳》曰：「天地之大德曰生。」後世有貪黷搜括而戕害民生者，干天地之和，天必降之嚴罰，可畏哉！又損益兩卦「與時偕行」，與乾卦《文言傳》「終日乾乾，與時偕行」不同。蓋乾傳指「朝乾夕惕」心理而言，而此則指修教齊政、制度文爲之因時損益而言也。

象曰：風雷益，君子以見善則遷，有過則改。

《周易折中》云：「雷者動陽氣者也，故人心奮發，而勇於善者如之。風者散陰氣者也，故人心蕩滌，以消其惡者如之。」[三]

[一] 李鼎祚《周易集解》卷八引。
[二] 李光地《御纂周易折中》卷一〇《彖下傳》。
[三] 李光地《御纂周易折中》卷一二《象下傳》。按，「風者」原脱「者」，據《周易折中》補。

愚按：風雷，至速之象，故遷善改過，均宜疾速。《論語・述而》篇：「子曰：德之不修，學之不講，聞義不能徙，不善不能改，是吾憂也。」此猶周文望道未見[一]之意，聖人且以爲憂，況後學乎？

初九：利用爲大作，元吉，无咎。

虞氏翻曰：「大作，謂耕播耒耨之利，蓋取諸此也。」「震，三月卦，『日中星鳥，敬授民時』，故以耕播也。」[二]

愚按：《繫辭傳》云：「神農氏作，斲木爲耜，揉木爲耒；耒耜之利，以教天下，蓋取諸益。」[三]蓋吾國以農立國，耒耜之利，乃益民莫大之事，故云「元吉无咎」。

象曰：「元吉无咎」，下不厚事也。

侯氏果曰：「大作，謂耕植也。」「震爲稼穡」，「故初九之利，利爲大作，若不能不

[一]《孟子・離婁下》載孟子曰：「禹惡旨酒而好善言。湯執中，立賢無方。文王視民如傷，望道而未之見。武王不泄邇，不忘遠。周公思兼三王，以施四事。其有不合者，仰而視之，夜以繼日；幸而得之，坐以待旦。」

[二]李鼎祚《周易集解》卷八引。

[三]《易・繫辭下傳》第二章。

厚勞於下民，不奪時於農畯，則元吉无咎矣」。〔一〕

愚按：《孟子》曰：「賢君必恭儉禮下，取於民有制。」〔二〕如是則不竭民力，不必厚事以奉上，反是則有咎而凶矣。

六二：或益之。十朋之龜，弗克違，永貞吉。王用享于帝，吉。

郭氏雍曰：「『或益之』，人益之也。『十朋之龜，弗克違』，鬼神益之也。『王用享于帝，吉』，天益之也。天且弗違，況人與鬼神乎？」〔三〕

《周易折中》云：「損五，《象傳》推本於自上祐，此爻辭又有享於上帝之義。「隨上升四，其義皆同。但彼云西山、岐山，而此云『上帝』者，彼但云鬼神享之而已。」至帝真無上矣。〔四〕

愚按：此爻義與損五爻同，而損云「元吉」，此云「永貞吉」者，蓋損五爲益卦之主，係統全卦之義，而此爻專指一爻當位，故「永貞吉」也。

〔一〕李鼎祚《周易集解》卷八引。按，「利爲大作」之「利」原脱，據侯氏文補。
〔二〕《孟子·滕文公上》。
〔三〕李光地《御纂周易折中》卷六引。
〔四〕李光地《御纂周易折中》卷六引。

象曰：「或益之」，自外來也。

《程傳》：「既中正虚中，能受天下之善而固守，則有益之事，衆人自外來益之矣。」〔一〕

愚按：虚中好善，乃能獲益，觀《孟子》「樂正子爲政」章「四海之人，皆將輕千里而來，告之以善」〔二〕，是謂自外來。彼訑訑然自以爲智者〔三〕，不得益而招損，其戒之哉！

六三：益之用凶事，无咎。有孚中行，告公用圭。

《九家易》曰：「天子以尺二寸元圭事天，以九寸事地也。上公執桓圭九寸，諸侯執信圭七寸，諸伯執躬圭七寸，諸子執穀璧五寸，諸男執蒲璧五寸。五等諸侯，各執之以朝見天子也。桓者，雙植之謂，蓋以桓楹爲瑑飾。信者，伸也，象人形之信爲瑑飾。躬者，曲也，象人之躬爲瑑飾。穀璧，象穀，稼形。蒲璧，象蒲，草形。」〔四〕

〔一〕《周易程氏傳》卷三。按，「受天下之善」之「受」原誤作「變」，據程氏文改。
〔二〕《孟子·告子下》。
〔三〕指一妻一妾之齊人。
〔四〕李鼎祚《周易集解》卷八引。

《周易折中》云：「此爻與損之六四相反對，損四受下之益者，此爻受上之益者。然皆不言所益，而曰『疾』、曰『凶事』，蓋三、四凶懼之位也。《繫辭傳》「三多凶」「四多懼」。故其獲益亦與他爻不同。在上位者知損四之義，則不以下之承奉爲益，而能匡其過，輔其所不逮者，乃益也。在下位者知此爻之義，則不以上之恩榮爲益，而試之諸艱，投之多難者，乃益也。」〔一〕

象曰：益「用凶事」，固有之也。

虞氏翻曰：「三上失正，當變，是固有之。」〔二〕

《程傳》：「固有謂專固自任其事也。居下當稟承於上，乃專任其事，惟救民之凶災，拯時之艱急，則可也。此處急難變故之權宜，故得无咎。」〔三〕

愚按：无妄四爻《象傳》曰：「可貞无咎，固有之也。」爲固守之意，與此傳義略同。

〔一〕李光地《御纂周易折中》卷六引七。
〔二〕李鼎祚《周易集解》卷八引。
〔三〕《周易程氏傳》卷三。按，「權宜」原作「策」，據程氏文改。

六四：中行告公從，利用爲依遷國。

虞氏翻曰：「中行，謂正位在中，震爲行，爲從，故曰『中行』。公，謂三，三上失位，四利三之正，已得以爲實，故曰告公從。坤爲邦。遷，徙也。三動坤從，故利用爲依遷國也。」〔一〕

《程傳》：「四當益時，處近君之位，居得其正，以柔巽輔上，而下順應於初之剛陽，如是可益於上也。」「爲依，依附於上。遷國，順下而動。上依剛中之君而致其益，下順剛陽之才以行其事，利用如是也。自古國邑，民不安其居則遷，遷國者，順下而動也。」〔二〕

愚按：字義背私爲公，惟居心至公，而民乃從，依者民也，古之執政者與民相依爲性命，故稱爲依。周公作爻辭，多隱寓事實，「遷國」疑即由豐鎬遷洛邑，當參考《尚書·洛誥》文。

象曰：「告公從」，以益志也。

〔一〕李鼎祚《周易集解》卷八引。按，「得以爲實」原脱，據虞氏文補。
〔二〕《周易程氏傳》卷三。按，「致其益」之「其」原脱，據虞氏文及下句改；「下順剛陽」之「順」原作「行」，據虞氏文改。

虞氏翻曰：「坎爲志，三之上有兩坎象，故以益志也。」〔一〕

愚按：益志者，益民之志也，在上者當以益民爲志。

九五：有孚惠心，勿問元吉。有孚惠我德。

虞氏翻曰：「謂三上也。震爲問，三上易位，三五體坎，已成既濟。坎爲心，故『有孚惠心，勿問元吉』。」「坤爲我，乾爲德，三之上，體坎爲孚，故惠我德。」〔二〕

蔡氏清曰：「惠心，惠下之心也。惠我德，下惠我之德也。而皆『有孚』，上感而下應也。『有孚』之施於下者，在我爲心，而下之受，此施者目之，則爲德矣，實非有二也。」〔三〕

象曰：「有孚惠心」，勿問之矣。「惠我德」，大得志也。

《程傳》：「人君有至誠惠益天下之心，其元吉不假言，故云『勿問之矣』。天下至誠懷吾德以爲惠，是其道大行，人君之志得矣。」〔四〕

〔一〕李鼎祚《周易集解》卷八引。按，「三之上」，原作「三之正」，據虞氏文改。
〔二〕李鼎祚《周易集解》卷八引。
〔三〕李光地《御纂周易折中》卷六引。
〔四〕《周易程氏傳》卷三。

愚按：董子曰：「仁人者，明其道不計其功。」[一]故云「勿問」。本卦由泰變，此爻爲上下交孚之象，泰《彖傳》「上下交而其志同」，故曰：「『惠我德』，大得志也。」

上九：莫益之，或擊之，立心勿恒凶。

《程傳》：「利者，衆人所同欲。專欲益己，其害大矣。欲之甚，則昏蔽而忘義理；求之極，則侵奪而致仇怨。故夫子曰：『放於利而行，多怨。』《孟子》謂先利則不奪不饜，聖賢之深戒也。九以剛而求益之極，衆人所共惡，故无益之者，而或攻擊之矣。立心勿恒凶：聖人戒人存心不可專利也。」[二]

愚按：《繫辭傳》云：君子「定其交而後求」，无交而求，則民不與也。莫之與，則傷之者至矣，即引此文爲證。夫以周文之大德，且與國人交。今以與民無交之人，而專攫民之財利，吸民之脂膏，非徒無益，焉有不擊之哉？甚者或殺之矣！君子立品先

[一]《漢書・董仲舒傳》曰：「夫仁人者，正其誼不謀其利，明其道不計其功。是以仲尼之門，五尺之童羞稱五伯，爲其先詐力而後仁誼也。苟爲詐而已，故不足稱於大君子之門也。五伯比於他諸侯爲賢，其比三王，猶武夫之與美玉也。」

[二]《周易程氏傳》卷三。按，「求之極則」四字原脱，據程氏文補。

立心，立心先定靜而後能有恒。无恒之弊，《論語》謂「亡而爲有，虚而爲盈」〔一〕，故學者當有若無，實若虚，斯謙而受益矣。

又按：本經例，上下卦相易，如夬履則有危象，而此卦雷風恒易爲風雷益，則云立心勿恒而有凶象，此蓋因卦之性情才德而殊，《繫辭傳》所謂「上下无常」「惟變所適」〔二〕也。

象曰：「莫益之」，偏辭也。「或擊之」，自外來也。《釋文》：「偏，孟作徧。」〔三〕

孟氏喜曰：「徧，周帀也。」〔四〕

虞氏翻曰：「徧，周帀也。三體剛凶，故至上應乃益之矣。」〔五〕

《程傳》：「凡人爲善，則千里之外應之。六二中正虚己，益之者自外而至，是也。

〔一〕《論語·述而》載：「子曰：『聖人，吾不得而見之矣；得見君子者，斯可矣。』子曰：『善人，吾不得而見之矣；得見有恒者，斯可矣。亡而爲有，虚而爲盈，約而爲泰，難乎有恒矣。』」

〔二〕《易·繫辭下傳》云：「《易》之爲書也不可遠，爲道也屢遷，變動不居，周流六虚，上下無常，剛柔相易，不可爲典要，唯變所適。」

〔三〕陸德明《經典釋文·周易音義》作：「偏辭，音篇，孟作『徧』，云周匝也。」

〔四〕李道平《周易集解纂疏》卷五引。

〔五〕李鼎祚《周易集解》卷八引。按，「周帀」原作「周布」，據虞氏文改。

苟爲不善，則千里之外違之。上九求益之極，擊之者亦自外而至，是也。」〔一〕

愚按：偏、徧二字古通用，《禮記·曲禮》「二名不偏諱」，引「孔子之母名徵在，言在不稱徵，言徵不稱在」作證〔二〕，即「不徧諱」也。偏辭，猶諺所謂普通周徧之人，皆莫與之益耳。二「之」自外來，有天下歸仁氣象，上「之」自外來，則天下之惡皆歸焉，在人心理之一轉移耳。自外來而擊之者，即吾民也。《書·召誥》曰：「用顧畏於民嵒。」〔三〕民嵒者，民險也，民心其可欺耶？

困䷮

坎下兑上

愚按：困卦爲憂患第七卦，九卦皆心學，而復與困爲尤著，《孟子》曰：「困於心、

〔一〕《周易程氏傳》卷三。

〔二〕《禮記·曲禮》云：「禮不諱嫌名，二名不偏諱。」鄭玄注：「爲其難辟也。嫌名，謂音聲相近，若禹與雨，丘與區也。偏，謂二名不一一諱也，孔子之母名徵在，言在不稱徵，言徵不稱在。」

〔三〕「召誥」，原誤刻作「盤庚」。

衡於慮而後作；生於憂患，死於安樂。」〔一〕蓋居安樂而不忘憂患，自然得生，處憂患而猶戀安樂，決無不死。然則困卦其人心生死之幾乎？

困亨。貞，大人吉，无咎。有言不信。

鄭氏康成曰：「坎爲月，互體離；離爲日，兑爲暗昧，日所入也。今上掩日月之明，猶君子處亂世，爲小人所不容，故謂之困。君子雖困，居險能説，是以通而无咎也。」〔二〕

虞氏翻曰：「否二之上，乾坤交，故通。貞大人吉，謂五也。在困無應，靜則无咎。」「震爲言，折入兑，故有言不信。」〔三〕

象曰：困，剛揜也。

荀氏爽曰：「謂二五爲陰所揜也。」〔四〕

愚按：人心沉溺，困迫於利，則陽剛爲陰柔所掩，即天理爲人欲所掩矣。

〔一〕《孟子·告子下》載孟子云：「人恒過然後能改，困於心、衡於慮而後作，徵於色、發於聲而後喻；入則無法家拂士，出則無敵國外患者，國恒亡。然後知生於憂患，而死於安樂也。」

〔二〕李鼎祚《周易集解》卷九引。

〔三〕李鼎祚《周易集解》卷九引。

〔四〕李鼎祚《周易集解》卷九引。

《周易折中》謂：「凡諸卦之二五剛中，皆爲陰揜者，惟困與節。然以二體言之，則節坎陽居上，兑陰居下，此困所以獨爲剛揜也。此義與卦象亦相貫，水在澤上，非澤之所能揜也。水在澤中，則爲所揜矣。」〔一〕

險以説，困而不失其所亨。其唯君子乎？

愚按：凡人處境，無論富貴貧賤、夷狄患難〔二〕，苟本心無超然自得之樂，則隨處皆屬困難。本卦所云困於某境某境者，俱係險象，實則皆心理之所造成。君子「無入而不自得」，故不失其所亨，即不失其所樂。所樂維何？仁義道德而已矣。

貞大人吉，以剛中也。有言不信，尚口乃窮也。

荀氏爽曰：「謂五雖掩於陰，近無所據，遠無所應，體剛得中，正居五位，則吉无咎也。陰從二升上六成兑爲有言，失中爲不信，動而乘陽，故曰『尚口乃窮』。」〔三〕

愚按：「尚口乃窮者」，在我固宜慎言，而亦不可輕信人之言，彼截截諞言之徒，

〔一〕李光地《御纂周易折中》卷一〇《彖下傳》引。
〔二〕《禮記·中庸》云：「君子素其位而行，不願乎其外。素富貴行乎富貴，素貧賤行乎貧賤，素夷狄行乎夷狄，素患難行乎患難，君子無入而不自得焉。」
〔三〕李鼎祚《周易集解》卷九引。

本心之存焉者寡矣。天下事皆敗壞於羣言之淆亂，蓋吾國議論家多，實行家少。孔子曰：「其言之不怍，則爲之也難。」〔一〕邵子《皇極經世書》曰：「天下將治，則尚行也，天下將亂，則尚言也。」〔二〕可爲千古之鑑矣。

象曰：澤无水困。君子以致命遂志。

《程傳》：「君子當困窮之時，既盡其防慮之道而不得免，則命也。當推致其命，以遂其志。知命之當然也，則窮塞禍患不以動其心，行吾義而已矣。苟不知命，則恐懼於險難，隕穫於窮戹，所守亡矣，安能遂其爲善之志乎？」〔三〕

愚按：致命，委致其命。遂志，遂其平生之志節。「孔曰成仁，孟曰取義」，宋文文山先生《正氣歌》宜熟讀。

初六：臀困于株木，入于幽谷，三歲不覿。

〔一〕《論語·憲問》。

〔二〕邵雍《皇極經世書·觀物内篇》云：「夫天下將治則人必尚行也，天下將亂則人必尚言也。尚行利篤實之風行焉，尚言則詭譎之風行焉。天下將治則人必尚義也，天下將亂則人必尚利也。尚義則謙讓之風行焉，尚利則攘奪之風行焉。」

〔三〕《周易程氏傳》卷四。按，「推致其命」之「推」原脱，據程氏文補。

《九家易》曰：「臀，謂四。株木，三也。三體爲木，澤中無水，兑金傷木，故枯爲株。初者四應，欲進之四，四困於三，故曰臀困於株木。幽谷，二也。此本否卦，謂陽來入坎，與初同體，故曰入幽谷。三者，陽數，謂陽陷險中，爲陰所掩，終不得見，故曰『三歲不覿』。」〔一〕

愚按：習坎之上爻曰：「係用徽纆，寘於叢棘，三歲不得。」叢棘，猶此卦之株木也。三歲不得，猶此卦之三歲不覿也。皆由人心之溺於富貴，而不自知其險，故其變困若是之甚。

象曰：「入于幽谷」，幽不明也。

荀氏爽曰：「爲陰所掩，故不明。」〔二〕

愚按：不明者，本心喪而良知晦也。困於利欲，平旦之氣無存，良知之光明闇塞久矣。

九二：困于酒食，朱紱方來，利用享祀。征凶无咎。

〔一〕李鼎祚《周易集解》卷九引。按，「終不得見」之「終」，原作「中」，據《九家易》改。

〔二〕李鼎祚《周易集解》卷九引。

荀氏爽曰：「二升在廟，五親奉之，故利用享祀。陰動而上，失中乘陽，陽下而陷，爲陰所弇，故曰『征凶』。陽降來二，雖位不正，得中有實，陰雖去中，上得居正，而皆免咎，故曰『无咎』。」〔一〕

石氏介曰：「朱紱，祭服，謂可衣朱紱而享宗廟也。征凶，既在險中，何可以行？无咎，以其居陽明之德，可以无咎。」〔二〕

愚按：此聖人勉人之孝享也。曾子曰：「椎牛而祭墓，不如雞豚之逮存。」〔三〕宋歐陽子曰：「祭而豐，不如養之薄。」〔四〕凡人困於酒食則沈酣徵逐，鮮有念及先人者矣。聖人特警醒其良知，教其當以祭服利用享祀，以補養親之不逮也。坎爲酒食，坎卦所謂「樽酒簋貳」是也。古人酒食，以祀先、養親、賓客三大端爲主，非此而沈酣其中則困矣，故《尚書・酒誥》篇立訓綦嚴。

〔一〕李鼎祚《周易集解》卷九引。
〔二〕李光地《御纂周易折中》卷六引。
〔三〕《韓詩外傳》卷七載曾子曰：「往而不可還者親也，至而不可加者年也，是故孝子欲養而親不待也，木欲直而時不待也。是故椎牛而祭墓，不如雞豚逮存親也。」
〔四〕歐陽修《瀧岡阡表》文。

象曰：「困于酒食」，中有慶也。

愚按：此爲逮存者慶勉其及時以養親也。《尚書・酒誥》篇曰：「用孝養厥父母，厥父母慶，自洗腆，致用酒。」是孝子於洗腆時用酒，故曰「中有慶」。

六三：困于石，據于蒺蔾，入于其宫，不見其妻，凶。

愚按：困境，有爲天道所困者，有爲人事所困者，此爻天道人事交困者也。《繫辭傳》曰：「非所困而困焉，名必辱；非所據而據焉，身必危。既辱且危，死期將至，妻其可得見耶！」凡人處富貴利達之場，揚揚自得，以爲居宫室之美也，而不知其本心實困于石、據于蒺藜也。自矜其妻妾之奉也，乃未幾而入宫不見也，既辱且危，死期將至，身雖未死，而心則已死也。《莊子》曰：「哀莫大於心死。」乃世之貪利黷貨者，罔知覺悟，悲夫！

象曰：「據于蒺蔾」，乘剛也。「入于其宫」，不見其妻，不祥也。

《周易折中》云：「爻有衆喻，而傳偏舉一者，舉其重者也。《易》『乘剛』之義最重，故睽三『見輿曳』，此爻『據于蒺藜』，皆以其『乘剛』言之。」〔一〕

〔一〕李光地《御纂周易折中》卷一二《象下傳》。

愚按：乘剛而欲勝剛，不度德量力，致敗之道。不祥之兆，自取之也。《左氏·襄二十四年傳》載齊崔杼事，武子筮得此爻，終以滅亡[一]可證。

九四：來徐徐，困于金車。吝，有終。

虞氏翻曰：「來欲之初，徐徐，舒遲也。見險，故來徐徐。否乾爲金，坤爲輿，二應歷坎，困於金車，各易位得正，故吝有終。」[二]

愚按：此爻先儒以爲善行，恐未合。竊謂來徐徐者，紆徐作勢，自以爲金車赫奕，而不自知涉險而困。然苟能保其廉耻，自知可羞，立時悔悟，則尚可有終，猶臨卦三爻之甘臨，既憂之，則咎不長也。

象曰：「來徐徐」，志在下也。雖不當位，有與也。

《程傳》：「四應於初而隔於二，志在下求，故徐徐而來，雖居不當位爲未善，然其

[一] 《左傳·襄公二十五年》載棠公死，偃御武子以弔焉。見棠姜而美之，使偃取之。偃曰：「男女辨姓，今君出自丁，臣出自桓，不可。」武子筮之，遇困之大過。史皆曰「吉」，示陳文子，文子曰：「夫從風，風隕，妻不可娶也。且其繇曰：『困于石，據于蒺藜，入于其宮，不見其妻，凶。』『困于石』，往不濟也。『據于蒺藜』，所恃傷也。『入于其宮，不見其妻，凶』，無所歸也。」崔子曰：「嫠也何害？先夫當之矣。」遂取之。

[二] 李鼎祚《周易集解》卷九引。按，「坤爲輿」之「輿」原作「車」；「二應歷坎」之「二」原作「之」，據虞氏文改。

正應相與，故有終也。」〔一〕

愚按：爻例，之外爲往，之内爲來，《程傳》説極明瞭。「有與」者，四與初應也。

九五：劓刖，困于赤紱，乃徐有説，利用祭祀。

《程傳》：「截鼻曰劓，傷於上也。去足爲刖，傷於下也。」〔二〕

《周易折中》云：「九五不取君象，但取位高而益困者耳。其象與九二同，但二則『朱紱』方將來，五則高位而已『困于赤紱』矣。『乃徐有説』者，五兑體，故從容處之而有餘。『利用祭祀』之義，亦與二同。」〔三〕

象曰：「劓刖」，志未得也。「乃徐有説」，以中直也。「利用祭祀」，受福也。

《程傳》：「始爲陰揜，無上下之與，方困未得志之時也。徐而有説，以中直之道，得在下之賢，共濟於困也。」〔四〕

愚按：二爻曰「利用享祀」，此爻曰「利用祭祀」，聖人重祭禮如此。惟其至誠通

〔一〕《周易程氏傳》卷四。
〔二〕《周易程氏傳》卷四。
〔三〕李光地《御纂周易折中》卷六。
〔四〕《周易程氏傳》卷四。按，「中直之道」原作「中正之道」，據程氏文改。

於神明，乃能涉天下之險，濟天下之險。而後人乃詆祭祀爲迷信，蔑棄根本，喪心病狂，豈能受福慶乎？哀哉！

上六：困于葛藟，于臲卼，曰動悔，有悔，征吉。

《程傳》：「葛藟，纏束之物。臲卼，危動之狀。六處困之極，爲困所纏束，而居最高危之地，困于葛藟與臲卼也。動悔，動輒有悔，无所不困。有悔，咎前之失也。」「若能曰，如是動皆得悔，當變前之所爲，有悔也。能悔，則往而得吉矣。」〔一〕

愚按：《程傳》義明瞭，惟云動輒有悔，恐未合。按本經「悔」字之例，有指卦變言者，有指心理言者，此爻所謂動「悔」，指卦變言。《繫辭傳》：「以動者尚其變。」〔二〕有悔指心理言也，如豫卦六三「盱豫悔」，指卦變言也；「遲有悔」，指心理言也。又如恒、咸等卦所云「悔亡」，亦皆指心理而言。若謂卦變而亡，則不成詞矣。

象曰：「困于葛藟」，未當也。「動悔，有悔」，吉行也。

〔一〕《周易程氏傳》卷四。按，「高危」之「危」原脱，據程氏文補。
〔二〕《易・繫辭上傳》第十章。

虞氏翻曰：「謂三未變，當位應上故也。行，謂三變乃得當位之應，故吉行者也。」〔一〕

井䷯ 巽下坎上

愚按：井卦爲憂患第八卦。井者，靜深而有本，取之不竭，用以澤物而濟人，故曰井。德之地，又可見其德之厚而量之大矣。德量如是，則汲引人才，尤爲培植國家之元氣也。

井：改邑不改井，无喪无得，往來井井。汔至，亦未繘井，羸其瓶，凶。

《程傳》：「井之爲物，常而不可改也。邑可改而之他，井則不可遷也，故曰改邑不改井。汲之而不竭，存之而不盈，无喪无得也。至者皆得其用，往來井井也。无喪无得，其德也常；往來井井，其用也周。常也，周也，井之道也。汔，幾也。繘，綆也。

〔一〕李鼎祚《周易集解》卷九引。

井以濟用爲功，幾至而未及用，與未下繘於井同。」「羸，毁敗也。」「羸敗其瓶而失之，其用喪矣，故凶。」[一]

《周易折中》云：「『改邑不改井』，言所在之邑，其井皆無異製。」「以喻王道之行，國不異政，家不殊俗也。『无喪无得』，則言井無盈涸，以喻道之可久。『往來井井』，則言所及者多，以喻道之可大。此三句皆言井在人事，則王者養民之政是也。然井能澤物，而汲之者器，政能養民，而行之者人；無器則水之功不能上行，無人則王者之澤不能下究，故『汔至』以下，又以汲井之事言之。」[二]

愚按：《易》例，乾坤二卦爲國邑，井爲三陽三陰之卦。改邑，謂改乾坤二卦之體也。「往來井井」，井道静深而有本，德澤之及人者廣，《中庸》所謂「溥博淵泉，而時出之」也。「汔至」之「汔」，疑當通作「訖」。古時汲水多用陶器，故瓶易於破壞。

彖曰：巽乎水而上水，井。井養而不窮也。

鄭氏康成曰：「坎，水也。巽，木，桔槔也。」「桔槔引瓶，下入泉口，汲水而出，井

[一]《周易程氏傳》卷四。
[二]李光地《御纂周易折中》卷七。

之象也。」〔一〕

愚按：巽，順也，水性就下，乃用桔槔而引之以上，故曰「上水」。無論老少貴賤貧富，少則四五家，多則十餘家，莫不賴井之給養，故曰「井養不窮」。

「改邑不改井」，乃以剛中也。「汔至亦未繘井」，未有功也。「羸其瓶」，是以凶也。

蘇氏軾曰：「井井未嘗有得喪，『繘井』之爲功，『羸瓶』之爲凶，在汲者爾。」〔二〕愚按：此即《論語》「吾進」「吾止」〔三〕，《孟子》「自取之」〔四〕之義。晁氏說之曰：「或謂彖主三陽言，五『寒泉食』，是陽剛居中，邑可改而井不可改也。三『井渫不食』，是『未有功』也。二『甕敝漏』，是『羸其瓶而凶者也』。」〔五〕

象曰：木上有水，井，君子以勞民勸相。

虞氏翻曰：「君子，謂泰乾也。坤爲民，初上成坎爲勸，故『勞民勸相』。相，助

〔一〕李鼎祚《周易集解》卷一〇引。
〔二〕蘇軾《東坡易傳》卷五井卦第四十八。
〔三〕《論語・子罕》載孔子曰：「譬如爲山，未成一簣，止，吾止也；譬如平地，雖覆一簣，進，吾往也。」
〔四〕《孟子・離婁上》引孔子曰：「清斯濯纓，濁斯濯足矣，自取之也。」
〔五〕李光地《御纂周易折中》卷一〇《彖下傳》引。

也，謂以陽助坤矣。」〔一〕

《程傳》：「木承水而上之，乃器汲水而出井之象。君子觀井之象，法井之德，以勞徠其民，而勸勉以相助之道也。勞徠其民，法井之用也。勸民使相助，法井之施也。」〔二〕

愚按：相，讀如《禮記》「春不相」之相〔三〕。《孟子》所謂「出入相友，守望相助，疾病相扶持，則百姓親睦」〔四〕是也。親睦則自無爭鬥之患，君子讀此象而得保合太和之道焉。

又按：《孟子》載齊晏子之言，古時天子諸侯，「春省耕而補不足，秋省斂而助不給」〔五〕，補助之法，爲勞勸之大本。後世爲人上者，不知補助爲何事，但爭取於民而惟恐不盈其欲。噫！民生之凋敝有由來矣。

〔一〕李鼎祚《周易集解》卷一〇引。
〔二〕《周易程氏傳》卷四。
〔三〕《禮記·曲禮上》云：「鄰有喪，舂不相。」
〔四〕《孟子·滕文公上》。
〔五〕《孟子·梁惠王下》。

初六：井泥不食，舊井无禽。

干氏寶曰：「在井之下體，本上爻，故曰『泥』也。井而爲泥則不可食，故曰『不食』。此託紂之穢政，不可以養民也。『舊井』，謂殷之未喪師也，亦皆清潔，无水禽之穢，又況泥土乎？故曰『舊井无禽』矣。」〔一〕愚按：干氏家法，常以史事説《易》，此説特奇，録之以備一解。

《程傳》：「六以陰柔居下，上无應援，无上水之象，不能濟物，乃井之不可食也。井之不可食，以泥汙也。在井之下，有泥之象。井之用，以其水之養人也；无水，則舍置不用矣。井水之上，人獲其用，禽鳥亦就而求焉。舊廢之井，人既不食，水不復上，則禽鳥亦不復往矣，蓋无以濟物也。」〔二〕

象曰：「井泥不食」，下也。「舊井无禽」，時舍也。

崔氏憬曰：「禽，古擒字。擒，猶獲也。」〔三〕

《程傳》：「以陰而居井之下，泥之象也。无水而泥，人所不食也。人不食，則水

〔一〕李鼎祚《周易集解》卷一〇引。
〔二〕《周易程氏傳》卷四。
〔三〕李鼎祚《周易集解》卷一〇引。

不上，无以及禽鳥，禽鳥亦不至矣。」〔一〕

愚按：此「時舍」與乾卦「『見龍在田』時舍」不同。乾「時舍」，謂因時出舍；而此卦時舍，謂舍置不用之意。

九二：井谷射鮒，甕敝漏。

虞氏翻曰：「巽爲谷，爲鮒。鮒，小鮮也。離爲甕，甕瓶毀缺，羸其瓶，凶，故『甕敝漏』也。」〔二〕

《程傳》：「井之道，上行者也。澗谷之水，則旁出而就下。」「失井之道，乃井而如谷也。井上出則養人而濟物，今乃下就污泥，注於鮒而已。鮒，井泥中微物耳。射，注也，如谷之下流，注於鮒也。甕敝漏，如甕之破漏也。」〔三〕

《周易折中》云：「井谷者，井中出水之穴竅也。井能出水，則非泥井也。而其功僅足以『射鮒』者，上無汲引之人，如瓶甕之敝漏然，則不能自濟於人用也決矣。在卦則以井喻政，以汲之者喻行政之人；在爻則下體以井喻材德之士，汲之者喻進用之

〔一〕《周易程氏傳》卷四。
〔二〕李鼎祚《周易集解》卷一〇引。
〔三〕《周易程氏傳》卷四。

君；上體以井喻德位之君，汲之者喻被澤之衆。三義相因而取喻不同。」〔一〕

象曰：「井谷射鮒」，无與也。

愚按：「无與」者，無應也。二本陰位，今以陽居之，則與五爲無應，艮傳所謂「敵應不相與」者也。〔二〕

九三：井渫不食，爲我心惻。可用汲，王明，並受其福。

荀氏爽曰：「渫，去穢濁清潔之意也。三得正，故曰『井渫』。不得據陰，喻不得用，故曰『不食』。道既不行，故我心惻。」〔三〕

愚按：《史記·屈原傳》曰：「人君無智愚賢不肖，莫不欲求忠以自爲，舉賢以自務。然亡國破家相隨屬者，其所謂忠者不忠，而賢者不賢，此不知人之禍也。」即引此爻爲證，而斷之曰：「王之不明，豈足福哉！」然則知人之道奈何？曰：辨君子小人而已。或謂：「處今之世，而欲辨君子小人之界限，不幾陳腐而鮮通乎？」曰：此言也，所謂「一言而喪邦者」也。自古豈有不明君子小人之辨而能用人者？亦豈有用人

〔一〕李光地《御纂周易折中》卷七。
〔二〕《易》艮卦彖曰：「艮其止，止其所也。上下敵應，不相與也。是以不獲其身。」
〔三〕李鼎祚《周易集解》卷一〇引。

不當而國家不危亡者？噫！可痛也已！

象曰：「井渫不食」，行惻也。求「王明」，受福也。

干氏寶曰：「此託殷之公侯時有賢者，獨守成湯之法度而不見仕，謂微、箕之倫也，故曰『井渫不食，爲我心惻。』惻，傷悼也。民乃外附，故曰『可用汲』。周德求被，故曰『王明』。王得其民，民得其王，故曰『求王明受福也』。」[一]

愚按：「求王明」，孰求之？百姓求之也。王而不明，豈特不能受福，民之受禍烈矣！此爻爲千古之炯戒。

六四：井甃无咎。

干氏寶曰：「以甎壘井曰甃。」[二]

《程傳》：「甃，砌累也，謂修治也。四雖才弱，不能廣濟物之功，修治其事，不至於廢可也。若不能修治，廢其養人之功，則失井之道，其咎大矣。」[三]

[一] 李鼎祚《周易集解》卷一〇引。
[二] 陸德明《經典釋文·周易音義》。
[三] 《周易程氏傳》卷四。

來氏知德曰：「六四陰柔得正，近九五之君，蓋修治其井，以瀦蓄九五之『寒泉』者也。占者能修治臣下之職，則可以因君而成井養之功，斯『无咎』矣。」[一]

象曰：「井甃无咎」，修井也。

蘇氏軾曰：「修，潔也。陽爲動、爲實，陰爲靜、爲虛。泉者，所以爲井也，動也、實也；井者，泉之所寄也，靜也、虛也。」「初六最下，故曰『泥』；上六最上，故曰『收』；六四居其間而不失正，故曰『甃』。『甃』之于井，所以禦惡而潔井也。井待是而潔，故『无咎』。」[二]

愚按：《孟子》[三]言：「有爲者，譬若掘井，掘井九仞而不及泉，猶爲棄井也。」天下無可棄之井，亦無可棄之人。老子《道德經》曰：「聖人善救人，故無棄人。」惟在居上位者，自修其身，以汲引賢才，而賢者亦善修其身，以待居上位者之引進。然則修之爲功大矣。泉之爲物，涓涓不息，果行育德，學者其勉之哉！

[一] 李光地《御纂周易折中》卷七。
[二] 蘇軾《東坡易傳》卷五井卦。
[三] 李鼎祚《周易集解》卷一〇引。

九五：井洌，寒泉食。

虞氏翻曰：「泉自下出稱井。周七月，夏之五月，陰氣在下，二已變坎，十一月爲寒泉，初二已變體噬嗑食，故洌寒泉食矣。」

《程傳》：「井泉以寒爲美。甘潔之寒泉，可爲人食也。於井道爲至善也，然而不言吉者，井以上出爲成功，未至於上，未及用也，故至上而後言元吉。」〔一〕

易氏祓曰：「三與五皆泉之潔者，三居甃下，未汲之泉也，故曰不食。五出乎甃，已汲之泉也，故言食。」〔二〕

象曰：「寒泉」之食，中正也。

《程傳》：「寒泉而可食，井道之至善者也。九五中正之德，爲至善之義。」〔三〕

《周易折中》云：「《詩》云：『泉之竭矣，不云自中。』蓋不中則源不常裕而不寒也。又云：『洌彼下泉，浸彼苞蕭。』蓋不正則流不逮下而不食也。」〔四〕

〔一〕《周易程氏傳》卷四。
〔二〕李光地《御纂周易折中》卷七。
〔三〕《周易程氏傳》卷四。
〔四〕李光地《御纂周易折中》卷一二《象下傳》。

愚按：此爻惟宅心中正、修行廉潔之士，庶足當之。顏子之瓢飲，諸葛武侯之淡泊明志，下至宋代朱子摯友吕東萊先生，遂以「寒泉」名其精舍。蓋天下惟清潔之人，隨在皆清潔之境，讀此爻不覺神往於其間矣。

上六：井收勿幕，有孚，元吉。

虞氏翻曰：「幕，蓋也。收，謂以轆轤收繘也。坎爲車，應巽繩爲繘，故『井收勿幕』。有孚，謂五坎，坎爲孚，故『元吉』也。」〔一〕

《程傳》：「井以上出爲用。居井之上，井道之成也。收，汲取也。幕，蔽覆也。取而不蔽，其利無窮，井之施廣矣，大矣。有孚，有常而不變也。博施而有常，大善之吉也。」〔二〕

象曰：「元吉」在上，大成也。

虞氏翻曰：「謂初二已變成既濟定，故『大成』也。」〔三〕

〔一〕李鼎祚《周易集解》卷一〇引。
〔二〕《周易程氏傳》卷四。
〔三〕李鼎祚《周易集解》卷一〇引。

干氏寶曰：「處井上位，在瓶之水也，故曰『井收』。幕，覆也。井以養性，政以養德。无覆水泉而不惠民，无藴典禮而不興教，故曰『井收勿幕』。勿幕則教信於民，民服教則大化成也。」〔一〕

愚按：不言有慶而言大成者，井以成功爲主也。本卦因井可汲水，故皆隱喻汲引賢才，六爻義相通貫。初爻之「无禽」，二爻之「射鮒」，皆言無人才也。三爻「井渫不食」，謂賢才沈淪不用，是以心惻而求王之明，王而不明，則民困於水深火熱中矣。四爻「修井」，喻人君當及身修德，而在下之賢才，亟宜勤修學問品行以待舉，勤修之道奈何？安貧樂道而已。井洌者，時清也。寒泉食者，士君子之安貧，雖清寒而不慕乎富貴也。天下惟清廉之士，乃可以造於中正之域。《象傳》曰「中正也」，非特指爻位，亦贊其植品也。上爻「井收勿幕」，解者多以爲勿掩蔽以給求，實則於汲引人才，不可蔽賢，《孟子》曰：「不祥之實，蔽賢者當之。」〔二〕

〔一〕李鼎祚《周易集解》卷一〇引。
〔二〕《孟子·離婁下》。

巽☴ 巽下巽上

愚按：巽卦爲憂患第九卦。以二陽居一陰之上，陰氣鬱結而不得伸，遂散爲風。《論語》：「君子之德風，小人之德草，草上之風必偃。」[一]聖人欲制數度，與德行，與民更始，而收風行草偃之效，故曰「巽，德之制也。」[二]

巽：小亨，利有攸往。利見大人。

虞氏翻曰：「遯二之四，柔德位而順五剛，故『小亨』也。『大人』，謂五。離目爲見，二失位，利正往應五，故『利有攸往』，利見大人矣。」[三]

《周易折中》云：「巽，入也。從來説者皆以爲一陰入於二陽之下，非也。蓋一陰伏於内，陽必入而散之，陰性凝滯，必散而後與陽合德也。其在造化，則吹浮雲，散積

[一]《論語・顔淵》。
[二]《繫辭下傳》第七章。
[三] 李鼎祚《周易集解》卷一一引。

陰者也；其在人心，則察幾微，窮隱伏者也；其在國家，則除奸慝，釐弊事者也；三者皆非入不能，卦之所以名巽者以此。」[一]

愚按：本經言「利有攸往」者凡十一處[二]，言「利見大人」者凡六處[三]。攸往者，自内以之外，自内卦之外卦也。利見大人，始見於乾卦二、五兩爻，皆指變離而言，離《大象傳》所以言「大人繼明照于四方」也。此外爲訟、蹇、萃稱大人者，非必與天地合德，即如否卦二爻「大人否亨」，指不亂羣而言；五爻「休否，大人吉」，指位正當而言；革卦五爻「大人虎變」，指自新希革而言。是凡有德有位者，統稱大人也。

象曰：重巽以申命。

陸氏績曰：「巽爲命令，重命令者，欲丁寧也。」[四]

《周易折中》云：「説者謂頒發號令以象天之風聲，是已。然須知巽者入也，王者欲知民之休戚，事之利弊，則必清問於下而察之周，告誡於上而行之切，此其所以『申

[一] 李光地《御纂周易折中》卷八。按，「浮雲」原作「漂雲」，據《周易折中》改。
[二] 「利有攸往」見於賁、剥、復、无妄、大過、恒、損、益、夬、萃、巽十一卦。另外，大蓄九三爻亦言「利有攸往」。
[三] 「利見大人」見於乾、訟、蹇、萃、巽五卦，另外升卦言「用見大人」，疑爲唐先生所言之第六處。
[四] 李鼎祚《周易集解》卷一一引。

命』也。蓋始則入民情之隱，而散其不善者，終乃入人心之深，而動其善者。」〔一〕

愚按：《尚書·畢命》篇云：「旌别淑慝，表厥宅里，彰善癉惡，樹之風聲。」〔二〕此《書》中精語，可見古時發號施令，務在教民勸善而懲惡。然在上者必須自修其身，以臻於至善，《論語》曰：「其身正，不令而行，其身不正，雖令不從。」〔三〕

剛巽乎中正而志行，柔皆順乎剛。是以「小亨，利有攸往，利見大人」。

陸氏績曰：「二得中，五得正，體兩巽，故曰『剛巽乎中正』也，皆據陰，故志行也。」〔四〕

《周易折中》云：「卦義是陰在内而陽入之，非陽在外而陰入之也。陰在内而陽入之者，將以制之也。制之者，將以齊之也。剛以中正之德爲巽，則能入而制之矣。至於柔皆順剛，則豈有不受其制，而至於不齊者乎？」〔五〕

〔一〕李光地《御纂周易折中》卷一〇《彖下傳》。
〔二〕《尚書·周書·畢命》。按，「淑慝」原誤作「漸慝」，據經文改。
〔三〕《論語·子路》。
〔四〕李鼎祚《周易集解》卷一一引。
〔五〕李光地《御纂周易折中》卷一〇《彖下傳》。

愚按：本經「志」字之例，有言「志行正」〔一〕、「志剛」者〔二〕，指本爻之志而言，本卦初爻《象傳》「志疑」「志治」亦同。有言「上合志」者〔三〕，言内卦與外卦合志，或與上爻合志也。有言「志未變」者〔四〕，言守本卦本爻之志而未變也。又有言「志可則」者〔五〕，贊高尚之志，實指夷、齊之事而言。本卦之「志行」，則指柔順乎剛而言，其例不一，所謂不可爲典要，惟變所適。

象曰：隨風，巽。君子重巽以申命行事。

荀氏爽曰：「巽爲號令，兩巽相隨，故申命。法教百端，令行爲上，貴其必從，故曰行事。」〔六〕

〔一〕臨初九象曰：「雖磐桓，志行正也。以貴下賤，大得民也。」屯初九象曰：「咸臨貞吉，志行正也。」

〔二〕履六三象曰：「『眇能視』，不足以有明也。『跛能履』，不足以與行也。『咥人之凶』，位不當也。『武人爲于大君』，志剛也。」

〔三〕小畜六四象曰：「有孚惕出，上合志也。」大畜九三象曰：「利有攸往，上合志也。」升初六象曰：「『允升大吉』，上合志也。」

〔四〕家人初九象曰：「『閑有家』，志未變也。」中孚初九象曰：「『初九，虞吉』，志未變也。」

〔五〕蠱上九象曰：「『不事王侯』，志可則也。」

〔六〕李鼎祚《周易集解》卷一一引。

郭氏雍曰：「君子之德風也，有風之德而下無不從，然後具重巽之義。《易》於巽主教命，猶《詩》之言風，故觀則『省方觀民設教』，姤則『施命誥四方』，皆主巽而言也。」〔一〕

愚按：申命，申慈惠之命，將以卹民也。行事，行仁議之政，所以救民也。爲人上者必以仁心爲主，惟道一乃能風同，不則如《孟子》所言「生於其心，害於其政，發於其政，害於其事」〔二〕，國其危亡矣。

初六：進退，利武人之貞。

虞氏翻曰：「巽爲進退，乾爲武人，初失位，利之正爲乾，故利武人之貞矣。」〔三〕

胡氏瑗曰：「初六以陰柔之質，復在一卦之下，是以有『進退』之疑。利在武人之正，勇於行事，然後可獲其吉也。」〔四〕

象曰：「進退」，志疑也。利武人之貞，志治也。

〔一〕李光地《御纂周易折中》卷一二《象下傳》引。
〔二〕《孟子·公孫丑上》。
〔三〕李鼎祚《周易集解》卷一一引。
〔四〕李光地《御纂周易折中》卷八引。

荀氏爽曰：「風性動，進退欲承五，爲二所據，故志以疑也。」〔一〕

虞氏翻曰：「動而成乾，乾爲大明，故志治。『乾元用九，天下治』，是其義也。」〔二〕

愚按：《説卦傳》「巽爲進退，爲不果」〔三〕，是以多疑。惟天下之多疑者恐必僨事，學問功業，亦必無成也。《史記・陸賈傳》云：「天下安，注意相；天下危，注意將。」〔四〕蓋承平之世則文人爲政，危亂之世則武人定變。然自來武人必統於文人，然後長治而久安。近世曾、胡、左三公事可證。此傳云「志治」者，武人皆能守正而統於文人也。

九二：巽在牀下，用史巫，紛若吉，无咎。

荀氏爽曰：「牀下，以喻近也。二者軍帥，三者號令，故言牀下，以明將之所專，不過軍中事也。史以書勳，巫以告廟。紛，變若順也，謂二以陽應陽，君所不臣，軍帥之象；征伐既畢，書勳告廟，當變而順五，則吉；故曰『用史巫，紛若吉，

〔一〕李鼎祚《周易集解》卷一一引。

〔二〕李鼎祚《周易集解》卷一一引。

〔三〕《説卦傳》云：「巽爲木，爲風，爲長女，爲繩直，爲工，爲白，爲長，爲高，爲進退，爲不果，爲臭。」

〔四〕《史記・酈生陸賈列傳》。

無咎』矣。」〔一〕

愚按：剥卦「剥牀以足」「剥牀以膚」，亦皆取切近之義。

象曰：「紛若」之「吉」，得中也。

愚按：《禮記・禮運》篇：「三公在朝，三老在學，王前巫而後史，卜筮瞽侑，皆在左右。王中心無爲也，以守至正。」即此經「史巫，紛若」之象。卜筮瞽侑，皆在左右，瞽者樂官。凡此者非迷信也，所以檢束其身心而通神明之德也。

九三：頻巽吝。

《周易折中》云：「巽，入也。然又曰『德之制』，若不能斷制，則其入之深者，徒使弊益以滋，而奸無所畏，非惟無益，而又害之。夫子曰『再斯可矣』，言事貴斷也。」〔二〕

愚按：《論語》曰：「恭近於禮，遠恥辱也。」〔三〕又曰：「恭而無禮則勞。」〔四〕若壹

〔一〕李鼎祚《周易集解》卷一一引。
〔二〕李光地《御纂周易折中》卷八引。
〔三〕《論語・學而》。
〔四〕《論語・泰伯》。

意虚恭僞敬，而流於諂媚，則羞吝莫大焉。頻，通顰。復卦之頻復，有迫促不寧之意，此爻之頻巽，有恭順自愧之意。子路曰：「未同而言，觀其色赧赧然，非由之所知也。」〔一〕士君子養氣立節，何吝之有？

象曰：「頻巽」之「吝」，志窮也。

荀氏爽曰：「乘陽无據，爲陰所乘，號令不行，故志窮也。」〔二〕

愚按：諂諛以求榮，由其志之窮；及其究也，其遇亦無所之矣。

六四：悔亡，田獲三品。

《周易折中》云：「初與四皆伏陰，陽所入而制之者也。有以制之，則柔順乎剛，而在内者無陰慝矣。」故悔亡。「『利武人之貞』，四則載纘武功，而田害悉去，解獲三狐，而此『獲三品』，所獲者多，不止於狐也。」〔三〕

愚按：三品者，《禮記》所謂：「一爲乾豆，二爲賓客，三爲充君之庖。」〔四〕古人於

〔一〕《孟子·滕文公下》。
〔二〕李鼎祚《周易集解》卷一一引。
〔三〕李光地《御纂周易折中》卷八引。
〔四〕《禮記·王制》。按，「禮記」之「禮」原誤作「體」。

此三者，亦親自田獵以供之。《論語》：「弋不射宿。」〔一〕宿者，非夜宿之鳥，蓋抱雛於巢中而宿者，是以聖人不忍取也。

象曰：田獲三品，有功也。

《程傳》：「巽於上下，如田之獲三品而遍及上下，成巽之功也。」〔二〕

愚按：三品充物，足以供用，故曰「有功」。

九五：貞吉悔亡，无不利。无初有終。先庚三日，後庚三日，吉。〔三〕

虞氏翻曰：「得位處中，故貞吉悔亡无不利也。震巽相薄，雷風無形，當變之震矣。巽爲躁卦，故无初有終。」〔四〕

愚按：「無初有終」，即蠱卦「終則有始」之義。巽爲風，其初無形而不可見，有終者，終能化成萬物也。至先庚、後庚之義，余於中年時曾作《蠱卦「先甲」「後

〔一〕《論語·述而》。
〔二〕《周易程氏傳》卷四。
〔三〕尾句之「吉」原脱，據經文補。
〔四〕李鼎祚《周易集解》卷一一引。

甲」、巽卦「先庚」「後庚」釋義》〔一〕云：按：「先後甲庚之義，當從馬融説爲正，馬氏曰：『甲在東方，艮在東北，故云「先甲」。巽在東南，故云「後甲」。所以十日之中惟稱甲者，甲爲十日之首。蠱爲造事之端，故舉初而明事始也。』〔二〕此説於《易》象最切，試即因是申之。震居東方，甲也，而蠱之三、四、五互震；蠱内外卦由艮巽合而成，艮居震之先，巽居震之後，故曰先甲、後甲也。兑居西方，庚也，而巽之二、三、四互兑，巽内外卦由乾坤索而成，坤居兑之先，乾居兑之後，以方位言之則乾，故曰先庚、後庚也。且庚有更新之義，先後體察，見人心時時當警覺更新也。」

象曰：「九五」之「吉」，位正中也。

《程傳》：「正中，謂無過不及，正得其中也。處柔巽與出命令，惟得中爲善，失中則悔也。」〔三〕

〔一〕此文成於一八八七年，時先生二十三歲，未可稱「中年」，或誤憶。原收録在《茹經堂文集》二編卷一，今編入《唐文治文集》之「經説類」。
〔二〕李鼎祚《周易集解》卷五引。
〔三〕《周易程氏傳》卷四。

上九：巽在牀下，喪其資斧，貞凶。

胡氏瑗曰：「斧，斤也。喜於斷割，處無位之地，無剛明之才，不能斷割以自決其事，故凶也。」〔一〕

《周易折中》云：「『資斧』，古本作『齊斧』爲是，蓋因承旅卦同音而誤也。《説卦》『齊乎巽』，齊斧者，所以齊物之斧也。」〔二〕

愚按：資斧，漢宋諸儒皆作斧斤解，後人或通作資斧，作貨財解，實合經義。按旅卦四爻「得其資斧，我心不快」，言得儻來之物，義不當取，良知未泯，是以我心不快。本卦上爻居極高之位，酣卧不醒，貪暴已極，《繫辭傳》曰：「小人而乘君子之器，盗思奪之矣。上慢下暴，盗思伐之矣。」〔三〕曰奪曰伐，焉得不喪其所有？《大學》曰：「貨悖而入者，亦悖而出。」〔四〕《老子》曰：「多藏厚亡。」〔五〕貪黷者何尚不知悟耶。或

〔一〕李光地《御纂周易折中》卷八引。按，「其事」原脱，據胡氏文補。
〔二〕李光地《御纂周易折中》卷八。
〔三〕《易·繫辭上傳》第八章。
〔四〕《禮記·大學》。
〔五〕《老子·德經》第四十四章。

云：匍匐藏匿牀下，仍不免喪資斧，亦爲妄取者戒。

象曰：「巽在牀下」，上窮也。「喪其資斧」，正乎？凶也。

《程傳》：「巽在牀下，過於巽也。處卦之上，巽至於窮極也。居上而過極於巽，至於自失，得爲正乎？乃凶道也。巽本善行，故疑之曰得爲正乎，復斷之曰乃凶也。」〔一〕

愚按：二爻言巽在牀下而吉，上爻言巽在牀下而凶者，蓋二爻得中，又隨時檢察其身心，故吉。上爻居高位，而又訑訑自大，不知善言善行，故窮而凶。本經言貞吉、貞凶者，皆取固守之義，而此傳言「正乎凶」也。「正乎」二字讀，實則凶也，聖人所以覺悟人心，使之反省，亦變例也。

總論憂患九卦大義

先列《繫辭傳》原文：

〔一〕《周易程氏傳》卷四。

易之興也，其於中古乎？作易者其有憂患乎？是故履，德之基也；謙，德之柄也；復，德之本也〔一〕；恒，德之固也；損，德之修也；益，德之裕也；困，德之辯也；井，得之地也；巽，德之制也。

履和而至，謙尊而光，復小而辨於物，恒雜而不厭，損先難而後易，益長裕而不設，困窮而通，井居其所而遷，巽稱而隱。

履以和行，謙以制禮，復以自知，恒以一德，損以遠害，益以興利，困以寡怨，井以辨義，巽以行權。

愚按：《易》爲洗心寡過之學，實勸善之書也。凡人日用行習，無日無時不在六十四卦三百八十四爻之中，即無日無時不在吉凶悔吝之中；是非、得失、善惡，皆在一心轉移之間。一念之起，鬼神鑑之，无有師保，如臨父母，可畏也哉！聖人於六十四卦中，特提此九卦，並三陳之，以爲修養之方，以端心術，以立品行，以禦夷狄患難。蓋所以處春秋之季，而不罹厄運，且能挽運會之否塞，其爲天地立心，爲生民立命，爲萬世傳道統而開太平者，悉寓於是。韋編三絕，其

〔一〕「復德之本也」五字原脱，據《繫辭傳》補。

在斯乎？

抑愚嘗謂初學入道之方，尤在履、復、恒、井四卦。履者，實踐之謂，知而不行，何貴乎知？素履之往，幽人貞吉。有志之士，其能遵道而得路乎？復卦爲知行合一之學。小者，陽微也。辨物者，格物學之權輿也。而其要主於一心，復《彖傳》曰：「復其見天地之心乎！」人受天地之中以生，當承順天地之心以爲心，庶一身一家一國，皆有以止於善。然不遠之復，其善念如電光石火，最易消滅，故必恒以貞之，俾善念盤旋於胸中，乃能保而弗失。故本經贊顏子曰：「有不善未嘗不知，知之未嘗復行也。」即引復初爻爲證。而《中庸》贊顏子則曰：「得一善，則拳拳服膺而弗失之矣。」然則顏子之服膺於善，其無涯涘乎！其諸稱爲「復聖」乎！

夫子歎善人不可得而見，而曰：「得見有恒者斯可矣！」[一]然則恒卦其作善之根基乎？夫子勸人之積善曰：「積善之家必有餘慶，積不善之家必有餘殃。」[二]又曰：「善不積不足以成名，惡不積不足以滅身。」而大有卦二爻曰：「大車以載。」《象傳》

[一]《論語·述而》。
[二]《易·坤文言傳》。

曰：「積中不敗。」積中者，積善也。故其《大象傳》曰：「遏惡揚善。」夫大車以載，其積善詎有量數？故大有之上爻曰：「自天祐之，吉无不利。」言天必佑善也，是周公孔子勸人爲善之旨也。《孟子》言舜、蹠之分，在利與善之間〔一〕。程子謂：「間者，相去不遠。」〔二〕入於彼必出於此，其勸善意亦警切。

而愚又有取於井卦者，井靜深而有本，溥博淵泉而時出之；往來井井，而一方咸被其澤，故曰：「居其所而遷。」〔三〕而又言「辨義」者何？義者，行而宜之，攸往咸宜，即物各得所之象，無老少，無尊卑，無多寡，咸取給於是。且井專以汲引賢才爲宗旨，善莫大焉，辨者析之，極其精也。聖賢之學，由辨義而徙義而集義而精義，乃造於神化，故又曰：「精義入神以致用也。」〔四〕是謂至善而無所不用其極。

〔一〕《孟子·盡心上》載孟子曰：「雞鳴而起，孳孳爲善者，舜之徒也。雞鳴而起，孳孳爲利者，蹠之徒也。欲知舜與蹠之分，無他，利與善之間也。」

〔二〕朱子《孟子集注》引程子曰：「言間者，謂相去不遠，所爭毫末耳。善與利，公私而已矣。纔出於善，便以利言也。」

〔三〕《易繫辭下》第七章。

〔四〕《易繫辭下》第五章。

余於《學易反身録》已詳發九卦之旨，沈潛反覆而覺愈有味也。爰再揭之，以爲洗心之本，勸善之方。噫！聖人循循善誘人如此，後生末學，其可不心體而躬行之乎？其可不竭力自勉，並以勉人乎？

附録：周易應讀書目表

【釋】此篇原載唐先生《周易消息大義》卷四之末，今别出置本編末。本表具列漢、宋兩大家法之重要書目。表末綜述《周易》學源流，終歸實事求是之宗旨。

書名	作者時代、姓名	刊本
《周易集解》	唐　李鼎祚　撰	雅雨堂本、枕經樓本、《古經解彙函》本
《孫氏周易集解》	清　孫星衍　輯	《岱南閣叢書》本、《粤雅堂叢書》本
《漢魏二十一家易注》	清　孫堂　輯	映雪草堂刊本
《易漢學》	清　惠棟　撰	《經訓堂叢書》本、《皇清經解續編》本
《周易虞氏義》	清　張惠言　撰	《茗柯叢書》本、《皇清經解》本
《周易虞氏消息》	同上	同上

續表

書名	作者時代、姓名	刊本
《虞氏易禮》	同上	同上
《虞氏易事》《易言》《易候》	同上	《皇清經解續編》本、《茗柯叢書》内有《易言》《易候》
《周易鄭氏義》	同上	《茗柯叢書》本、《皇清經解》本
《周易荀氏九家義》	同上	同上
《易義别録》	同上	同上
《易説》	清 惠士奇 撰	舊刻本、《皇清經解》本
《周易述》	清 惠棟 撰	同上
《易例》	同上	《皇清經解續編》本
《易通釋》	清 焦循 撰	《皇清經解》本
《易圖略》	同上	同上
《周易姚氏學》	清 姚配中 撰	旌德原刻本、《皇清經解續編》本
《周易廓》	清 陳世鎔 撰	咸豐間獨秀山莊刊本
《周易通義》	清 蘇秉國 撰	嘉慶間南清河蘇氏刊本

續表

書名	作者時代、姓名	刊本
《周易集解纂疏》	清 李道平 撰	湖北書局本
《易釋》	清 黄式三 撰	家刊本、《皇清經解續編》本
《周易故訓訂》	清 黄以周 撰	《施刻十三經》本
《十翼後録》	同上	寧波張氏鈔本
《周易集解補釋》	清 曹元弼 撰	蘇州刊本
《周易學》	同上	同上
《周易鄭氏注箋釋》	同上	同上

以上皆漢《易》家法。惟《周易廓》《周易故訓訂》《十翼後録》三種，漢宋兼採。

《周易注疏》	晉 王弼 注 唐 孔穎達 疏	通行本、江西刊本
《周易程氏傳》	宋 程子 撰	通行本、《二程遺書》本
《横渠易説》	宋 張子 撰	《通志堂經解》本

續表

《易本義》	宋 朱子 撰	通行本
《易學啓蒙》	同上	同上
《誠齋易傳》	宋 楊萬里 撰	湖北崇文書局本
《吕氏古易音訓》	宋 吕祖謙 撰	《章氏式訓堂叢書》本
《漢上易傳》	宋 朱震 撰	《通志堂經解》本
《周易義海撮要》	宋 李衡 撰	同上
《周易玩辭》	宋 項安世 撰	同上
《易纂言》	元 吴澄 撰	同上
《周易象數論》	明 黄宗羲 撰	浙江刊本
《周易内傳》	明 王夫之 撰	《船山遺書》本
《周易外傳》	同上	同上
《周易大象解》	同上	同上
《御纂周易折中》	康熙間 李光地等 奉敕撰	武英殿本、浙江書局本

《御纂周易述義》	乾隆間 孫嘉淦等 奉敕撰	武英殿本
《周易本義辯正》	清 惠棟 撰	省吾堂刊本
《周易通論》	清 李光地 撰	《榕村全書》本
《周易洗心》	清 任啓運 撰	家刊本

以上皆宋《易》家法。王弼首言義理，故冠於前，然實與宋儒不同。《吕氏古易》爲十二篇之舊，朱子《本義》亦用古本〔一〕。至明代修《五經大全》時，始將《本義》改合經傳爲一。

自商瞿受《易》後，代有傳人。凡治《易》者必先審明家法，揆厥所原。庖羲之畫，文、周之《繫辭》，皆主乎象數者也，而莫不涵有義理。孔子作《十翼》，主乎義理者也，而莫不本於象數。漢《易》傳自孟氏、費氏，厥後鄭、荀、虞諸家，雖師法不同，而其主乎象數則一。宋代程、朱諸家，雖宗旨不同，而其主乎義理則一。

按：虞氏傳「孟喜易」，發明十二辟卦消息旁通之正，以六十四卦皆歸於既濟定，實有合於聖傳

〔一〕「本義」，原作「古義」，據下句改。

「六爻發揮，旁通情也」「雲行雨施，天下平也」〔一〕、乾坤爲《易》之門〔二〕、「乾坤毁則无以見《易》」〔三〕之義，精微深奥，可謂至矣。鄭君、荀爽俱傳「費直易」，鄭君主爻辰，以乾坤十二爻配十二辰，陰陽相間，亦歸於既濟定。荀氏主升降，以陽在二者，當上升坤五爲君，陰在五者，當降居乾二爲臣；蓋乾升坤爲坎，坤降乾爲離，亦歸於既濟定。是三家殊途而同歸者也。

魏晉以後，古注散佚。唐李鼎祚《周易集解》採輯精詳，漢師家法賴以不墜，爲研究《易》學者之荄基。孫氏堂即据此輯《漢魏二十一家易注》，兼事旁搜，亦爲精審。孫氏星衍輯《周易集解》，首列李氏《集解》原文，次王弼注，次孫氏自輯各家説，尤屬完備。惠氏棟《周易述》採擇宏博，張氏惠言輯鄭、荀、虞義及《易義别録》，釐别家法，厥功甚偉。漢《易》徑途，藉此可以窺尋。

焦氏循聰穎絶人，所撰《易通釋》《易圖略》，盡破古人家法，其所列旁通三十證，自謂確不可易，實皆强經就己，不免疑誤後學。其間惟《原卦》一篇，獨得作《易》垂教之旨。此外亦有可節取之處，而得不償失，通人博觀，固所不廢，初學入門，須防歧路也。姚氏配中《周易》學純粹無疵，深得作《易》憂患之指。近吾友曹氏元弼，竭數十年精力以治《易》，撰《易箋》諸書，精微廣博，且於世道人心之盛衰邪正，反復致詳，海内説《易》諸家無以尚之矣。

〔一〕《易乾文言傳》。
〔二〕《易繫辭下》第六章。
〔三〕《易繫辭上》第十二章。

宋儒説《易》者，《程氏傳》推天人之奥，隱合宣聖之旨，顧氏炎武最爲服膺。朱子以《程傳》尚辭，故其作《本義》以尚占爲主，可與《程氏傳》並行不悖。楊氏萬里《易傳》，大旨亦本程氏，而參以史事，合於干寶家法。宋元之間，盛行者惟程、楊二《易傳》與《本義》而已。項氏安世《周易玩辭》，言理不墮元虚，其推明《易》例，頗多獨得。王氏夫之《周易内傳》，特闢町畦，其發例諸條，多前人所未道。惜有時以意説經，離厥本宗，且傳本訛字太多，實爲遺憾。

若夫集義理之大成，窮象數之閫奥，崇盛德而廣大業，則惟《御纂周易折中》，實爲古今造極之作，非掇拾零文碎義者所能知也。李氏光地《周易通論》，於《折中》外别樹一幟，義理奥博，有觀止之嘆。任氏啓運《周易洗心》有《讀易法》一卷，論八卦性情才德，因而重之，有合有不合，當有補救之方，其論極精。惟其説「五十學《易》」以爲用五、用十，且糾纏先天、後天，推之未有卦畫以前，則穿鑿無取。近皖江陳氏世鎔所著《周易廓》，漢宋兼採，精於義例，世鮮有稱引之者。先師黄氏以周《易》學世家，嘗語余：「治《易》者，當於《通志堂經解》中求之。《學海堂經解》中，自惠氏、張氏外，餘無取焉。」竊嘗泛濫二書，深信其説。蓋《通志堂經解》實係顧氏炎武所藏之書，而徐氏乾學得之，歸諸納蘭成德，其中説《易》之書頗多精粹之作，然其惑於圖象而溺於空虚者，亦復不少。

夫《易》之爲書，開物成務，冒天下之道，若焦氏《易林》、揚子《太玄經》、邵子「先後天」之學，不過自成一家言，王氏夫之與張氏惠言論之綦詳。乃近世言《易》者，動輒騖奇眩異，自矜前知，質諸先聖傳《易》與先儒家法，相去奚啻霄壤！若此之類，概不列入。

或曰：「古今説《易》者，無慮數百家，兹編所列，僅四十六種，得無略乎？」答曰：吾妻沈氏起元撰《周易孔義集説》，自謂參考書多至千餘種，先師黄氏謂所見《易》書四百數十種。然愚以爲涉獵務求其博，而選擇貴取其精。讀《易》者實事求是，取諸以上所列，亦已足矣。《孟子》曰：「博學而詳説之，將以反説約也。」〔一〕周子曰：「道豈遠乎哉？術豈多乎哉？」〔二〕

〔一〕《孟子·離婁下》。
〔二〕周敦頤《通書·順化》。